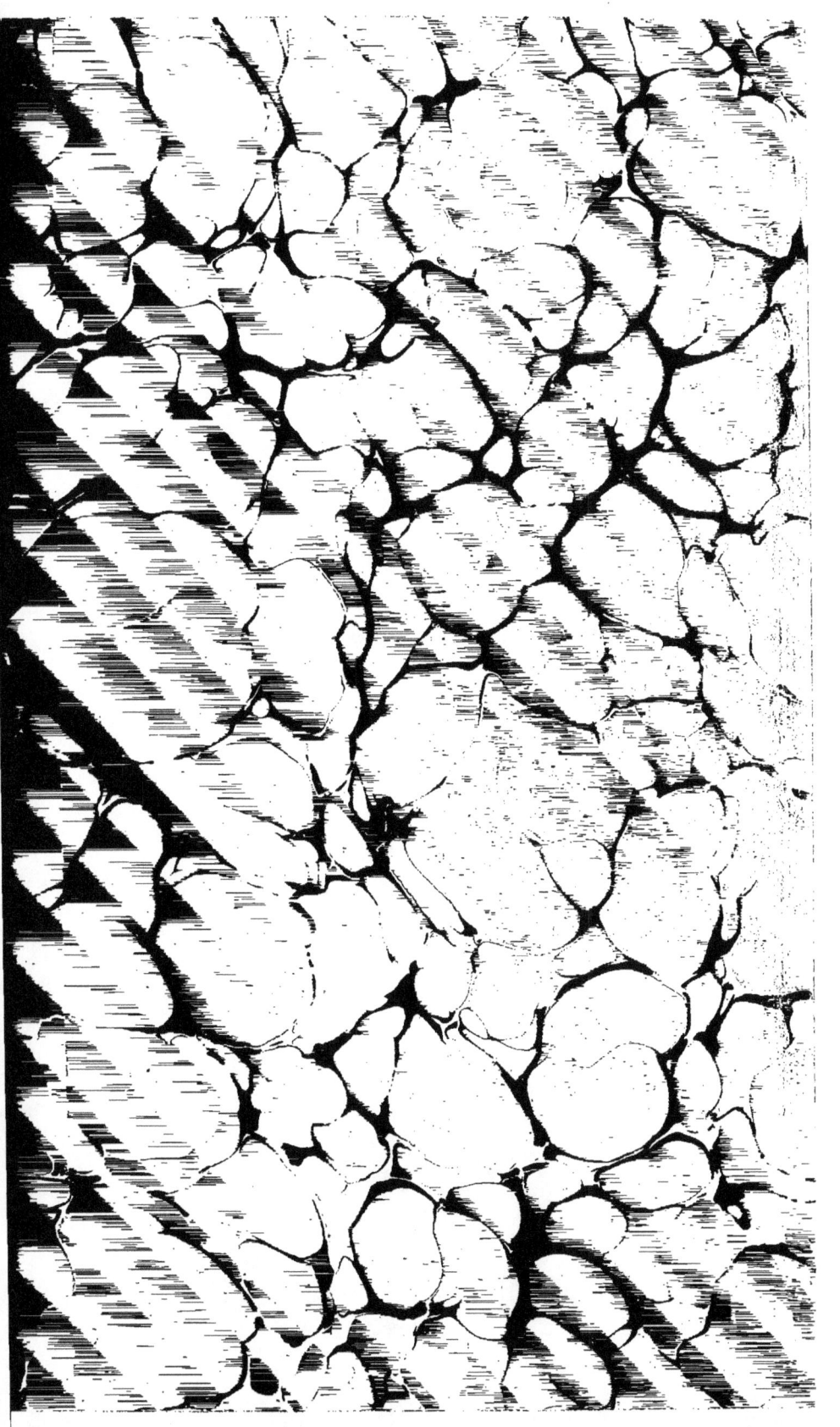

ŒUVRES

DE

CHATEAUBRIAND

Les quatre Stuarts. — Moïse. — Voyage au Mont-Blanc.
Mélanges littéraires et politiques.

PARIS

DUFOUR, MULAT et BOULANGER, LIBRAIRES-ÉDITEURS

QUAI MAL , 21

1853

ŒUVRES

DE

CHATEAUBRIAND

XI

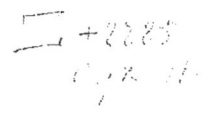

LAGNY. — TYPOGRAPHIE DE VIALAT ET Cⁱᵉ

LAUTREC ET BEN-HAMET.

ŒUVRES

DE

CHATEAUBRIAND

Les quatre Stuarts. — Moïse. — Voyage au Mont-Blanc.
Mélanges littéraires et politiques.

PARIS
DUFOUR, MULAT ET BOULANGER, LIBRAIRES-ÉDITEURS
21, QUAI MALAQUAIS

1853

LES QUATRE STUARTS.

JACQUES Ier.

De 1603 à 1625.

Il naquit sans doute dans la Grande-Bretagne, en 1603, à l'avénement de Jacques Ier, plusieurs individus qui ne moururent qu'en 1688, à la chute de Jacques II : ainsi tout l'empire des Stuarts en Angleterre ne fut pas plus long que la vie d'un vieil homme. Quatre-vingt-cinq ans suffirent à la disparition totale de quatre rois qui montèrent sur le trône d'Élisabeth, avec la fatalité, les préjugés et les malheurs attachés à leur race.

Jacques, comme beaucoup de princes dévots, fut gouverné par des favoris : tandis qu'avec sa plume il combattait pour le droit divin, il laissait le sceptre à Buckingham, qui usait et abusait du droit politique ; le favori prenait les vices de la royauté dont le monarque retenait les vertus. Souvent les princes se plaisent à déléguer le pouvoir à un ministre dont ils reconnaissent eux-mêmes l'indignité ; imitant Dieu, dont ils se disent l'image, ils ont l'orgueil de créer quelque chose de rien.

Jacques expira sans violence dans le lit de la femme qui avait tué Marie d'Écosse ; de cette noble Marie, qui, selon une tradition, créa son bourreau gentilhomme ou chevalier ; de cette belle veuve de François de France, laquelle désira avoir *la tête tranchée avec une épée à la française*, raconte Étienne Pasquier. *Le bourreau montra la tête séparée du corps*, dit Pierre de l'Estoile, *et comme en cette montre la coiffure chut en terre, on vit que l'ennui avait rendu toute chauve cette pauvre reine de quarante-cinq ans, après une prison de dix-huit.* Mais Jacques n'en travailla pas moins à établir les principes qui devaient amener la fin tragique de Charles Ier : il mourut toujours tremblant entre l'épée qui l'avait effrayé dans le ventre de sa mère, et le glaive qui devait tomber sur la tête de son fils. Son règne ne fut que l'espace qui sépara les deux échafauds de Fortheringay et de Whitehall ; espace obscur où s'éteignirent Bacon et Shakespeare.

Jacques était auteur, et auteur non sans mérite. Son *Basilicon Doron*, qui servit de modèle à l'*Eikon Basiliké*, renfermait cette inutile leçon pour Charles son fils : « Ne vous en rapportez point à des gens qui ont des intérêts à vous « cacher les besoins de vos sujets, afin de vous tenir dans la dépendance, et « qui ne portent jamais au souverain les plaintes publiques que comme des « révoltes, donnant aux larmes du peuple les noms de désobéissance et de ré- « bellion. »

CHARLES Ier.

DEPUIS L'AVÉNEMENT DE CHARLES Ier A LA COURONNE JUSQU'A LA CONVOCATION DU LONG PARLEMENT.

De 1625 a 1640.

Charles parvint à la puissance suprême, rempli des idées romanesques de Buckingham et des maximes de l'absolu Jacques Ier. Mais Jacques n'avait défendu le droit divin que par la controverse; sa vanité littéraire et sa modération naturelle avaient permis la réplique : de là était née la liberté des opinions politiques; la liberté des opinions religieuses était déjà sortie de la lutte entre l'esprit catholique et l'esprit protestant.

De très-bonne foi dans ses doctrines, Charles tenait des traditions paternelles que les priviléges de la couronne sont inaliénables; que le roi régnant n'en est que l'usufruitier; qu'il les doit transmettre intacts à son successeur.

La nation au contraire, commençant à douter de l'étendue de ces priviléges, soutenait que le trône en avait usurpé une partie sur elle. Les premiers symptômes de division éclatèrent lorsque Charles voulut continuer la guerre allumée dans le Palatinat; le parlement refusa l'argent demandé: avant d'accorder le subside, il prétendit obtenir la réparation des griefs dont il se plaignait; il sollicitait surtout l'éloignement d'un insolent favori. Charles crut son autorité attaquée; il s'entêta à soutenir Buckingham, cassa le parlement, et leva, en vertu de certaines vieilles lois, des taxes arbitraires. Le reste de son règne s'écoula dans le même esprit.

Charles fit des efforts pour gouverner sans parlement, mais la nécessité salutaire de la monarchie représentative, nécessité qui oblige le prince à la modération afin d'opérer la levée paisible de l'impôt, ramenait de force la couronne au principe constitutionnel. Plus le roi avait agi selon le bon plaisir, plus on exigeait de lui de garantie : il cédait ou s'emportait de nouveau, et ses concessions et ses emportements finissaient toujours par la reconnaissance de quelques droits.

Dans ce conflit, de grands talents se formèrent, les limites de différents pouvoirs se tracèrent, le chaos politique se débrouilla : à travers beaucoup de passions on entrevit beaucoup de vérités, et quand les passions s'évanouirent, les vérités restèrent.

Buckingham, mignon de Jacques, et qui troubla les premières années du règne de Charles I*ʳ, a fait plus de bruit dans l'histoire passée qu'il n'en fera dans l'histoire à venir, parce qu'il ne se rattache ni à quelque grand mouvement de l'esprit humain, ni à quelque grand vice ou à quelque grande vertu dans la chaîne de la morale.

Buckingham était un de ces hommes comme il y en a tant, prodigue, débauché, d'une beauté fade, d'un orgueil démesuré, d'un esprit étroit et fou; un de ces hommes tout physiques, où la chair et le sang dominent l'intelligence. Le favori se croyait un général, et n'était qu'un soldat. Fanfaron de galanterie à la cour d'Espagne, insolent dans ses prétentions d'amour à la cour de France, et peut-être à celle d'Angleterre, il affectait des triomphes que souvent il n'avait pas obtenus.

Il est néanmoins remarquable que Buckingham brava impunément Richelieu, et que ces terribles parlementaires qui, quelque temps après traînèrent à l'échafaud un grand homme, Strafford, souffrirent, bien qu'en l'accusant, les insolences d'un courtisan vulgaire. C'est qu'on pardonne plutôt à la puissance qu'au génie: reste à savoir encore si d'un côté Richelieu ne méprisa pas un aventurier, et si de l'autre il n'y avait pas dans le caractère impérieux et déréglé de Buckingham quelque chose qui sympathisât avec le caractère national anglais.

Cet homme fut assassiné (1628) de la main d'un autre homme qui n'était le vengeur de rien; Felton poignarda un extravagant patricien par une extravagance plébéienne.

Buckingham laissa deux fils : le cadet périt au milieu de la guerre civile dans le parti de Charles I*ʳ: l'aîné, devenu gendre de Fairfax, fut, sous Charles II, le chef de ce conseil connu sous le nom de la *Cabale*. Célèbre héréditairement par sa passion pour les femmes, il tua en duel le comte de Shrewsbury, tandis que la femme du comte, déguisée en page, tenait la bride du cheval de ce second Buckingham. Aussi désordonné que son père, mais d'un esprit brillant et cultivé, il écrivit des lettres, des poëmes, des satires, et travailla avec Butler à une comédie qui changea le goût du théâtre anglais.

Depuis l'avénement de Charles I*ʳ au trône d'Angleterre jusqu'à la mort du duc de Buckingham, trois parlements avaient été convoqués : le premier ne vota qu'une somme insuffisante pour la continuation de la guerre continentale en faveur des protestants, et le second se montra infecté de l'esprit puritain. Déjà l'Angleterre était partagée en deux grandes factions appelées le parti de la cour et le parti de la campagne.

Charles, après avoir cassé le second parlement, ne tarda pas à être obligé d'en convoquer un troisième (17 mars 1628). Ce parlement posa la première pierre de la liberté constitutionnelle anglaise, en faisant passer la fameuse *pétition des droits*, bill qui tendait, en vertu des principes de la grande charte, à régler les pouvoirs de la couronne. Les communes furent rendues intraitables par leur victoire; et après des scènes violentes où quelques députés en vinrent aux mains, le roi se vit forcé de les renvoyer.

Buckingham assassiné, le troisième parlement dissous, douze années s'écoulèrent sans qu'aucun autre parlement fût appelé. Le conseil de Charles se composait alors de ministres qui présentaient un contraste et un mélange de mérite et d'incapacité.

Le garde des sceaux, sir Thomas Coventry, joignait à beaucoup d'érudition une éloquence simple et la science des affaires; mais son caractère intègre manquait de cette chaleur qui crée des amis, et de ces passions qui font des disciples. Peu appuyé à la cour, il vit le mal s'accroître sans en avertir son maître : « Il eut le bonheur de mourir, dit Clarendon, dans un temps où tout « honnête homme aurait désiré quitter la vie. »

Sir Richard Weston, premier lord de la trésorerie, avait montré, dans un rang inférieur, un esprit et un courage qui l'abandonnèrent au degré plus élevé du pouvoir : hautain et timide, prompt à l'insulte, prompt à trembler devant l'insulté, il ne laissa à sa famille qu'indigence et malheur.

Des vertus, du génie même et une grâce particulière faisaient remarquer le comte de Pembroke : on ne lui a reproché que sa passion pour les femmes, à laquelle il sacrifia des moments qu'il aurait dû donner aux adversités de son pays.

Le comte de Montgomery n'avait réussi à la cour que par sa belle figure et ses talents pour la chasse : on ne l'eût pas aperçu dans un temps ordinaire. Sa médiocrité fut reprochée à Charles : dans les révolutions on fait un crime aux rois de ne pas s'entourer d'hommes égaux aux circonstances.

Un esprit agréable, un savoir universel, étaient le partage du comte de Dorset : il brilla également à la chambre des communes et dans la chambre héréditaire. Malheureusement son caractère fougueux le précipita dans des excès. Brave et passionné, il prodigua son temps à des amours sans honneur et son sang à des combats sans gloire.

Le comte de Carlisle ne profita de la faveur que pour jouir des plaisirs. Il avait aux affaires un talent naturel qu'il n'employa jamais. Il mourut insouciant, sans avoir été atteint de l'orage qu'il écouta de loin.

Flatteur de Charles dans la prospérité, lord Holland l'abandonna dans l'infortune : lâcheté vulgaire, commune à tant d'âmes vulgaires : il devint un des boute-feux du parlement. Quand les factions commencent, elles saisissent au hasard leurs chefs ; elles plongent ensuite dans l'abîme les singes qu'elles avaient pris pour des hommes.

Enfin, l'archevêque de Cantorbéry ferme la liste des conseillers de Charles, dans les temps qui précédèrent les troubles. Il parut à la cour avec cette raideur de caractère qui le rendit incapable de se plier aux circonstances. Haï des grands dont il méprisait l'art et les mœurs, il n'eut pour se soutenir que l'autorité d'une vie sainte et la renommée d'une intégrité poussée jusqu'à la rudesse. De même qu'il dédaigna de s'abaisser devant la faveur des courtisans, il s'opposa aux excès du peuple, et de la persécution des intrigues il tomba dans la proscription des révolutions.

Charles, appuyé de ce conseil, régna l'espace de douze ans avec une autorité illimitée ; il n'en fit pas un mauvais usage sous le rapport administratif, mais il cherchait en théorie ce qui était devenu impossible en pratique, une monarchie absolue. Du gouvernement absolu au gouvernement arbitraire, la conversion est facile : l'absolu est la tyrannie de la loi ; l'arbitraire est la tyrannie de l'homme.

Si l'Angleterre avait voulu souffrir la levée d'un impôt d'ailleurs fort modéré, elle eût vécu sous un assez doux despotisme. Charles avait des vertus domestiques, du courage, de la modération, de la probité; mais on lui disputait, la loi à la main, tous ses actes; ils pouvaient être bons, mais ils n'étaient pas légaux. Une seule résistance amenait l'emploi de la force et un scandale. Au défaut du pouvoir parlementaire, les conseillers du monarque suscitèrent le pouvoir de la chambre étoilée dont on augmenta les attributions : fatal auxiliaire de la couronne.

Le jugement rendu contre Hampden (1636) pour n'avoir pas voulu se soumettre à la taxe du *Sihpmoney*, remua de plus en plus les esprits : une commotion religieuse ébranla l'Écosse. Par ce concours de circonstances, qui produit le renouvellement des empires, le peuple d'Écosse et celui d'Angleterre inclinaient au puritanisme au moment même où les évêques voulaient faire triompher l'Église anglicane, et prétendaient introduire quelque chose de la pompe catholique dans le culte protestant.

La nouvelle liturgie est repoussée (1637) à Édimbourg. La foule s'écrie : Le *pape!* le *pape! l'antechrist!* le royaume se soulève et le *covenant* est signé.

C'est pourtant de cet acte fanatique, mystique, inintelligible, exprimant dans un jargon barbare les idées les plus rétrécies, que sont émanées la liberté, la tolérance et la civilisation constitutionnelle d'Angleterre. C'est ainsi que des horribles comités de 1793 est pour ainsi dire sorti le pacte de notre nouvelle monarchie. Chaque trouble politique chez un peuple est fondé sur une vérité qui survit à ce trouble. Souvent cette vérité est confusément enveloppée dans des mots sauvages et dans des actions atroces; mais dans les grands changements des États, les mots et les actions passent : le fait politique et moral qui reste d'une révolution est toute cette révolution. Quand celle-ci ne réussit pas, c'est qu'elle a été tentée ou trop tôt ou trop tard, en deçà ou au delà de l'époque où elle eût trouvé les choses et les hommes au degré de maturité propre à sa fructification.

Une assemblée générale de la nation écossaise succéda aux premiers troubles d'Édimbourg. L'épiscopat fut aboli (1638), et l'on commença des levées pour soutenir des opinions avec des soldats.

Sir Thomas Wentworth, membre du troisième parlement, avait fortement provoqué dans ce parlement la fameuse *pétition des droits;* mais lorsque le fondement de l'indépendance constitutionnelle eut été posé, Wentworth devint le soutien de la prérogative royale attaquée, comme il avait été le défenseur de la liberté populaire méconnue. Charles l'avait nommé pair d'Angleterre et vice-roi d'Irlande. Ce monarque, dans les circonstances difficiles où il se trouva engagé, consulta le nouveau lord Wentworth. Ce sujet fidèle donna à son souverain des conseils énergiques. Que sert de recommander la force à la faiblesse?

Dans toute révolution, il y a toujours quelques moments où rien ne semblerait plus facile que de l'arrêter; mais les hommes sont toujours faits de sorte, les choses arrangées de manière, qu'on ne profite jamais de ces moments. Au lieu de résister, Charles fit lui-même un *covenant*, comme Henri III avait fait une ligue. Les covenantaires écossais traitèrent de *satanique* le covenant du roi. Après d'inutiles concessions, le roi réunit des troupes; lord Wentworth lui fournit de l'argent et pouvait lui amener une seconde armée : il ne s'agissait que d'avancer; Charles recula : il conclut une trêve (17 juin 1639), lorsqu'il était assuré d'une victoire.

Bientôt les Écossais reprirent les armes. Lord Wentworth, créé comte de Strafford, voulait qu'on portât la guerre dans le cœur du royaume rebelle, et qu'on assemblât un parlement anglais : Charles ne suivit que la moitié de ce conseil.

On aurait pu croire que ce quatrième parlement, rassemblé après un intervalle de douze années, éclaterait en justes reproches : Strafford le ménagea avec tant d'habileté, que les communes se montrèrent d'abord assez dociles. Elles étaient divisées en trois partis : les amis du roi, les partisans de la monarchie constitutionnelle et les puritains : ceux-ci voulaient un changement radical dans les lois et la religion de l'État; ces trois partis furent cependant au moment de se réunir pour voter les subsides. La trahison du secrétaire d'État, sir Henry Vane, que protégeait la reine, perdit tout.

Le roi et le parlement également trompés par ce ministre, se crurent brouillés, lorsqu'ils s'entendaient. Charles, avec sa précipitation accoutumée, s'imaginant qu'on lui allait refuser les subsides, fit pour la dernière fois usage d'une prérogative dont il avait abusé. Il cassa encore ce quatrième parlement (5 mai 1640), lequel devait être suivi de l'assemblée qui brisa à son tour la couronne.

A l'instigation des puritains, les Écossais, ayant envahi de nouveau l'Angleterre, surprirent les troupes du roi à Newborn. Charles, arrivé à York pour repousser les Écossais, manda un grand conseil des pairs. Il lui déclara tout à coup que la reine désirait la réunion d'un cinquième parlement.

Arrêtons-nous ici pour parler de cette reine dont l'influence fut si grande sur la destinée de Charles Ier son mari, et sur celle de Jacques II son fils.

HENRIETTE-MARIE DE FRANCE.

Sixième enfant et troisième fille de Henri IV, Henriette-Marie naquit le 25 novembre 1609, six mois avant l'assassinat de son père, et mourut vingt ans après le meurtre de son mari. Elle fut tenue sur les fonts de baptême par le nonce, qui devint pape sous le nom d'Urbain VIII. Elle épousa Charles, roi d'Angleterre (11 mai 1625). Le contrat de mariage, rédigé sous les yeux du pape, contenait des clauses favorables à la religion catholique. Henriette-Marie arriva en Angleterre avec les instructions de la mère Madeleine de Saint-Joseph, carmélite, et sous la conduite du père Bérulle accompagné de douze prêtres de la nouvelle congrégation de l'Oratoire : ceux-ci, renvoyés en France, furent remplacés par douze capucins. Rien ne pouvait être plus fatal à Charles Ier que le hasard de cette union catholique, d'ailleurs si noble, dans le siècle du fanatisme puritain. La haine populaire se tourna d'abord contre la reine et rejaillit sur le roi.

Il est impossible de pénétrer aujourd'hui dans le secret des raisons qui firent agir Henriette-Marie au commencement des troubles de la Grande-Bretagne : on la trouve placée dans l'intérêt parlementaire jusqu'au moment de l'explosion de la guerre civile ; elle protége sir Henry Vane, qui brouilla le roi et le quatrième parlement ; elle demande la convocation de ce long parlement qui conduisit Charles à l'échafaud ; elle arrache au roi la confirmation de l'arrêt qui frappa Strafford ; ce fut par sa protection que le conseil du roi se remplit des ennemis ou des adversaires de la couronne.

Henriette-Marie était-elle en mésintelligence domestique avec le roi, comme le prétendaient les parlementaires? Bossuet laissa entendre quelque chose d'une division secrète. « Dieu, dit-il, avait préparé un charme innocent au roi d'An-
« gleterre dans les agréments infinis de la reine son épouse. Comme elle pos-
« sédait son affection, car *les nuages qui avaient paru au commencement furent*
« *bientôt dissipés, etc.*

Il n'y a plus aujourd'hui de doute sur le genre de division qui régna un moment entre Charles et Henriette-Marie : élevée dans une monarchie absolue, dans une religion dont le principe est inflexible, dans une cour où l'on passe tout aux femmes, dans un pays où l'humeur est mobile et légère, Henriette fut d'abord un enfant capricieux, qui prétendit à la fois faire dominer sa volonté, sa religion et son humeur. Les prêtres, les femmes et les gentilshommes qu'elle avait amenés avec elle voulaient, les uns exercer leur culte dans tout son éclat, les autres établir leurs modes et se moquer des usages d'une *cour barbare*. Charles, accablé de toutes ces querelles, renvoya en France la suite de la reine. Il se plaint de la conduite d'Henriette-Marie dans des instructions pour la cour de France datées du 12 juillet 1626.

« Le roi de France et sa mère n'ignorent pas, dit-il (1), les aigreurs et les
« dégoûts qui ont eu lieu entre ma femme et moi, et tout le monde sait que je les
« ai supportés jusqu'ici avec beaucoup de patience, croyant et espérant toujours
« que les choses iraient mieux, parce qu'elle était fort jeune, et que cela ve-
« nait plutôt des mauvais et artificieux conseils de ses domestiques, qui n'avaient
« que leur propre intérêt en vue, que de sa propre inclination. En effet, lorsque
« je me rendis à Douvres pour la recevoir, je ne pouvais pas attendre plus de
« marques de respect et d'affection qu'elle n'en fit paraître en cette occasion.
« La première chose qu'elle me dit fut que, comme elle était jeune et qu'elle
« venait dans un pays étranger, dont elle ignorait les coutumes, elle pourrait
« ainsi commettre quantité d'erreurs, et qu'elle me priait de ne me point fâcher
« contre elle pour les fautes où elle pourrait tomber par ignorance, jusqu'à ce
« que je l'eusse instruite de la manière de les éviter... Mais elle n'a jamais tenu
« sa parole. Peu de temps après son arrivée, madame de Saint-Georges... mit
« ma femme de si mauvaise humeur contre moi, que depuis ce temps-là on ne
« peut pas dire qu'elle en ait usé envers moi deux jours de suite avec les égards
« que j'ai mérités d'elle...

---

(1) Je me sers de la traduction de l'excellente édition des *Mémoires de Ludlow*, dans la collection des *Mémoires relatifs à la révolution d'Angleterre*, par M. Guizot.

« Je ne prendrai pas la peine de m'arrêter à quantité de petites négligences,
« comme le soin qu'elle prend d'éviter ma compagnie, si bien que, lorsque j'ai
« à lui parler de quelque chose, il faut que je m'adresse d'abord à ses domes-
« tiques, autrement je suis assuré d'avoir un refus; son peu d'application à
« l'anglais et d'égards pour la nation en général. Je passerai de même sous si-
« lence l'affront qu'elle me fit avant que j'allasse à cette dernière et malheu-
« reuse assemblée du parlement; on n'en a déjà que trop discouru, et vous en
« avez l'auteur sous vos yeux en France... Après avoir donc supporté si long-
« temps avec patience les chagrins que je reçois de ce qui devait faire ma plus
« grande consolation, je ne saurais plus souffrir autour de ma femme ceux qui
« sont la cause de sa mauvaise humeur, et qui l'animent contre moi; je de-
« vrais les éloigner, quand ce ne serait que pour une seule chose, pour l'avoir
« engagée à aller en dévotion à Tiburn (1). »

On ne peut donc attribuer la mésintelligence de Charles et d'Henriette qu'à une sorte d'incompatibilité d'humeur entre les deux époux. Si le temps et l'adversité l'affaiblirent, la vie de Charles ne fut pas assez longue pour la faire entièrement disparaître. Charles avait quelque chose de doux, de facile et d'affectueux dans le caractère; sa femme était plus impérieuse, et l'on s'apercevait qu'elle avait un certain mépris pour la faiblesse de Charles. La reine était charmante : quoiqu'elle fût née d'un sang et dans une cour qui n'abondait pas en austères vertus, les républicains même n'osèrent calomnier ses mœurs. Nous avons des portraits d'elle laissés par lord Kensington, par Ellis et Howell. Un des historiens français de sa vie nous la dépeint ainsi au moment de son mariage : « Elle n'avait pas encore seize ans. Sa taille était médiocre, mais bien
« proportionnée. Elle avait le teint parfaitement beau, le visage long, les
« yeux grands, noirs, doux, vifs et brillants, les cheveux noirs, les dents
« belles, la bouche, le nez et le front grands, mais bien faits, l'air fort spiri-
« tuel, une extrême délicatesse dans les traits, et quelque chose de noble et
« de grand dans toute sa personne. C'était, de toutes les princesses ses sœurs,
« celle qui ressemblait le plus à Henri IV son père : elle avait comme lui le
« cœur élevé, magnanime, intrépide, rempli de tendresse et de charité, l'esprit
« doux et agréable, entrant dans les douleurs d'autrui et compatissant aux
« peines de tout le monde. »

(1) Ce document, trouvé avec les lettres de la reine et du roi dans la cassette de Charles, perdue sur le champ de bataille de Naseby, est évidemment falsifié. On ne conçoit pas d'abord comment un document semblable a été conservé par Charles depuis l'année 1626 jusqu'à l'année 1645 parmi des papiers récents et une correspondance toute relative à la guerre civile. Ensuite ces paroles, *je passerai sous silence l'affront qu'elle me fit avant que j'allasse à cette dernière et malheureuse assemblée du parlement*, si elles signifient quelque chose, présentent un grossier anachronisme. Henriette-Marie débarqua à Douvres le 11 juin 1625; le roi Charles, nouvellement parvenu au trône, ouvrit son premier parlement le 18 du même mois, et en prononça la dissolution le 12 août. Il convoqua un second parlement en 1626; et ce parlement orageux, à cause de l'accusation de Buckingham, fut cassé au mois de juin de cette même année. Charles *n'alla point à cette dernière et malheureuse assemblée du parlement*. Il est évident que les faussaires, ne faisant point attention aux dates, ont voulu parler du long parlement où Charles se transporta en effet le 4 janvier 1642, pour faire arrêter six membres de la chambre des communes, lesquels avaient été avertis des projets du roi par la trahison de la comtesse de Carlisle, jadis maîtresse de Strafford, ensuite attachée à Pym et favorite de la reine. Enfin le roi parle dans ce document des dévotions de la reine à Tiburn : l'esprit de fanatisme accusait Henriette-Marie d'être allée prier devant la potence à laquelle avaient été pendus quelques prêtres catholiques. Or, il est démontré par les pièces diplomatiques anglaises que cette imputation était dénuée de tout fondement. Charles ne pouvait pas écrire ce que son gouvernement même ne croyait pas.

Les historiens anglais la représentent petite et brune, mais remarquable par la beauté de ses traits et l'élégance de ses manières.

Charles aimait Henriette avec passion : il ne paraît pas qu'elle éprouvât pour lui le même degré de tendresse; et pourtant tandis qu'il ne lui témoignait aucune inquiétude, c'était elle qui se plaignait et qui semblait un peu jalouse. Dans les lettres de Charles, imprimées par ordre du parlement, respire le sentiment le plus touchant d'amour pour Henriette.

Le 13 février 1643, il lui mande : « Je n'avais pas éprouvé jusqu'ici com-
« bien il est quelquefois heureux d'ignorer, car je n'ai appris le danger que
« tu as couru en mer par la violence de la tempête, que lorsque j'avais déjà
« la certitude que tu en étais heureusement échappée..... L'effroi que m'a
« causé ce danger ne se calmera pas jusqu'à ce que j'aie eu le bonheur de te
« voir, car ce n'est pas à mes yeux la moindre de mes infortunes que tu aies
« couru pour moi un si grand péril, et tu m'as témoigné en ceci tant d'affec-
« tion, qu'il n'y a chose au monde qui me puisse jamais acquitter, et des
« paroles beaucoup moins que toute autre chose; mais mon cœur est si
« rempli de tendresse pour toi et d'une impatience passionnée de reconnais-
« sance envers toi, que je n'ai pu m'empêcher de t'en dire quelques mots,
« laissant à ton noble cœur le soin de deviner le reste (1). »

Il lui écrit d'Oxford, le 2 janvier 1645 : « En déchiffrant la lettre qui arriva
« hier, je fus bien surpris d'y trouver que tu te plains de ma négligence à
« t'écrire... Je n'ai jamais manqué aucune occasion de te donner de mes nou-
« velles..... Si tu n'as point la patience de t'interdire un jugement défavo-
« rable sur mes actions jusqu'à ce que je t'en aie marqué les véritables motifs,
« tu cours souvent risque d'avoir le double chagrin d'être attristée par de
« faux rapports et d'y avoir cru trop vite. Ne m'estime qu'autant que tu me
« verras suivre les principes que tu me connais. »

Charles lui écrit du même lieu, le 9 avril de la même année : « Je te gron-
« derais un peu, si je pouvais te gronder, sur ce que tu prends trop tôt l'alarme.
« Songe, je te prie, puisque je t'aime plus que toute autre chose au monde,
« et que ma satisfaction est inséparablement unie avec la tienne, si toutes mes
« actions ne doivent avoir pour but de te servir et de te plaire... L'habitude de
« ta société m'a rendu difficile à contenter; mais ce n'est pas une raison pour
« que tu m'en plaignes moins, toi le seul remède à cette maladie. Le but de
« tout ceci est de te prier de me consoler par tes lettres le plus souvent
« qu'il te sera possible. Et ne crois-tu pas que les détails de ta santé soient des
« sujets agréables pour moi, quand même tu n'aurais pas autre chose à
« m'écrire? N'en doute pas, ma chère âme, ta tendresse est aussi nécessaire
« à la consolation de mon cœur que ton secours à mes affaires. »

Lorsqu'on songe que Charles épanchait ainsi son cœur au milieu des hor-reurs de la guerre civile, au moment de tomber entre les mains de ses ennemis, on est profondément attendri.

La reine, un an auparavant, lui écrivait d'York, le 30 mars, ces paroles un

(1) *Note des Mémoires de Ludlow*, collect. GUIZOT.

peu rudes : « Souvenez-vous de ce que je vous ai écrit dans mes trois dernières
« lettres, et ayez plus de soin de moi que vous n'en avez eu jusqu'ici, ou faites
« semblant du moins d'en prendre davantage, afin qu'on ne s'aperçoive pas de
« votre négligence à mon égard. »

Charles crut devoir déclarer, en mourant, à sa jeune fille, la princesse Élisabeth, qu'*il avait toujours été fidèle* à la reine, et la lettre d'adieux qu'il écrivit à celle-ci se terminait par ces mots : « Je meurs satisfait, puisque mes
« enfants sont auprès de vous. Votre vertu et votre tendresse me répondent du
« soin que vous aurez de leur conduite. Je ne puis vous laisser des gages plus
« chers et plus précieux de mon amour. Je bénis le ciel de faire tomber sa
« colère sur moi seul. Mon cœur est plein pour vous de la même tendresse
« que vous y avez toujours vue. Je vais mourir sans crainte, me sentant fortifié
« par le souvenir de la fermeté d'âme que vous m'avez fait paraître dans nos
« périls communs. Adieu, Madame, soyez persuadée que jusqu'au dernier
« moment de ma vie je ne ferai rien qui soit indigne de l'honneur que j'ai
« d'être votre époux (1). »

Cette dernière lettre de Charles, qui n'est pas assez connue, montre que ses sentiments intimes étaient aussi nobles, et peut-être encore plus touchants que ceux qu'il fit éclater sur l'échafaud.

On peut reprocher à Henriette-Marie du penchant à l'intrigue, penchant qu'elle tenait du sang des Médicis ; elle se livra aussi à des moines sans prudence, et à des favorites qui la trahirent. Elle avait le courage du sang ; le courage politique lui manquait quelquefois ; et quand les orages populaires grondaient, quoique femme de tête et de cœur, elle donnait des conseils pusillanimes. Bienfaisante et magnanime, elle fit souvent accorder la liberté et la vie à ses ennemis. Elle ne voulait pas même connaître le nom de ses calomniateurs. « Si ces personnes me haïssent, disait-elle, leur haine ne durera peut-être
« pas toujours, et s'il leur reste quelque sentiment d'honneur, ils auront
« honte de tourmenter une femme qui prend si peu de précaution pour se
« défendre. » Les infortunes d'Henriette-Marie avaient été, pour ainsi dire, prédites par François de Sales, qui reste à notre histoire au triple titre de saint, d'homme illustre et d'ami de Henri IV.

Quoi qu'il en soit des altercations religieuses et domestiques qui troublèrent la paix intérieure de Charles et d'Henriette ; quoi qu'il en soit des causes qui amenèrent la liaison, jusqu'à présent inexplicable, de la reine et des premiers parlementaires, quand les malheurs de Charles éclatèrent, la fille du Béarnais retrouva comme lui dans la guerre civile le courage et la vertu.

Lorsqu'en 1625 elle alla recevoir la couronne de la Grande-Bretagne, la reine Marie de Médicis sa mère, la reine Anne d'Autriche sa belle-sœur, l'accompagnèrent jusqu'à Amiens. Toutes les villes sur son passage lui rendaient des honneurs extraordinaires : par une pompe digne de la royauté chrétienne, *les prisons étaient ouvertes à son arrivée, et elle voyait devant elle une infinité de malheureux qui la remerciaient de leur liberté et la comblaient de bénédictions* (2). Les trois reines se quittèrent à Amiens. Vingt

(1) *Vie de Henriette-Marie.* — (2) *Vie de Henriette-Marie.*

vaisseaux qui attendaient Henriette de France à Boulogne la transportèrent à Douvres : elle y fut reçue au bruit de l'artillerie et aux acclamations du peuple. Il y eut des combats à la barrière, des jeux et des courses de bagues.

Quand la reine d'Angleterre revint en France, en 1644, elle y rentra en fugitive; les prisons ne s'ouvraient plus par le charme de son sceptre; elle se dérobait elle-même aux prisons. Voyageant d'un royaume à l'autre, échappant à des tempêtes pour arriver à des combats, quittant des combats pour retrouver des tempêtes, Henriette était saisie par la fatalité qui poursuivait les Stuarts. On vit cette courageuse femme, canonnée jusque dans la maison qui lui servait d'abri contre les flots, obligée de passer la nuit dans un fossé où les boulets la couvraient de terre. Une autre fois, le vaisseau qui la portait étant près de périr, elle dit aux matelots ce mot qui rappelle celui de César : « Une « reine ne se noie pas. »

Libre d'esprit au milieu de tous les dangers, elle écrivait au roi de Newark, le 27 juin 1643 : « Tout ce qu'il y avait actuellement de troupes à Nottin-
« gham s'est rendu à Leicester et à Derby, ce qui nous fait croire qu'elles
« ont dessein de nous couper le passage..... J'emmène avec moi trois mille
« hommes d'infanterie, trente compagnies de cavalerie ou de dragons, six
« pièces d'artillerie et deux mortiers. Henri Germyn, en qualité de colonel
« de mes gardes, commande toutes ces forces; il a sous lui sir Alexandre Lesley,
« qui commande l'infanterie, Gérard la cavalerie, et Robert Legg l'artillerie;
« Sa Majesté est madame la généralissime, pleine d'ardeur et d'activité; et en
« cas que l'on en vienne à une bataille, j'aurai à commander cent cinquante
« chariots de bagages (1). »

Après de nouveaux revers, privée de presque toute assistance dans la petite ville d'Exeter que le comte d'Essex se préparait à assiéger, elle mit au monde, le 16 juin 1644, sa dernière fille.

A peine accouchée, elle fut forcée de fuir de nouveau, n'ayant pour tout aide que son confesseur, un gentilhomme et une de ses femmes, *qui avaient de la peine à la soutenir à cause de son extrême faiblesse*. Elle avait été obligée d'abandonner à Exeter sa fille nouvellement née : c'était cette princesse prisonnière dix-sept jours après sa naissance, cette princesse frappée par la mort à Saint-Cloud dans toute la fleur de la beauté et de la jeunesse, cette duchesse d'Orléans, cette seconde Henriette que la [gloire de Bossuet devait atteindre comme la première.

Une cabane déserte, à l'entrée d'un bois, s'offrit à la fuite d'Henriette-Marie. Elle y demeura cachée pendant deux jours. Elle entendit défiler les troupes du comte d'Essex qui parlaient de porter à Londres *la tête de la reine*, laquelle tête avait été mise à prix pour une somme de 6,000 liv. sterl.

Henriette, arrivée à Plymouth à travers mille périls, s'embarque pour l'île de Jersey : l'amiral Batty la poursuit. Alors, comme la femme de saint Louis, elle fait promettre à un capitaine de la tuer et de la jeter dans la mer avant qu'elle tombât aux mains de ces infidèles d'une nouvelle sorte. Elle

2) *Note des Mémoires de Ludlow*, collect. Guizot.

aborde avec quelques matelots parmi des rochers sur la côte de la Basse-Bretagne ; les paysans, prenant ces étrangers pour des pirates, s'arment contre eux ; Henriette-Marie se fait reconnaître, part pour Paris, arrive au Louvre, et tombe dans de nouveaux malheurs.

Outragée par des libelles jusque sur le continent, elle tombait des mains de la populace féroce de Londres dans celles de la populace insolente de Paris. Ballottée entre deux guerres civiles, sur les bords de la Tamise elle rencontre les crimes sérieux des révolutions, sur les rivages de la Seine les pasquinades sanglantes de la Fronde ; là le drame de la liberté, ici sa parodie. Les bouchers et les boulangers d'Angleterre veulent tuer Henriette-Marie dans le palais des Stuarts ; les bouchers et les boulangers de France lui refusent des aliments dans le palais des Bourbons, oubliant que leurs pères avaient été nourris par celui dont ils dédaignaient de nourrir la fille.

« Cinq ou six jours avant que le roi sortît de Paris, dit le cardinal de Retz,
« j'allai chez la reine d'Angleterre, que je trouvai dans la chambre de Made-
« moiselle, sa fille, qui a été depuis madame d'Orléans. Elle me dit d'abord :
« Vous voyez, je viens tenir compagnie à Henriette ; la pauvre enfant n'a pu se
« lever aujourd'hui faute de feu.... La postérité aura peine à croire qu'une
« petite-fille de Henri le Grand ait manqué d'un fagot pour se lever au mois
« de janvier dans le Louvre et sous les yeux d'une cour de France. »

Elle était souvent obligée de se promener des *après-dînées entières dans les galeries du Louvre pour s'échauffer.... Elle appréhendait non-seulement les insultes du peuple de Paris, mais la dureté de ses créanciers.... Les Parisiens ne la pouvaient souffrir, et un jour que le roi Charles II, son fils, se promenait sur une terrasse qui donnait du côté de la rivière, quelques mariniers lui firent des menaces, ce qui l'obligea de se retirer de peur de les aigrir davantage par sa présence* (1).

Triste et extraordinaire complication et ressemblance de destinée ! Henriette-Marie, en 1639, avait reçu à Whitehall sa mère exilée, Marie de Médicis. Les habitants de Londres, déjà soulevés contre la reine d'Angleterre, se portèrent à des excès contre l'ancienne reine de France. La fille de Henri IV, qui se défendait à peine contre la haine publique, fut obligée de demander une garde pour protéger la veuve de Henri IV : et Anne d'Autriche fut impuissante, à son tour, dans Paris, pour mettre à l'abri la sœur fugitive de Louis XIII et la tante de Louis le Grand.

Une fausse nouvelle parvint d'abord à la reine d'Angleterre sur la catastrophe du 30 janvier 1649 : le bruit courut que Charles Ier avait été délivré sur l'échafaud par le peuple ; mais la lettre d'adieu de l'infortuné monarque, qui fut remise à Henriette le 9 février, dans le couvent des Carmélites à Paris, la tira d'erreur ; elle s'évanouit. Le lendemain, madame de Motteville la vint complimenter de la part de la reine régente. Le malheur donnait le droit à la reine d'Angleterre de faire des leçons : elle chargea madame de Motteville de dire à Anne d'Autriche « que le roi son seigneur (Charles Ier) ne s'était perdu

(1) *Vie de Henriette-Marie.*

« que pour n'avoir jamais su la vérité…. que le plus grand des maux qui
« pouvaient arriver aux rois, et celui qui seul dévorait leurs empires, était
« d'ignorer la vérité. »

Cette insistance d'Henriette n'expliquerait-elle pas son premier penchant pour les parlementaires, et son antipathie pour Strafford, dont elle trouvait peut-être l'esprit trop absolu ? Elle ajouta dans cette conversation « qu'il fallait prendre « garde à irriter les peuples. » Si Charles Ier ne s'était perdu que pour n'avoir pas connu la vérité, au dire de la reine, cette reine ne partageait donc pas l'entêtement du roi sur l'étendue de la prérogative ? Elle aimait les parlements : lorsqu'elle songea à quitter l'Angleterre avec Marie de Médicis sa mère, les deux chambres lui présentèrent une humble pétition pour la supplier de ne pas s'éloigner. Henriette répondit en anglais par un gracieux discours qu'elle resterait, et qu'il n'y avait point de sacrifice que le peuple ne pût attendre d'elle (1).

Après la mort de son mari, elle se donna le surnom de *reine malheureuse*, et elle porta le deuil toute sa vie.

L'épreuve la plus rude que cette reine eut à soutenir fut de solliciter un douaire de veuve auprès de l'homme qui l'avait faite veuve : Cromwell répondit au cardinal Mazarin qu'Henriette de France n'avait jamais été reconnue reine d'Angleterre. Cette réponse sauvage, qui transformait en concubine d'un prince étranger la fille d'un de nos plus grands rois, étonne moins que la demande même de cette petite-fille de Jeanne d'Albret. Lorsque Henriette apprit ce refus, elle dit noblement : « Ce n'est pas à moi, c'est à la France « que cet outrage s'adresse. » Telle était, en effet, l'abjection où la politique d'un ministre sans honneur avait alors réduit notre patrie. Mazarin était descendu jusqu'à se faire l'espion de Cromwell auprès de la famille royale exilée : ce fait résulte d'une lettre de Cromwell, qui n'était lui-même qu'un grand espion couronné et armé.

Quelque temps auparavant, Henriette-Marie avait été forcée de demander au parlement de Paris ce qu'elle appelait une *aumône*.

Retirée à Chaillot, chez des sœurs de la Visitation établies dans une maison bâtie par Catherine de Médicis, Henriette devint bigote : il est assez curieux de lire que Port-Royal lui avait offert de l'argent et un asile. Dans les histoires de sa vie, tristes sont ces petits contes de religieux et de religieuses, ces conseils de nonnes qui parlent des plus grands événements dont elles entendent à peine le bruit, qui jugent du fond de leurs cellules les choses de la politique, et qui, immobiles dans leurs saints déserts, ne s'aperçoivent pas même que le monde marche et passe au pied des murs de leur cloître. Henriette-Marie essaya de rendre ses enfants à l'Église romaine. Charles II, indifférent à tout principe, préféra sa couronne à sa foi : il ne se fit catholique qu'en mourant, lorsqu'il n'avait plus rien à perdre des biens de la terre. Le duc de Glocester et la princesse d'Orange restèrent zélés protestants; le duc d'York seul (Jacques II) reçut des impressions qui le devaient ramener un jour à Paris, pour

(1) *Journaux du P.*, IV, 314.

y mourir dépouillé comme sa mère. La princesse Henriette, depuis duchesse d'Orléans, fut élevée dans la religion romaine.

A la restauration de Charles II, la veuve de Charles Ier passa en Angleterre et ne put se résoudre à y demeurer. Elle ne connaissait plus personne ; elle allait pleurant dans les palais de Whitehall, de Saint-James et de Windsor, poursuivie qu'elle était par quelques souvenirs. Après avoir vu mourir deux de ses enfants (la princesse d'Orange, veuve de vingt-six ans, et le duc de Glocester), elle s'embarqua avec sa fille Henriette, pour revenir en France. Son vaisseau échoua ; Henriette fut saisie d'une rougeole dangereuse, et resta, soignée par sa mère, un mois entier à bord du vaisseau. La compagne éprouvée de l'infortuné Charles maria Henriette au duc d'Orléans, et reçut à Chaillot le bref de la béatification de saint François de Sales : dernières grandeurs de la terre et du ciel qui la visitèrent dans la solitude.

Vers l'an 1663, Henriette-Marie fit un dernier voyage à Londres. Enfin, rentrée pour toujours dans sa patrie, elle tomba malade à Sainte-Colombe, petite maison de campagne située à peu de distance de la Seine. Un grain d'opium qu'elle prit la plongea dans un sommeil dont elle ne se réveilla plus. Elle expira vers minuit, le 10 septembre 1669. Un historien a dit qu'*elle avait fait un saint usage de ses maux*. Bien que son corps fût porté à Saint-Denis et son cœur à la Visitation de Chaillot, elle serait morte oubliée, si Bossuet ne s'était emparé de ce grand débris de la fortune pour le façonner à la manière de son génie.

Le grand orateur, en envoyant l'oraison funèbre de la reine d'Angleterre et de madame Henriette à l'abbé de Rancé, lui écrivait : « J'ai laissé ordre de vous « faire passer deux oraisons funèbres qui, parce qu'elles font voir le néant du « monde, peuvent avoir place parmi les livres d'un solitaire, et qu'en tout cas « il peut regarder comme deux têtes de mort assez touchantes. »

DE L'OUVERTURE DU LONG PARLEMENT

AU COMMENCEMENT DE LA GUERRE CIVILE.

De 1640 a 1647.

Ce fut donc par l'avis de la reine que Charles Ier annonça au conseil des pairs réunis à York la convocation d'un parlement.

Pour ne s'occuper que des affaires intérieures, il se fallait débarrasser des Écossais. En vain Strafford s'opposa au traité déshonorant que l'on conclut avec eux ; en vain il montra, par une action hardie, combien il était facile de les vaincre ; le roi n'écouta rien, et se hâta de revenir à Londres. Le quatrième parlement avait été dissous le 5 mai 1640, et le 3 novembre de la même année s'ouvrit cette cinquième assemblée, si fameuse dans l'histoire sous le nom de *long parlement*.

Charles avait passé douze années sans appeler les communes; il s'était hâté, après ce laps de temps, de les disperser de nouveau ; on ne s'étonne donc pas de voir, par une réaction naturelle, les communes irritées établir le bill des parlements triennaux, enlever au roi le pouvoir de proroger ces parlements et de les dissoudre ; par ce seul acte, la monarchie constitutionnelle était changée en une démocratie royale. Le monarque qui avait tant combattu pour la *prérogative*, lorsqu'elle n'était pas virtuellement attaquée, l'abandonna au moment même où on lui porta les plus rudes coups.

Désespérant d'être utile à un prince si faible, Strafford avait voulu se retirer du ministère; Charles retint le conseiller fidèle qui, ne le pouvant plus servir, se dévoua.

Un dessein tout à fait digne du caractère déterminé de Strafford avait été conçu : le ministre voulait dénoncer au parlement même les membres de ce parlement qui avaient appelé l'armée écossaise en Angleterre. Les preuves de l'appel existaient ; mais ceux que Strafford prétendait accabler le devancèrent. Pym présenta, au nom des communes, à la barre de la chambre des pairs, une accusation de haute trahison contre Strafford, qui fut immédiatement saisi et envoyé à la Tour.

Charles alors, croyant adoucir les communes, consentit à tout ce qu'elles voulurent entreprendre contre l'autorité de la couronne ; mais en renonçant, comme on vient de le dire, au pouvoir de dissoudre le parlement, il se priva du moyen le plus sûr de sauver son ami.

Les chefs du parti étaient, dans la chambre des lords, le duc de Bedford, lord Say, lord Mandeville et le comte d'Essex.

Le duc de Bedford jouissait d'un revenu immense, qui provenait en grande partie des confiscations dont la couronne avait doté sa famille. Il avait ce commun bon sens que le vulgaire prend pour la sagesse : orgueilleux d'une richesse de mauvaise origine, et d'une raison suffisante pour vaquer aux intérêts ordinaires de la vie ; regardant les bienfaits des cours, non comme une faveur, mais comme un tribut payé à sa puissance, Bedford, si zélé pour le régime légal, et dont les biens étaient les iniques présents de l'arbitraire, se réservait, au jour du malheur, le droit d'être ingrat.

Lord Say, violent puritain, n'avait qu'une fortune médiocre. Son ambition était démesurée, son esprit fin, son caractère réservé : les royalistes n'avaient pas d'ennemi plus dangereux.

Sans talents réels, avec de l'urbanité et quelque chose de sincère, lord Mandeville gagna l'affection et la confiance des communes.

Quant au comte d'Essex, dupe des chefs populaires qui flattaient sa vanité, c'était un de ces hommes à l'esprit étroit et faux, pour qui l'expérience est nulle ; un de ces hommes qui voient le bonheur de l'espèce dans le malheur de l'individu, toujours prêts à recommencer les mêmes fautes, toujours s'ébahissant de ce qui arrive ; personnages qui sont les niais d'un parti, comme d'autres en sont les traficants ou les héros.

Dans la chambre des communes, Pym était chargé de toutes les propositions de lois; il n'avait d'autre talent que celui des affaires, auxquelles il semblait donner du poids par une parole lourde et un ton dogmatique; il ne manquait pas de conscience, et son jugement était droit. Il ne désirait qu'une amélioration dans le gouvernement : chef des réformateurs à la naissance des troubles, il se trouva loin derrière eux quand la révolution eut fait des progrès.

Hampden vint à point pour aider au renversement d'un empire; passé tout à coup d'une vie dissipée aux mœurs les plus sévères, cachant sous les dehors de l'affabilité des desseins vastes, il est probable qu'il conçut l'idée d'une république, quand on ne songeait encore qu'aux priviléges parlementaires.

Hampden prenait une partie de sa force dans la flexibilité de ses talents : son éloquence et son esprit étaient à volonté concis ou diffus, clairs ou embarrassés; et cette obscurité, dont il était le maître, lui donnait plus de puissance en le rattachant aux défauts de son siècle. Tantôt il résumait les débats du parlement avec une précision admirable, quand ces débats menaient au triomphe de son opinion; tantôt il embrouillait la question de manière à la faire ajourner, si elle paraissait se résoudre contre son avis. Poli et modeste avec art, paraissant se défier de son jugement et céder à celui d'autrui, il finissait toujours par emporter ce qu'il désirait. Intrépide à l'armée, profond dans la connaissance des hommes, lui seul devina Cromwell, alors que la foule n'apercevait encore rien dans ce destructeur du trône des Stuarts. Sylla pénétra de même l'âme de César : les aigles voient de loin et de haut. On a cru pourtant qu'Hampden fut tenté par la proposition à lui faite d'être gouverneur du prince de Galles, s'il voulait, avec Pym et Hollis, s'engager à sauver Strafford (1).

Sombre, vindicatif, implacable, Saint-John formait, avec Pym et Hampden, le triumvirat qui dominait la nation. Ces trois hommes se servaient encore du fanatisme de Fiennes et des talents de sir Henry Vane.

Celui-ci joignait à une dissimulation profonde un esprit prompt et une parole mordante : dans la laideur bizarre de sa physionomie on croyait lire des destinées extraordinaires. Emporté par une imagination inquiète et ardente, libertin à Londres, puritain à Genève, séditieux à Boston, Vane excitait partout des troubles; il enflammait les esprits pour des principes dont il se jouait. Après avoir traîné une vie d'aventures sur tous les rivages, il revint dans son pays où la révolution semblait attirer et demander son fatal génie.

Strafford ayant été mis en accusation, le parlement crut qu'il était temps de recourir aux grandes mesures populaires. On fit sortir des prisons et promener en triomphe trois écrivains condamnés pour des libelles. Dans les temps de troubles, la licence de la presse est souvent confondue avec la liberté de la presse, et l'on se sert ensuite de la crainte qu'inspire la première pour enchaîner la seconde : Milton prit la plume en faveur de celle-ci. On trouve pour la première fois le grand nom de l'Homère anglais confondu parmi ceux des pamphlétaires du temps, comme on lit le nom d'Olivier Cromwell sur la liste des colonels ou des capitaines de cavalerie de l'armée parlementaire.

Des pétitions étaient colportées de maison en maison, et revêtues de la signature d'honnêtes citoyens dont la bonne foi était surprise. Quiconque, à la chambre

(1) Whitelocke.

basse se montrait modéré perdait son siége : on trouvait cent causes de nullité à son élection ; et quiconque entrait violemment dans les idées du jour restait député, sa nomination fût-elle entachée de tous les vices. Le pouvoir passé entièrement aux communes, il fut aisé de prévoir la mort de Strafford.

Cet homme n'eut qu'un défaut, et ce défaut le perdit : il méprisait trop les conseils et les obstacles. Fait par la nature pour commander, la moindre contradiction lui était insupportable. L'empire appartient sans doute aux talents, la souveraineté réside dans le génie ; mais c'est un malheur quand le sentiment d'une supériorité incontestable est révélé à celui qui la possède dans une seconde place, alors qu'il lui est impossible d'atteindre à la première. Ce qui serait grandeur et puissance légitime au plus haut degré de l'ordre social, devient, un degré plus bas, orgueil et tyrannie.

Amené devant la chambre des pairs, Strafford, sans assistance, sans préparation, sans connaître même les accusations dont il était chargé, luttant seul contre la faiblesse du roi, la fougue des communes, le torrent de l'inimitié populaire, Strafford se défendait avec tant de présence d'esprit, que ses juges n'osèrent d'abord prononcer la sentence.

Toutes les paroles de l'illustre infortuné furent calmes, dignes, pathétiques et modestes. Son discours, qui nous est resté, n'est point souillé du jargon de l'époque. Strafford, dans son adversité, se montra aussi supérieur aux Pym et aux Fiennes par la beauté du génie que par la grandeur de l'âme. La conclusion de sa défense, citée partout, arracha des pleurs à ses ennemis.

« Milords, j'ai retenu ici vos seigneuries beaucoup plus longtemps que je
« ne l'aurais dû ; je serais inexcusable si je n'avais parlé pour l'intérêt de
« ces gages qu'une sainte, maintenant dans le ciel, m'a laissés (il montrait
« ses enfants, et ses pleurs l'interrompirent) ; ce que je perds moi-même n'est
« rien ; mais, je l'avoue, ce que mes indiscrétions vont faire perdre à mes
« enfants m'affecte profondément : je vous prie de me pardonner cette fai-
« blesse. J'aurais voulu dire quelque chose de plus, mais j'en suis incapable
« à présent : ainsi je me tairai...

« Et maintenant, milords, je remercie Dieu de m'avoir instruit, par sa
« grâce, de l'extrême vanité des biens de la terre, comparés à l'importance
« de notre salut éternel. En toute humilité et en toute paix d'esprit, milords,
« je me soumets à votre sentence. Que cet équitable jugement soit pour la vie
« ou pour la mort, je me reposerai plein de gratitude et d'amour dans les
« bras du grand Auteur de mon existence. »

Socrate fut moins soumis : il accusa ses juges à la fin de son apologie. « Il
« est temps, leur dit-il, que je me retire, vous, *pour vivre*, moi, pour mourir. »

Ce ne fut qu'à force de menaces que l'on parvint à faire condamner Strafford dans la chambre des pairs : malgré ces violences, dix-neuf voix sur quarante-six l'osèrent encore absoudre.

L'accusé, dans sa défense, avait surtout foudroyé Pym, l'accusateur, réduit à balbutier une misérable réplique. L'animosité des communes contre Strafford n'était peut-être si grande que parce que le noble pair avait fait partie de la chambre populaire, et qu'il s'était montré lui-même ardent adversaire de la couronne. Les chefs plébéiens le regardaient comme un déserteur. L'envie s'attachait aussi à l'élévation du ministre de Charles : le mérite oublié plaît; récompensé, il offusque. Enfin, il faut dire encore que les partis ont un merveilleux instinct pour découvrir et pour perdre les hommes de taille à les combattre. Dans les grandes révolutions, le talent qui heurte de front ces révolutions est écrasé; le talent qui les suit peut seul s'en rendre maître : il les domine, lorsque ayant épuisé leurs forces, elles n'ont plus pour elles le poids des masses et l'énergie des premiers mouvements. Mais cette sorte de talent complice appartient à des personnages plus grands par la tête que par le cœur, car ils sont longtemps obligés de se cacher dans le crime pour s'emparer de la puissance.

Charles dans son palais, tremblant pour les jours de la reine, nomma une commission chargée de ratifier *tous* les bills portés à la sanction royale. Parmi ces bills se trouvait celui qui condamnait Strafford: dernière et misérable faiblesse d'un prince qui cherchait à couvrir son ingratitude à ses propres yeux, en comprenant dans un acte *général* de l'autorité suprême l'acte *particulier* qui donnait la mort à un ami! On sait que le monarque fut déterminé à permettre l'exécution de la sentence par la chose même qui l'aurait dû affermir dans la résolution de s'y opposer. Le magnanime Strafford écrivit une lettre à Charles pour dégager la conscience de son roi, et lui donner la permission de le faire mourir.

« Ma vie, lui mandait-il, ne vaut pas les soins que Votre Majesté prend
« pour me la conserver. Je vous la donne avec empressement en échange des
« bontés dont vous m'avez comblé, et comme un gage de réconciliation entre
« vous et votre peuple. Jetez seulement un regard de compassion sur mon
« pauvre fils et sur ses trois sœurs. »

De tous les conseillers de la couronne, Juxon, évêque de Londres, eut seul le courage de dire au roi qu'il ne devait pas souscrire à la condamnation, s'il ne trouvait pas Strafford coupable. Exemple frappant de la justice divine! ce fut ce même Juxon, cet équitable et courageux prélat, qui assista Charles Ier à l'échafaud.

Lorsque Strafford apprit que son supplice avait été autorisé, il se leva avec étonnement de son siége, et s'écria dans le langage de l'Écriture : « Ne mettez
« point votre confiance dans la parole des princes ni dans les enfants des
« hommes. » Strafford avait-il cru au courage du roi? un reste d'amour de la vie s'était-il caché au fond du cœur d'un grand homme?

Charles n'apaisa point les esprits en laissant verser le sang de son ministre : une lâcheté n'a jamais sauvé personne. Les princes de la terre, que des fautes ou des crimes exposent souvent à perdre la couronne, feraient mieux de la compromettre quelquefois pour des causes saintes.

Au surplus l'infortuné Stuart ne cessa de se reprocher sa faiblesse : condamné à son tour, il déclara que sa mort était un juste talion de celle de Strafford. Cette confession publique, prononcée à haute voix sur l'échafaud, est une des plus hautes leçons de l'histoire : la postérité n'a pas absous l'ami, mais elle a pardonné au monarque en faveur de la sincérité du repentir et de la grandeur de l'expiation.

Strafford s'était certainement rendu coupable d'actes arbitraires en Irlande ; mais l'Irlande avait été gouvernée de tout temps par l'autorité militaire et par des lois exceptionnelles. D'ailleurs les limites des priviléges de la couronne et des droits du parlement étaient encore si confuses, que l'on se pouvait ranger du côté d'un de ces deux pouvoirs d'après des antécédents d'une égale autorité. Cinquante ans plus tard, Strafford eût été sévèrement mais justement condamné ; à l'époque de l'arrêt prononcé sur lui, les lois qu'on lui appliquait étaient ou non faites, ou contestées, ou détruites par d'autres lois.

Le bill d'*attainder* renferma implicitement le délit et la peine ; la sentence fut à la fois un jugement et une loi, laquelle loi avait un effet rétroactif : il y eut donc violence et iniquité.

Strafford se prépara au supplice avec le plus grand calme (1). Le 23 mai 1641, au matin, on le conduisit au lieu de l'exécution : en passant au pied de la tour où l'archevêque Laud, accusé comme lui, était renfermé, il éleva la voix et pria le prélat de le bénir. Le vieillard parut à la fenêtre ; ses cheveux étaient blancs ; des larmes baignaient son visage ; deux ecclésiastiques le soutenaient. Strafford se mit à genoux : Laud passa ses mains à travers les barreaux ; il essaya de donner une bénédiction que l'âge, l'infortune et la douleur ne lui permirent pas d'achever ; il défaillit dans les bras de ses deux assistants.

Strafford se releva, prit la route de l'échafaud où le vieil évêque le devait suivre. Le ministre de Charles marcha au supplice d'un air serein, au milieu des insultes de la populace. Avant de poser le front sur le billot, il prononça ces paroles : « Je crains qu'une révolution qui commence par verser « le sang ne finisse par les plus grandes calamités et ne rende malheureux ceux « qui l'entreprennent. » Il livra sa tête et passa à l'éternité (1641).

La révolution précipite son cours ; le roi part pour l'Écosse ; la conspiration irlandaise éclate et est suivie d'un des plus horribles massacres dont il soit fait mention dans l'histoire : les chefs du parti puritain saisissent cette occasion pour hâter la marche des événements. Charles revient de l'Écosse ; le parlement lui présente des remontrances séditieuses et fait emprisonner les évêques.

Irrité de tant d'affronts, le roi va lui-même accuser de haute trahison dans la chambre des communes les six membres les plus fameux de la faction puritaine.

Ceux-ci, prévenus de cette imprudente démarche par une indiscrétion de la reine, se réfugient dans la cité. Une insurrection éclate ; les bruits les plus absurdes se répandent : tantôt c'est la rivière que les *cavaliers* doivent faire sauter en l'air par l'explosion d'une mine ; tantôt ce sont ces mêmes *cavaliers* (les royalistes) qui viennent mettre le feu à la demeure des *têtes rondes* (les parlementaires). Menacée d'un décret d'accusation, la reine force le roi à donner sa sanction à la loi qui privait les évêques du droit de voter. Henriette quitte l'Angleterre ; Charles se retire à York, après avoir refusé d'apposer sa signature au bill relatif à la milice, bill qui tendait à mettre le pouvoir militaire aux mains de la chambre élective : de part et d'autre on se prépare à la guerre.

---

(1) J'invite à lire, dans la collection des lettres de Strafford, la lettre qu'il écrivit à son fils avant d'aller à l'échafaud.

On remarque dans la conduite du roi, depuis son avénement au trône jusqu'à l'époque de la guerre civile, cette incertitude qui prépare les catastrophes. Entêté de la *prérogative*, il se la laissa d'abord arracher par lambeaux, et la livra ensuite toute à la fois ; il était brave : il pouvait en appeler à l'épée, et il ne recourut aux armes que quand ses ennemis eurent acquis le pouvoir de résister; toutes les voies constitutionnelles lui étaient ouvertes pour agir au nom de la constitution, même contre le parlement, et il n'entra point dans ces voies. Enfin, Charles lutta inutilement contre la force des choses ; son temps l'avait devancé : ce n'était pas sa nation seule qui l'entraînait, c'était le genre humain ; il voulut ce qui n'était plus possible. La liberté conquise s'alla perdre d'abord dans le despotisme militaire, qui la dépouilla de son anarchie ; mais enlevée aux pères, elle fut substituée aux fils, et resta en dernier résultat à l'Angleterre.

Dans les combats de plume qui précédèrent des combats plus sanglants, le parti de Charles eut presque toujours raison par le fond et par la forme : ce parti posa très-nettement les questions relatives aux formes du gouvernement ; il prouva que la constitution anglaise était composée de monarchie, d'aristocratie et de démocratie (c'était la première fois que l'on s'exprimait ainsi) ; il prouva que les demandes du parlement tendaient à dénaturer la constitution monarchique et à jeter la Grande-Bretagne dans l'état populaire, le pire de tous les états. Falkland et Clarendon écrivaient pour le roi ; tous deux étaient ennemis déclarés des mesures arbitraires de la cour.

Pourquoi un parti si raisonnable dans ses doctrines ne fut-il pas écouté ? c'est qu'on ne le crut pas sincère, et qu'ensuite il était froid ; il se trouvait placé du côté d'un pouvoir qui tendait à conserver, tandis que les passions étaient du côté d'un pouvoir qui voulait détruire. Enfin ce parti était dépassé dans ses sentiments de liberté par les puritains, qui marchaient à la république. Plus tard on retourna aux principes de Clarendon et de Falkland, mais il fallut dévorer vingt ans de calamités. Ainsi nous sommes revenus en 1814 aux doctrines de 1789 : nous aurions pu nous épargner le luxe de nos maux.

Cependant (il est triste de le dire), les crimes et les misères des révolutions ne sont pas toujours des trésors de la colère divine, dépensés en vain chez les peuples. Ces crimes et ces misères profitent quelquefois aux générations subséquentes par l'énergie qu'ils leur donnent, les préjugés qu'ils leur enlèvent, les haines dont ils les délivrent, les lumières dont ils les éclairent. Ces crimes et ces misères, considérés comme leçons de Dieu, instruisent les nations, les rendent circonspectes, les affermissent dans des principes de liberté raisonnables ; principes qu'elles seraient toujours tentées de regarder comme insuffisants, si l'expérience douloureuse d'une liberté sous une autre forme n'avait été faite.

Falkland a laissé un de ces souvenirs mêlés de mélancolie et d'admiration qui attendrissent l'âme. Il était doué du triple génie des lettres, des armes et de la politique. Il fut fidèle aux muses sous la tente, à la liberté dans le palais des rois, dévoué à un monarque infortuné, sans méconnaître les fautes de ce monarque. Accablé des maux de son pays, fatigué du poids de l'existence, il se laissa aller à une tristesse qui se faisait remarquer jusque dans la négligence de ses vêtements. Il chercha et trouva la mort à la bataille de Naseby : on devina son dessein de quitter la vie au changement de ses habits : il s'était paré comme pour un jour de fête.

Le chancelier Clarendon, qui, de son côté, servit si bien Charles Ier, vint, dans la suite, mourir à Rouen, exilé par Charles II, qui lui devait en partie sa couronne. Sous le règne de ce dernier prince, on condamna à être brûlé par la main du bourreau le mémoire justificatif du vertueux magistrat dont les écrits mêlés à ceux de Falkland avaient fait triompher la cause royale.

L'étendard royal planté à Nottingham donna, dit Hume, le signal de la discorde et de la guerre civile à toute la nation. Clarendon remarque que les parlementaires avaient commis le premier acte d'hostilité en s'emparant des magasins de Hull. L'observation est juste, mais le parlement avait agi dans ses intérêts : lorsque dans les troubles des empires on en est venu à l'emploi de la force, il s'agit moins de la première attaque que de la dernière victoire.

La fortune se déclara d'abord pour le roi : la reine lui amena des secours. Il assembla à Oxford les membres du parlement qui lui étaient demeurés fidèles, afin de combattre le parlement de Londres : ainsi sous la Ligue nous avions le parlement de Tours et celui de Paris ; « mais depuis, dit Bossuet, des retours
« soudains, des changements inouïs, la rébellion longtemps retenue, à la fin tout
« à fait maîtresse ; nul frein à la licence, les lois abolies, la majesté violée par
« des attentats jusqu'alors inconnus, l'usurpation et la tyrannie sous le nom de
« liberté. »

CROMWELL.

Tous ces revers tinrent à un homme : non que Cromwell fût l'adversaire de Charles (dans ce cas encore la lutte eût été trop inégale), mais Cromwell était la destinée visible du moment. Charles, le prince Rupert, les partisans du roi, remportaient-ils quelque avantage, cet avantage devenait inutile par la présence de Cromwell. Moins les talents de cet homme étaient éclatants, plus il paraissait surnaturel : bouffon et trivial dans ses jeux, lourd et ténébreux dans son esprit, embarrassé dans sa parole, ses actions avaient la rapidité et l'effet de la foudre. Il y avait quelque chose d'invincible dans son génie, comme dans les idées nouvelles dont il était le champion.

Olivier Cromwell, fils de Robert Cromwell et d'Élisabeth Stewart, naquit à Huntingdon, le 24 avril v. s., la dernière année du seizième siècle. Robert eut dix enfants, et Olivier fut le second de ses fils. Les frères d'Olivier moururent en bas âge. Milton a exalté et d'autres ont ravalé la famille du Protecteur : il a dit lui-même, dans un de ses discours, qu'il n'était ni bien ni mal né, ce qui était modeste, car sa naissance était bonne, et ses alliances surtout remarquables. Les premiers biographes de Cromwell, particulièrement les premiers biographes français, l'envoient servir d'abord sur le continent, et le font comparaître devant le cardinal de Richelieu, qui prédit la grandeur future du jeune Anglais : ces fables sont aujourd'hui abandonnées. Cromwell reçut les premiers rudiments des lettres à Huntingdon, sous un docteur Thomas Beard, ministre dans cette petite ville. Le docteur fut un mauvais maître, quoiqu'il composât des pièces de théâtre pour ses écoliers; Cromwell ne sut jamais correctement l'orthographe.

Envoyé à Cambridge au collége de Sydney-Sussex (23 avril 1616), il étudia sous Richard Howlet, apprit un peu de latin : Waller veut qu'il sût bien l'histoire grecque et romaine. Il aimait les livres, écrivait facilement de mauvaise prose et de méchants vers.

Son père étant mort, sa mère le rappela auprès d'elle. Pendant deux années, Olivier fut la terreur de la ville d'Huntingdon par ses excès. Envoyé à Lincoln-Inn pour s'instruire dans les lois, au lieu de s'y appliquer, il se plongea dans la débauche. Revenu de Londres en province, il se maria à Élisabeth Bourchier, fille de sir James Bourchier, du comté d'Essex. Elle était laide et assez vaine de sa naissance : une seule lettre d'elle, qui nous reste, montre qu'elle avait reçu l'éducation la plus négligée (1).

Cromwell, qui n'avait que vingt et un ans au moment de son mariage, changea subitement de mœurs, entra dans la secte puritaine, et fut saisi de l'enthousiasme religieux, tantôt feint, tantôt vrai, qu'il conserva toute sa vie. Nous verrons plus tard les contrastes de son caractère.

Une succession ayant donné quelque aisance à Cromwell, il devint *gentleman farmer* dans l'île d'Ély, et fut élu membre du troisième parlement de Charles en 1628. Il ne se fit remarquer que par son ardeur religieuse et par ses déclamations contre les évêques de Winchester et de Winton. Sa voix était aigre et passionnée, ses manières rustiques, ses vêtements sales et négligés. Cromwell était d'une taille ordinaire (cinq pieds cinq pouces environ); il avait les épaules larges, la tête grosse et le visage enflammé.

Après la dissolution du parlement de 1628, Cromwell disparaît; on ne le retrouve qu'à la convocation du parlement de 1640. On sait seulement que les censures et l'intolérance de la Chambre Étoilée, ayant déterminé beaucoup de citoyens à passer à la Nouvelle-Angleterre, Hampden et son cousin Olivier Cromwell résolurent de s'expatrier. Ils avaient choisi pour le lieu de leur résidence, dans des pays sauvages, une petite ville puritaine, fondée en 1635, sous le nom de Say-Brook, par lord Brook et lord Say. Cromwell et Hampden étaient déjà à bord d'un vaisseau sur la Tamise, lorsque cette proclamation les contraignit de débarquer : « Il est défendu à tous marchands, maîtres et pro-
« priétaires de vaisseaux de mettre en mer un vaisseau ou des vaisseaux avec
« des passagers, avant d'en avoir obtenu licence spéciale de quelques-uns des
« lords du conseil privé de Sa Majesté, chargés des plantations d'outre-mer. »

Hampden et Cromwell, au lieu de s'aller ensevelir dans les déserts de l'Amérique, furent retenus en Angleterre par les ordres de Charles Ier; il n'y a pas, dans les annales des hommes, un exemple plus frappant de la fatalité.

Obligé de rester en Angleterre par la volonté du roi qu'il devait conduire à

---

(1) Il ne faut pourtant pas confondre les fautes d'orthographe et de langue, dans les manuscrits de la première partie du dix-septième siècle, avec l'orthographe et les langues de cette époque qui n'étaient pas fixées et variaient encore dans chaque pays, selon les provinces.

l'échafaud, Cromwell, ne sachant où jeter son inquiétude, s'opposa au dessèchement très-utile des marais de Cambridge, de Huntingdon, Northampton et Lincoln; desséchement entrepris par le comte de Bedford. Les personnages puissants qu'il attaquait lui donnèrent le surnom dérisoire de *lord des marais;* mais le parti populaire et puritain, à cause même de cette attaque contre de nobles hommes, choisirent Cromwell, membre de la chambre des communes pour Cambridge, au parlement du 5 mai 1640. Ce quatrième parlement ayant été subitement dissous, l'obscur député reparut enfin, la même année, dans ce long parlement qui devait faire sa puissance et qu'il devait détruire.

La révolution qui commençait sa marche ne se trompait pas sur son chef, bien que ce chef fût encore le membre le plus ignoré de ces fameuses communes. Au premier cri de la guerre civile, le génie du Protecteur s'éveilla. Volontaire d'abord, et puis colonel parlementaire, Cromwell leva un régiment de fanatiques qu'il soumit à la plus sévère discipline : le moine devient facilement soldat. Pour vaincre le principe d'honneur qui animait les *cavaliers*, Cromwell enrôla à son service le principe religieux qui enflammait les *têtes rondes*. Il fut bientôt l'âme de tout : il refondit et reconstitua l'armée; et sachant se faire exempter des bills qu'il inspirait au parlement, il restait pouvoir arbitraire au milieu d'une faction toute démocratique.

DU COMMENCEMENT DE LA GUERRE CIVILE

A LA CAPTIVITÉ DU ROI.

De 1642 a 1647.

Cromwell s'éleva principalement en adoptant un parti : il se plaça à la tête des *indépendants*, secte sortie du sein des puritains, et dont l'exagération fit la force. Les membres *indépendants* du parlement devinrent les tribuns de la république : les généraux et les officiers de l'armée furent remplacés par des généraux et des officiers *indépendants*. On établit auprès de chaque corps des commissaires qui contrecarraient les mesures des capitaines modérés ; l'esprit des troupes s'exalta jusqu'au plus haut degré du fanatisme.

En vain Charles, auquel il restait encore une ombre de puissance, voulut traiter à Huxbridge : la négociation fut rompue et la guerre renouvelée. Montross obtint quelques succès inutiles en Écosse. « Le comte de Montross, Écos-
« sais et chef de la maison de Graham, dit le cardinal de Retz, est le seul
« homme du monde qui m'ait jamais rappelé l'idée de certains héros que
« l'on ne voit plus que dans les Vies de Plutarque ; il avait soutenu le parti du
« roi d'Angleterre dans son pays, avec une grandeur d'âme qui n'en avait
« point de pareille en ce siècle. »

Montross n'était point un homme de Plutarque ; c'était un de ces hommes qui restent d'un siècle qui finit dans un siècle qui commence : leurs anciennes vertus sont aussi belles que les vertus nouvelles, mais elles sont stériles ; plantées dans un sol usé, les mœurs nationales ne les fécondent plus.

Tandis qu'on s'égorgeait dans les champs de l'Angleterre, les membres des communes livraient des batailles à Londres, abattaient des têtes sans exposer les leurs. L'archevêque Laud, prisonnier depuis plus de trois ans, fut tiré de son cachot, par la vengeance de Prynne, pour aller au supplice (10 janvier 1645). Ce prélat inflexible avait fait beaucoup de mal à Charles, en l'entêtant de la suprématie épiscopale, en persuadant au roi d'entreprendre ce qu'il n'avait pas la force d'accomplir. Laud, courbé sur son bâton pastoral, était naturellement si près du terme de sa course, qu'on aurait pu se dispenser de hâter le pas du vieux voyageur. « Agé de soixante-seize ans, vénérable par ses vertus..... il « regarda la mort sans tomber dans la pusillanimité des vieillards qui, du « bord de leur tombeau, font des vœux au ciel pour en obtenir quelques mal- « heureux moments qu'ils veulent attacher au grand nombre de leurs années (1). »

Battu de toutes parts, défait complétement à Naseby (juin 1645), Charles crut trouver un asile parmi ses véritables compatriotes : il quitta Oxford où il s'était réfugié, et s'alla rendre à l'armée écossaise, avec les chefs de laquelle il avait secrètement traité. On le conduisit à Newcastle, où s'ouvrirent de nouvelles négociations. Des commissaires du gouvernement anglais arrivèrent : tout le monde pressait Charles d'accepter les conditions proposées : les Écossais ou les *saints* (c'est ainsi qu'ils se nommaient), les *presbytériens* effrayés des *indépendants*, l'ambassadeur de France, Bellièvre, la reine même absente, mais se faisant entendre par l'intermédiaire de Montreuil. Charles refusa l'arrangement, parce qu'il blessait les principes de sa croyance. A cette époque la foi était partout, excepté chez un petit nombre de libertins et de philosophes; elle imprimait aux fautes et quelquefois aux crimes des divers partis quelque chose de grave, de moral même, si l'on ose dire, en donnant à la victime de la politique la conscience du martyr, et à l'erreur la conviction de la vérité.

Un ministre écossais, prêchant devant Charles, commença le psaume 51 : *Pourquoi, tyran, te vantes-tu de ton iniquité?* Charles se leva et entonna le psaume 56 : *Seigneur, prends pitié de moi, car les hommes me veulent dévorer.* Le peuple attendri continua le cantique avec le souverain tombé : l'un et l'autre ne s'entendaient plus qu'à travers la religion.

Ces marques de pitié s'évanouirent; les *saints* d'Écosse en vinrent à un marché avec les *justes* d'Angleterre, et l'armée covenantaire livra Charles au parlement anglais, pour la somme de 800,000 livres sterling. « Les gardes fidèles de nos rois, dit « Bossuet, trahirent le leur. » Lorsque Charles fut instruit de la convention, il prononça ces belles et dédaigneuses paroles : « J'aime mieux être au pouvoir de ceux qui m'ont acheté chèrement que de « ceux qui m'ont lâchement vendu. »

Prisonnier des hommes qui allaient bientôt l'immoler, Charles fut conduit au château de Holmby (9 février 1647). Il reçut partout des témoignages de respect : la foule accourait sur son passage; on lui amenait des malades afin qu'il les touchât pour les rendre à la santé; vertu qu'il était censé posséder comme *roi de France*, comme héritier de saint Louis. Plus Charles était malheureux,

(1) *Vie de Henriette de France.*

plus on le croyait doué de cette vertu bienfaisante : étrange mélange de puissance et d'impuissance! On supposait au royal captif une force surnaturelle, et il n'avait pas celle de briser ses chaînes; il pouvait fermer toutes les plaies, excepté les siennes. Ce n'était pas sa main, c'était son sang qui devait guérir cette maladie de liberté dont l'Angleterre était travaillée.

Les *presbytériens*, libres de crainte du côté du roi, essayèrent de licencier l'armée où dominaient les *indépendants ;* les *indépendants* l'emportèrent : ils formèrent entre eux dans leurs camps une espèce de parlement militaire aux ordres de Cromwell. Les officiers composaient la chambre haute, les soldats, qu'on nommait *agitateurs*, la chambre basse ; c'est ainsi que la constitution républicaine de Rome passa aux légions de l'empire. Soixante-deux membres indépendants du vrai parlement, ayant à leur tête les orateurs, allèrent rejoindre l'armée militante, prêchante et délibérante, laquelle vint à Londres et chassa qui bon lui plut de Westminster. En même temps, le cornette Joyce, qui jadis tailleur avait quitté l'aiguille pour l'épée, enleva le roi du château d'Holmby, le conduisit prisonnier de l'armée à Newmarket, et de là à Hamptoncourt.

Les hommes qui se jettent les premiers dans les révolutions sont partis d'un point de repos ; ils ont été formés par une éducation et par une société qui ne sont point celles que les révolutions produisent. Dans les plus violentes actions de ces hommes, il y a quelque chose du passé, quelque chose qui n'est pas d'accord avec leurs actions, c'est-à-dire des impressions, des souvenirs, des habitudes qui appartiennent à un autre ordre de temps. Ces athlètes expirent successivement dans la lice à des distances inégales, selon le degré de leurs forces, ou, s'arrêtant tout à coup, refusent d'avancer. Mais auprès d'eux sont nés d'autres hommes, factieux engendrés par les factions ; aucune impression, aucun souvenir, aucune habitude ne contrarie ceux-ci dans les faits du présent ; ils accomplissent par nature ce que leurs devanciers avaient entrepris par passion : aussi vont-ils beaucoup au delà de ces premiers révolutionnaires qu'ils immolent et remplacent.

DEPUIS LA CAPTIVITÉ DU ROI

JUSQU'A L'ÉTABLISSEMENT DE LA RÉPUBLIQUE.

DE 1647 A 1649.

Près d'une moitié de la propriété anglaise avait été séquestrée par le parlement, sous le prétexte de l'attachement que les propriétaires conservaient aux opinions royalistes. Le clergé anglican était errant dans les bois ; des victimes entassées dans les pontons, sur la Tamise, périssaient de maladie, et quelquefois de faim. On avait établi des comités investis du droit de vie et de mort, lesquels, sans forme de procès, dépouillaient les citoyens. Ces comités exerçaient des vengeances, vendaient la justice, et protégeaient le crime.

Tous ces maux rendirent l'entreprise de l'armée contre le parlement extrêmement populaire, car, dans le mouvement des ambitions et dans le ressentiment des misères publiques, on n'examina pas jusqu'à quel point le succès de la révolution n'avait pas tenu à des rigueurs que l'humanité, l'équité et la morale ne pouvaient d'ailleurs justifier.

Après avoir chassé les *presbytériens* du parlement, l'armée entama, à l'exemple de ce même parlement, des négociations avec le roi.

Cromwell pensa-t-il d'abord à se réunir à Charles? on l'a cru. John Cromwell, un de ses cousins, lui avait entendu dire à Hamptoncourt : « Le roi « est injustement traité, mais voici ce qui lui fera rendre justice; » il montrait son épée. Il est certain qu'Ireton et Cromwell eurent des pourparlers fréquents à Hamptoncourt avec les agents du roi. Charles offrait, dit-on, à Cromwell l'ordre de la Jarretière et le titre de comte d'Essex; mais Cromwell prévit tant d'opposition de la part des *agitateurs* et des *niveleurs*, qu'il se décida à les suivre. L'esprit républicain, en forçant un simple citoyen à refuser un cordon, lui donna une couronne : Cromwell fût redevenu sujet obscur, mais vertueux; la liberté lui imposa le crime, le despotisme et la gloire.

Cromwell jouait vraisemblablement un double jeu; si les négociations avec Charles réussissaient, elles le menaient à la fortune; si elles échouaient, il trouvait, en abandonnant le roi, d'autres honneurs : d'un côté la prudence et l'intérêt lui conseillaient de se rapprocher de Charles; de l'autre, sa haine plébéienne et son ambition démesurée l'en écartaient. Ainsi s'expliquerait mieux l'ambiguïté de la conduite de Cromwell, que par la profonde hypocrisie d'une trahison non interrompue, et inébranlablement décidée d'avance à se porter aux derniers excès.

Dans ces négociations tant de fois reprises et rompues avec les divers partis, Charles lui-même fut généralement accusé de fausseté. Il avait le tort de trop écrire et de trop parler : ses billets, ses lettres, ses déclarations, ses propos, finissaient par être connus de ses ennemis, qui, à cet effet, se servaient souvent de moyens peu honorables. Après la bataille de Naseby (14 juin 1645), on trouva dans une cassette perdue des lettres et des papiers importants : ils furent lus dans une assemblée populaire à Guildhall, et publiés ensuite avec des notes, par ordre du parlement, sous ce titre : *Le portefeuille du roi ouvert*, etc. Ces papiers et ces lettres (du roi et de la reine) prouvaient trop que Charles ne regardait pas sa parole comme engagée, qu'il songeait à appeler des armées étrangères, et qu'il était toujours entêté des maximes du pouvoir absolu (1).

C'est encore ainsi qu'avant de quitter Oxford pour se livrer aux Écossais, il avait écrit à Digby que si les *presbytériens* ou les *indépendants* ne se joignaient à lui, ils s'égorgeraient les uns les autres, et qu'alors il deviendrait roi.

Lorsque saisi à Holmby par l'armée, Charles fut conduit à Hamptoncourt,

---

(1) J'ai déjà cité ces papiers et ces lettres. Malgré la candeur des *saints*, et les *certifiés conformes*, il ne m'est pas prouvé que le texte soit religieusement conservé. Outre les raisons matérielles et morales que je pourrais apporter de mon opinion, je remarquerai que ce fut Cromwell, le plus grand des fourbes, qui vainquit les scrupules des parlementaires et les détermina à faire publier ces documents. Sous le Directoire, n'a-t-on pas falsifié et interpolé les *Mémoires* même de Cléry? Sous Buonaparte même on employait ces odieux moyens, bien indignes de son génie et de sa puissance. Pendant les Cent-Jours, ne publia-t-on pas à Paris les lettres altérées de Monseigneur le duc d'Angoulême à S. A. R. madame la duchesse d'Angoulême, et jusqu'à une fausse édition de mon *Rapport fait au roi dans son conseil à Gand?* Les partis sont sans conscience : tout leur est bon pour réussir.

il adressa à la reine une lettre dans laquelle, après s'être expliqué sur sa position, il ajoutait : « En temps et lieu je saurai agir comme il le faudra avec ces « coquins-là. Je leur donnerai un cordon de chanvre au lieu d'une jarretière « de soie. » Ireton et Cromwell, qui traitaient avec le roi, retirèrent cette « lettre des panneaux d'une selle où elle avait été renfermée. » Comme homme, Charles était naturellement sincère ; comme roi, l'orgueil du sang et du pouvoir le rendait méprisant et trompeur. Montross, allant au supplice, employa plus noblement cette image des cordons. « Le feu roi, dit-il, m'a fait l'honneur « de me gratifier de l'ordre de la Jarretière ; mais la corde rend ma position « plus illustre. »

Les *niveleurs*, à la politique desquels Cromwell dut sa puissance, étaient une autre faction engendrée par les *indépendants*, et poussant les principes de ceux-ci à leur dernière conséquence.

Effrayé par des menaces, ne pouvant s'entendre avec l'armée et le parlement qui traitaient séparément avec lui, le roi eut la faiblesse de s'échapper de Hamptoncourt, laissant sur sa table une déclaration adressée aux deux chambres, et divers papiers. Huntingdon prétend que Cromwell avait écrit une lettre au gouverneur de Hamptoncourt pour l'avertir du danger de Charles.

Ce prince croyait sa cause bien abandonnée, puisqu'il n'essaya pas de s'enfoncer dans l'Angleterre et d'y retrouver son parti, quoiqu'il eût un moment la pensée de se retirer à Berwick. Après avoir marché toute la nuit, accompagné seulement du valet de chambre Legg, et de deux gentilshommes, Ashburnahm et Berckley, il arriva sur la côte ; il ne vit qu'une mer déserte. Celui qui commande à l'abîme, et qui le mit à sec pour laisser passer son peuple, n'avait pas même permis qu'une barque de pêcheur se présentât pour ouvrir un chemin sur les flots au monarque fugitif. Charles alla frapper à la porte du château de Tichfield, où la comtesse douairière de Southampton lui donna l'hospitalité ; il prit ensuite le parti désespéré de solliciter la protection du gouverneur de l'île de Wight, le colonel Hammond, créature de Cromwell.

Prévenu par Jacques Ashburnham et par Berckley, Hammond refusa de promettre sa protection à Charles, et demanda à être conduit vers lui. Le roi, apprenant l'arrivée inattendue du gouverneur, se crut encore une fois victime d'une de ces trahisons dont il avait l'habitude. Il s'écria : « Jacques, tu m'as perdu ! » Ashburnham fondant en larmes proposa à Charles de poignarder Hammond qui attendait à la porte. Charles refusa de consentir à l'assassinat d'Hammond, assassinat qui l'eût peut-être sauvé.

Le roi devint une seconde fois prisonnier de la faction militaire, au château de Carisbrook. Cromwell, qui par ses tergiversations était devenu suspect au parlement et aux soldats, assembla les officiers : dans un conseil secret il fut résolu, quand l'armée aurait achevé de s'emparer de tous les pouvoirs, de mettre le roi en jugement pour crime de tyrannie ; crime que cette indépendante armée employait à son profit, le regardant sans doute comme un de ses priviléges ou l'une de ses libertés.

Or le parlement, tout mutilé qu'il était déjà, essayait de résister encore ; il continuait de traiter avec le roi. Lorsque les commissaires de cette assemblée devenue impuissante furent introduits au château de Carisbrook, ils demeurèrent frappés de respect à la vue de cette tête blanchie et *découronnée*, comme l'appelle Charles dans quelques vers qui nous restent de lui. Les débats entre les commissaires et le roi s'ouvrirent sur des points de discipline religieuse, et l'on ne s'entendit point : tel était le génie de l'époque ; on sacrifiait tout à l'entêtement d'une controverse. Cependant les libertés publiques, et notamment la liberté de la presse, pour lesquelles on prétendait tout faire, étaient sacrifiées aux partis tour à tour triomphants. Des brochures intitulées, *Cause de l'Armée, Accord du peuple*, étaient déclarées, par les parlementaires, attentatoires à l'autorité du gouvernement ; la force militaire, de son côté, obtenait, sur la demande du général Fairfax, que tout écrit serait soumis à la censure, et que le censeur serait désigné par le général. Les *factions*, même les *factions républicaines*, n'ont jamais voulu la liberté de la presse : c'est le plus grand éloge que l'on puisse faire de cette liberté.

Cependant les *niveleurs* poussèrent si loin leur politique de théorie, qu'ils donnèrent des craintes sérieuses à Cromwell. Il se présente tout à coup à l'un de leurs rassemblements avec le régiment *rouge* qu'il commandait, et dont les soldats étaient surnommés *côtes de fer*. Il tue deux démagogues de sa main, en fait pendre quelques autres, dissipe le reste. Que disaient les lois de ces homicides arbitraires, dans ce temps de liberté légale ? Rien.

Les Écossais, honteux d'avoir livré leur maître, courent aux armes ; Cromwell les bat, et fait prisonnier leur général, le duc d'Hamilton ; des royalistes, obligés de capituler dans la ville de Colchester, sont exposés au marché comme un troupeau de nègres, et encaqués pour la Nouvelle-Angleterre : Charles II, rendu à sa puissance, oublia de les racheter : l'ingratitude des rois fit de la postérité de ces infortunés prisonniers des hommes libres, sur le même sol où ils avaient été vendus comme esclaves des rois.

L'armée victorieuse demanda, d'abord en termes couverts, et ensuite patemment, le jugement du roi. Diverses garnisons du royaume appuyèrent cette demande. Louis XVI fut victime de la violence d'un corps politique. Charles Ier ne succomba qu'à l'animosité de la faction militaire : ses accusateurs, une partie de ses juges, et jusqu'à ses bourreaux, furent des officiers.

Épouvanté de tant de démarches audacieuses, le parlement presse les négociations avec l'auguste prisonnier ; afin d'opposer le pouvoir de la couronne au pouvoir de la soldatesque : pour toute réponse, Cromwell marche sur Londres.

En même temps l'ordre est expédié au colonel Hammond, dans l'île de Wight, d'aller rejoindre le général Fairfax et de remettre la garde de la personne du roi au colonel Ewers.

Le parlement défend à Hammond d'obéir ; Hammond se serait soumis aux ordres de l'autorité civile ; mais trouvant les soldats de la garnison disposés à la révolte, il partit pour le camp, où on l'arrêta. Le roi fut saisi, conduit de l'île de Wight au château de Hurst, et bientôt à Windsor. Charles avait envoyé son *ultimatum* aux communes, et avait promis à Hammond d'attendre vingt jours dans l'île de Wight la réponse définitive du parlement ; il ne tenta donc point de s'échapper, ce qu'il aurait pu faire aisément : sa fidélité à sa parole le conduisit à l'échafaud, l'honneur du prince fit le crime de la nation.

Les *indépendants* avaient précédemment expulsé de la chambre élective les presbytériens les plus probes ; ils en allaient être chassés à leur tour. Ce fut la seule circonstance où ces fameuses communes montrèrent du courage : à la face de l'armée qui assiégeait les portes de Westminster, elles déclarèrent que les conditions venues de l'île de Wight étaient suffisantes et qu'on pouvait conclure un traité avec le roi. Les grandes résolutions tardives ne réussissent presque jamais, parce que, n'appartenant ni à l'inspiration de la vertu, ni à l'impulsion du caractère, elles ne sont que le résultat d'une position désespérée qui fait un moment surmonter la peur ; alors, ou l'on manque du courage suffisant pour soutenir ces résolutions, ou des moyens nécessaires pour les exécuter.

L'équitable histoire doit remarquer que ce vote des communes fut principalement l'ouvrage de Prynne, de ce presbytérien si persécuté par le parti de la couronne et de l'épiscopat, de cet homme qui, pour l'indépendance de ses opinions, avait subi deux fois la mutilation, trois fois l'exposition au pilori, huit années de prison et des amendes considérables.

Le lendemain de la résolution parlementaire, le colonel Pride, charretier par état, arrêta quarante-sept membres des communes lorsqu'ils se présentèrent aux portes de Westminster. Le jour suivant, l'entrée de la chambre fut refusée à quatre-vingt-dix-huit autres : Prynne déclara qu'il ne se retirerait jamais volontairement, et l'on fut obligé de l'entraîner de force. Après diverses épurations, le long parlement, se trouva réduit à soixante-dix-huit membres, et bientôt à cinquante-trois par des retraites volontaires : trois cent quarante votants avaient été présents à la délibération relative aux négociations avec le roi. La poignée de séditieux conservée par la dérision des soldats retint le nom de parlement : le mépris populaire y ajouta le surnom de *rump* qui lui est resté.

Le *rump* rejeta tout projet d'accommodement avec Charles ; il parla aussi de forger un de ces plans de république qui ébaudissent les dupes, et dont les fripons profitent. Le bill pour mettre Charles en jugement, et pour ériger à cet effet une cour de justice, fut proposé et voté dans la prétendue chambre des communes. La chambre haute, dont il n'existait plus que l'ombre, et qui ne comptait que seize pairs dans son sein, rejeta à l'unanimité le double bill. Le *rump* rendit aussitôt cet arrêt : « Attendu que les membres des communes sont
« les véritables représentants du peuple, de qui après Dieu émane tout pouvoir,
« la loi naît des communes, et n'a besoin pour être obligatoire ni du concours
« des pairs, ni de celui du roi. »

Un acte fut passé, autorisant cent quarante-cinq juges nommés dans cet acte, ou trente seulement parmi eux, à se former en haute cour, afin de faire le procès à Charles Stuart, roi d'Angleterre. Coke fut l'avocat général et Bradshaw eut la présidence de cette cour dont Cromwell faisait partie. Il ne se trouva, à l'ouverture de la procédure, que soixante-six membres, et soixante seulement au prononcé de la sentence.

Le roi fut conduit de Windsor au palais de Saint-James, et de là à la barre de la cour qui siégeait au bout de la grande salle de Westminster. Le président Bradshaw était assis dans un fauteuil de velours cramoisi, et les soixante-six commissaires, rangés des deux côtés du président, sur des banquettes recouvertes d'écarlate : un autre fauteuil, en face du président, avait été préparé pour l'*accusé*. Lorsqu'on annonça l'arrivée du roi, Cromwell se précipita à une fenêtre pour le voir, et s'en retira tout aussi vite, pâle comme la mort.

Charles entra d'un pas ferme, le chapeau sur la tête, une canne à la main ; il s'assit d'abord, puis se leva et promena sur ses juges un regard assuré; c'était le 20 janvier 1649, jour qui devait avoir son anniversaire : le 20 janvier 1793, fut lue à Louis XVI, prisonnier au Temple, la sentence de mort.

Amené quatre fois devant ses meurtriers, Charles montra une noblesse, une patience, un sang-froid, un courage qui effacèrent le souvenir de ses faiblesses. Il déclina la compétence de la cour, et, la tête couverte, parla en roi.

Bradshaw opposa à Charles la souveraineté du peuple; il accusa le prince d'avoir violé la loi, opprimé les libertés publiques et versé le sang anglais. Cette controverse politique n'était qu'une plaidoirie dérisoire devant la mort séant au tribunal. On entendit des témoins qui prouvèrent que le roi avait commandé ses troupes dans diverses affaires : en France, on n'aurait pas tué un roi pour s'être battu.

Lady Fairfax montra la généreuse audace particulière aux femmes : de la tribune où elle assistait au procès elle osa contredire les commissaires. On la menaça de faire tirer les soldats sur les tribunes.

Les juges, se reconnaissant bourreaux, avaient déposé une épée sur la table à laquelle étaient assis les deux secrétaires du tribunal. Charles, passant devant cette table, toucha le glaive du bout de la canne qu'il tenait à la main, et dit : « Il ne me fait pas peur. » Il disait vrai.

Il avait pareillement touché avec cette canne l'épaule de l'avocat général Coke en lui adressant le cri parlementaire *hear! hear!* (écoutez! écoutez!) lorsque Coke commença la plaidoirie. La pomme d'argent de la canne tomba. Amis et ennemis en conclurent que le roi serait décapité.

Charles, entendant autour de lui les exclamations : « Justice! justice! Exé-« cution! exécution! » sourit de pitié.

Un misérable, peut-être un des juges, lui crache au visage : il s'essuie tranquillement. « Les pauvres soldats, » dit-il ensuite à Herbert (le Cléry du devancier de Louis XVI), « les pauvres soldats ne m'en veulent pas; ils sont excités « à ces insultes par leurs chefs, qu'ils traiteraient de la même manière pour « un peu d'argent. » Un de ces soldats, qui lui témoignait quelque commisération, fut rudement frappé par un officier. « La punition me semble passer « l'offense, » dit Charles.

La religion soutenait le monarque : il pensait partager ses ignominies avec le Roi des rois, et cette comparaison élevait son âme au-dessus des misères de la vie. Il ne s'attendrit qu'en entendant le peuple s'écrier derrière les gardes : « Que Dieu préserve Votre Majesté! » Ce ne sont pas les outrages, ce sont les marques de bonté qui brisent le cœur des malheureux.

Dans les intervalles des séances, les commissaires se retiraient pour délibérer entre eux dans la *chambre peinte*. C'est ce qui arriva surtout le troisième jour du jugement, lorsque le roi proposa de s'expliquer devant un comité composé de lords et de membres des communes, ayant à faire, disait-il, une proposition propre à rendre la paix à son peuple. Bradshaw repoussa la demande du roi : le colonel Downes, un des juges, réclama; la cour alla délibérer dans la chambre voisine; Cromwell l'emporta sur le colonel : il fut décidé qu'on n'admettait point la proposition du roi. Charles avait dessein, du moins on l'a cru, de déclarer qu'il abdiquait la couronne en faveur du prince de Galles.

Avant et pendant l'instruction du procès, on essaya, par toutes sortes de jongleries, d'échauffer l'esprit du peuple.

Un prédicateur annonça en chaire « qu'il venait d'avoir une révélation ; que « pour assurer le bonheur du peuple, il était urgent d'abolir la monarchie ; que le roi était visiblement Barrabas, et l'armée le Christ; qu'il ne fallait pas « imiter les Juifs, délivrer le voleur au lieu du juste ; que plus de cinq mille « *saints* étaient dans l'armée, et des saints tels qu'il n'y en avait pas de « plus grands dans le paradis ; qu'ainsi justice « devait être faite du grand « Barrabas de Windsor. Ce prédicant, venu de la Nouvelle-Angleterre, s'appelait Peters; singulière ressemblance de nom avec cet autre Peters qui contribua à la perte de Jacques second.

On vit dans ce moment critique ce que l'on a vu trop souvent : la probité commune, suffisante dans le temps de calme, insuffisante au moment du péril. Cette espèce d'honnêtes gens qui avaient voulu la révolution de bonne foi, manquèrent d'énergie pour la retenir dans de justes bornes. Whitelocke, de ce troupeau des faibles, déclare qu'on rejetait la *sale besogne* du procès fait au roi sur l'armée; chose naturelle, selon lui, puisque l'armée avait demandé l'accusation. Whitelocke avait raison, mais l'armée n'entendait pas la chose comme cela : elle prétendait rendre les parlementaires exécuteurs de ses hautes œuvres. Whitelocke, commissaire du sceau, s'alla cacher à la campagne avec son collègue Weddrington; Elsing, clerc du parlement, résigna sa charge. John Cromwell, alors au service de Hollande, vint en Angleterre de la part du prince de Galles et du prince d'Orange pour tâcher de sauver le roi. Introduit, avec beaucoup de peine, auprès d'Olivier son cousin, il chercha à l'effrayer de l'énormité du crime prêt à se commettre; il lui représenta, à lui Olivier Cromwell, qu'il l'avait vu jadis à Hamptoncourt dans des opinions plus loyales. Olivier répliqua que les temps étaient changés, qu'il avait jeûné et prié pour Charles, mais que le ciel n'avait point encore donné de réponse. John s'emporta, et alla fermer la porte; Olivier crut que son cousin le voulait poignarder : « Retournez à votre auberge, lui dit-il, et ne vous couchez qu'après « avoir entendu parler de moi. » A une heure du matin, un messager d'Olivier vint dire à John que le conseil des officiers avait *cherché le Seigneur*, et que le Seigneur voulait que le roi mourût. Dans une autre occasion on avait entendu Cromwell s'écrier : « Il s'agit de ma tête ou de celle du roi; mon choix est fait. »

L'ordre pour l'exécution de l'arrêt de mort fut signé dans la *salle peinte*, par une soixantaine de membres qui le scellèrent de leurs sceaux; l'original de cet ordre existe : plusieurs noms des signataires sont écrits de manière à ce qu'on ne les puisse lire; d'autres sont effacés et remplacés par des noms en interligne. La lâcheté du présent et la crainte de l'avenir avaient commandé ces viles précautions d'une conscience épouvantée.

Cromwell apposa son nom à l'ordre d'exécution avec ces bouffonneries qu'il avait coutume de mêler aux actions les plus sérieuses, soit qu'il fût ou qu'il voulût avoir l'air d'être au-dessus de ces actions, soit que son caractère se composât du burlesque et du grand, l'un servant de délassement à l'autre.

On avait vu Cromwell dans sa première jeunesse si mauvais sujet, que les maîtres des tavernes fermaient leur porte lorsqu'il passait dans les rues d'Huntingdon. Une fois, chez un de ses oncles, il obligea les assistants à fuir d'un bal par le choix d'un parfum dont il avait frotté ses gants et ses habits. Plus tard, s'occupant d'une constitution pour l'Angleterre, il jeta un coussin à la tête de Ludlow, qui lui lança un autre coussin dans les jambes comme il s'enfuyait. Des *saints* le surprirent un jour occupé à boire. « Ils croient, dit-il à « ses joyeux amis, que nous *cherchons le Seigneur*, et nous cherchons un tire- « bouchon. » Le tire-bouchon était tombé.

Cromwell donc, en signant l'ordre de l'exécution de Charles Ier, barbouilla d'encre le visage de Henri Martyn, qui signait après lui; le régicide Martyn rendit jeu pour jeu à son camarade de forfait : cette encre était du sang; elle leur laissa la marque qu'on voyait au front de Caïn.

Le colonel Ingoldsby, parent d'Olivier, nommé commissaire à la haute cour, où il ne siégea pas, entra par hasard dans la *chambre peinte* au moment de la signature; Cromwell le presse de joindre son nom aux noms déjà inscrits; le colonel s'y refuse. Les commissaires se saisissent d'Ingoldsby; Cromwell lui met de force la plume entre les doigts avec de grands éclats de rire, et, lui conduisant la main, le contraint de tracer le mot *Ingoldsby*.

Au surplus, cette nargue abominable se retrouve souvent dans l'histoire. Les plus grands révolutionnaires de France étaient bavards, indiscrets, et affectaient de verser le sang avec la même indifférence que l'eau. Une conscience paralysée et une conscience vertueuse produisent la même paix; elles portent légèrement la vie, avec cette différence : l'une ne sent pas le fardeau du remords, l'autre le poids de l'adversité.

Cromwell joua auprès de Fairfax une autre comédie : celui-ci voulait, avec son régiment, tenter de délivrer le roi. Cromwell, secondé d'Ireton, s'efforça de persuader à Fairfax que le Seigneur avait rejeté Charles. Ils l'engagèrent à implorer le ciel pour en obtenir un oracle, cachant toutefois à leur honorable dupe qu'ils avaient déjà signé l'ordre de l'exécution.

Le colonel Harrison, aussi simple que Fairfax, mais dans d'autres idées que lui, fut laissé par le gendre et le beau-père auprès de Fairfax : il fit durer les prières jusqu'au moment où la nouvelle arriva que la tête du roi était tombée.

Les lords Richmond, Lindsay, Southampton, Herforth, jadis ministres de Charles, demandèrent à subir la mort pour leur maître, comme seuls responsables, selon l'esprit de la constitution, des actes de la couronne. Les factions ne reconnurent point cette noble responsabilité : le crime donna un bill d'indemnité aux ministres. L'Écosse menaça; la France et l'Espagne firent des représentations, assez froides à la vérité; la Hollande agit plus vivement, en vain.

Charles avait écouté sa sentence sans donner d'autre signe d'émotion qu'une contraction dédaigneuse des lèvres lorsqu'il s'entendit déclarer tyran, traître, meurtrier, ennemi de la république, et condamné comme tel à avoir la tête tranchée. Les soixante-treize commissaires restant des cent quarante-quatre nommés, se levèrent tous en signe d'adhésion à l'arrêt, qui fut lu à haute voix. Charles témoigna le désir de parler après la lecture, on lui interdit la parole : il n'était plus vivant aux yeux de la loi.

Pendant les trois jours accordés au prisonnier pour se préparer à la mort, le seul bruit de la terre qui lui parvint dans sa solitude, fut celui des ouvriers qui dressaient l'échafaud. Deux enfants de Charles restaient entre les mains des républicains, la princesse Élisabeth et le duc de Glocester, âgé de trois ans; on les lui amena. Il prit ce dernier sur ses genoux et lui dit : « Ils vont couper « la tête à ton père; peut-être te voudront-ils faire roi; mais tu ne peux pas « être roi tant que tes frères aînés, Charles et Jacques, seront vivants. » L'enfant répondit : « Je me laisserai plutôt mettre en pièces. » Le père embrassa bientôt l'orphelin, en répandant des larmes de tendresse. Cromwell, qui se réservait la couronne, voulait faire du duc de Glocester un marchand de boutons. Le jeune roi Louis XVII, et sa sainte et noble sœur, reçurent depuis, dans le Temple, les bénédictions de Louis XVI.

Un comité nommé par la haute cour avait choisi le lieu de l'exécution; l'échafaud fut bâti devant le palais de Whitehall, et élevé au niveau de la salle des *banquets*. En conséquence de cette disposition, Charles se devait trouver de plain-pied avec son trône nouveau, lorsqu'il sortirait par les fenêtres. La main de Dieu avait écrit sur la muraille de cette salle des festins la ruine de l'empire des Stuarts (1).

Le roi avait demandé l'assistance de l'évêque Juxon, vertueux défenseur de Strafford; elle lui fut accordée à la sollicitation de Peters, ce prédicant fanatique qui ressemblait assez aux curés de Paris sous la Ligue. Herbert, qui ne quittait point son maître, couchait sur un grabat auprès de son lit.

Dans la nuit du 29 au 30 janvier, le roi dormit profondément jusqu'à quatre heures du matin. Alors il réveilla Herbert et lui dit : « Le jour de mon second « mariage est arrivé; il me faut des vêtements dignes de la pompe. » Il indiqua les habits qu'il voulait porter; il mit deux chemises à cause de la rigueur de la saison : « Si je tremblais, dit-il, mes ennemis l'attribueraient à la peur. »

Charles s'était aperçu qu'Herbert avait eu un sommeil agité; il lui en demanda la cause : « J'ai rêvé, dit le serviteur, que je voyais entrer l'archevêque « Laud dans votre chambre; vous lui avez ordonné de s'approcher de vous, « et vous lui avez parlé d'un air triste. L'archevêque a poussé un profond « soupir, et s'est retiré en se prosternant. » Charles, frappé de ce songe, répliqua : « L'archevêque est mort; s'il était vivant, je lui aurais dit quelque « chose qui l'aurait fait soupirer. »

Le monarque passa quelques heures en prières avec l'évêque, et reçut la communion de la main de ce véritable ami de Dieu. Le républicain Ludlow tra-

---

1) Quelques Mémoires disent qu'on avait pratiqué une ouverture dans le mur.

vestit cette scène pathétique : il raconte que Juxon, appelé par Charles, mit en hâte son attirail épiscopal, et que le prélat, n'ayant rien de préparé sur la matière, lut à son pénitent un de ses vieux sermons. Les Mémoires de Cléry falsifiés par ordre des intéressés altèrent les paroles du roi martyr; et tournent en moquerie les actions de la vertu et du malheur.

Herbert rentra dans la chambre du roi, et bientôt le colonel Hacker vint annoncer qu'il était temps de partir pour Whitehall.

Charles vêtu de deuil, le collier de Saint-Georges sur la poitrine, un chapeau orné d'un panache noir sur la tête (ainsi Falkland s'était paré pour mourir), sortit à pied du palais de Saint-James, le 30 janvier 1649 (vieux style), vers les huit heures du matin. Il traversa le parc entre deux détachements de soldats : ses serviteurs et ses geôliers, le colonel Thomlinson lui-même, chef de sa garde funèbre, l'accompagnaient tête nue; le respect était égal à la grandeur de la victime.

Le roi entra dans son palais de Whitehall : on lui avait préparé un dîner ; il ne prit qu'un peu de pain et de vin, encore par le conseil de Juxon. Deux heures s'écoulèrent avant qu'il fût appelé au supplice : on n'a pu que former des conjectures sur ce délai mystérieux.

Les ambassadeurs de Hollande n'étaient arrivés à Londres que le 25 janvier; ils n'eurent audience des communes que le 29 au soir, la veille même de la catastrophe.

Seymour était avec eux; il apportait deux lettres du prince de Galles, l'une adressée au roi; l'autre à Fairfax, et de plus un blanc-seing du prince : Seymour avait ordre de déclarer que les parlementaires pouvaient écrire sur ce blanc-seing toutes les conditions qu'ils jugeraient à propos d'imposer pour le rachat de la vie du prisonnier, le nom de l'héritier de la couronne qui se trouverait au bas de ces conditions deviendrait le garant de leur acceptation pleine et entière. Cet incident put jeter de l'incertitude dans les esprits; et s'il fût arrivé quelques jours plus tôt, il aurait peut-être sauvé le roi. Quoi qu'il en soit, il est certain qu'on délibéra au pied de l'échafaud; le sacrifice fut suspendu deux heures par une raison qu'on ignore. On trouve une preuve singulière de l'hésitation des conjurés jusqu'au dernier moment.

Fairfax était à Whitehall pendant l'exécution; il avait refusé d'être du nombre des juges; il s'était opposé à l'arrêt, et lady Fairfax encore plus que lui; il avait menacé de soulever les soldats de son régiment; il ne fut trompé, comme nous l'avons vu, que par les jongleries de Cromwell. Herbert le rencontra entouré de quelques officiers dans un corridor de Whitehall ; Fairfax l'apercevant lui dit aussitôt : « Comment se porte le roi? » La question parut étonnante à Herbert. Fairfax croyait donc qu'on négociait? il ignorait donc où en étaient les choses? La droiture sans les lumières a les résultats de la méchanceté : si elle n'accomplit pas les faits, elle les laisse accomplir, et sa conscience même lui est un piége.

Peut-être aussi le retard provint-il de la difficulté de trouver des bourreaux et de les habiller pour la scène. Le jugement des régicides fait voir qu'on ne se servit pas de l'exécuteur ordinaire; que tous les soldats d'un régiment, appelés sous serment secret à cette œuvre, dénièrent leurs bras, et que Hulet (officier accusé au procès d'avoir été le bourreau) soutint, dans sa défense, qu'on l'avait retenu prisonnier à Whitehall pour avoir refusé la hache d'honneur des régicides.

Le colonel Thomlinson eut l'humanité de permettre à Seymour de donner à Charles la lettre de son fils. Seymour reçut les dernières instructions du roi pour le prince de Galles. A peine s'était-il retiré que le colonel Hacker entra : il venait annoncer au monarque le dernier moment.

Charles suivit sans hésiter le colonel. Il traversa, accompagné de Juxon, une longue galerie bordée de soldats : ceux-ci étaient bien changés ; leur contenance annonçait la part qu'ils prenaient enfin à une si haute infortune. Le roi sortit par l'extrémité de la galerie, et se trouva soudain sur l'échafaud : dix heures et demie sonnaient.

L'échafaud était tapissé de noir. Deux bourreaux masqués, mystérieux fantômes qui augmentaient la terreur de la catastrophe, se tenaient debout auprès du billot sur lequel on voyait briller la hache : tous les deux étaient uniformément vêtus d'un habit de boucher, espèce de sarrau étroit de laine blanche ; l'un, à cheveux et à barbe noirs, portait un chapeau retroussé ; l'autre avait une longue barbe grise ; sa tête était couverte d'une perruque également grise, dont les poils épars pendaient sur son masque. Quatre anneaux de fer étaient scellés dans l'échafaud ; on y devait passer des cordes pour forcer le roi à poser la tête sur le billot, en cas qu'il eût fait résistance (1), comme les anciens sacrificateurs attachaient le taureau à l'autel. Des régiments de cavalerie et d'infanterie, en casaques rouges, environnaient l'échafaud : un peuple innombrable, placé hors de la portée de la voix de son souverain, se pressait en silence au delà des troupes.

Charles, du haut du monument funèbre, dominait ce formidable spectacle : il y avait dans ses regards quelque hose d'intrépide et de serein. Ne se pouvant faire entendre de la foule, il parla de toutes sortes d'affaires aux personnes qui l'environnaient. Il ne se montrait ni effrayé ni pressé de mourir ; on l'eût pris pour un homme occupé dans sa chambre de l'action la plus commune, tandis que ses serviteurs préparent le lit de son repos.

On vendit le soir, dans les rues de Londres, une relation populaire des derniers moments du roi : elle abonde en ces petits détails où se plaisent les Anglais. Dans ces portraits faits sur le modèle vivant, il y a une naïveté, une nature que toutes les copies du monde ne peuvent reproduire. Voici cette relation : on y remarquera la liberté d'esprit de Charles, les discours de ce prince mêlés de controverse religieuse et politique : le royal orateur semblait oublier qu'il était là pour mourir ; seulement ses parenthèses relatives à la hache montraient qu'il se souvenait de tout. On sera encore frappé, dans ce récit, de la douleur des assistants et du respect même du bourreau : Hulet, le masque à la barbe grise, ne porta le coup que par l'ordre de celui qui seul avait le droit de le commander.

(1) *Regicides trial.*

Nous nous servons de la traduction française de cette pièce, faite en 1649, et qui est aussi naïve que l'original

---

RELATION VÉRITABLE DE LA MORT DU ROI DE LA GRANDE-BRETAGNE

AVEC LA HARANGUE FAITE PAR SA MAJESTÉ SUR L'ÉCHAFAUD IMMÉDIATEMENT AVANT SON EXÉCUTION.

« Le vingt-neuvième jour de janvier, sur les dix heures du matin, le roi fut conduit de Saint-James, à pied, par dedans le parc, au milieu d'un régiment d'infanterie, tambour battant et enseignes déployées, avec sa garde ordinaire, armée de pertuisanes, quelques-uns de ses gentilshommes devant et après lui la tête nue ; le sieur Juxon, docteur en théologie, ci-devant évêque de Londres, le suivait, et le colonel Thomlinson, qui avait la charge de Sa Majesté, parlant à lui la tête nue, depuis le parc de Saint-James, au travers de la galerie de Whitehall, jusques en la chambre de son cabinet (1), où il couchait ordinairement et faisait ses prières : où étant arrivé il refusa de dîner, pour autant que (ayant communié une heure avant) il avait bu ensuite un verre de vin et mangé un morceau de pain.

« De là il fut accompagné par ledit sieur Juxon, le colonel Thomlinson et quelques autres officiers qui avaient charge de le suivre, et de sa garde du corps, environné de mousquetaires depuis la salle à banqueter joignant laquelle l'échafaud (2) était dressé, tendu de deuil, avec la hache et le chouquet au milieu. Plusieurs compagnies de cavalerie et d'infanterie étaient rangées aux deux côtés de l'échafaud, avec confusion de peuple pour voir ce spectacle. Le roi étant monté sur l'échafaud jeta les yeux attentivement sur la hache et le chouquet, et demanda au colonel Hacker s'il n'y en avait point de plus haut, puis parla comme il s'ensuit, adressant ses paroles particulièrement au colonel Thomlinson :

« J'ai fort peu de chose à dire, c'est pourquoi je m'adresse à vous, et vous
« dirai que je me tairais fort volontiers, si je ne craignais que mon silence ne
« donnât sujet à quelques-uns de croire que je subis la faute comme je fais le
« supplice ; mais je crois que pour m'acquitter envers Dieu et mon pays, je dois
« me justifier comme bon chrétien et bon roi, et finalement comme homme
« de bien.

« Je commencerai premièrement par mon innocence ; et en vérité je crois
« qu'il ne m'est pas nécessaire de vous entretenir longtemps sur ce sujet. Tout
« le monde sait que je n'ai jamais commencé la guerre avec les deux cham-
« bres du parlement, et j'appelle Dieu à témoin (auquel je dois bientôt rendre
« compte) que je n'ai jamais eu intention d'usurper sur leurs priviléges ; au

---

(1) Le roi avait demandé le cabinet et la petite chambre prochaine. (*Cette note et les suivantes sont de l'auteur de la relation.*)

(2) C'était proche ou en ce lieu-là même que fut tué un bourgeois et trente blessés ; premier sang de cette dernière guerre.

« contraire ils commencèrent eux-mêmes en se saisissant des arsenaux; ils
« confessent qu'ils m'appartiennent, mais ils jugèrent qu'il était nécessaire de
« me les ôter; et pour le faire court, si quelqu'un veut regarder les dates des
« commissions de leurs députés et des miens comme des déclarations, il verra
« évidemment qu'ils ont commencé ces malheureux désordres, et non pas moi :
« de sorte que j'espère que Dieu vengera mon innocence... Non, je ne le veux
« pas! j'ai de la charité; à Dieu ne plaise que j'en impute la faute aux deux cham-
« bres du parlement; il n'est pas besoin ni de l'une ni de l'autre; j'espère qu'ils
« sont exempts de ce crime, car je crois que les mauvais ministres d'entre eux
« et moi ont été les causes principales de tout ce sang répandu. Tellement que,
« par manière de parler, comme je m'en trouve exempt, j'espère (et prie
« Dieu qu'ainsi soit) qu'ils le soient aussi. Néanmoins à Dieu ne plaise que je
« sois si mauvais chrétien que je ne confesse que les jugements de Dieu sont
« justes contre moi; car souventes fois il punit justement par une injuste ven-
« geance; cela se voit ordinairement. *Je dirai seulement qu'un injuste arrêt* (1)
« *que j'ai souffert être exécuté, est puni à présent par un autre injuste donné*
« *contre moi-même.* Ce que j'ai dit jusqu'ici est pour vous faire voir mon
« innocence.

« Maintenant, pour vous faire voir que je suis un bon chrétien, voilà un hon-
« nête homme (montrant au doigt le sieur Juxon), lequel portera témoignage
« que j'ai pardonné à tout le monde, et en particulier à ceux qui sont auteurs
« de ma mort; quels y sont, Dieu le sait; je prie Dieu de leur pardonner.
« Mais ce n'est pas tout; il faut que ma charité passe plus avant : je souhaite
« qu'ils se repentent; car véritablement ils ont commis un grand péché en cette
« occurrence. Je prie Dieu avec saint Étienne qu'ils n'en reçoivent pas la puni-
« tion; non-seulement cela, mais encore qu'ils puissent prendre la vraie voie
« d'établir la paix dans le royaume; car la charité me recommande non-
« seulement de pardonner aux personnes particulières, mais aussi de tâcher
« jusqu'à mon dernier soupir de mettre la paix dans le royaume.

« Ainsi, messieurs, je le souhaite de toute mon âme, et espère qu'il y a
« quelques-uns ici (2) qui le feront connaître plus loin, afin d'aider à la paci-
« fication du royaume.

« Maintenant, messieurs, il vous faut faire voir comme vous êtes en un
« mauvais chemin, et vous remettre en un meilleur. Premièrement, pour
« vous montrer que vous vous détournez de la justice, je vous dirai que
« tout ce que vous avez jamais fait, à ce que j'en ai pu concevoir, a été par
« voie de conquête; certainement c'est une fort mauvaise voie : car une con-
« quête, messieurs, n'est jamais juste, s'il n'y a quelque bonne et légitime
« cause, soit pour quelque tort reçu, ou en ayant droit légitime; et alors si
« vous outrepassez cela, la première contestation que vous en avez rend votre
« cause injuste à la fin, quoiqu'elle fût juste au commencement; mais si ce
« n'est que par conquête, c'est une grande volerie, comme un pirate reprocha

(1) L'arrêt de mort du comte de Strafford.
(2) Se tournant vers quelques gentilshommes qui écrivaient ce qu'il disait.

« un jour à Alexandre qu'il était le grand voleur; et pour lui, qu'il se con-
« tentait d'avoir le nom de petit. De sorte, messieurs, que je trouve la voie que
« vous prenez fort mauvaise à présent. Messieurs, pour vous mettre en un bon
« chemin, soyez assurés que vous ne ferez jamais bien, et que Dieu ne vous as-
« sistera jamais, que vous ne donniez à Dieu ce qui appartient à Dieu, et au
« roi ce qui appartient au roi (je veux dire à mes successeurs) et au peuple. Je
« suis autant pour le peuple qu'aucun de vous. Il vous faut donner à Dieu ce
« qui appartient à Dieu, en réglant son Église droitement (selon l'Écriture), la-
« quelle est à présent en désordre. Pour vous en dire la voie en détail présen-
« tement, je ne le puis faire; je vous dirai seulement qu'il serait bon d'as-
« sembler un synode national, où chacun pourrait disputer avec toute liberté,
« et que les opinions qui paraîtraient évidemment bonnes fussent suivies.

« Quant au roi, en vérité, je ne veux pas.... » Puis se tournant vers un gen-
« tilhomme qui touchait la hache, dit : « Ne gâtez pas la hache(1). » Quant au
« roi, les lois du royaume vous en instruisent clairement, et partant, d'autant
« que cela me touche en particulier, je ne vous en dis qu'un mot en passant.

« Pour le peuple, certainement je désire autant sa liberté et franchise que
« qui que ce soit; mais il faut que je vous dise qu'elle consiste à être con-
« servée par les lois, par lesquelles ils soient assurés de leur vie et de leurs
« biens : ce n'est pas qu'il faille qu'ils aient part au gouvernement, messieurs,
« cela ne leur appartient pas. Un souverain et un sujet sont bien différents
« l'un de l'autre, et partant jusques à ce que vous fassiez cela (je veux dire que
« vous mettiez le peuple en cette sorte de liberté), certainement ils n'en auront
« jamais.

« Messieurs, c'est pour ce sujet que je suis ici. Si j'eusse voulu donner lieu à
« un arbitrage, afin de changer les lois suivant la puissance du glaive, j'eusse
« pu éviter ceci, et partant je vous dis (et prie Dieu qu'il en détourne son châti-
« ment de dessus vous) que je suis martyrisé pour le peuple.

« Véritablement, messieurs, je ne vous tiendrai pas plus longtemps; je vous
« dirai seulement que j'eusse bien pu demander quelque peu de temps pour
« mettre ceci en meilleur ordre, et le digérer mieux; pourtant j'espère que vous
« m'excuserez.

« J'ai déchargé ma conscience; je prie Dieu que vous preniez les voies les
« plus propres pour le bien du royaume et votre propre salut. »

« Alors le sieur Juxon dit au roi : « Plaît-il à Votre Majesté (encore que
« l'affection qu'elle a pour la religion soit assez connue) de dire quelque chose
« pour la satisfaction du peuple? »

— « Je vous remercie de tout mon cœur, monseigneur, parce que je l'avais
« presque oublié. Certainement, messieurs, je crois que ma conscience et ma
« religion est fort bien connue de tout le monde, et partant je déclare devant
« vous tous que je meurs chrétien, professant la religion de l'Église anglicane,
« en l'état que mon père me l'a laissée, et je crois que cet honnête homme (en
« montrant le sieur Juxon) le témoignera. »

(1) Voulant dire qu'il n'en gâtât pas le tranchant.

« Puis, se tournant vers les officiers, dit : « Messieurs, excusez-moi en ceci,
« ma cause est juste et mon Dieu est bon ; je n'en dirai pas davantage. »

« Puis il dit au colonel Hacker : « Ayez soin, s'il vous plaît, que l'on ne
« me fasse point languir. »

« Et alors un gentilhomme approchant auprès de la hache, le roi lui dit :
« Prenez garde à la hache, je vous prie ; prenez garde à la hache. »

« Ensuite de quoi, le roi parlant à l'exécuteur, dit : « Je ferai ma prière fort
« courte, et lorsque j'étendrai les bras... »

« Puis le roi demanda son bonnet de nuit au sieur Juxon, et l'ayant mis
« sur sa tête, il dit à l'exécuteur : « Mes cheveux vous empêchent-ils ? » Lequel le
« pria de les mettre sous son bonnet ; ce que le roi fit étant aidé de l'évêque et
« de l'exécuteur. Puis le roi, se tournant derechef vers le sieur Juxon, dit : « Ma
« cause est juste, et mon Dieu est bon. »

« LE SIEUR JUXON : « Il n'y a plus qu'un pas, mais ce pas est fâcheux ;
« il est fort court, et pouvez considérer qu'il vous portera bien loin prompte-
« ment ; il vous transportera de la terre au ciel, et là vous trouverez beaucoup
« de joie et de réconfort. »

« LE ROI : « Je vais d'une couronne corruptible à une incorruptible, où il
ne peut pas y avoir de trouble ; non, aucun trouble du monde. »

« JUXON : « Vous changez une couronne temporelle à une éternelle ; un fort
« bon change. »

« Le roi dit à l'exécuteur : « Mes cheveux sont-ils bien ? » Le roi ôta son
manteau, et donna son cordon bleu, qui est l'ordre de Saint-Georges, audit sieur
Juxon, disant : « Souvenez-vous... »

« Puis le roi ôta son pourpoint, et étant en chemisette, remit son manteau
sur ses épaules ; puis, regardant le chouquet, dit à l'exécuteur : « Il vous le
faut bien attacher. »

« L'EXÉCUTEUR : « Il est bien attaché. »

« LE ROI : « On le pouvait faire un peu plus haut. »

« L'EXÉCUTEUR : « Il ne saurait être plus haut, sire. »

« LE ROI : « Quand j'étendrai les bras ainsi, alors... » Après quoi ayant dit
deux ou trois paroles tout bas, debout, les mains et les yeux levés en haut,
s'agenouilla incontinent, mit son col sur le chouquet ; et lors l'exécuteur re-
mettant encore ses cheveux sous son bonnet, le roi dit (pensant qu'il allait
frapper) : « Attendez le signe. »

« L'EXÉCUTEUR : « Je le ferai s'il plaît à Votre Majesté. »

« Et une petite pause après, le roi étendit les bras. L'exécuteur sépara la tête
de son corps d'un seul coup, et quand la tête du roi fut tranchée, l'exécuteur la
prit dans sa main et la montra aux spectateurs, et son corps fut mis en un
coffre couvert, pour ce sujet, de velours noir. Le corps du roi est à présent
dans sa chambre à Whitehall. »

Sic transit gloria mundi

(*Fin de la relation.*)

Clarendon raconte que le corps du roi, qui se voyait le soir de l'exécution *dans sa chambre à* **Whitehall**, ne put être retrouvé à la restauration de Charles II. Cependant Herbert avait positivement écrit que l'inhumation avait eu lieu à Windsor, dans le caveau du chœur de la chapelle de Saint-Georges, où reposaient les restes de Henri VIII et de Jeanne Seymour. Les ouvriers travaillant dans cette chapelle, en 1813, ouvrirent par hasard le caveau. Le prince régent, aujourd'hui Georges IV, ordonna des recherches ; on découvrit un cercueil de plomb ; sur ce cercueil était une plaque portant ces mots : Charles Roi ; ce qui était conforme en tout au récit d'Herbert.

Une entaille fut pratiquée dans le couvercle, et, après l'enlèvement d'une toile imprégnée d'une matière grasse, on vit apparaître le visage d'un mort, dont les traits brouillés et confus ressemblaient au portrait de Charles Ier. D'après le procès-verbal de sir Henri Halford, la tête du cadavre, séparée du tronc, avait les yeux à demi ouverts, et l'on put teindre un mouchoir blanc d'un sang encore assez liquide. Ce témoin extraordinaire, de retour de la tombe après le meurtre de Louis XVI, est venu déposer des fautes des rois, des excès des peuples, de la marche du temps, de l'enchaînement des événements et de la complicité du crime de 1649 avec celui de 1793.

Une omission frappe dans la relation populaire de l'exécution de Charles : cette relation ne parle point du masque des bourreaux. Ludlow, le régicide, se tait aussi sur ce fait. La petite feuille dont il s'agit ne put être vendue dans les rues de Londres qu'après avoir passé à la *censure* des hommes de la *liberté*. Or, des bourreaux sous le masque étaient ou une affreuse saturnale, ou l'aveu qu'un meurtre avait été accompli sur une tête qu'aucune créature à visage d'homme n'avait le droit de toucher.

Pour arriver à la fatale exécution, Cromwell avait eu besoin de ces ris et de ces larmes qui, se contrariant en lui, déjouaient leur mutuelle hypocrisie ; il redevint franc après le coup : il se fit ouvrir le cercueil, et s'assura, en touchant la tête de son roi, qu'elle était véritablement séparée du corps ; il remarqua qu'un homme aussi bien constitué aurait pu vivre de longues années. Le terrible Cromwell, obscur et inconnu comme le destin, en avait dans ce moment l'orgueil inexorable : il se délectait dans la victoire par lui remportée sur un monarque et sur la nature.

Les meurtriers, ses compagnons, ne partageaient pas dans ce moment son assurance et sa joie. Tous s'étaient hâtés de quitter la scène sanglante. Le principal bourreau, Hulet, capitaine au régiment de cavalerie du colonel Hewson, se jeta, pour traverser la Tamise, dans le bateau d'un marinier appelé Smith : celui-ci fut contraint par des mousquetaires de le prendre à son bord. S'étant éloigné du rivage, Smith dit au sinistre passager : « Êtes-vous le bourreau « qui a coupé la tête du roi ? — Non, répondit Hulet, vrai comme je suis un « pêcheur devant Dieu. » Et il tremblait de tout son corps. Smith, toujours ramant, reprit : « Êtes-vous le bourreau qui a coupé la tête du roi ? » Hulet nia de nouveau, raconta qu'on l'avait retenu prisonnier à Whitehall, mais qu'on s'était emparé de ses *instruments*. Smith lui dit : « Je coulerai bas mon bateau « si vous ne me dites la vérité. » La tête du roi avait été payée 100 livres sterl. à Hulet. « Je prouverai que c'est toi qui as porté le coup, » lui dit l'avocat général Turner, lors du procès des régicides, « et je t'arracherai ton masque (1). »

LA RÉPUBLIQUE ET LE PROTECTORAT.

De 1649 à 1658.

Deux effets furent produits en Angleterre par l'exécution de Charles.

D'une part, les hommes de bien furent consternés ; il y eut des douleurs profondes, des morts subites causées par ces douleurs ; et comme la nation était religieuse, il y eut aussi des remords. L'*Eikon Basiliké* fit regretter Charles Ier, de même que le testament de Louis XVI a fait admirer ce dernier roi. L'*Eikon Basiliké* n'était point de Charles : le docteur Gauden en est aujourd'hui reconnu l'auteur. Milton eut l'odieuse commission d'éclaircir ce point de critique : toute la sublimité de son génie, appuyé de la vérité du fait, ne put néanmoins triompher d'une imposture, ouvrage d'un esprit commun, mais fondée sur la vérité du malheur.

Que reste-t-il aujourd'hui de toutes ces douleurs en Angleterre ? Une cérémonie établie par Charles second, et qui se célèbre le 30 janvier de chaque année. On est censé jeûner, et l'on ne jeûne point ; les spectacles sont fermés, et l'on se divertit dans les salons et dans les tavernes ; la bourse est aussi fermée, au grand ennui des spéculateurs, qui se soucient fort peu de trouver sur le chemin de leur fortune ou de leur ruine la tête d'un roi. Les siècles n'adoptent point ces legs de deuil ; ils ont assez de maux à pleurer, sans se charger de verser encore des larmes héréditaires.

D'une autre part, la confusion se répandit dans les trois royaumes, après la mort de Charles Ier. Chacun avait un plan de république et de religion. Les Millénaires, ou les hommes de la cinquième monarchie, demandaient la loi agraire et l'abolition de toute forme de gouvernement, afin d'attendre le gouvernement prochain du Christ ; il n'y avait d'après eux d'autre charte que l'Écriture. Les Antoniniens prétendaient que la loi morale était détruite, que chacun se devait conduire désormais par ses propres principes, et non plus d'après les anciennes notions de justice et d'humanité ; ils réclamaient la liberté de tout faire : la fornication, l'ivrognerie, le blasphème, sont, disaient-ils, selon les voies du Seigneur, puisque c'est le Seigneur qui parle en nous. Ils n'étaient pas loin de devenir Turcs, et se plaisaient à la lecture du Coran nouvellement traduit. Les quakers, et surtout les quakeresses, passaient aussi pour une secte mahométane. Des politiques, s'élevant contre toute espèce de culte, voulaient que le pouvoir ne reconnût aucune religion particulière ; d'autres prétendaient refondre les lois civiles et effacer complètement le passé. Dépouillés de leurs biens et de leurs honneurs, les épiscopaux gémissaient dans

(1) *Regicide's trial.*

l'oppression, et les presbytériens voyaient le fruit d'une révolution qu'ils avaient semée, recueilli par les indépendants, les agitateurs et les niveleurs.

Ces niveleurs étaient de plusieurs espèces : les uns, les *fouilleurs* et *déracineurs*, s'emparaient des bruyères et des champs en friche ; les autres, les *guerriers* et les *turbulents*, soulevaient les soldats ou devenaient voleurs de grands chemins : tous demandaient la dissolution du long parlement et la convocation d'un parlement nouveau. Dans cette désorganisation complète de la société, au milieu des potences et des échafauds qui s'élevaient pour punir le crime et la vertu, on n'avait aucun parti arrêté : par une sorte de bonne foi que l'anarchie laissait libre, il était très-commun d'entendre des républicains parler de mettre Charles second à la tête de la république, et des royalistes déclarer qu'une république était peut-être ce qu'il y avait de mieux.

Il restait cependant à Londres deux principes de gouvernement et d'administration : le *rump*, et le conseil des officiers qui avait déjà subjugué le *rump*.

On examina d'abord si la chambre des pairs faisait partie intégrante du pouvoir législatif : malgré l'opinion de Cromwell qui, dans ses intérêts, voulait garder la pairie, il fut décidé que la chambre héréditaire était inutile et dangereuse ; sa suppression fut décrétée. La monarchie éprouva le même sort : le maire de Londres refusa de proclamer l'acte d'abolition de la royauté.

Le royaume d'Angleterre se trouvant transformé en république, un nouveau grand sceau fut gravé ; il représentait d'un côté la chambre des communes, avec cette inscription : *Le grand sceau de la république d'Angleterre* ; sur le revers on voyait une croix et une harpe, armes de l'Angleterre et de l'Irlande, avec ces mots : *Dieu avec nous* ; dans l'exergue on lisait : *L'an premier de la liberté, par la grâce de Dieu.* 1649. C'est une mauvaise date pour la liberté que celle d'un crime.

Cinq membres des communes furent chargés (Ludlow en était un) de composer un conseil de Quarante, auquel serait dévolu le pouvoir exécutif. Ce comité des Cinq présenta trente-cinq candidats ; on leur adjoignit le comité des Cinq. Celui-ci fut en outre chargé d'examiner la conduite des parlementaires qui n'avaient pas siégé à Westminster durant le procès du roi.

Il était convenable d'immoler des victimes en l'honneur des funérailles du prince : le duc d'Hamilton, le earl de Holland et lord Capell, prisonniers, furent décapités ; le premier contre le droit des gens, les deux derniers contre le droit de la guerre. Tous les partis regrettèrent lord Capell ; Cromwell fit de lui un éloge magnifique, mais il prétendit qu'on le devait sacrifier à cause même de sa vertu. Le noble pair, étant sur l'échafaud, s'adressa à l'exécuteur : « Avez-vous coupé la tête de mon maître ? » « —Oui, » répondit l'exécuteur. « Où est l'instrument qui porta le coup ?» Le bourreau montra la hache. « Êtes-vous sûr que ce soit le même ? » reprit lord Capell. Sur sa réponse affirmative, le royaliste prit la hache, la baisa avec respect, la rendit au meurtrier public, en lui disant : « Misérable ! n'étais-tu pas effrayé ? » Le bourreau repartit : « Ils me forcèrent de faire mon métier. J'eus trente livres sterl. « pour ma peine. »

Eh bien ! le bourreau mentait, il se vantait d'une victoire qui n'était pas la sienne ; il n'avait souillé ni sanctifié ses mains et sa hache dans le sang de son roi. Cet homme, qui se nommait Brandon, n'était que le bourreau ordinaire ; on ne l'avait point appelé (ou peut-être avait-il refusé par frayeur son ministère) à la grande exécution. La peur cessant, la vanité revint; Brandon songea à sauver ses droits et son *honneur :* le soir même de la mort de Charles, Brandon tint dans un cabaret le propos qu'il redit à lord Capell, se parant du crime qu'il n'avait pas commis (1).

Lord Capell livra sa tête après avoir déclaré qu'il mourait pour Charles Ier, pour son fils Charles II et pour tous les héritiers légitimes de la couronne.

Le *rump,* feignant de céder à l'opinion publique, s'occupa, en apparence, de sa dissolution, et rechercha les principes d'après lesquels un parlement nouveau pourrait être élu. Le *rump* n'était pas sincère ; il ne songeait qu'à se perpétuer en attendant les événements, grands débrouilleurs de la politique.

Cependant le comte d'Ormond, lord Inchiquin et le général Preston avaient soulevé l'Irlande, ou Monk, qui défendait Dundalk pour le parlement, avait capitulé.

Cromwell, malgré les prétentions de Lambert et de Fairfax, fut nommé au gouvernement militaire et civil d'Irlande. Il partit accompagné d'Ireton, son gendre, après avoir cherché *le Seigneur* devant Harrison et expliqué les Écritures.

Il aborde à l'île dévouée avec dix-sept mille vétérans et une garde particulière de quatre-vingts hommes, tous officiers. Trédall est emporté d'assaut ; Cromwell monte lui-même à la brèche : tout périt du côté des Irlandais. Le commandant, sir Arthur Ashton, est tué. Ce vieux militaire avait une jambe artificielle ; elle passait pour être d'or : les soldats républicains se disputèrent cette jambe royaliste, qui n'était que le trésor de bois de l'honneur et de la fidélité.

Wexford est saccagé, Goran rendu par les soldats ; les officiers sont fusillés. Kilkenny, Youghall, Coke, Kingsale, Colonmell, Dungarvan et Carrick se soumettent. Cromwell et Ireton portent à l'Irlande, comme ils l'avaient annoncé, l'extermination et l'enfer.

Cromwell, au milieu de ses victoires, est rappelé pour repousser les Écossais : ceux-ci s'étaient décidés à reconnaître les droits de Charles second ; et bien qu'ils eussent pendu le royaliste Montross, parce qu'il n'était pas covenantaire, ils étaient eux-mêmes royalistes. Rien de plus commun que ces inconséquences des partis dans les discordes civiles.

Les négociations entre Charles II et les Écossais avaient été plusieurs fois interrompues. Charles enfin, privé de toutes ressources, s'était rendu à Édimbourg : là il avait repris le sceptre de Marie Stuart, à la charge de publier cette déclaration déshonorante :

« Que son père avait péché en prenant femme dans une famille idolâtre ;

« Que le sang versé dans les dernières guerres devait être imputé à son père ;

« Qu'il avait une profonde douleur de la mauvaise éducation qu'on lui avait
« donnée, et des préjugés qu'on lui avait inspirés contre la cause de Dieu, et
« dont il reconnaissait à présent l'injustice ;

(1) *Trial of twenty-nine regicides,* pag. 33.

« Que toute sa vie précédente n'avait été qu'un cours suivi d'inimitié contre l'œuvre de Dieu ;

« Qu'il se repentait de la commission donnée à Montross, et de toutes ses actions qui avaient pu scandaliser ;

« Qu'il protestait devant Dieu qu'il était à présent sincère dans cette déclaration, et qu'il s'y tiendrait jusqu'à son dernier soupir, tant en Écosse qu'en Angleterre et en Irlande. »

Cependant Charles II n'était ni sans honneur ni sans courage. Jeune encore, il avait combattu pour son père, à la tête des forces de terre et de mer. Mais c'était bien le prince le moins fait qu'il y eût au monde pour entendre six sermons de presbytériens par jour. Lorsque, accablé de ces prédications, il cherchait quelque distraction, il ne pouvait sortir d'Édimbourg, sans passer sur les membres mutilés de Montross, attachés aux portes de la ville. Montross, en mourant, avait souhaité que son corps fût mis en autant de morceaux qu'il y avait de villes dans les trois royaumes, afin qu'on rencontrât partout des témoins de sa fidélité. Un de ses bras fut exposé sur un gibet à Aberdeen ; les habitants l'enlevèrent secrètement et le cachèrent : après la restauration, ils le mirent dans une cassette couverte de velours cramoisi brodé d'or, et le portèrent en triomphe dans toute leur ville.

Cromwell marcha contre les Écossais à la tête de dix-huit mille hommes. Il les attaqua à Dunbar, et les défit (3 septembre 1650). L'année suivante, après avoir conquis une partie de l'Écosse, il s'attacha aux pas de Charles II, qui s'était avancé en Angleterre avec une armée : il l'atteignit à Worcester. Le génie si fatal au père n'est pas moins fatal au fils ; le combat se livre le 3 septembre 1651, jour anniversaire de la bataille de Dunbar : deux mille royalistes sont tués ; huit mille prisonniers sont encore vendus comme esclaves. On retrouve cette habitude de trafiquer des hommes jusque sous Jacques II.

Le jeune roi fuit seul, se coupe les cheveux, de peur, comme Absalon ou comme les rois chevelus, d'être reconnu au bel ornement de sa tête. Ce prince nous a laissé le récit de ses aventures : son déguisement en bûcheron ; sa tentative pour entrer dans le pays de Galles avec le pauvre Pendrell ; sa journée passée avec le colonel Careless au haut du chêne qui retint le nom de chêne royal ; ses aventures chez un gentilhomme appelé Lane, dans le comté de Strafford ; son voyage à Bristol, voyage qu'il fit à cheval menant en croupe la fille de son hôte ; son arrivée chez M. Norton ; sa rencontre d'un des chapelains de la cour qui regardait jouer aux quilles, et d'un vieux serviteur qui le nomma en fondant en larmes ; son passage chez le colonel Windham ; le danger qu'il courut par la sagacité du maréchal qui, visitant les pieds des chevaux, affirma qu'un de ces chevaux avait été ferré dans le Nord ; enfin l'embarquement de Charles à Brighthelmstone, et son débarquement en Normandie, firent, de ce moment de la vie de ce prince, un moment de gloire romanesque qui lutta avec la gloire historique de Cromwell. Ludlow se contente de dire que Charles s'enfuit avec une mistress Lane.

Cromwell revint triompher à Londres. Le parlement envoya une députation au-devant de lui.

Le general fit présent à chaque commissaire d'un cheval et de deux prisonniers : toujours même mépris des hommes parmi ces républicains. Les historiens n'ont pas remarqué ce trait de mœurs qui distingue les Anglais d'alors de tous les peuples chrétiens de l'Europe civilisée, et les rapproche des peuples de l'Orient. Monk, laissé en Écosse par Cromwell, l'acheva de soumettre. Le royaume de Marie Stuart fut réuni par acte du *rump* à l'Angletere, ce que n'avaient pu faire les plus puissants monarques de la Grande-Bretagne.

Autant le corps législatif était méprisé, autant le conseil exécutif avait montré de vigueur et de talent : c'est ce qu'on a vu en France, sous les fameux comités émanés de la Convention. Les terres du clergé avaient été mises en vente ainsi que les domaines de la couronne, et ceux-ci tant en Angleterre qu'en Écosse. Les propriétés nationales, proposées d'abord au prix de dix années de leur affermage annuel, s'élevèrent avec les succès de la république aux taux de quinze, seize, et dix-sept années de leur revenu net : on vendait les bois à part. Les royalistes dont les biens avaient été séquestrés ou confisqués en obtenaient le retour ou la mainlevée moyennant une finance plus ou moins forte payée argent comptant. Une taxe de 120 mille livres sterling par mois suffisait, avec ces différentes sommes, au besoin des services de l'État.

Toutes les puissances de l'Europe, et l'Espagne la première, avaient reconnu la république. L'Irlande était domptée, l'Écosse soumise et réunie à l'Angleterre; une flotte, commandée par le fameux Robert Blake, devenu amiral de colonel qu'il était, gardait les mers autour des îles Britanniques; une autre, sous le pavillon d'Édouard Popham, croisait sur les côtes du Portugal. Les Indes occidentales, les Barbades et la Virginie, soulevées d'abord, furent réduites à l'obéissance. Le fameux acte de navigation proposé par le conseil d'État au parlement en 1651, rendu exécutoire le 1er décembre de cette même année, n'est point, comme on l'a écrit mille fois, l'ouvrage de l'administration de Cromvell, mais de la république avant l'établissement du protectorat. Cet acte fit éclater la guerre entre la Hollande et la Grande-Bretagne en 1652. Blake, Aiskew, Monk et Dean soutinrent en onze combats, depuis le 17 mai 1652, vieux style, jusqu'au 10 août 1653, l'honneur du pavillon anglais contre Tromp, Ruyter, Van Galen et de Witte.

Les classes populaires que les révolutions font monter à la surface des sociétés donnent un moment aux vieux peuples une énergie extraordinaire ; mais ces classes, chez qui l'ignorance et la pauvreté ont conservé la vigueur, se corrompent vite au pouvoir, parce qu'elles y arrivent avec des besoins violents et des appétits longtemps excités par la misère et l'envie, elles prennent et exagèrent les vices des grands qu'elles remplacent, sans avoir l'éducation qui du moins tempère ces vices. Une nation ainsi renouvelée par l'invasion d'une sorte de barbares indigènes, ne conserve que peu de jours son énergie; n'étant plus jeune par nature, elle n'est jeune que par accident; or, les mœurs ne se renouvellent pas comme les pouvoirs, et tant que les premières ne sont pas changées, il n'y a rien de durable.

Cromwell s'aperçut que ce reste d'assemblée, soumis d'abord et humilié, commençait à être jaloux du pouvoir que lui, Cromwell, avait acquis. L'autorité dictatoriale des camps avait dégoûté le futur usurpateur de l'autorité légale : son ambition, comme son caractère et son génie, le poussait à la souveraine puissance.

Il avait manœuvré longtemps entre les divers partis, tour à tour presbytérien, niveleur et même royaliste, mais s'appuyant toujours sur l'armée où l'esprit républicain dominait, autant que cet esprit peut exister au milieu des armes. Les officiers voulaient l'égalité et la liberté, avec la fortune, les honneurs et le pouvoir absolu : c'est ainsi que sous la tente, depuis les légions romaines jusqu'aux Mamelouks, on a toujours compris la république.

Cromwell, après ses victoires, ayant repris son siége au parlement (16 septembre 1651), pressa la rédaction du bill pour mettre fin à ce parlement interminable : il ne le put obtenir qu'à la majorité de deux voix, quarante-neuf contre quarante-sept; encore l'exécution du bill fut-elle remise au 3 novembre 1654.

Ce bill procédait à la réforme radicale parlementaire, si souvent et si inutilement demandée depuis. La chambre des communes devait être composée à l'avenir de quatre cents membres, sans compter les députés de l'Irlande et de l'Écosse. Les bourgs pourris disparaissaient; on ne donnait le droit d'élire qu'aux villes et aux bourgs principaux; deux cents livres sterling en meubles ou immeubles étaient la propriété exigée du citoyen pour l'exercice du droit électoral.

Cromwell ne désirait la dissolution du *rump* que dans l'espoir d'obtenir le suprême pouvoir, au moyen de députés choisis par son influence, et dévoués à ses intérêts. Afin de préparer les idées à un changement de choses, il avait encouragé des discussions sur l'excellence du gouvernement monarchique; mais n'ayant pu amener le *rump* à prononcer la dissolution, il prit un chemin plus court pour y parvenir.

Le rusé général avait eu l'adresse de remplir toutes les places de ses créatures : les soldats lui étaient dévoués. Depuis la bataille de Worcester, qu'il appela, dans sa lettre au parlement, la *victoire couronnante*, il dissimulait à peine ses projets. La modération, besoin de tout homme qui, près d'arriver au pouvoir, s'y veut maintenir, était devenue l'arme de Cromwell : il avait fait publier une amnistie générale, et se montrait favorable aux royalistes; il les trouvait par principe moins opposés que les autres partis à l'autorité d'un seul, et à son tour il avait besoin de fidélité.

Les communes, qui se sentaient attaquées, essayèrent de se défendre : tantôt elles se plaignaient des calomnies que Cromwell faisait semer contre elles; tantôt elles songeaient encore à se perpétuer d'une manière moins directe, en procédant à l'élection des places vacantes au parlement. Cromwell ne s'endormait pas; il présidait à des assemblées, à des colloques, à des traités entre les partis, et trompait tout le monde. Le colonel Harrison, franc républicain, mais aveugle d'esprit, prétendait toujours que le général, loin de se vouloir faire roi, ne songeait qu'à préparer le règne de Jésus. « Que Jésus vienne donc vite, ré-
« pondit le major Streater, ou il arrivera trop tard. » Cromwell, de son côté, déclarait que le psaume cx^e l'encourageait à mettre la nation en république; et à cette fin il engageait le comité d'officiers à présenter des pétitions qui devaient amener, par l'opposition des parlementaires, la destruction de la république.

Une de ces pétitions demandait le paiement des arrérages de l'armée et la réforme des abus; une autre sollicitait la dissolution immédiate du parlement et la nomination d'un conseil pour gouverner l'État jusqu'à la prochaine convocation du parlement nouveau. Emportées par leur ressentiment, les communes déclarèrent que quiconque présenterait à l'avenir de pareilles doléances serait coupable de haute trahison. On vint apprendre cette résolution à Cromwell, qui s'y attendait. Il s'écria, animé d'une feinte colère, au milieu des officiers : « Major « général Vernon ! je me vois forcé de faire une chose qui me fait dresser les che- « veux sur la tête. » Il prend trois cents soldats marche à Westminster, laisse les trois cents soldats en dehors, et pénètre seul dans la chambre : il était député.

Il écoute un moment en silence la délibération, puis appelant Harrison, membre comme lui de l'assemblée, il lui dit à l'oreille : « Il est temps de dis- « soudre le parlement. » Harrison répondit : « C'est une dangereuse affaire, « songez-y bien. »

Cromwell attend encore ; puis se levant tout à coup, il accable les communes d'outrages, les accuse de servitude, de cruauté, d'injustice : « Cédez la place, « s'écrie-t-il en fureur; le Seigneur en a fini avec vous ! il a choisi d'autres « instruments de ses œuvres. » Sir Peters Wenworth veut répondre ; Cromwell l'interrompt : « Je ferai cesser ce bavardage. Vous n'êtes pas un parle- « ment; je vous dis que vous n'êtes pas un parlement. »

Le général frappe du pied : les portes s'ouvrent; deux files de mousquetaires, conduits par le lieutenant-colonel Worsley, entrent dans la chambre et se placent à droite et à gauche de leur chef. Vane veut élever la voix : « O sir « Henry Vane! sir Henry Vane ! dit Cromwell : le Seigneur me délivre de « sir Henry Vane ! » Désignant alors tour à tour quelques-uns des membres présents : « Toi, dit-il, tu es un ivrogne; toi, un débauché (c'était Martyn, ce « régicide dont il avait barbouillé le visage d'encre); toi, un adultère; toi, un « voleur. » Ce qui était vrai. Harrison fait descendre l'orateur de son fauteuil en lui tendant la main. Le troupeau épouvanté sort pêle-mêle ; tous ces hommes s'enfuient sans oser tirer l'épée que la plupart portaient au côté. « Vous m'avez « forcé à cela', disait Cromwell ; j'avais prié le Seigneur nuit et jour de me « faire mourir plutôt que de me charger de cette commission. »

Alors, montrant du doigt aux soldats la masse d'armes : « Emportez ce « jouet (1). » Il sort le dernier, fait fermer les portes, met les clefs dans sa poche, et se retire à Whitehall. Le lendemain on trouva suspendu à la porte de la chambre des communes un écriteau ainsi conçu : *Chambre à louer, non meublée*. Ainsi fut chassé de Westminster le parlement : la liberté y resta.

Remarquons les justices du ciel : ces députés qui avaient tué leur prince légitime, prétendant qu'il avait violé les droits du peuple; ces députés qui avaient eux-mêmes précipité violemment de leurs sièges un grand nombre de leurs collègues, furent dispersés par un de leurs complices, bien autrement coupable que Charles envers les droits de la nation. Mais souvent ce que l'on conteste à la légitimité, on l'accorde à l'usurpation : les hommes dans leur or-

(1) Whitelocke dit : *Cette marotte.*

gueil se consolent de l'esclavage lorsqu'ils ont eux-mêmes choisi leur maître parmi leurs égaux.

Buonaparte à Saint-Cloud fit sauter les républicains par les fenêtres, avec moins de fermeté et moins de décision politique que Cromwell n'en mit à dissoudre le long parlement. L'Angleterre républicaine accepta le joug : les tempêtes avaient enfanté leur roi; elles s'y soumirent.

La véritable république ne dura en Angleterre que quatre ans et trois mois, à compter de la mort du roi (30 janvier 1649), jusqu'à la dislocation totale du *rump* (20 avril 1653.) Cette courte république ne fut pas sans gloire au dehors ni même sans vertu, sans liberté et sans justice au dedans. Les membres des communes s'exclurent, il est vrai, mutuellement de l'assemblée législative; mais ils ne se décimèrent point, ne s'assassinèrent point tour à tour comme les conventionnels. La république française exista douze années, de 1792 à 1804, à l'érection de l'empire, temps de gloire et de conquête au dehors, mais de crimes, d'oppression et d'iniquité au dedans. Cette différence entre deux révolutions qui ont cependant produit, en dernier résultat, la même liberté, vient du sentiment religieux qui animait les novateurs de la Grande-Bretagne, et des principes d'irréligion qu'affichaient les artisans de nos discordes. Quelques vertus peuvent exister dans la superstition, il n'y en a point dans l'impiété. Les révolutionnaires anglais, fanatiques, connurent le repentir; les révolutionnaires français, athées, ont tous été sans remords : ils étaient insensibles à la fois comme la matière et comme le néant.

LE PROTECTORAT.

De 1653 a 1658.

Il était facile à Cromwell de convoquer un parlement libre; il ne le voulut pas : il cherchait le pouvoir, non la liberté. L'Angleterre d'ailleurs était lasse de parlements; après l'anarchie on respirait pour le despotisme. Le conseil des officiers qui avait présenté la pétition décisive s'arrogea le droit d'élection; il choisit (toujours à la suggestion de Cromwell) dans le parti millénaire les hommes les plus obscurs, les plus ignorants, les plus fanatiques : cent quarante-quatre personnages, ainsi triés, furent revêtus du pouvoir souverain. Le major général Lambert, qui se disait républicain et qui n'était que servile; Harrison, sincère démocrate et d'un esprit borné, prêtaient les mains à toutes ces violences. Harrison, sectaire de la *cinquième monarchie*, demandait seulement que le nouveau conseil fût composé de soixante-dix membres, pour mieux ressembler au sanhédrin des Juifs. Dans le club législatif des cent quarante *saints*, il fallait avoir de longs noms composés et tirés de l'Écriture, comme dans nos clubs on s'appelait *Scævola* et *Brutus*. Des deux frères Barebone, l'un, le corroyeur, s'appelait *Loue-Dieu ;* l'autre, *si Christ n'était pas mort pour vous, vous seriez damné, Barebone*. Ce Barebone, dont le nom signifie en français *dé-*

charné, donna son nom aux cent quarante-quatre : au parlement *croupion* succéda le parlement *damné Barebone*, ou le *damné décharné*.

Sur une liste de jurés du comté de Sussex on voit les noms de White d'Emer, *combats pour la bonne cause de la foi;* de Pimple de Whitam, *tue le péché;* de Harding de Lewes, *plein de la grâce*. Lorsque les *saints* entraient en séance à Westminster, ils récitaient des prières, cherchaient le Seigneur des journées entières, et expliquaient l'Écriture : cela fait, ils s'occupaient des affaires, dont ils se croyaient saisis. Cromwell ouvrit la session des *décharnés* par un discours qu'il accompagna de pieuses larmes, remerciant le ciel d'avoir assez vécu pour assister au commencement du règne des *saints* sur la terre. Au fond de toutes ces folies, les nouvelles mœurs se formaient, et les institutions prenaient racine. Ces caractères n'étaient si ridicules que parce qu'ils étaient originaux ; or tout ce qui est fortement constitué a un principe de vie. Les courtisans de Charles second purent rire, mais ces fanatiques de bonne foi laissèrent une arrière-postérité qui a fait raison des courtisans.

Whitelocke prétend que quelques hommes éclairés et d'un rang élevé se trouvaient dans le parlement Barebone. Ludlow représente les *décharnés* comme un troupeau d'honnêtes niais, ressemblant assez à nos théophilanthropes. Whitelocke était un parlementaire timide, qui avait fui de peur de condamner Charles Ier et qui se rangeait toujours du parti du plus fort; Ludlow était un parlementaire décidé, meurtrier du roi et ennemi de Cromwell.

Cinq mois s'étaient à peine écoulés lorsque les cent quarante-quatre *saints*, ne pouvant plus gouverner au milieu de la risée publique, chargèrent Rouse, leur orateur, créature de Cromwell, de remettre l'autorité entre les mains de celui qui les en avait revêtus. Cromwell l'avait prévu : il accepta en gémissant le poids de l'autorité souveraine.

Quelques pauvres d'esprit qui n'étaient pas de la faction militaire s'obstinèrent à siéger, malgré la désertion de l'orateur et du sergent qui avait emporté la masse. Le capitaine White entra dans la chambre, et demanda à ces saints entêtés ce qu'ils faisaient là (12 décembre 1653). « Nous cherchons le Seigneur, » répondirent-ils. « Allez donc ailleurs, s'écria White ; le Seigneur n'a pas fré-« quenté ce lieu depuis longues années ; » et il les fit chasser par ses sbires. Le véritable principe républicain existait pourtant alors dans l'armée anglaise plus que dans les autorités civiles ; mais il ne peut y avoir d'alliance durable entre le pouvoir constitutionnel et l'autorité militaire : quand la liberté se réfugie à l'autel de la victoire, elle y est bientôt immolée ; on la sacrifie pour obtenir le vent de la fortune.

Tous les différents partis, excepté celui des *saints* et celui des républicains véritables, le parti du roi, le parti de l'épiscopat, le parti militaire, le parti des gens de loi qui avaient craint la réforme des coutumes et la simplification du code de procédure ; tous les intérêts, toutes les ambitions, toutes les corruptions, toutes les lassitudes applaudissaient aux entreprises de Cromwell : il fut complimenté par l'armée, la flotte, les autorités civiles. On attendait avec anxiété et curiosité ce qu'il allait faire du pouvoir : sa fabrique était toute prête et ses ouvriers à l'œuvre.

Le conseil des officiers est convoqué. Le major général Lambert lit un écrit intitulé : *Instrument de gouvernement*. C'était une constitution qui plaçait la puissance législative dans un parlement et dans un *protecteur*. Il y était statué que les membres de ce parlement seraient choisis par le peuple; qu'ils siégeraient tous les ans cinq mois selon le bon plaisir du *protecteur;* que le *protecteur* aurait le *veto* suspensif; qu'il nommerait à tous les emplois civils et militaires ; que dans l'intervalle des sessions, la nation serait gouvernée par le *protecteur* et par un conseil composé de vingt et un membres au plus, de treize au moins.

On supplia Cromwell d'accepter le protectorat : il se rendit gracieusement aux vœux de ses peuples. Le maire et les aldermen de Londres furent requis de se trouver à une parade d'installation à la salle de Westminster. Le Protecteur prêta serment à l'*instrument de gouvernement* qui était son œuvre. Le général Lambert, un genou en terre, lui présenta une épée dans le fourreau ; les commissaires lui remirent les sceaux; le maire de Londres lui donna une épée nue, et le sujet des Stuarts alla, monarque absolu des trois royaumes, coucher dans le palais du roi qu'il avait assassiné.

Le premier parlement convoqué par Cromwell ne répondit pas à son attente : il s'y manifesta un esprit de liberté que l'oppression militaire n'avait pu étouffer. En vain le Protecteur, à l'ouverture de ce parlement, parla des excès de cette liberté, déclama contre ce qui lui avait donné la puissance, les agitateurs, les niveleurs, les millénaires et les diverses autres sectes; en vain il s'éleva contre une égalité chimérique, et loua la division des classes en nobles, gentilshommes et bourgeois : son discours était raisonnable au fond, d'accord même avec l'opinion nationale, encore arrêtée aux principes de l'ancienne société ; mais ce n'était pas là la question pour les communes. Elles ne s'occupèrent que du pouvoir du Protecteur, et de la mauvaise origine de ce pouvoir. Le parlement ne voyait pas qu'il était tout aussi illégitime que le protectorat ; l'un et l'autre n'existaient qu'en vertu d'une prétendue constitution faite par qui n'avait pas eu droit de la faire.

Cromwell en péril n'hésita pas : violer la représentation nationale était devenu, depuis l'épuration du long parlement, une sorte de jurisprudence politique. Le Protecteur plaça des gardes à la porte de Westminster ; ils avaient ordre de ne laisser entrer que les députés consentant à souscrire un engagement en vertu duquel ils reconnaîtraient l'autorité du parlement et *d'un seul*. Cent trente membres signèrent tout d'abord; plusieurs autres membres s'empressèrent ensuite d'imiter la turpitude de leurs collègues. Rien n'est plus rempli d'émulation que la bassesse : il y a des espèces de vils héros que les succès de la lâcheté empêchent de dormir.

Cromwell, devenu Protecteur, prit le titre d'Altesse. Des médailles furent frappées en son honneur; l'une le représentait en buste avec cette inscription : *Oliverius Dei gratia, Reipublicæ Angliæ, Scotiæ et Hiberniæ Protector;* au revers était l'écusson d'Angleterre ; autour on lisait ces mots, gravés depuis sur les monnaies du temps : *Pax quæritur bello*. D'autres médailles offrent un grand olivier, à l'ombre duquel s'élèvent deux petits oliviers, symboles du

Protecteur et de ses deux fils. L'inscription porte : *Non deficient olivarii*. La flatterie ne parlait pas aussi bien latin qu'au temps de Tibère.

Lorsque les officiers vinrent complimenter Cromwell sur sa modestie à n'avoir accepté que le titre de *Protecteur*, il porta la main à son épée : « Elle « m'a élevé, leur dit-il ; si je veux monter plus haut, elle me maintiendra au « rang qu'il me plaira d'occuper. »

Quelles que soient néanmoins la pusillanimité des hommes et la crainte du pouvoir, il est impossible d'éteindre, dans une assemblée délibérante, tout principe vital. Les membres des communes, malgré leur engagement signé, tout en examinant avec modération l'*instrument de gouvernement*, se réservèrent la nomination du successeur de Cromwell ; ils rejetèrent le principe du protectorat héréditaire, à la majorité de deux cents voix contre soixante.

Les cinq mois de la session expirés, Cromwell rassembla le parlement (22 janvier 1655) dans la *chambre peinte*. Il se répandit en outrages, traita les députés de parricides pour lui avoir contesté son autorité, à lui régicide ; il leur déclara que si la république devait souffrir, meilleur était qu'elle fût dépendante des riches que des pauvres, qui, selon Salomon, lorsqu'ils oppriment, ne laissent rien après eux. Cromwell avait été blessé de la discussion relative à l'hérédité du protectorat : il voulait dissimuler sur ce point ; mais entraîné, comme le sont tous les hommes, à parler de la chose même où il se sentait faible, il déclama lui-même contre le protectorat héréditaire, laissant par là aux principaux officiers, et particulièrement au major général Lambert, l'espoir de lui succéder.

Le parlement dissous, Cromwell en convoqua un autre pour lever, disait-il, l'argent nécessaire au service de l'armée et de la flotte, pour confirmer l'*instrument de gouvernement*, et enfin pour légaliser l'autorité des *majors généraux*. Ces majors étaient des commissaires militaires, chargés de lever sur les biens des royalistes, à cause de quelques mouvements insurrectionnels, une contribution arbitraire d'un dixième de la valeur de ces biens. Cromwell corrompit autant qu'il le put les élections, et cassa celles qui lui étaient le moins favorables.

De tout cela sortit enfin un parlement qui, sous le nom d'*humble pétition et avis*, invitait le Protecteur à prendre le titre de roi et à former *une autre chambre*, c'est-à-dire une espèce de chambre des pairs, composée de soixante-dix membres à la nomination de Cromwell.

Cromwell se crut obligé de refuser la couronne par un long et obscur discours, où l'on découvrait à la fois ses regrets de repousser le diadème, et sa satisfaction de remettre au théâtre la parade de César. Il avait plusieurs fois fait traiter devant lui la question du *meilleur gouvernement* ; c'était à peu près à la même époque que le grand Corneille écrivait la scène de Cinna.

Buonaparte n'hésita pas à se couronner, soit qu'ayant plus de gloire il eût plus d'audace, soit que la France, plus malheureuse dans sa révolution que l'Angleterre ne l'avait été dans la sienne, craignît moins de perdre la liberté.

Le nouveau parlement confirma et conféra de nouveau à Cromwell le titre de Protecteur avec la faculté de nommer son successeur, ce qui, par le fait, rendait le protectorat héréditaire. Ce parlement fut encore renvoyé à cause des alarmes qu'il inspira à son maître ; peut-être Cromwell en voulait-il secrètement à ces députés trop naïfs, de ne lui avoir pas mis de force la couronne sur la tête. L'usurpation se livrait ainsi à ces fréquentes dissolutions, qui avaient perdu la légitimité ; mais le bras de Cromwell était autrement puissant que celui de Charles ; ce bras pouvait soutenir debout des ruines qu'une force ordinaire n'aurait pu empêcher de tomber.

Mettez à part l'illégalité des mesures de Cromwell, illégalité dont, après tout, il était peut-être obligé d'user pour maintenir son illégale puissance, l'usurpation de ce grand homme fut glorieuse. Au dedans il fit régner l'ordre : comme beaucoup de despotes, il était ami de la justice en tout ce qui ne touchait pas à sa personne, et la justice sert à consoler les peuples de la perte de la liberté. Le fanatique, le régicide Cromwell, parvenu au pouvoir, fut tolérant en religion et en politique ; il fit passer le bill de la liberté de culte et de conscience ; il employa des royalistes avoués : Hale, magistrat intègre, zélé partisan des Stuarts, fut placé à la tête de la magistrature ; Monk, qui commanda les armées et les flottes du Protecteur, était un royaliste fait jadis prisonnier sur le champ de bataille par les parlementaires : il s'en souvint lors de la restauration.

Cromwell aimait et protégeait la noblesse anglaise. Cette noblesse ne périt point, comme de nos jours la noblesse française, parce qu'elle ne sépara pas tout à fait sa cause de la cause générale, et qu'en même temps la révolution de 1640, entreprise en faveur de la liberté, et non de l'égalité, n'était point dirigée contre l'aristocratie. Les Falkland, les Strafford, les Clarendon avaient été membres de l'opposition dans ces fameux parlements qui contribuèrent à restreindre les priviléges excessifs de la couronne : il y eut une chambre des pairs jusqu'à la mort de Charles Ier. Essex, Denbigh, Manchester, Fairfax, et tant d'autres, se distinguèrent dans le service parlementaire de terre et de mer ; une foule de lords entrèrent dans l'administration, se firent élire membres des communes aux parlements de la république et du protectorat, parurent dans les conseils, et jusqu'à la cour de Cromwell. Il n'y eut point d'émigration systématique ; quelques individus nobles périrent, mais le corps patricien, ayant suivi et même devancé le mouvement de la nation, resta tout entier dans cette nation.

L'administration de Cromwell fut active, vigilante, vigoureuse, mais trop fondée sur la corruption de la police, pour qui Cromwell avait un penchant décidé, et à laquelle il sacrifiait des sommes considérables. Tous les services étaient payés régulièrement un mois d'avance ; de grosses pensions, accordées à des hommes considérables, créaient des intérêts, si elles ne pouvaient créer des devoirs.

Au dehors, Cromwell acheva d'humilier la Hollande et de faire reconnaître la supériorité du pavillon anglais ; les nations étrangères recherchèrent l'alliance du Protecteur. Richelieu avait favorisé les premiers troubles de l'Angleterre ; il les avait pris pour des orages passagers qui, en occupant chez eux des ennemis, donnaient du repos à la France : il ne s'était pas aperçu qu'il s'agissait d'une révolution qui, en accroissant la vigueur d'un peuple, ne laisserait à Mazarin que des mépris à dévorer; nourriture d'ailleurs analogue au tempérament du cardinal.

Dunkerque fut par Mazarin livré à Cromwell; Blake prit la Jamaïque; l'Espagne fut contrainte d'offrir de grandes réparations. On a remarqué que Cromwell s'abandonna à sa passion religieuse plus qu'il ne suivit une saine politique, en s'alliant avec la France contre l'Espagne. Cette remarque faite après coup n'a rien de profond aujourd'hui; il est curieux seulement de la trouver dans les *Mémoires de Ludlow*. Ludlow, il est vrai, vit les triomphes de Louis XIV, et survécut longtemps à Cromwell, dont il était l'ennemi.

Le Protecteur traita l'Irlande domptée en pays de conquête. Les malheureux Irlandais furent transportés par milliers aux colonies; un grand nombre périt dans les supplices. Des lois draconiennes et étrangères remplacèrent ces vieilles coutumes nées du sol, dont l'autorité se perpétuait par traditions devant quelque image de la Vierge sur une bruyère, au son d'une musette. Les terres furent vendues : on donnait mille acres de terrain pour 1,500 liv. sterling dans le canton de Dublin, pour 1,000 dans celui de Kilkenny, pour 800 dans le comté de Wexford, et pour 600 dans les divers comtés de la province de Leinster. Des colonies militaires eurent en partage les terres situées aux environs de Slego, de Colke et de Collel. Les naturels du sol devinrent les serfs des soldats anglais dans le Connaught.

Olivier étendit son autorité protectrice jusque sur les Vaudois, dans les montagnes de la Suisse. Le frère de l'ambassadeur de Portugal à Londres tua un Anglais; Cromwell le fit décapiter. Le fier usurpateur signant un traité mit son nom au-dessus de celui de Louis XIV. En 1657, il envoya son portrait à la reine Christine, avec un distique qui disait que le front de Cromwell *n'était pas toujours l'épouvante-roi.*

C'est de cet orgueil du Protecteur qu'est née la superbe affectée par nos voisins pendant un siècle et demi, et qui n'a disparu qu'avec les victoires de notre révolution : elles nous ont remis au niveau de la révolution anglaise.

Pourtant Cromwell ne fut pas heureux; toute sa puissance ne put empêcher la vérité de faire entendre sa voix. Quand il descendait en lui-même, il trouvait toujours qu'il avait tué le roi ou la liberté; il lui fallait opter entre l'un ou l'autre remords. Le Protecteur racontait que dans son enfance une femme lui était apparue; elle lui avait annoncé, comme les magiciennes de Macbeth, qu'il serait roi. La conscience de Cromwell présenta, lorsqu'il était encore innocent, la vision de la royauté; quand il devint coupable, elle lui en envoya le fantôme. Placé entre les royalistes et les républicains qui le menaçaient également, Olivier était peu satisfait du titre équivoque dont la légitimité et la liberté l'avaient obligé de se contenter. Plusieurs conspirations des *cavaliers* éclatèrent : celles de Bagnal, fils de lady Terringham, de Penruddock, du capitaine Grove, du docteur Hervet, et de sir Henry Slingsby. Quelques hommes de la *cinquième monarchie* s'agitèrent aussi : un cornette, nommé Day, était de l'assemblée républicaine de Coleman-Street, où l'on traitait Cromwell de coquin et de traître. Quelques régicides suspects furent enfermés dans ce château de Carisbrook, qui avait servi de prison à Charles Iᵉʳ. Les juges, et surtout les jurés, contrariaient le despotisme du Protecteur, qui retrouvait la liberté retranchée derrière cette barrière. Olivier était alors obligé de chercher les tribunaux naturels à son gouvernement, les conseils de guerre et les commissions.

Les brochures politiques, une pétition signée de plusieurs officiers, un libelle intitulé le *Memento*, surtout le fameux écrit *Killing no murder* (tuer n'est pas assassiner), achevèrent de troubler le repos de Cromwell. Le colonel Titus, sous le nom de *William Allen*, était l'auteur du dernier pamphlet. Dans une dédicace ironique adressée à *Son Altesse Olivier Cromwell*, Titus invitait son Altesse à mourir pour le bonheur et la délivrance des Anglais; il lui disait que sa mort était le vœu général, la prière commune de tous les partis, qui ne s'entendaient que sur ce point. Titus signait W. A., *de présent votre esclave et vassal*.

Enfin la famille de Cromwell était pour lui un autre sujet de tourment et d'angoisse.

Il rencontrait parmi les siens deux espèces d'oppositions aussi violentes l'une que l'autre : ses trois sœurs épousèrent trois hommes qui tous trois votèrent la mort de Charles Iᵉʳ. Il eut deux fils et quatre filles. Richard, protecteur après lui était royaliste; Henry, lord-lieutenant d'Irlande, partageait une partie des talents et des opinions de son père, mais avec plus de modération que lui.

Sa fille aînée, lady Briget, était républicaine ; elle fut mariée d'abord au fameux Ireton, et après la mort de celui-ci au lieutenant général Fleetwood. Lady Élisabeth, sa seconde fille et sa fille chérie, avait épousé lord Claypole, homme ennemi de la tyrannie : lady Élisabeth était ardente royaliste.

Lady Marie, dont l'opinion est peu connue, épousa lord Falconbridge, qui fut actif dans la restauration. Enfin lady Francis, la plus jeune des filles du Protecteur, se maria clandestinement, en apparence, à Robert Rich, petit-fils du comte de Warwick. Robert ne vécut que trois mois, et sa veuve épousa sir John Russel.

La destinée de cette dernière fille de Cromwell fut assez singulière. Lord Broghill avait eu la pensée de la donner en mariage à Charles II. Lady Francis consentait à cet étrange projet; Cromwell, assez tenté, ne le repoussait qu'en disant : « Charles II est trop damnablement débauché pour me pardon-« ner la mort de son père. » Il est difficile de juger si Charles n'aurait pas, par politique ou par légèreté, approuvé cette union parricide. L'affaire manqua; lady Francis s'éprit d'inclination pour Jerry White, tout à la fois chapelain et bouffon de Cromwell, lequel White, surpris aux genoux de lady Francis par le Protecteur, fut obligé, pour se sauver, d'épouser une des femmes de chambre de sa maîtresse. Le mariage, d'abord clandestin de lady Francis avec Robert Rich, fut ensuite célébré publiquement (11 novembre 1657). Le Protecteur se souvenant, à ce mariage, des jeux de sa première jeunesse, arracha la perruque de son gendre, et répandit des confitures liquides sur les robes des femmes : du moins, cette fois, on put rester dans la salle du bal.

Ainsi Cromwell dans sa famille trouvait tantôt des républicains et des républicaines qui détestaient sa grandeur; tantôt des royalistes qui lui reprochaient ses crimes. Lady Claypole ne le laissait pas respirer; Richard s'était jeté aux pieds de son père pour obtenir la vie de Charles Ier. La femme du Protecteur, bien que vaine, portait avec crainte sa fortune : décemment traitée, mais peu aimée de son mari, elle aurait voulu qu'on s'arrangeât avec le souverain légitime. Enfin la mère de Cromwell, qu'il chérissait et respectait, l'avait aussi supplié de sauver le roi : elle tremblait pour les jours de son Olivier; elle le voulait voir une fois le jour au moins, et si elle entendait l'explosion d'une arme à feu, elle s'écriait : « Mon fils est mort! »

Ces tracasseries intérieures et de tous les moments, qui troublent la vie d'un homme bien plus que les grands événements politiques, ne se pouvaient perdre dans les distractions que cherchait Cromwell : il s'était attaché à lady Dysert, duchesse de Lauderdale; les *saints* se scandalisèrent. On trouvait aussi que Cromwell faisait de trop longues prières avec mistress Lambert. Plusieurs bâtards, qui se sont peut-être vantés faussement de leur naissance, ont prouvé que ce rigide Cromwell, ce sévère ennemi de la débauche et de la licence, ce prophète qui communiquait directement avec Dieu, était tombé dans la faiblesse commune à presque tous les grands hommes, d'autant plus attaqués et plus fragiles qu'ils ont plus de gloire.

Tous les monarques avaient renoncé à divertir leur orgueil du spectacle de la dégradation humaine, blessés peut-être encore qu'ils étaient de quelques vérités cachées sous de basses bouffonneries; ils n'entretenaient plus dans leur cour ces misérables appelés *fous*. Cromwell en avait quatre, soit que ce tueur de rois aimât à s'environner de ce qui avait dégradé les rois, régicide encore envers leur mémoire; soit que n'osant porter leur sceptre, il affectât d'imiter leurs mœurs; soit enfin qu'il trouvât dans son penchant naturel aux scènes grotesques un rapport avec ces joies royales. Mais tous les bouffons de la terre n'auraient pu chasser du cœur de Cromwell la tristesse qui s'y était glissée. Sa cour, ou plutôt sa maison, était à la fois une espèce de caserne et un séminaire, où quelques pompes bruyantes venaient, deux ou trois fois l'an, dérider le front des prédicants et des vieux soldats. Depuis la publication du pamphlet *Killing no murder*, on ne vit plus Cromwell sourire; il se sentait abandonné par l'esprit de la révolution, d'où lui était venue sa grandeur. Cette révolution qui l'avait pris pour guide ne le voulait plus pour maître; sa mission était accomplie; sa nation et son siècle n'avaient plus besoin de lui : le temps ne s'arrête point pour admirer la gloire; il s'en sert et passe outre (1).

Ce grand renégat de l'indépendance soupçonnait jusqu'à ses gardes, qu'il faisait relever trois et quatre fois par jour, et dont lui-même, déguisé, épiait les propos. Il passait sa vie à entendre les rapports de ses nombreux espions; il n'osait plus se montrer en public que revêtu d'une cuirasse cachée sous ses habits, misérable cilice de la peur. Il portait des pistolets chargés dans ses poches. Un jour qu'il essayait un attelage de chevaux frisons, il tomba et l'un de

---

(1) Cette dernière phrase se retrouve dans mon Discours non prononcé sur la liberté de la presse; je l'avais enlevée à ce passage des *Quatre Stuarts*, je l'ai laissée ici à sa première place.

ses pistolets partit. Quand il voyageait, c'était avec une rapidité extrême : on n'apprenait qu'il avait passé en un lieu que quand il n'y était plus. Dans ce palais de Whitehall, témoin de la grande immolation, Cromwell errait la nuit, comme un spectre poursuivi par un autre spectre ; il ne couchait presque jamais deux fois de suite dans la même chambre, tourmenté en cette demeure par ses remords, comme la veuve de Charles y fut dans la suite désolée par ses souvenirs.

La mort de lady Claypole vint ajouter à la noire mélancolie de Cromwell : cette femme, encore jeune, consumée à Hamptoncourt d'une douloureuse maladie, succomba en accablant son père de reproches, et en l'appelant pour ainsi dire après elle.

Il ne tarda pas à la suivre ; depuis quelque temps il souffrait d'une humeur à la jambe : la fièvre le prit dans le même château où sa fille avait rendu le dernier soupir ; on le transporta à Londres. Fidèle à son caractère, Cromwell déclara qu'il avait eu des révélations, qu'il guérirait pour être utile à son pays. Les chapelains de Whitehall annonçaient le prochain rétablissement du prophète : il mourut pourtant. Il expira dans sa cinquante-neuvième année, le 3 septembre 1658, anniversaire des victoires de Dunbar, Worcester, et de l'ouverture du premier parlement protectoral.

« Cromwell allait ravager toute la chrétienté, dit Pascal ; la famille royale
« était perdue et la sienne à jamais puissante, sans un petit grain de sable qui se
« mit dans son urètre ; Rome même allait trembler sous lui ; mais ce petit
« gravier, qui n'était rien ailleurs, mis dans cet endroit, le voilà mort ; sa fa-
« mille abaissée et le roi rétabli. »

Il n'y a de vrai dans cette remarque de Pascal que le néant de la gloire et de la nature humaine. Une de ces tempêtes qui précèdent, accompagnent ou suivent les équinoxes, éclata au moment de la mort du Protecteur : le poëte Waller, qui chantait tout le monde, annonça en fort beaux vers que les derniers soupirs de Cromwell avaient ébranlé l'île des Bretons ; que l'Océan s'était soulevé en perdant son maître ; que Cromwell, comme Romulus, avait disparu dans un orage. Les faits se réduisaient à une fièvre et à un coup de vent.

Cromwell eut quelque chose de Hildebrand, de Louis XI et de Buonaparte ; il eut du prêtre, du tyran et du grand homme : son génie remplaça pour son pays la liberté. Il y avait trop de puissance en Cromwell pour qu'il pût créer une autre puissance : il tua toutes les institutions qu'il trouva ou qu'il voulut donner.

La plupart des souverains de l'Europe mirent des crêpes funèbres pour pleurer la mort d'un régicide : Louis XIV porta le deuil de Cromwell auprès de la veuve de Charles Ier. Une couronne, même usurpée, absout-elle d'un crime ?

Ce nom de Cromwell, qui produisait la lâcheté européenne, faisait passer en Angleterre le pouvoir absolu entre les mains du faible Richard : tant il y a de puissance dans la gloire ! Cromwell laissa l'empire à son fils ; mais ces génies en qui commence un autre ordre de choses, soit en bien, soit en mal, sont solitaires ; ils ne se perpétuent que par leurs œuvres, jamais par leurs races.

Le Protecteur vécut l'âge des hommes de sa nature : leur règne le plus court est ordinairement de neuf à dix ans, et le plus long de vingt à vingt-deux. Ces calculs historiques, que rien ne semble démentir, reposent sans doute sur quelque vérité naturelle : il se peut faire que la force physique d'un homme placé au plus haut point des révolutions se trouve épuisée dans une période de trois ou quatre lustres.

Achevons de suite, en anticipant même un peu sur les faits, ce qui a rapport à Cromwell.

Thurloe déclarait que Cromwell était monté au ciel, embaumé des larmes de son peuple : Cromwell, plus franc au moment où la grande vérité, la mort, se présente aux hommes, avait dit : « Plusieurs m'ont trop estimé, d'autres souhaitent ma fin. » La bassesse de la flatterie qui survit à l'objet de l'adulation n'est que l'excuse d'une conscience infime : on exalte un maître qui n'est plus, pour justifier par l'admiration la servilité passée.

Richard fit de magnifiques funérailles à son père. Le corps embaumé du Protecteur fut exposé pendant deux mois au palais de Sommerset, dans une salle tendue de velours noir, et où l'on ne comptait pas moins de mille flambeaux. Portant un vêtement de brocart d'or fourré d'hermine, une figure en cire, l'épée au côté, un sceptre dans la main droite, un globe dans la gauche, représentait le Protecteur ; elle était couchée sur un lit funèbre. Une épitaphe racontait en abrégé l'histoire de Cromwell et de sa famille. « Il mourut, disait « l'épitaphe, avec grande assurance et sérénité d'âme, dans son lit. » Paroles qui s'appliquaient mieux à Charles Ier, excepté les trois dernières.

La figure en cire fut ensuite mise debout sur une estrade, comme pour annoncer une résurrection, ou, comme disaient les *indépendants*, indignés de ces pompes *papistes*, pour représenter le passage d'une âme du purgatoire dans le paradis. Le 23 novembre, l'image de cire fut couchée de nouveau, mais dans un beau cercueil qu'enlevèrent dix gentilshommes pour le placer sur un char ; le tout s'en alla en pompe à Westminster : lord Claypole menait le cheval de Cromwell. Le cercueil fut déposé dans la chapelle de Henri VII. On ne voit plus aujourd'hui l'effigie de Cromwell à Westminster, mais celle de Monk : on y cherche vainement aussi les cendres du Protecteur.

On se plut à dire et à écrire, au moment de la restauration de Charles II, que Cromwell, prévoyant les outrages qu'on pourrait faire à ses restes, avait ordonné qu'on précipitât son corps dans la Tamise, ou qu'on l'enterrât sur le champ de bataille de Naseby, à neuf pieds de profondeur : Barkstead, régicide, lieutenant de la Tour, et protégé de Cromwell, aurait, disait-on, fait exécuter cet ordre par son fils. On racontait enfin que les corps de Charles Ier et de Cromwell, échangés, avaient été transportés de l'un à l'autre tombeau, de sorte que Charles II, dans sa vengeance, aurait pendu au gibet le corps de son propre père, au lieu de celui de l'assassin de son père. Ces noires imaginations anglaises disparaissent devant les faits : si l'on ne vit que l'image de cire du Protecteur à la pompe funèbre, c'est que l'état des chairs, malgré l'embaumement, obligea de porter le cadavre à Westminster avant la cérémonie publique : l'enterrement précéda les funérailles. Le corps de Charles Ier retrouvé de nos jours à Windsor, prouve que le meurtrier n'était pas allé dormir dans la couche du meurtri, et que satisfait de lui avoir ravi la couronne, il lui laissa son cercueil.

S'il fallait des témoignages de plus, nous dirions que l on conserve la plaque de cuivre doré trouvée sur la poitrine de Cromwell lors de l'ouverture de sa tombe à Westminster. Cette plaque, renfermée dans une boîte de plomb, fut remise à Norfolk, sergent d'armes de la chambre des communes. Elle porte cette inscription :

Oliverius Protector reipublicæ Angliæ, Scotiæ et Hiberniæ, natus 25° *aprilis anno* 1599°, *inauguratus* 16° *decembris* 1653°, *mortuus* 3° *septembris anno* 1658°, *hic situs est.*

Une autre preuve de l'exhumation nous reste : la redoutable histoire a gardé dans *le trésor de ses chartes* la quittance du maçon qui brisa, par ordre, le sépulcre du Protecteur, et qui reçut une somme de 15 schellings pour sa besogne. Nous donnerons cette quittance dans la langue originale, afin que les fautes mêmes de l'ignorant ouvrier attestent l'authenticité de la pièce.

May the 4 th *day,* 1661, *rec^d then in full, of the worshipful serjeant Norfoke, fiveteen shillinges, for taking up the corpes of Cromell, et Ierton et Brasaw.*

Rec. by me John LEWIS.

« Mai le 4me jour, 1661, reçu alors en totalité, du respectable sergent Norfoke, quinze schellings, pour enlever le corps de *Cromell,* et *Ierton* et *Brasaw.*

« Reçu par moi John LEWIS. »

On voit par la date de cette pièce, 4 mai 1661, que John Lewis avait fait un long crédit au gouvernement : les os de Cromwell furent exposés à Tyburn le 30 janvier de la même année.

La France garde aussi quelques quittances des assassins du 2 septembre 1792, lesquels déclarent avoir reçu 5 francs *pour avoir travaillé pour le peuple.* Sur l'une de ces quittances est demeurée la trace des doigts sanglants du signataire.

Enfin voici la pièce officielle qui rend compte de l'exhumation. Nous la traduisons littéralement.

Janvier 30 (1661), vieux style.

« Les odieuses carcasses de O. Cromwell, H. Ireton et J. Bradshaw, traînées « sur des claies jusqu'à Tyburn, et étant arrachées de leur cercueil : là, pen-« dues aux différents angles de ce triple arbre (*triple tree*) jusqu'au coucher « du soleil ; alors descendues, décapitées et leurs troncs infects jetés dans un « trou profond au-dessous de la potence. Leurs têtes furent après cela exposées « sur des pieux au sommet de Westminster-Hall. »

Il est donc certain qu'Olivier mort fut déposé à Westminster : il n'y resta pas longtemps. Qu'avait-on à craindre de lui? Son squelette pouvait-il emporter les têtes des squelettes couronnés, s'emparer de la poussière des rois, usurper leur néant? Quoi qu'il en soit, le 30 janvier 1661, anniversaire du régicide, les restes du Protecteur pendillèrent au haut d'un gibet.

Cromwell avait visité Stuart dans son cercueil; il l'avait touché de sa main ; il s'était assuré que le chef était séparé du tronc : Charles II vint en son temps, et appuyé aussi d'une chambre des communes, il rendit aux os du Protecteur la visite faite à ceux de Charles Ier; vengeance malavisée, car, si d'un côté on ne peut empêcher de vivre ce qui est immortel, de l'autre on ne donne pas la mort à la mort.

Les dispendieuses funérailles qui n'ajoutaient rien à la grandeur de l'homme, et qui ne légitimaient pas l'usurpateur, ruinèrent Richard Cromwell; il fut obligé de demander aux communes un bill suspensif des lois, afin de n'être pas arrêté pour les dettes contractées à l'occasion des obsèques de son père. L'Angleterre, qui ne paya pas l'enterrement de celui qu'elle avait reconnu pour maître, s'est chargée depuis des frais d'inhumation d'un simple ministre des finances.

Que devint la famille de Cromwell?

Richard eut un fils et deux filles; le fils ne vécut pas. Henri habita une petite ferme, où Charles II entra un jour par hasard, en revenant de la chasse. Il est possible qu'un héritier direct d'Olivier Cromwell par Henri soit maintenant quelque paysan irlandais inconnu, catholique peut-être, vivant de pommes de terre dans les tourbières d'Ulster, attaquant de nuit les Orangistes, et se débattant contre les lois atroces du Protecteur. Il est possible encore que ce descendant inconnu de Cromwell ait été un Franklin ou un Washington en Amérique.

Lady Claypole mourut sans enfants. Nous savons, par une mauvaise plaisanterie d'un chapelain de Cromwell, que lady Falconbridge fut également privée de postérité. Restent lady Rich, depuis lady John Russel, et lady Ireton, qui épousa en secondes noces le général Fleetwood. Nous trouvons une mistress Cook de Newington en Middlesex, petite-fille du général Fleetwood, qui communiqua une lettre de Cromwell à William Harris, biographe du Protecteur.

La famille de Buonaparte ne se perdra pas comme celle de Cromwell : le perfectionnement de l'administration civile ne permettrait plus cette disparition. D'ailleurs rien ne se ressemble sous ce rapport dans la position et la destinée des deux hommes.

Le Protecteur ne sortit point de son île : les troubles de 1640 commencèrent et finirent dans la Grande-Bretagne. Nos discordes se sont mêlées à celles du monde entier; elles ont bouleversé les nations, renversé les trônes. Ce qui distingue les derniers mouvements politiques de la France de tous les mouvements politiques connus, c'est qu'ils furent à la fois un affranchissement pour nous et un esclavage pour nos voisins, une révolution et une conquête. Demandez aux Arabes de la Libye et de la mer Morte; demandez aux nababs des Indes le nom de Cromwell, ils l'ignorent. Demandez-leur le nom de Napoléon, ils vous le diront comme celui d'Alexandre.

Cromwell immola Charles Ier et prit sa place; Buonaparte, retournant dix siècles en arrière, ne s'empara que de la couronne de Charlemagne; il fit et défit des rois, mais n'en tua point.

Cromwell prit à femme Élisabeth Bourchier; il eut pour principal gendre un procureur : tous les enfants d'Élisabeth Bourchier retombèrent dans l'état obscur de leur mère, quand leur père fameux disparut.

Buonaparte épousa la fille des Césars, maria ses sœurs à des souverains qu'il avait créés, et ses frères à des princesses dont il avait protégé la race. Il n'appartint jamais à aucune assemblée législative; il ne fut jamais, comme Cromwell, un tribun populaire; moins coupable que lui envers la liberté, puisqu'il avait pris moins d'engagements avec elle, il se crut libre d'écrire son nom avec son épée dans la généalogie des rois : les siècles à venir se sont chargés de fournir ses titres de noblesse.

RICHARD CROMWELL.

De 1658 à 1660.

Richard, devenu protecteur, était un homme commun; il ne sut que faire de la gloire et des crimes de son père. L'armée, depuis longtemps domptée par son chef, reprit l'empire. L'oncle de Richard, Desborough, son beau-frère Fleetwood, se mirent avec le général Lambert à la tête des officiers, et forcèrent le faible Protecteur de dissoudre le parlement qui seul le soutenait.

Chaque jour amena un nouvel embarras, une nouvelle peine : Richard, qui s'oubliait et qu'on oubliait; qui détestait le joug militaire et qui n'avait pas la force de le rompre; qui n'était ni républicain ni royaliste; qui ne se souciait de rien; qui laissait les gardes lui dérober son dîner, et l'Angleterre aller toute seule; Richard abdiqua le protectorat (22 avril 1659).

De tous les soucis du trône, le plus grand pour lui fut de sortir de Whitehall, non qu'il tint au palais, mais parce qu'il fallait faire un mouvement pour en sortir. Il n'emporta que deux grandes malles remplies des *adresses* et des *congratulations* qu'on lui avait présentées pendant son petit règne : on lui disait dans ces félicitations, à la gloire de tous les hommes puissants et à l'ugage de tous les hommes serviles, que Dieu lui *avait donné*, à lui Richard, *l'autorité pour le bonheur des trois royaumes*. Quelques amis lui demandèrent ce que ces malles renfermaient de si précieux : « Le bonheur du bon peuple « anglais, » répondit-il en riant. Longtemps après, retiré à la campagne, il s'amusait, après boire, à lire à ses voisins quelques pièces de ces archives de la bassesse humaine et des caprices de la fortune. Cette moquerie philosophique ne le rendait pas un fils digne de son père, mais le consolait. Son frère Henri, lord-lieutenant d'Irlande, projeta de remettre cette île entre les mains du roi; mais quoique plus ferme et plus habile que Richard, il céda au torrent qui emportait sa famille, revint à Londres, et tomba presque aussi obscurément que Richard

Le conseil des officiers, demeuré maître, rappela, sous la présidence du républicain Lenthal, le *rump* parlement, et dans le jargon des partis, les principes du *rump* se nommèrent *la vieille bonne cause*. Il ne se trouva qu'une quarantaine de députés à la première réunion, encore fallut-il aller chercher en prison deux de ces législateurs enfermés pour dettes. Cette momie estropiée, arrachée de son tombeau, crut un moment qu'elle était puissante, parce qu'elle se souvenait d'avoir fait juger un roi. A peine ressuscitée, elle attaqua l'autorité militaire qui lui avait rendu la vie ; mais le *rump* était sans force, car il était placé entre les royalistes unis aux presbytériens qui voulaient le retour de la monarchie légitime, et les officiers indociles au joug de l'autorité civile.

Le général Lambert, ayant marché contre un parti royaliste, qui s'était levé trop tôt, le dispersa. Lâche régicide, courtisan disgracié de Cromwell, Lambert, qui s'était toujours flatté d'hériter d'une puissance trop pesante pour lui, osa tout après sa misérable victoire. Il fit présenter au *rump* une de ces humbles pétitions gonflées de menaces, dont la révolution avait introduit l'usage. Le *rump* s'emporta, destitua Lambert et Desborough, et abolit le généralat. Lambert, selon l'usage de la *bonne vieille cause*, bloqua si étroitement Westminster avec ses satellites, qu'un seul membre du prétendu parlement, Pierre Wentworth, y put entrer. Sur ces entrefaites, Bradshaw, le fameux président de la commission qui jugea Charles, mourut. Monk, qui gouvernait l'Écosse, et qui, sans s'en ouvrir à personne, méditait le rétablissement de la monarchie, entra en Angleterre avec douze mille vieux soldats : il s'avança vers Londres.

Le comité des officiers s'adresse à lui ; le parlement, qui ne siégeait plus, le sollicite. Monk se déclare républicain et l'ennemi de Stuart en venant le couronner. Il prend parti contre les officiers pour la cause constitutionnelle, installe le *rump* de nouveau ; mais en même temps il y fait rentrer les membres presbytériens, exclus par violence avant la mort de Charles Ier : de ce seul fait résultait le triomphe certain des royalistes. Le long parlement, après avoir ordonné des élections générales, prononça sa dissolution, et mit fin lui-même à sa trop longue existence, dans laquelle se trouvait déjà la lacune des années du protectorat. Le peuple brûla en réjouissance, sur les places publiques, des monceaux de croupions de divers animaux. Quelques vrais républicains, comme Vane et Ludlow, s'enfuirent ; d'autres étaient destitués, non par le fait de Monk, mais par les proscriptions dont ils s'étaient frappés les uns les autres. Le régiment d'Haslerig fut donné par Monk à lord Falconbridge, qui, quoique gendre de Cromwell, servit Charles II. Le colonel Hutchinson, dont la femme nous a laissé des Mémoires pleins d'intérêt, se retira en province. Lambert, à la restauration, s'avoua coupable, obtint grâce de la vie, et vécut trente ans relégué dans l'île de Guernesey, sous le double poids du régicide et du mépris.

Le nouveau parlement, divisé, selon l'ancienne forme, en deux chambres, s'assembla le 25 avril 1660 : les communes, sous la présidence d'Harbotele-Green-Stone, ancien membre exclu du long parlement pour avoir dénoncé l'ambition de Cromwell ; la chambre des pairs, sous la présidence de lord Manchester, qui jadis avait fait la guerre à Charles Ier.

Un commissaire de Charles II, Grenville, s'était entendu avec Monk. De retour des Pays-Bas, Grenville apporta la déclaration royale de Charles : elle ne promettait rien ; ce n'était pas une charte. Charles ne faisait ni la part aux conquêtes du temps, ni les concessions nécessaires aux mœurs, aux idées, à la possession et aux droits acquis ; dès lors une seconde révolution devenait inévitable, et le prince légataire du trône déshéritait sa famille. On reprocha à Monk de n'avoir obtenu aucune garantie pour la monarchie constitutionnelle : à l'immortel honneur des royalistes, ce fut un royaliste de la chambre des communes qui réclama les libertés de la nation; ce fut sir Mathew Hale, ce juge si intègre et si estimé, que Cromwell l'avait employé malgré le dévouement connu de Hale à ses souverains légitimes. Monk répondit que si on délibérait, il ne répondait pas de la paix de l'Angleterre : « Que craignez-vous? « dit-il, le roi n'a ni or pour vous acheter, ni armée pour vous conquérir. »

On n'écouta plus aucune représentation ; on avait soif de repos après de si longs troubles. Des commissaires du parlement allèrent déposer aux pieds du souverain, à Bréda, les vœux et les présents du peuple des trois royaumes. Charles II monta sur un vaisseau de la flotte anglaise à La Haye, et débarqua à Douvres le 26 mai 1660 : il embrassa Monk, qui l'attendait sur le rivage; et, voyant une foule immense ivre de joie, il dit gracieusement : « Où sont donc mes ennemis? » Monk jouait alors le plus grand rôle : quel petit personnage aujourd'hui que ce Monk, auprès de Cromwell, bien que sa figure en cire à la Curtius soit dans une armoire à Westminster!

Le fils de Charles Ier fit son entrée dans Londres le 29 mai, anniversaire de sa naissance, ce qui parut d'un bon augure. Il accomplissait sa trentième année; il était jeune, spirituel, affable; il reparaissait sur une terre où naguère il n'avait trouvé d'abri que dans les branches d'un chêne ; il était roi, il avait été malheureux : on l'adora. Qui l'aurait cru? c'était le peuple de la *bonne vieille cause* qui poussait des cris d'allégresse à cette descente des nains dans l'île des géants!

Les corps politiques commencent les révolutions, les corps politiques les terminent : une assemblée délibérante, souvent même illégale et sans droits réels, a plus de puissance pour rappeler un souverain au trône que ne l'aurait une armée. Sans un arrêt du parlement de la Ligue, qui déclara la couronne de France incommunicable à tout autre prince qu'à un prince français, Henri IV n'aurait jamais régné. Il y a dans la loi une force invincible, et c'est de la loi que les monarques doivent tirer leur vraie puissance.

CHARLES II.

De 1660 à 1665.

S'il était possible de supposer que la corruption des mœurs répandue par Charles II en Angleterre fût un calcul de sa politique, il faudrait ranger ce prince au nombre des plus abominables monarques; mais il est probable qu'il ne suivit que le penchant de ses inclinations et la légèreté de son caractère. Assez souvent les hommes se font un plan de vertu, rarement un système de vice : la faiblesse emprunte un appui pour marcher ferme : elle n'a pas besoin de secours pour l'aider à tomber. Entre son père décapité et son frère qui devait perdre la couronne, Charles ne se sentit jamais bien assuré au pouvoir. Il voulut du moins achever dans les plaisirs une vie commencée dans les souffrances.

Les fêtes de la restauration passées, les illuminations éteintes, vinrent les supplices. Charles s'était déchargé sur le parlement de toute responsabilité de cette nature, et celui-ci n'épargna pas les réactions et les vengeances. Cromwell fut exhumé; Richard son fils émigra au continent : à la vérité, il fuyait moins devant son roi que devant ses créanciers. Il alla se faire insulter par le prince de Conti, qui, ne le connaissant pas, lui demanda qu'était devenu ce *sot et poltron de Richard?*

Se souvient-on aujourd'hui qu'il exista un Thomas *Cromwell*, comte d'Essex, et qui, favori d'Henri VIII, fut décapité par le bon plaisir du tyran son maître? Olivier *Cromwell* tue son nom chez les hommes qui le précédèrent, et le fait vivre chez les hommes qui l'ont suivi et le suivront : une grande gloire obscurcit le passé et illumine l'avenir.

Une commission de trente-quatre membres s'assembla, le 9 octobre 1660, à Hichs's-hall, pour commencer le procès des régicides : vingt et un jurés composaient le grand jury. On remarque dans la liste des juges plusieurs fauteurs de la révolution, entre autres Monk, qui, humble serviteur du régicide Cromwell, était devenu chevalier de la Jarretière et duc d'Albermarle. Lorsqu'au tirage de la grande loterie des révolutions, chacun ouvre son billet, il se fait une amère et ironique distribution des dons de la fortune : un homme se couvre d'honneurs et de cordons, un homme monte à l'échafaud; tous deux ont fait la même chose, ont risqué le même enjeu. Pierre est plongé dans la richesse, c'était un ennemi; Paul dans la misère, c'était un ami. Celui-ci est récompensé de sa trahison, celui-là puni de sa fidélité.

Le pauvre Harrison, traduit devant ses juges, leur dit : « Plusieurs d'entre « vous, mes juges, furent *actifs* avec moi dans les choses qui se sont passées « en Angleterre... Ce qui a été fait l'a été par l'ordre du parlement, alors la « suprême autorité. »

L'excuse était de bonne foi, mais mauvaise. Il suffirait qu'un pouvoir *légal* nous commandât une action injuste, pour que nous fussions obligés de la commettre. La loi morale l'emporte en certains cas sur la loi politique; autrement on pourrait supposer une société constituée de sorte que le crime y fût le droit commun. Enfin le *rump* n'était pas le *vrai* parlement, le parlement *légal*.

Harrison était un homme simple d'esprit et de cœur, une espèce de fou fanatique de la *cinquième monarchie;* franc républicain, il s'était séparé de Cromwell, oppresseur de la liberté. Ce fut à propos d'Harrison qu'un juge appliqua au peuple anglais le bel apologue de l'enfant devenu muet, qui recouvre la parole en apercevant le meurtrier de son père (1). Tout criminel qu'il était, Harrison était plus estimable que beaucoup d'autres hommes; mais il y a des fatalités dans la vie : tel, d'un caractère noble et pur, tombe dans une impardonnable erreur; chacun le repousse : tel, vil et corrompu par nature, n'a

---

(1) J'ai cité ce passage du procès de Harrison dans le chapitre 11 des *Réflexions politiques.*

point eu l'occasion de faillir ; chacun le recherche. L'un est condamné au tribunal des hommes; l'autre au tribunal de Dieu.

On découvrit au procès des juges de Charles Ier, que les deux bourreaux masqués étaient un nommé Walker et un nommé Hulet, tous deux militaires : Hulet était capitaine. *Gartland,* qui occupait le fauteuil dans le *meeting* régicide, fut accusé par un témoin d'avoir craché à la figure du roi; Axtell, monstre de cruauté, qui tuait, dit le procès, les Irlandais comme *la vermine;* Axtell, anabaptiste et agitateur, fut convaincu d'avoir obligé les soldats de crier *justice, exécution !* de les avoir pressés de tirer sur la tribune de lady Fairfax, de leur avoir fait brûler de la poudre au visage de l'auguste prisonnier. Tous ces hommes soutinrent que leur cause était *celle de Dieu.* Thomas Scott montra le plus de fermeté. Il avait déclaré dans le parlement « qu'il ne se repentirait « jamais d'avoir jugé le roi, et qu'il voulait que l'on gravât sur sa tombe : « *Ci-gît Thomas Scott, qui condamna le feu roi à mort.* »| Il ne démentit point ce langage au milieu des plus cruels supplices. La sentence prononcée à tous était ainsi conçue :

« Vous serez traîné sur une claie au lieu de l'exécution; là pendu, et étant « encore en vie, on coupera la corde. Vous serez mutilé (*your privy member* « *to be cut off*); on vous arrachera les entrailles (et vous vivant); elles seront « brûlées devant vos yeux. Votre tête sera coupée, vos membres divisés en « quatre quartiers. Votre tête et vos membres seront mis à la disposition du « roi, et Dieu ait merci de votre âme. »

De quatre-vingts régicides qui restaient en Angleterre au moment de la restauration, cinquante et un se présentèrent à la proclamation du roi, se reconnurent coupables, et jouirent de l'amnistie ; vingt-neuf furent mis en jugement; dix soutinrent qu'ils n'étaient pas criminels, et volèrent martyrs au supplice. Le prédicant Hugh Peters partagea leur sort. John Jones à la potence déclara le roi innocent de sa mort; Charles II ne faisait, selon la conscience de Jones, que remplir les devoirs d'un bon fils envers un père.

C'est ainsi que des exhumations et des exécutions ouvrirent un règne que des échafauds devaient clore. Vingt-deux années de débauche passèrent sous des fourches patibulaires; dernières années de joie à la façon des Stuarts, et qui avaient l'air d'une orgie funèbre.

Dans les premiers jours de la restauration, on chercha comment on pourrait jamais être assez esclave pour expier le crime d'indépendance : c'était une émulation domestique qui débarrassait le maître des actes de rigueur ; le clergé et le parlement se chargeaient de tout. Les communes passèrent un acte afin d'établir ou de rétablir la doctrine de l'obéissance passive. Le bill des convocations triennales fut aboli; une espèce de long parlement royal dura dix-sept années pour la corruption, l'impiété et la servitude, comme le long parlement républicain en avait existé vingt pour le rigorisme, le fanatisme et la liberté. Tout prit le caractère d'une monarchie absolue dans une monarchie représentative : on copia la cour de Louis XIV sans en avoir la grandeur; on cabala pour être ministre ; il y eut des influences de maîtresse à Windsor comme à Versailles; les intérêts publics étaient traités comme des intérêts privés ; ce ne furent plus les révolutions, mais les intrigues qui élevèrent les échafauds.

La peste et un vaste incendie ne troublèrent point la vie voluptueuse de Charles. A l'instigation de la France et par les séductions d'Henriette, duchesse d'Orléans, il fit la guerre à la Hollande, dans l'unique but de détourner au profit de ses plaisirs les subsides du parlement.

Les malheureux *cavaliers*, ces royalistes qui avaient tout sacrifié à la cause des Stuarts, oubliés maintenant, languissaient dans la misère; les *têtes rondes* jouissaient des biens et des honneurs qu'ils avaient acquis, en s'armant contre la famille légitime. Waller, conspirateur poltron sous le long parlement, poëte adulateur de l'usurpation heureuse, faisait les délices de la légitimité restaurée, tandis que le fidèle et courageux Butler mourait de faim. Charles savait pourtant par cœur et se plaisait à répéter les vers d'*Hudibras*. Cette satire pleine de verve contre les personnages de la révolution charmait une cour où brillaient la débauche de Rochester et la grâce de Grammont : le ridicule était une espèce de vengeance tout à fait à l'usage des courtisans. Au surplus les républiques sont-elles plus reconnaissantes que les monarchies? Charles II a-t-il oublié ses amis plus que ne l'ont fait les autres rois? Il y a des infirmités qui appartiennent aux couronnes, quels que soient d'ailleurs les qualités et les défauts des hommes couronnés. « Entrez dans la basse cour du château « (de Henri IV), » dit l'ingénieuse duchesse de Rohan dans son apologie ironique, « vous oyrez des officiers crier : *Il y a vingt-cinq et trente ans que je* « *fais service au roi sans pouvoir estre payé de mes gages : en voilà un qui lui* « *faisoit la guerre il n'y a que trois jours, qui vient de recevoir une telle gra-* « *tification.* Montez les degrés, entrez jusque dans son antichambre, vous « oyrez les gentilshommes qui diront : *Quelle espérance y a-t-il à servir ce* « *prince? j'ai mis ma vie tant de fois pour son service, j'ai esté blessé, j'ai* « *esté prisonnier, j'y ai perdu mon fils, mon frère ou mon parent : au partir* « *de là il ne me connoît plus, il me rabroue si je lui demande la moindre ré-* « *compense...* Tout beau, messieurs, aurez-vous tantost tout dit? Écoutez-moi « un peu à mon tour; sachez que ce prince est doué de vertus surnaturelles; il « dit en bon langage : *Mes amis, offensez-moi, je vous aimerai; servez-moi,* « *je vous haïrai.....* O valeureux prince, et généreux courage, qui ne se rend « qu'aux généreux, qui ne se laisse forcer que par la seule force! »

Quelques souvenirs, quelques ambitions privées, quelques rêveries particulières à des esprits faux qui s'imaginaient pouvoir faire revivre le passé, fermentèrent dans un coin, sous la protection de Jacques, alors duc d'York et catholique de religion. Ces ambitions, ces rêveries, ces souvenirs pris mal à propos pour une opinion possible ou applicable, donnèrent à la nation la crainte d'un règne opposé au culte établi et à la liberté des peuples. La correspondance diplomatique nous apprend le rôle odieux que joua Louis XIV alors, et la funeste influence qu'il exerça sur la destinée de Charles et de Jacques: en même temps qu'il encourageait le souverain à l'arbitraire, il poussait les sujets à l'indépendance, dans la petite vue de tout brouiller et de rendre l'Angleterre impuissante au dehors. Les ministres de Charles et les membres les plus remarquables de l'opposition du parlement étaient pensionnaires du grand roi.

L'église épiscopale se mêlait de toutes les transactions : proscrite durant les derniers troubles par des fanatiques, l'intérêt et la vengeance l'avaient rendue à son tour fanatique. Infecté de cet esprit de réaction, le parlement voulait l'uniformité du culte, et persécutait également catholiques et presbytériens, bien qu'un bon nombre des membres de ce parlement n'eût aucune croyance. Sous le règne de Charles Ier, la politique n'avait été que l'instrument de la religion ; sous le règne de Charles II, la religion ne fut que l'instrument de la politique. Les principes avaient changé de place, et par la manière dont ils s'étaient coordonnés, ils conduisaient plus directement à la liberté civile, tout en opprimant la liberté de conscience. Les indépendants avaient disparu : la cour était déiste ou athée.

En 1673, le parlement passa l'acte du test, précaution prise dans l'avenir contre le duc d'York, comme papiste. Effet miraculeux, et toutefois naturel de la marche des siècles! ce fameux acte, qui servit à précipiter les Stuarts et qui devint la sauvegarde d'une nouvelle dynastie, s'abolit au moment même où je trace ces mots. L'abolition n'est pas encore pleine et entière, mais elle ne peut tarder à le devenir. Si la race des Stuarts n'était pas éteinte, elle ne trouverait plus dans sa religion d'obstacle à remonter sur le trône : en trouverait-elle dans sa politique? Tout est là aujourd'hui pour les peuples et pour les rois.

Une prétendue conspiration découverte par l'infâme Titus Oates compromit la reine, dont le parlement alla jusqu'à demander l'exil, et envoya au gibet quelques jésuites. Shaftesbury, flatteur de Cromwell et instrument de la restauration ; homme d'un esprit, d'un caractère et d'un talent assez semblables à ceux du cardinal de Retz ; Shaftesbury, père d'un fils célèbre, passait d'une intrigue à l'autre. Un bill, ouvrage de son antipathie plus que de sa conviction, fut présenté à la chambre des communes pour exclure le duc d'York de la succession à la couronne ; la chambre des pairs repoussa le bill. Les communes s'indignèrent ; Charles casse le parlement, en convoque un autre à Oxford : celui-ci, plus séditieux, que l'autre, représente le bill rejeté. Charles brise de nouveau le parlement, dépouille Londres et quelques villes municipales de leurs chartes, règne jusqu'à sa mort en maître, et, par les conseils de son frère, devient cruel et persécuteur.

De là les conspirations opposées et mal conçues de Monmouth, bâtard de Charles, des lords Shaftesbury, Essex, Grey, Russel, de Sidney, et d'Hampden, petit-fils du fameux parlementaire. Ces trois derniers sont célèbres : lord Russel est la seule victime de ces temps qui ait mérité l'estime complète de la postérité. Hampden fut misérable dans le procès ; il eut de moins ce que son aïeul avait de trop. Quant au républicain Sidney, il recevait de l'argent de Louis XIV : il s'était arrangé de manière à vivre à son aise par le despotisme, et à mourir noblement pour la liberté.

L'inquiétude croissante du règne futur, les prétentions de Marie, fille du duc d'York et femme du prince d'Orange, la profonde et froide ambition de ce gendre de Jacques, autour duquel les mécontents de tous les partis commençaient à se rallier, empoisonnèrent les derniers jours d'une cour frivole.

Charles mourut subitement le 16 février 1685 d'une apoplexie, suite assez commune de la débauche, dans le passage de l'âge mûr à la vieillesse. Les plaisirs de ce prince lui rendirent un dernier service; ils l'enlevèrent à une nouvelle révolution, ou plutôt au dernier acte de la révolution, puisque les Stuarts n'avaient pas voulu jouer eux-mêmes ce dernier acte, et prendre à leur profit ce que Guillaume sut recueillir. Les uns ont cru que Charles II avait été empoisonné; il est plus certain qu'il mourut catholique, si toutefois il était quelque chose en religion.

Ce fils de Charles I*er* fut un de ces hommes légers, spirituels, insouciants, égoïstes, sans attachement de cœur, sans conviction d'esprit, qui se placent quelquefois entre deux périodes historiques pour finir l'une et commencer l'autre, pour amortir les ressentiments, sans être assez forts pour étouffer les principes; un de ces princes dont le règne sert comme de passage ou de transition aux grands changements d'institutions, de mœurs et d'idées chez les peuples; un de ces princes tout exprès créés pour remplir les espaces vides qui, dans l'ordre politique, séparent souvent la cause de l'effet.

L'intelligence humaine avait marché en raison des progrès de la science sociale. La poésie brilla du plus vif éclat. C'est l'époque de Milton, de Waller, de Dryden, de Butler, de Cowley, d'Otway, de Davenant, les uns admirateurs, les autres dépréciateurs du génie de Cromwell, et tous plus ou moins soumis à Charles. « Nourrie dans les factions, exercée par tous les fanatismes « de la religion, de la liberté et de la poésie, cette âme orageuse et sublime « (Milton), en perdant le spectacle du monde, devait un jour retrouver dans ses « souvenirs le modèle des passions de l'enfer, et produire du fond de sa rê- « verie, que la réalité n'interrompait plus, deux créations également idéales, « également inattendues dans ce siècle farouche, la félicité du ciel et l'inno- « cence de la terre. » Nous empruntons cette [peinture admirable à l'*Histoire de Cromwell* par M. Villemain.

Tillotson, Burnet, Shaftesbury, Hobbes, Locke et Newton avaient paru ou commençaient à paraître : les sciences, selon les temps, sont filles ou mères de la liberté.

JACQUES II.

De 1685 à 1688.

Quand les révolutions doivent s'accomplir, on voit naître ou se maintenir aux affaires les hommes qui, par leurs vertus ou leurs crimes, leur force ou leur faiblesse, conduisent ces révolutions à leur terme; on voit en même temps mourir ou s'éloigner les hommes qui pourraient arrêter la marche des événements. Charles I*er* n'était que le troisième fils de Jacques I*er*; si ses frères aînés avaient vécu, il ne serait pas arrivé à la couronne. Son père dévot le destinait à l'Église; il se serait assis paisiblement sur le trône archiépiscopal de Cantorbéry, au lieu de monter à l'échafaud. Toute la série des événements eût été changée par l'influence personnelle des monarques qui auraient régné au lieu de Charles Ier et de ses deux fils; les Stuarts gouverneraient peut-être encore la Grande-Bretagne.

Jacques II, homme dur et faible, entêté et fanatique, n'avait pas, lorsqu'il prit en main les rênes des trois royaumes, la moindre idée de la révolution accomplie dans les esprits; il était resté en arrière de ses contemporains de plus d'un siècle. Il voulut tenter en faveur de l'Église romaine ce que son père n'avait pas pu même exécuter pour l'épiscopat : il se croyait le maître d'opérer un changement dans la religion de l'État aussi facilement qu'Henri VIII; mais le peuple anglais n'était plus le peuple des Tudors, et quand Jacques eût distribué à ses sujets tous les biens du clergé anglican, il n'aurait pas fait un seul catholique. Son plus grand tort fut de jurer, en parvenant à la couronne, ce qu'il n'avait pas l'intention de tenir : la foi gardée n'a pas toujours sauvé les empires; la foi mentie les a souvent perdus.

Jacques eut tout d'abord le cœur enflé par la folle rébellion du duc de Monmouth, si facilement réprimée. Monmouth, battu à Segmore, découvert après le combat dans des broussailles, conduit à Londres, présenté à Jacques, ne put sauver sa vie par les humbles soumissions que Jacques exilé a complaisamment racontées, croyant excuser sa faiblesse en divulguant celle des autres. La certitude de la mort rendit à Monmouth le courage; il se montra brave et léger comme Charles II son père; il avait toutes les grâces de la courtisane sa mère : il joua avec la hache dont il fallut cinq coups pour abattre sa belle tête. On a voulu faire de Monmouth le *Masque de fer* : c'est toujours du roman.

Jacques, naturellement cruel, trouva un bourreau : Jeffries avait commencé ses œuvres vers la fin du règne de Charles II, dans le procès où Russel et Sidney perdirent la vie. Cet homme qui, à la suite de l'invasion de Monmouth, fit exécuter dans l'ouest de l'Angleterre plus de deux cent cinquante personnes, ne manquait pas d'un certain esprit de justice : une vertu qu'on n'aperçoit pas dans un homme de bien se fait remarquer quand elle est placée au milieu des vices.

Emporté par son zèle religieux, le monarque n'écoutait que les conseils de son confesseur, le jésuite Peters, qu'il avait entrepris de faire cardinal. Missionnaire dans sa propre cour, Jacques avait converti son ministre Sunderland, qui n'était pas plus fidèle à son nouveau dieu qu'il ne l'était à son roi. Le nonce du pape fit une entrée publique à Windsor, en habits pontificaux : ces choses qui, dans l'esprit tolérant ou indifférent de ce siècle, seraient fort innocentes aujourd'hui, étaient alors criminelles aux yeux d'un peuple instruit à regarder la communion romaine comme ennemie des libertés publiques.

Le roi, ne pouvant parvenir directement à son but, voulut l'atteindre par une voie oblique; il se fit le protecteur des quakers, et demanda la liberté de conscience pour tous ses sujets : Cromwell avait aussi recherché cette liberté, mais pour se défendre et non pour attaquer, comme Jacques. Le roi intrigua sans succès, afin d'obtenir une majorité sur ce point dans le parlement. Ayant échoué, il publia de sa propre autorité une déclaration de liberté de conscience. Sept évêques refusèrent de la lire dans leurs églises : conduits à la Tour, puis acquittés par un jugement, leur captivité et leur élargissement devinrent un triomphe populaire. Jacques avait formé un camp qu'il exerçait à quelques milles de Londres ; il ne trouva pas les soldats plus disposés à admettre la liberté de conscience que les évêques.

Ainsi ce fut par un acte juste et généreux en principe que Jacques acheva de mécontenter la nation. On trouve aisément la double raison de cette sorte d'iniquité des faits : d'un côté il y avait fanatisme protestant ; de l'autre, on sentait que la tolérance royale n'était pas sincère, et qu'elle ne demandait une liberté particulière que pour détruire la liberté générale.

Il est difficile de s'expliquer la conduite du roi. Sous le règne même de son frère, il avait vu proposer un bill d'incapacité à la possession de la couronne, incapacité fondée sur la profession de toute religion qui ne serait pas la religion de l'État : ces dispositions hostiles pouvaient sans doute avoir irrité secrètement Jacques le catholique ; mais aussi comment ne comprit-il pas que pour conserver la couronne chez un pareil peuple, il ne le fallait pas frapper à l'endroit sensible ? Loin de là, au lieu de se modérer en parvenant au souverain pouvoir, Jacques abonda dans les mesures propres à le perdre.

La Hollande était depuis longtemps le foyer des intrigues des divers partis anglais : les émissaires de ces partis s'y rassemblaient sous la protection de Marie, fille aînée de Jacques, femme du prince d'Orange, homme qui n'inspire aucune admiration, et qui pourtant a fait des choses admirables. Souvent averti par Louis XIV, Jacques ne voulait rien croire : il lui fallut pourtant se rendre à l'évidence ; une dépêche du marquis d'Abbeville, ambassadeur de la Grande-Bretagne à La Haye, déroula à ses yeux tout le plan d'invasion. Abbeville tenait ses renseignements du grand pensionnaire Fagel ; le comte d'Avaux avait su beaucoup plus tôt toute l'affaire. Une flotte était équipée au Texel ; elle devait agir contre l'Angleterre, où le prince d'Orange se disait appelé par la noblesse et le clergé.

Louis XIV, dont la politique avait été désastreuse et misérable jusqu'au dénoûment, retrouva sa grandeur à la catastrophe ; il fit des offres magnanimes, et les aurait tenues ; mais il commit en même temps une faute irréparable : au lieu d'attaquer les Pays-Bas, ce qui eût arrêté le prince d'Orange, il porta la guerre ailleurs. La flotte mit à la voile ; Guillaume débarqua avec treize mille hommes à Broxholme, dans Torbay.

A son grand étonnement, il n'y trouva personne : il attendit dix jours en vain. Que fit Jacques pendant ces dix jours? rien. Il avait une armée de vingt mille hommes, qui se fût battue d'abord, et il ne prit aucune résolution. Sunderland, son ministre, le vendait ; le prince Georges de Danemark, son gendre, et Anne, sa fille favorite, l'abandonnaient de même que sa fille Marie et son autre gendre Guillaume. La solitude commençait à croître autour du monarque qui s'était isolé de l'opinion nationale : il demanda des conseils au comte de Bedfort, père de lord Russel, décapité sous le règne précédent à la poursuite de Jacques. « J'avais un fils, répondit le vieillard, qui aurait pu vous secourir. »

Jacques ne montra de fermeté dans ce moment critique que pour sa religion : elle avait dérobé à son profit le courage naturel du prince. Jacques rappela, il est vrai, les mesures favorables aux catholiques, et toutefois, bravant l'animadversion publique, il fit baptiser son fils dans la communion romaine : le pape fut déclaré parrain de ce jeune roi, qui ne devait point porter la couronne. La conscience était la vertu de ce Jacques II, mais il ne l'appliquait qu'à un seul objet : cette vive lumière devenait pour lui des ténèbres lorsqu'elle frappait autre chose qu'un autel.

Le prince d'Orange avançait lentement vers Londres, où la seule présence de Jacques combattait l'usurpateur. Peu à peu la défection se mit dans l'armée anglaise. Le *Lilli-Ballero*, espèce d'hymne révolutionnaire, fut chanté parmi les déserteurs. « Qu'on leur donne des passe-ports en mon nom, dit Jacques, « pour aller trouver le prince d'Orange ; je leur épargnerai la honte de me « trahir. »

Cependant le roi prenait la plus fatale des résolutions, celle de quitter Londres. Il fit partir d'abord la reine et son jeune fils, qu'accompagnait Lauzun, favori de la fortune, comme ses suppliants en étaient le jouet. Jacques lui-même s'embarqua sur la Tamise, y jeta le sceau de l'État ou plutôt sa couronne, que le flot ne lui rapporta jamais. Arrêté par hasard à Feversham, il revint à Londres, où le peuple le salua des plus vives acclamations : cette inconstance populaire pensa renverser l'œuvre de la patiente et coupable ambition du prince d'Orange. Ce duc d'York, si brave dans sa jeunesse sous les drapeaux de Turenne et de Condé ; si vaillant et si habile amiral sur les flottes de son frère Charles II ; ce duc d'York ne retrouvait plus comme roi son ancien courage : il ne s'agissait cependant pour lui que de rester et de regarder en face son gendre et sa fille. Guillaume lui fit ordonner de se retirer au château de Ham : le monarque, au lieu de s'indigner contre cet ordre, sollicita humblement la permission de se rendre à Rochester. Le prince d'Orange devina aisément que son beau-père, en se rapprochant de la mer, avait l'intention de s'échapper du royaume ; or c'était tout ce que désirait l'usurpateur : il s'empressa d'accorder la permission : Jacques gagna furtivement le rivage, monta sur un vaisseau qui l'attendait et que personne ne voulait prendre.

L'austère catholique qui sacrifiait un royaume à sa foi était suivi de son fils naturel, le duc de Berwick, qu'il avait eu d'Arabelle Churchill, sœur du duc de Marlborough. Marlborough devait sa fortune à Jacques ; il déserta son bienfaiteur et son maître infortuné pour se donner à un coupable heureux. Berwick et Marlborough l'un bâtard et l'autre traître, devaient devenir deux capitaines célèbres : Marlborough ébranla l'empire de Louis XIV ; Berwick assura l'Espagne au petit-fils de ce grand roi, et ne put rendre l'Angleterre à son père, Jacques II. Berwick eut la gloire de mourir d'un coup de canon à Philipsbourg pour la France (12 juin 1734), et d'avoir mérité les éloges de Montesquieu.

Jacques aborda les champs de l'éternel exil, le 2 janvier 1689 (nouveau style), mois funeste. Il débarqua à Ambleteuse, en Picardie. Il n'avait fallu que quatre ans au dernier fils de Charles Ier pour perdre un royaume.

Une assemblée nationale convoquée à Westminster, sous le nom de *convention*, déclara, le 23 février 1689, que Jacques, second du nom, en quittant l'Angleterre, avait abdiqué ; que son fils, le prince de Galles, était un enfant supposé (impudent mensonge) ; que Marie, fille de Jacques, princesse d'Orange, était de droit l'héritière d'un trône délaissé : l'usurpation s'établit sur une fiction de légitimité.

Le prince d'Orange et sa femme Marie acceptèrent la succession royale non vacante à des conditions qui devinrent la constitution écrite de la Grande-Bretagne : tel fut le dernier acte et le dénoûment de la révolution de 1640; ainsi furent posées, après des siècles de discordes, les limites qui séparent aujourd'hui en Angleterre le juste pouvoir de la couronne, des libertés légales du peuple.

Au reste, ni Jacques ni les Anglais n'eurent aucune dignité dans cet événement mémorable : ils laissèrent tout faire à Guillaume avec une faible armée de treize mille hommes, où l'on comptait douze ou quatorze cents soldats et officiers français protestants : ceux-ci, chassés de France par la révocation de l'édit de Nantes, allèrent détrôner en Angleterre un prince catholique, allié de Louis XIV, ainsi s'enchaînent les choses humaines. Ce fut une garde hollandaise qui fit la police à Londres et qui releva les postes de Whitehall. Les historiens de la Grande-Bretagne appellent la révolution de 1688 la *glorieuse* révolution; ils se devraient contenter de l'appeler la révolution *utile:* les faits en laissent les profits, mais en refusent la gloire à l'Angleerre. Le plus léger degré de fermeté dans le roi Jacques aurait suffi pour arrêter le prince Guillaume; presque personne dans le premier moment ne se déclara en sa faveur. Au surplus, cette révolution, qui aurait pu être retardée, n'en était pas moins inévitable, parce qu'elle était opérée dans l'esprit de la nation. Si Jacques parut frappé de vertige au moment décisif; si pendant son règne on ne le vit occupé qu'à se créer une place de sûreté en Angleterre, ou un moyen de fuite en France; s'il se laissa trahir de toutes parts; s'il ne profita ni des avis ni des offres de Louis XIV, c'est qu'il avait la conscience que ses destins étaient accomplis. La liberté méconnue sous Jacques Ier, ensanglantée avec Charles Ier, déshonorée sous Charles II, attaquée sous Jacques II, avait pourtant été conservée dans les formes constitutionnelles, et ces formes la transmirent à la nation qui continua de féconder le sol natal après l'expulsion des Stuarts.

Ces princes ne purent jamais pardonner au peuple anglais les maux qu'il leur avait fait endurer; le peuple anglais ne put jamais oublier que ces princes avaient essayé de lui ravir ses droits : il y avait de part et d'autre trop de justes ressentiments et trop d'offenses. Toute confiance réciproque étant détruite, on se regarda en silence pendant quelques années. Les générations qui avaient souffert ensemble, également fatiguées, consentirent à achever leurs jours ensemble; mais les générations nouvelles, qui ne sentaient pas cette lassitude; qui, ne nourrissant plus d'inimitiés, n'avaient pas besoin d'entrer dans les compromis du malheur; ces générations revendiquèrent les fruits du sang et des larmes de leurs pères : il fallut dire adieu aux choses du passé. Il ne restait dans les deux partis, à la révolution de 1688, que quelques témoins de la catastrophe de 1649 : Jacques lui même, qui allait mourir dans l'exil, et le vieux régicide Ludlow, qui revint de l'exil pour jouir du plaisir de voir chasser un roi dont il avait condamné le père. Ludlow se trouva d'ailleurs tout aussi étranger dans Londres avec ses principes républicains, que Jacques avec ses maximes de pouvoir absolu.

Mais nous nous trompons dans ce récit : un autre personnage assista encore à l'avénement de Guillaume. Le nommé *Clark*, du comté d'Erford, avait eu un procès avec ses filles. Après la mort de son fils unique, il vint plaider à Londres; il lui prit envie d'assister à une séance de la chambre haute. Un homme lui demanda s'il avait jamais rien vu de semblable. « Non pas, répon-
« dit Clark, depuis que j'ai cessé de m'asseoir dans ce fauteuil. » Il montrait le trône : c'était Richard Cromwell. Les Stuarts auraient-ils pu régner après la restauration? Très-facilement, en faisant ce que fit Guillaume en Angleterre, ce qu'a fait Louis XVIII en France, en donnant une charte, en acceptant de la révolution ce qu'elle avait de bon, d'invincible, ce qui était accompli dans les esprits et dans le siècle, ce qui était terminé dans les mœurs, ce qu'on ne pouvait essayer de détruire, sans remonter violemment les âges, sans imprimer à la société un mouvement rétrograde, sans bouleverser de nouveau la nation. Les révolutions qui arrivent chez les peuples dans le sens naturel, c'est-à-dire dans le sens de la marche progressive du temps, peuvent être terribles, mais elles sont durables; celles que l'on tente en sens contraire, c'est-à-dire en rebroussant le cours des choses, ne sont pas moins sanglantes; mais, fléau d'un moment, elles ne fondent, elles ne créent rien ; tout au plus elles peuvent exterminer.

Les Stuarts ont passé, les Bourbons resteront, parce qu'en nous rapportant leur gloire, ils ont adopté les libertés récentes, douloureusement enfantées par nos malheurs. Charles II débarqua à Douvres les mains vides; il n'avait dans ses bagages que ses vengeances et le pouvoir absolu : Louis XVIII s'est présenté à Calais, tenant d'une main l'ancienne loi, de l'autre la loi nouvelle avec l'oubli des injures et le pouvoir constitutionnel : il était à la fois Charles II et Guillaume III; la légitimité déshéritait l'usurpation. Le loyal Charles X, imitant son auguste frère, n'a voulu ni changer le culte national, ni détruire ce qu'il avait juré de maintenir. Alors le drame de la révolution s'est terminé ; la France entière s'est reposée avec joie, amour et reconnaissance, sous la protection de ses anciens monarques. Tout a été renversé par la tempête autour du trône de saint Louis, et ce trône est demeuré debout : il s'élève au cœur de la France comme ces antiques et vénérables ouvrages de la patrie, comme ces vieux monuments des siècles qui dominent les édifices modernes, et au pied desquels vient se jouer la jeune postérité.

Retournons au roi Jacques : que devint-il? « Le lendemain, jour que le roi
« d'Angleterre arrivait, le roi l'alla attendre à Saint-Germain dans l'apparte-
« ment de la reine. Sa Majesté y fut une demi-heure ou trois quarts d'heure
« avant qu'il arrivât : comme il était dans la garenne, on le vint dire à Sa
« Majesté, et puis on vint avertir quand il arriva dans le château. Pour lors Sa
« Majesté quitta la reine d'Angleterre, et alla à la porte de la salle des gardes
« au-devant de lui. Les deux rois s'embrassèrent fort tendrement, avec cette
« différence que celui d'Angleterre, y conservant l'humilité d'une personne
« malheureuse, se baissa presque aux genoux du roi. Après cette première
« embrassade, au milieu de la salle des gardes, ils se reprirent encore d'amitié;
« et puis, en se tenant la main serrée, le roi le conduisit à la reine, qui était

« dans son lit. Le roi d'Angleterre n'embrassa point sa femme, apparemment
« par respect.

« Quand la conversation eut duré un quart d'heure, le roi mena le roi d'An-
« gleterre à l'appartement du prince de Galles. La figure du roi d'Angleterre
« n'avait pas imposé aux courtisans : ses discours firent encore moins d'effet
« que sa figure. Il conta au roi dans la chambre du prince de Galles, où il y
« avait quelques courtisans, le plus gros des choses qui lui étaient arrivées, et
« il les conta si mal, que les courtisans ne voulurent point se souvenir qu'il
« était Anglais, que par conséquent il parlait fort mal français, outre qu'il bé-
« gayait un peu, qu'il était fatigué, et qu'il n'est pas extraordinaire qu'un mal-
« heur aussi considérable que celui où il était diminuât une éloquence beau-
« coup plus parfaite que la sienne. »

Louis XIV donna une flotte au roi Jacques, et l'envoya en Irlande. Il perdit la bataille de la Boyne (juin 1690), et revint à Saint-Germain. Un parti assez nombreux voulait le rappeler au trône; il négociait, et brouillait tout par ses prétentions. Bossuet se montrait moins exigeant que lui; il soutenait qu'un roi catholique pouvait tolérer la prééminence de la religion protestante dans ses États : toutefois Bossuet laisse apercevoir, en avançant ce principe, une arrière-pensée peu digne de son génie et de sa vertu.

Jacques vit du cap de la Hogue la destruction de la seconde flotte qui le devait porter une seconde fois dans les trois royaumes. « Ma mauvaise étoile,
« écrivait-il à Louis XIV, a fait sentir son influence sur les armes de Votre
« Majesté, toujours victorieuses jusqu'à ce qu'elles aient combattu pour moi;
« je vous supplie donc de ne plus prendre intérêt à un prince aussi malheu-
« reux. »

Louis XIV sentit la valeur de ces paroles, et son intérêt redoubla pour son auguste client : il arma encore en 1696 au soutien du parti jacobite. Jacques se refusa à tout complot d'assassinat sur Guillaume; il ne voulut point non plus monter au trône de Pologne que son hôte royal se chargeait de lui faire obtenir. A l'époque du traité de Ryswick, Louis XIV, qui allait être forcé de reconnaître Guillaume pour roi d'Angleterre, proposa à Guillaume de reconnaître à son tour le jeune fils de Jacques pour héritier de lui Guillaume. Le prince d'Orange, qui n'avait point d'enfants, y consentait; Jacques s'y refusa. « Je me
« résigne à l'usurpation du prince d'Orange, dit-il, mais mon fils ne peut tenir
« la couronne que de moi; l'usurpation ne saurait lui donner un titre légi-
« time. » Il y a dans tout cela de la grandeur, et une sorte de politique négative magnanime. Jacques détrôné et n'étant plus qu'un simple chrétien cessait d'être un homme vulgaire. N'être frappé que des dévotions de ce prince avec les jésuites, c'est prendre la moquerie pour l'histoire.

Jacques eut la consolation et la douleur de voir quelquefois dans sa retraite les sujets fidèles à sa mauvaise fortune. « Ils se formèrent en une compagnie
« de soldats au service de France, dit Dalrymple; ils furent passés en revue
« par le roi (Jacques) à Saint-Germain en Laye. Le roi salua le corps par une
« inclination et le chapeau bas : il revint, s'inclina de nouveau et fondit en
« larmes. Ils se mirent à genoux, baissèrent la tête contre terre: puis se rele-

« vant tous à la fois, ils lui firent le salut militaire... Ils étaient toujours les
« premiers dans une bataille et les derniers dans la retraite. Ils manquèrent
« souvent des choses les plus nécessaires à la vie ; cependant on ne les entendit
« jamais se plaindre, si ce n'est des souffrances de celui qu'ils regardaient
« comme leur souverain. »

Il y a un fait assez peu connu : Marie Stuart avait désiré que la compagnie écossaise au service de France fût commandée par un des fils des rois d'Écosse ; on trouve en effet que Charles Ier et Jacques II furent tour à tour capitaines de cette compagnie. Les jacobites, qui prirent plusieurs fois les armes ou pour Jacques ou pour le prétendant son fils, marquèrent d'un caractère touchant une vieille société expirante. Guillaume avait chassé Jacques de l'Angleterre au refrain d'une chanson révolutionnaire : on croit que le fameux *God save the king*, dont l'air est d'origine française, est un hymne religieux entonné par les jacobites en marchant au combat. La loyauté, la légitimité et la religion catholique de la vieille Angleterre, ont légué une chanson à la liberté, à l'usurpation et à la communion protestante de l'Angleterre nouvelle.

Afin de punir les montagnards écossais qui se soulevèrent dans la suite pour le fils de leur ancien maître, le gouvernement anglais ne vit pas de moyen plus sûr que de les obliger à quitter le vêtement et les usages de leurs pères : leur petit jupon et leur musette. En les dépouillant de leur ancien habit, on espéra leur enlever leur antique vertu.

Jacques passa le reste de son exil à écrire les Mémoires de sa vie : la piété lui tenait lieu de puissance ; retiré dans sa conscience, empire dont il ne pouvait être chassé, ses souvenirs le faisaient vivre dans le passé ; sa religion, dans l'avenir. Il avait écrit de sa propre main cette courte prière : « Je vous remercie,
« ô mon Dieu ! de m'avoir ôté trois royaumes, si c'était pour me rendre meil-
« leur. »

Il mourut en paix à Saint-Germain le 16 septembre 1701.

Le prince de Galles son fils, qui porta quelque temps le nom de Jacques III, et qui quitta ce monde le 2 janvier 1766 (toujours ce mois de janvier), eut deux fils : Charles-Édouard, le prétendant, et Henri-Benoît, cardinal d'York. Le prince Édouard avait du héros, mais il n'était plus dans ce siècle des Richard Cœur de Lion, où un seul chevalier conquérait un royaume. Le prétendant aborda en Écosse au mois d'août 1745 : un lambeau de taffetas apporté de France lui servit de drapeau ; il rassembla sous ce drapeau dix mille montagnards, s'empara d'Édimbourg, passa sur le ventre de quatre mille Anglais à Preston, et s'avança jusqu'à quatorze lieues de Londres. S'il eût pris la résolution d'y marcher, on ne peut dire ce qui serait arrivé.

Obligé de faire un mouvement rétrograde devant le duc de Cumberland, le prétendant gagna néanmoins la bataille de Falkirk, mais il essuya une défaite complète à Culloden. Errant dans les bois, couvert de haillons, exténué de fatigue, mourant de faim, le souverain de droit de trois royaumes vit se renouveler en lui les aventures de son oncle, Charles second : mais il n'y eut point de restauration pour Édouard, et il ne laissa à ses amis que des échafauds.

Revenu en France, il en fut chassé par le traité d'Aix-la-Chapelle (1748).

Arrêté au spectacle, conduit à Vincennes presque enchaîné, il se retira d'abord à Bouillon, ensuite à Rome : Louis XIV ne régnait plus. Le pape Grégoire le Grand renvoyait comme missionnaires dans l'île des Bretons de jeunes esclaves bretons baptisés ; douze siècles après, la Grande-Bretagne renvoyait à son tour aux souverains pontifes des rois bretons confesseurs de la foi.

L'illustre banni s'attacha à une princesse dont Alfieri a continué la généreuse renommée. Édouard éprouva ce qu'éprouvent les grands dans l'adversité : on l'abandonna. Il avait pour lui son bon droit ; mais le malheur prescrit contre la légitimité. Les petits-fils de Louis XV devaient errer en Europe comme le prétendant ; ils devaient lire cet ordre sur des poteaux en Allemagne : « Il est « défendu à tous mendiants, vagabonds et *émigrés* de s'arrêter ici plus de vingt-« quatre heures. »

Édouard ne pardonna jamais au gouvernement français sa lâcheté. Vers la fin de sa vie il s'abandonna à la passion du vin, passion ignoble, mais avec laquelle du moins il rendait aux hommes oubli pour oubli. Il mourut à Florence le 31 janvier 1788 (toujours ce mois de janvier), un peu plus d'un an avant le commencement de la révolution française. Nous avons vu nous-même mourir son frère, le cardinal d'York, le dernier des Stuarts, dans la capitale du monde chrétien. Les deux frères ont un mausolée commun : Rome leur devait bien une place dans la poussière de ses grandeurs évanouies.

Quand la maison de Marie d'Écosse a failli, le cercueil de l'exilé de 1688 a été retrouvé en France presque au moment où l'on retrouvait en Angleterre le cercueil de la victime de 1649 : Si l'on eût dit à Louis XIV : « En moins « d'un siècle, votre dépouille mortelle aura disparu ; celle du prince, votre « royal hôte, sera tout ce qui restera de vous dans le palais où vous l'avez « reçu,... » qu'aurait pensé Louis le Grand ?

Par la volonté de Dieu, les cendres d'un monarque étranger réclament vainement aujourd'hui au milieu de nous les cendres des rois de la patrie. La vieille abbaye de Dagobert a mal gardé ses trésors ; Jacques II, en se réveillant à Saint-Germain, n'a aperçu à Saint-Denis que Louis XVI. La tombe du fils de Charles Ier s'élève au-dessus de nos ruines : triste témoin de deux révolutions, preuve extraordinaire de la contagieuse fatalité attachée à la race des Stuarts.

FIN DES QUATRE STUARTS.

MOÏSE

TRAGÉDIE

PERSONNAGES.

MOISE.
AARON, frère de Moïse.
MARIE, sœur de Moïse et d'Aaron.
NADAB, fils d'Aaron.
CALEB, prince de la tribu de Juda, attaché à celle de Lévi.
DATHAN, compagnon de Nadab.
ARZANE, reine des Amalécites.
NÉBÈE, jeune Tyrienne de la suite d'Arzane.
CHŒUR DE JEUNES FILLES AMALÉCITES.
CHŒUR DE JEUNES FILLES ISRAÉLITES.
CHŒUR DE LÉVITES.
VIEILLARDS, PRINCES DU PEUPLE, PASTEURS, PEUPLE ET SOLDATS.

Le théâtre représente le désert de Sinaï. On voit à droite le camp des douze tribus, dont les tentes, faites de peaux de brebis noires, sont entremêlées de troupeaux de chameaux, de dromadaires, d'onagres, de cavales, de moutons et de chèvres; on voit à gauche le rocher d'Oreb frappé par Moïse, et d'où sort une source; quelques palmiers; sous ces palmiers le cercueil ou le tombeau de Joseph, déposé sur des pierres qui lui servent d'estrade. Le fond du théâtre offre de vastes plaines de sable, parsemées de buissons de nopals et d'aloès, terminées d'un côté par la mer Rouge, et de l'autre par les monts Oreb et Sinaï, dont les croupes viennent border l'avant-scène.

La scène est sous les palmiers, près de la source, à la tête du camp.

PRÉFACE.

Les Israélites, conduits par Moïse et poursuivis par Pharaon, sortirent d'Égypte et passèrent la mer Rouge ; ils emportaient avec eux les os de Joseph, selon que Joseph le leur avait fait promettre sous serment, en leur disant : « Dieu vous visitera ; emportez d'ici mes os avec vous. »

Le passage de la mer Rouge accompli, Marie, prophétesse, sœur de Moïse et d'Aaron, chanta le cantique d'actions de grâces au Seigneur, qui avait enseveli Pharaon et son armée dans les flots. Le peuple de Dieu entra dans la solitude de Sur, puis il vint à Mara, où Moïse adoucit les eaux amères. De Mara, les Israélites arrivèrent à Élim ; il y avait là douze fontaines. D'Élim ils passèrent à Sin ; ils y murmurèrent contre Moïse et Aaron, regrettant l'abondance de la terre d'Égypte. Dieu envoya la manne qui tombait le matin comme une rosée, et que l'on recueillait chaque jour. Les Hébreux, partis de Sin, campèrent à Raphidim, où le peuple murmura de nouveau. Moïse, par l'ordre du Seigneur, frappa la pierre d'Oreb avec la verge dont il avait frappé le Nil, et il en sortit de l'eau.

Les Amalécites vinrent à Raphidim attaquer Israël : ils descendaient d'Amalec, petit-fils d'Ésaü. Ésaü, fils d'Isaac, avait été supplanté par son frère Jacob, auquel il avait vendu son droit d'aînesse pour un plat de lentilles. Dans la suite, Dieu voulut que Saül exterminât la race entière des Amalécites.

Josué combattit les ennemis à Raphidim, et remporta la victoire. Moïse priait sur le haut d'une colline, en tenant les mains élevées vers le ciel : Aaron et Hur lui soutenaient les mains des deux côtés, car Amalec avait l'avantage lorsque les mains de Moïse s'abaissaient de lassitude.

De Raphidim, les Hébreux gagnèrent le désert de Sinaï. Moïse alla parler à Dieu qui l'avait appelé au haut de la montagne : il était accompagné de Josué. Le troisième jour, on commença à entendre des tonnerres et à voir briller des éclairs. Une nuée très-épaisse couvrit la montagne ; une trompette sonnait avec grand bruit ; Moïse parlait à Dieu, et Dieu lui répondait. Le Seigneur promulgua ses lois au milieu de la foudre ; il donna à Moïse les deux tables du Témoignage, qui étaient de pierre, et écrites du doigt de Dieu. Moïse descendit de la montagne avec les tables. Josué ouït du tumulte dans le camp. Moïse reconnut que ce n'étaient point les voix confuses de gens qui poussaient leur ennemi, mais les voix de personnes qui chantaient.

Pendant l'absence de Moïse, le peuple s'était élevé contre Aaron, et lui avait dit : « Faites-nous des dieux qui marchent devant nous. » Un Veau d'or avait été formé, et les Hébreux l'avaient adoré avec des chants et des danses. Moïse brisa les Tables de la loi et le Veau d'or. Ensuite il se tint à la porte du camp, et dit : « Si quelqu'un est au Seigneur, qu'il se joigne à moi. » Et les enfants de Lévi s'assemblèrent autour de lui. Moïse ordonna à chacun d'eux de passer et de repasser au travers du camp, d'une tente à l'autre et de tuer chacun son frère, son ami, et celui qui lui était le plus proche; et il y eut environ vingt-trois mille hommes de tués ce jour-là.

Nadab, fils d'Aaron, ayant offert un feu étranger au Seigneur, fut dévoré par le feu du ciel. Caleb et Josué furent les seuls des Hébreux sortis d'Égypte qui entrèrent dans la Terre-Promise ; Moïse même n'y entra point, et ne la vit que du sommet du mont Abarim.

C'est de cette histoire que j'ai tiré le fond de la tragédie de *Moïse*. Le sujet de cette tragédie est la *première idolâtrie des Hébreux*, idolâtrie qui compromettait les destinées de ce peuple et du monde. Je suppose que parmi les causes qui précipitèrent Israël dans le péché, il y en eut une principale. Ici même, dans l'invention, je reste encore fidèle à l'histoire sainte : toute l'Écriture nous apprend que les Hébreux furent entraînés à l'idolâtrie par les femmes étrangères. Il suffit de citer l'exemple de Salomon : « Le roi Salomon aima
« passionnément plusieurs femmes étrangères... Le Seigneur avait dit aux
« enfants d'Israël : Vous ne prendrez point des femmes de Moab et d'Ammon,
« des femmes d'Idumée, des Sidoniennes et du pays Héthéen, car elles vous
« pervertiront le cœur pour vous faire adorer leurs dieux... Salomon servait
« Astarté, déesse des Sidoniens, et Moloch, l'idole des Ammonites... Il bâtit
« un temple à Chamos, l'idole des Moabites. »

La tragédie apprendra aux lecteurs quelle est Arzane : je ne sais si l'on a jamais remarqué que Judith, qui cause une si grande admiration aux soldats d'Holoferne, est le premier modèle de l'Armide du Tasse dans le camp de Godefroi de Bouillon. Arzane, reine des Amalécites, environnée de jeunes filles de Tyr et de Sidon, adorant Astarté et les divinités de la Syrie, m'a mis à même d'opposer des fables voluptueuses à la sévère religion des Hébreux. Les personnes versées dans la lecture des livres saints verront ce que j'en ai imité ; elles auront lieu de le remarquer dans le rôle entier de Moïse et dans les chœurs. Le chant de la *Courtisane*, dans le chœur des Amalécites, est tiré du chapitre vii des *Proverbes* de Salomon, *Victimas pro salute vovi, hodie reddidi vota mea.* Le chœur du troisième acte rappelle le xviiie psaume, *Cœli enarrant gloriam Dei*, et le chœur du ive reproduit le cantique de Marie après le passage de la mer Rouge : *Equum et ascensorem ejus dejecit in mare.*

A Dieu ne plaise que je prétende un seul instant avoir soutenu l'éloquence de l'Écriture! je dis ce que j'ai tenté, non ce que j'ai fait. Racine, tout Racine qu'il était, a quelquefois été vaincu dans ses efforts, comme l'a remarqué La Harpe. Qu'est-ce donc que moi, chétif, qui ai osé mettre en scène, non pas Joad, mais Moïse même, ce législateur aux rayons de feu sur le front, ce prophète qui délivrait Israël, frappait l'Égypte, entr'ouvrait la mer, écrivait l'histoire de la création, peignait d'un mot la naissance de la lumière, et parlait au Seigneur face à face, bouche à bouche : *Ore ados loquor ei?* (*Num.*, cap xii.)

PRÉFACE.

Le lieu de la scène est fixé dès les premiers vers de *Moïse*, l'exposition vient tout de suite après. Les trois unités sont observées, toutes les entrées et les sorties, motivées ; enfin c'est un ouvrage strictement classique. L'auteur en demande de grandes excuses :

Pardonne à sa *faiblesse* en faveur de son âge!

J'avais autrefois conçu le dessein de faire trois tragédies : la première sur un sujet antique dans le système complet de la tragédie grecque ; la seconde, sur un sujet emprunté de l'Écriture ; la troisième, sur un sujet tiré de l'histoire des temps modernes.

Je n'ai exécuté mon dessein qu'en partie : j'ai le plan en prose et quelques scènes en vers de ma tragédie grecque, *Astyanax*. Saint Louis eût été le héros de ma tragédie *romantique;* je n'en ai rien écrit. Pour sujet de ma tragédie hébraïque, j'ai choisi *Moïse*. Cette tragédie en cinq actes, avec des chœurs, m'a coûté un long travail ; je n'ai cessé de la revoir et de la corriger depuis une vingtaine d'années. Le grand tragédien Talma, qui l'avait lue, m'avait donné d'excellents conseils, dont j'ai profité : il avait à cœur de jouer le rôle de *Moïse*, et son incomparable talent pouvait laisser la chance d'un succès.

La tragédie de *Moïse* appartenait, par mon contrat de vente, aux propriétaires de mes œuvres ; je ne m'étais réservé que le droit d'accorder ou de refuser la permission de la mise en scène. Je résistai longtemps aux sollicitations des propriétaires ; mais enfin, soit faiblesse, soit mauvaise tentation d'auteur, je cédai. *Moïse*, lu au comité du Théâtre-Français, en 1828, fut reçu à l'unanimité. M. le vicomte Sosthènes de La Rochefoucauld se prêta avec beaucoup de complaisance à tous les arrangements ; M. Taylor s'occupa des ordres à donner pour les décorations et les costumes avec cet amour des arts qui le distingue ; M. Halevy, dont le beau talent est si connu, se voulut bien charger d'écrire la musique nécessaire ; et les chœurs de l'Opéra se devaient joindre à la Comédie-Française pour l'exécution de la pièce telle que je l'avais conçue.

Plusieurs personnes désiraient encore voir donner *Moïse*, afin d'essayer une diversion en faveur de cette pauvre école classique, si battue, si délaissée, à laquelle je devais bien quelque réparation, moi l'aïeul du romantique par mes enfants sans joug, *Atala* et *René*. Ces personnes espéraient quelque succès dans la pompe du spectacle de *Moïse*, la multitude des personnages, le contraste des chœurs, la manière dont ces chœurs (marquant le midi, le coucher du soleil, le minuit, le lever du soleil) se trouvent liés à l'action. Je pense moi-même et je puis le dire sans amour-propre, puisqu'il ne s'agit que d'un effet tout matériel indépendant du talent de l'auteur, je pense que la descente de Moïse du mont Sinaï, à la clarté de la lune, portant les Tables de la loi ; que le chœur du troisième acte avec sa double musique, l'une lointaine dans le camp, l'autre grave et plaintive sur le devant de la scène ; que le chœur du quatrième acte, groupé sur la montagne au lever de l'aurore ; que le dénoûment en action amené par le sacrifice ; que les décorations représentant la mer

Rouge au loin, le mont Sinaï, le désert avec ses palmiers, ses nopals, ses aloès, le camp avec ses tentes noires, ses chameaux, ses onagres, ses dromadaires ; je pense que cette variété de scène donnerait peut-être à *Moïse* un mouvement qui manque trop, il en faut convenir, à la tragédie classique. Une autre innovation que je conseillais pouvait encore ajouter à cet intérêt de pure curiosité : selon moi, les chœurs doivent être déclamés et non chantés, soutenus seulement par une sorte de mélopée, et coupés par quelques morceaux d'ensemble de peu de longueur : autrement vous mêlez deux arts qui se nuisent, la musique à la poésie, l'opéra à la tragédie. Ainsi, par exemple, la prière du troisième **chœur,**

N'écoute point dans ta colère,
O Dieu, le cri de ces infortunés !

me semblerait d'un meilleur effet débité que chanté.

Quoi qu'il en soit de mes faiblesses et de mes rêves, aussitôt que l'on sut que *Moïse* allait être joué, des représentations m'arrivèrent de toutes parts : les uns avaient la bonté de me croire un trop grand personnage pour m'exposer aux sifflets ; les autres pensaient que j'allais gâter ma vie politique et interrompre en même temps la carrière de tous les hommes qui marchaient avec moi. Quand j'aurais fait *Athalie*, le temps était-il propre aux ouvrages de cette nature, aux ouvrages entachés de classique et de religion ? Le public ne voulait plus que de violentes émotions, que des bouleversements d'unités, des changements de lieux, des entassements d'années, des surprises, des effets inattendus, des coups de théâtre et de poignard. Que serait-ce donc si, menacé même pour un chef-d'œuvre, je n'avais fait (ce qui était possible et même extrêmement probable) qu'une pièce insipide ? car enfin, puisque j'écrivais passablement en prose, n'était-il pas évident que je devais être un très-méchant poëte ? Les considérations qui ne s'appliquaient qu'à moi m'auraient peu touché : je n'avais aucune envie d'être président du conseil, et la liberté de la presse m'avait aguerri contre les sifflets ; mais quand je vis que d'autres destinées se croyaient liées à la mienne, je n'hésitai pas à retirer ma pièce : si je fais toujours bon marché de ma personne, je n'exposerai jamais celle de mes voisins.

La fortune, qui s'est constamment jouée de mes projets, n'a pas même voulu me passer une dernière fantaisie littéraire. Je ne puis plus attendre une occasion incertaine et éloignée de voir jouer *Moïse*. Que de trônes auront croulé avant qu'on soit disposé à s'enquérir comment Nadab prétendait élever le sien ! *Moïse* ne m'appartient pas ; il a dû entrer dans la collection de mes œuvres, qu'il était plus que temps de compléter. On lira donc cette tragédie, si on la lit, dans la solitude et le silence du cabinet, au lieu de la voir environnée des prestiges et du bruit du théâtre ; c'est la mettre à une rude épreuve : si elle était jouée après avoir été imprimée, elle aurait perdu son plus puissant et peut-être son seul attrait, la nouveauté.

MOÏSE

TRAGÉDIE.

ACTE PREMIER

SCÈNE PREMIÈRE.

NADAB, *seul.*

(Il regarde quelque temps autour de lui, comme pour reconnaître les lieux où il se trouve.)

A la porte du camp, sous ces palmiers antiques
Où des vieillards hébreux les sentences publiques
Des diverses tribus terminent les débats,
Par quel nouveau sentier ai-je égaré mes pas?

(Après un moment de silence, en s'avançant sur la scène.)

Silencieux abris, profonde solitude,
Ne pouvez-vous calmer ma noire inquiétude?
Soulève enfin, Nadab, ton œil appesanti;
Vois les fils de Jacob au pied du Sinaï,
Le désert éclatant de miracles sans nombre,
La colonne à la fois et lumineuse et sombre,
L'eau sortant du rocher, des signes dans les airs,
Dieu prêt à nous parler du milieu des éclairs:
Prétends-tu, sourd au bruit de la foudre qui gronde,
Coupable fils d'Aaron, changer le sort du monde?
Mais que te fait, Nadab, le Seigneur et sa loi?
Le monde et les Hébreux ne sont plus rien pour toi.

(Il s'approche du cercueil de Joseph.)

Ma main aux bords du Nil déroba cette cendre;
Je pouvais sans rougir alors m'en faire entendre.
O Joseph, fils aimé, qui dors dans ce tombeau,
A l'épouse du roi toi qui parus si beau,
Rends mon cœur moins ardent ou ma voix plus puissante,
Ou donne-moi ton charme ou ta robe innocente!
De Joseph retrouvé je n'ai point la grandeur,
Mais de Joseph perdu j'ai l'âge et le malheur.

SCÈNE II.

AARON, DATHAN.

AARON, *appelant Nadab qui s'éloigne, et disparaît sous les palmiers.*

Nadab ! Il n'entend point ! Dans sa mélancolie
Son âme est à présent toujours ensevelie.
O mon cher fils ! reçois mes bénédictions :
Tes maux doublent le poids de mes afflictions :
Mes jours ont été courts et mauvais sur la terre,
Et n'ont point égalé ceux d'Isaac mon père.
Nadab, que l'Éternel prenne pitié de toi !

DATHAN.

Sur le sort des Hébreux, Aaron, éclairez-moi.
Par Moïse envoyé vers le Madianite,
Depuis trois mois sorti du camp israélite,
Je trouve à mon retour le peuple menaçant,
L'Iduméen détruit et le prophète absent ;
J'ignore également nos maux et notre gloire :
Daignerez-vous, Aaron, m'en raconter l'histoire ?

AARON.

Dathan, cher compagnon que regrettait mon fils,
Quand Israël, fuyant les princes de Memphis,
Eut tranché de la mer les ondes divisées,
Nos tribus, par le ciel toujours favorisées,
En suivant du désert le merveilleux chemin,
Non loin du Sinaï s'arrêtèrent enfin.
Ce fut là qu'Amalec, à sa haine fidèle,
Nous chercha pour vider son antique querelle.
Thémar régnait alors sur ce peuple nombreux ;
Il vint à Raphidim attaquer les Hébreux.
Aux autels d'Adonis son épouse attachée,
Méprisant du fuseau la gloire humble et cachée,
Arzane, dans l'orgueil de toute sa beauté,
Presse, anime Thémar, et marche à son côté :
De sa main au vainqueur une palme est promise.
La trompette a sonné, les traits sifflent : Moïse,
Sur un mont à l'écart, debout, les bras levés,
Priait le Dieu par qui les flots sont soulevés.
Ses redoutables bras, étendus sur nos têtes,
Paraissaient dans le ciel assembler les tempêtes :
Quand il les abaissait, de fatigue vaincu,
Amalec triomphait d'Israël abattu ;
Mais quand ses bras au ciel reportaient sa prière,
Nos plus fiers ennemis roulaient sur la poussière.
Soutenant dans les airs ce bras fort et puissant,
Qui sans porter de coups versait des flots de sang,
J'achevai parmi nous de fixer la victoire.
Un seul jour vit périr Thémar et sa mémoire :

Sa veuve, à des dieux sourds ayant ses vœux offerts
N'en fut pas entendue et tomba dans nos fers.
DATHAN.
Je ne vois jusqu'ici que d'heureuses prémices.
AARON.
Écoute. Après avoir réglé les sacrifices,
Mon frère, qu'en secret appelle l'Éternel,
Moïse se dérobe aux regards d'Israël,
Il monte au Sinaï; Josué l'accompagne :
Depuis quarante jours caché sur la montagne,
Mille bruits de sa mort dans le camp répandus
Tiennent de nos vieillards les esprits suspendus.
On s'agite au milieu du peuple qui murmure ;
Je ne sais quel démon souffle une flamme impure ;
Le soldat se soulève, et proclame en ce lieu
Et Nadab pour son chef et Baal pour son dieu.
DATHAN.
Nadab accepte-t-il cet honneur populaire ?
AARON.
De ses mâles vertus rejetant le salaire,
Mon fils porte en son sein un trait qu'il veut cacher,
Et que toi seul, Dathan, tu pourras arracher.
Pâle et silencieux dans sa marche pensive,
Il erre autour du camp comme une ombre plaintive ;
Il prononce tout bas le nom de ses aïeux ;
Son regard languissant se tourne vers les cieux :
La nuit, à sa douleur se livrant sans obstacles,
On l'a trouvé pleurant auprès des tabernacles.
Mais j'aperçois Caleb, ce flambeau de la loi,
Et ma sœur, dont les chants raniment notre foi.
Dathan, cherche Nadab, et dis-lui que son père
L'attend ici.

SCÈNE III.

AARON, MARIE, CALEB.

AARON, *à Marie.*

Marie, en qui Jacob espère,
Dans vos yeux attristés quels malheurs ai-je lus?
Qu'allez-vous m'annoncer?
MARIE.
Notre frère n'est plus !
Josué, de Moïse héritier prophétique,
De même a disparu sur la montagne antique :
Ils n'ont pu sans mourir contempler Jéhovah.
Comme ils priaient, dit-on, au sommet du Sina,
Du Seigneur à leur voix la gloire est descendue.
Dans une ombre effrayante, au milieu d'une nue ;
La nue en s'entr'ouvrant les a couverts de feux,

Et le ciel tout à coup s'est refermé sur eux ;
Ils sont morts consumés.

AARON.

O ma sœur, ô Marie !
O promesse du ciel ! ô future patrie !
Par qui du saint prophète a-t-on su le trépas?

MARIE.

Par les chefs envoyés pour découvrir ses pas.

CALEB.

Jeûnons, pleurons, veillons revêtus du cilice ;
Crions vers le Très-Haut du fond du précipice.
Le destin de la terre est au nôtre lié...
Et Nadab, que je vois, l'a peut-être oublié.

SCÈNE IV.

NADAB, AARON, MARIE, CALEB.

NADAB, *à Aaron.*

Dathan, qui m'a rejoint au mont de la Gazelle,
M'a dit que dans ce lieu votre voix me rappelle,
Aaron.

AARON.

Oui, je voulais vous parler sans témoins :
Mais ce moment, Nadab, réclame d'autres soins.

NADAB.

Ma volonté toujours à la vôtre est soumise ;
Commandez.

AARON.

L'Éternel nous a ravi Moïse.

NADAB.

(A part.)
Moïse? Est-ce, ô Seigneur, ou grâce ou châtiment?

AARON.

Que de maux produira ce triste événement !

NADAB.

Il change nos devoirs avec nos destinées.
Aux sables d'Ismaël désormais confinées,
Nos tribus, qui n'ont plus les doux regards du ciel,
Ne verront point la terre et de lait et de miel.
De cent peuples voisins calmant la défiance,
Élevons avec eux la pierre d'alliance,
Et fixons de Jacob l'avenir incertain,
Sans regretter le Nil, sans chercher le Jourdain.

CALEB.

Eh quoi ! le fils d'Aaron tient un pareil langage !
A rester dans ces lieux c'est lui qui nous engage !
Ami, si nous perdons notre libérateur,
Toi, sorti de son sang, sois notre conducteur :
Atteins, perce, et détruis cette race proscrite,
Dont au livre éternel la ruine est écrite.

NADAB.
Je laisse à ta valeur ces sanglants embarras.
CALEB.
Ah! je sais quelle main a désarmé ton bras.
Le conseil de nos chefs, par qui tout se décide,
Dira s'il faut sauver une race homicide,
Qui jusque dans ce camp, avec un art fatal,
Introduit et répand le culte de Baal.
NADAB.
Charitable Caleb, sont-ce là les cantiques
Que du temple promis rediront les portiques?
Sur un autel de paix, au Dieu que tu défends,
Tu veux donc immoler des femmes, des enfants?
CALEB.
Quand on est criminel, on subit sa sentence.
NADAB.
Quand on est sans pitié, croit-on à l'innocence?
CALEB.
A de trop doux penchants crains de t'abandonner.
NADAB.
Toi, sache quelquefois pleurer et pardonner.
CALEB.
La rigueur est utile.
NADAB.
Et la clémence auguste.
CALEB.
Le faible est méprisable.
NADAB.
Et le fort est injuste.
CALEB.
Retourne à tes devoirs, au Jourdain viens mourir.
NADAB.
Un peu de sable ici suffit pour me couvrir.
AARON.
Jeunes hommes, cessez; n'augmentez pas nos larmes;
Confondez vos regrets et mariez vos armes.
Vous, Caleb, de ma sœur adoucissez l'ennui :
La publique douleur me réclame aujourd'hui.
Que Dieu de ses desseins dissipe les ténèbres!
Vous, Nadab, ordonnez aux trompettes funèbres
De convoquer trois fois, dans un morne appareil,
Les princes des tribus aux tentes du conseil.

SCÈNE V.

MARIE, CALEB.

CALEB.
Exemple d'Israël, prophétesse Marie,
La source de nos pleurs n'est donc jamais tarie?
D'invisibles filets Nadab environné
D'Arzane n'a pu fuir le trait empoisonné.

Je crains encor sur lui la perverse puissance
Du dangereux ami dont il pleurait l'absence,
De l'inique Dathan, froidement factieux,
Ennemi de Moïse et contempteur des cieux.

MARIE.

Et que fait Israël? quel espoir le soulage?

CALEB.

Ce peuple à l'esprit dur, au cœur faible et volage,
Déjà las de la gloire et de la liberté,
Regrette lâchement le joug qu'il a porté.
« Abandonnons, dit-il, ces plages désolées.
« Retournons à Tanis, où des chairs immolées,
« Où des plantes du Nil l'Égyptien pieux
« Nourrissait nos enfants à la table des dieux. »
Peuple murmurateur, race ingrate et perfide!

MARIE.

La terre, cher Caleb, pour le juste est aride;
Mais il s'élève à Dieu : le palmier de Jeddiel
A ses pieds dans le sable et son front dans le ciel.

CALEB.

Des chefs séditieux pour combattre l'audace
Il est temps qu'au conseil j'aille prendre ma place.
Dans ce triste moment les vierges d'Israël,
Instruites par vos soins à prier à l'autel,
Pour plaindre et partager votre douleur auguste
S'avancent.

(Le chœur des jeunes filles israélites entre dans ce moment sur la scène : Caleb sort.)

MARIE, *au chœur.*

Approchez, postérité du juste,
Doux trésor de Jacob, par le ciel réclamé.
Désarmez du Seigneur le carquois enflammé;
Au père qui nous frappe, au Dieu qui nous châtie,
Présentez de vos pleurs la pacifique hostie;
Il est pour l'affligé des cantiques touchants,
Et souvent la douleur s'exprime par des chants.

SCÈNE VI.

MARIE, LE CHŒUR DES JEUNES FILLES ISRAÉLITES.

(Cette scène est en partie déclamée, en partie chantée. Le chœur est divisé en deux demi-chœurs qui se placent l'un à droite et l'autre à gauche de Marie : le premier demi-chœur tient à la main des harpes, et le second des tambours.)

PREMIER DEMI-CHŒUR.

Imitons dans nos concerts
Le pélican des déserts;
Jacob, ta gloire est passée,
Et de ton Dieu la clémence est lassée.

SECOND DEMI-CHŒUR.

Au divin Maître ayons recours;

A ses douces lois qu'on se range ;
Qu'il soit la vigne de secours
Où le pécheur toujours vendange.
Sa grâce est au cœur pur, au cœur religieux,
Ce qu'est à nos autels un parfum précieux.

UN ISRAÉLITE DU PREMIER DEMI-CHŒUR.

N'espérons rien, pour finir nos souffrances,
De ses bontés.

UNE ISRAÉLITE DU SECOND DEMI-CHŒUR.

A ses clartés
Nous voulons rallumer nos vives espérances

UNE ISRAÉLITE SEULE.

Suspendons notre harpe, en ces temps de regrets
Au palmier de la solitude.
Jourdain ! fleuve espéré, séjour de quiétude,
Mes yeux ne te verront jamais.
Où sont les cèdres superbes,
Liban, que tu devais au temple projeté ?
Jacob, de son Dieu rejeté,
Rampe plus bas que les herbes
Dans le lit du torrent desséché par l'été.

DEUX ISRAÉLITES.

Douloureux mystère
D'un trépas caché,
Pleurons à la terre
Moïse arraché.
Loin du frais rivage
Où fut son berceau,
L'onagre sauvage
Foule son tombeau.

LA PLUS JEUNE DES ISRAÉLITES.

Mais qui me gardera sous l'aile de ma mère ?
Moïse a disparu, Moïse était mon père.
O terre de Gessen ! prés émaillés de fleurs
Où je cueillais ma parure !
Comme un jeune olivier privé d'une onde pure,
Je languis et je meurs.

TOUT LE CHŒUR.

Dieu nourrit de ses dons l'innocente colombe,
Le juste au temps marqué sortira de sa tombe.
D'Amalec les dieux mortels
Ne peuvent renverser les desseins éternels.

UNE ISRAÉLITE.

Ma sœur, avez-vous vu cette superbe Arzane ?
De quel regard profane
Elle insultait nos autels !

UNE AUTRE ISRAÉLITE.

Plus inconstante que les ondes,
Ses démarches sont vagabondes ;

Ses lèvres et son cœur pour tromper sont d'accord,
Sa douce volupté d'amertume est suivie;
Et quand sa bouche invite à jouir de la vie,
    Ses pas nous mènent à la mort.
UNE TROISIÈME ISRAÉLITE.
De nos jeunes guerriers le prince et le modèle,
    Nadab était auprès d'elle.
TOUT LE CHŒUR.
    Ah! fuyons, fuyons, mes sœurs,
    Des passions les trompeuses douceurs!
TROIS ISRAÉLITES.
Ne vous reposez point à la source étrangère;
    Buvez l'onde de vos ruisseaux.
Qu'une épouse fidèle, à l'ombre des berceaux,
Soit plus belle à vos yeux que la biche légère!
TOUT LE CHŒUR.
    Ah! fuyons, fuyons, mes sœurs,
    Des passions les trompeuses douceurs!
PREMIER DEMI-CHŒUR.
L'homme marche à travers une nuit importune.
SECOND DEMI-CHŒUR.
Attachons-nous au Dieu qui bénit l'infortune;
UNE ISRAÉLITE.
    Qui sur un lit de pleurs mouillé
Retourne le mourant, soutient son front livide;
LA PLUS JEUNE DES ISRAÉLITES
Qui mesure le vent à l'agneau dépouillé
    Par le pasteur avide.
TOUT LE CHŒUR.
    Ingrats mortels, en vain vous résistez
Au Dieu qui vous conduit dans ses sublimes voies,
    Et qui d'intarissables joies
Rassasiera les cœurs en son nom contristés.
MARIE.
Mes enfants, c'est assez : allez, toujours dociles,
Vous livrer au repos sous vos tentes tranquilles.
Voici l'heure pesante accordée au sommeil :
Tout se tait à présent sous les feux du soleil;
Les vents ont expiré : du palmier immobile
L'ombre se raccourcit sur l'arène stérile ;
L'Arabe fuit du jour les traits étincelants,
Et le chameau s'endort dans les sables brûlants.

ACTE SECOND.

SCENE PREMIÈRE.
ARZANE, NÉBÉE.

NÉBÉE.

Nadab veut vous parler dans ce lieu solitaire.
Arzane, expliquez-moi cet étonnant mystère.
Quelle joie inconnue éclate dans vos yeux!
Dormirons-nous bientôt aux champs de nos aïeux?
Par votre ordre à Séir un moment retournée,
Je n'ai point vu d'Oreb la funeste journée;
Mais je suis revenue au bruit de vos malheurs,
Pour vous offrir du moins le secours de mes pleurs.

ARZANE.

Qu'il en coûte, Nébée, à servir l'infortune!
Qu'un sceptre brisé pèse à l'amitié commune!
La tienne est rare et grande : oui, tu mérites bien
Que je t'ouvre mon cœur dans un libre entretien.

NÉBÉE.

J'ai su que, par Moïse à mourir condamnées,
Les femmes d'Amalec qui comptaient seize années,
Ou qui du joug d'hymen portèrent le fardeau,
Devaient livrer leur sang au glaive du bourreau.

ARZANE.

On m'arracha des rois les saintes bandelettes,
Et le malheur me mit au rang de mes sujettes.

NÉBÉE.

Ciel !

ARZANE.

    Dans un parc formé par d'épineux rameaux
Nous attendions la mort comme de vils troupeaux.
L'Hébreu vient; on entend un long cri d'épouvante.
Déjà brillait du fer la lumière mouvante,
Lorsque le fils d'Aaron, que la pitié combat,
Retint le glaive ardent avant qu'il retombât.
Il contemple attendri ces femmes éplorées,
Qui lui tendaient de loin leurs mains décolorées.
Je paraissais surtout attirer ses regards;
Soit qu'un habit de deuil et des cheveux épars
A ma frêle beauté prêtassent quelques charmes;
Soit enfin qu'une reine, en répandant des larmes,
Trouve dans ses revers de nouvelles splendeurs,
Et n'ait fait seulement que changer de grandeurs.

NÉBÉE.

Nadab au doux pardon inclina ses pensées.

ARZANE.

« Femmes, vivez, dit-il : nos tribus offensées

« M'ont vainement chargé d'un devoir trop cruel,
« Et je vais implorer les anciens d'Israël. »
Coré, Sthur, Abiron, dans un conseil propice,
Firent avec Nadab suspendre mon supplice.
D'un ramas d'affranchis digne législateur,
Moïse alla chercher quelque oracle menteur.
Resté maître en ce camp, Nadab qu'un Dieu possède,
De soins officieux incessamment m'obsède :
Il m'aime, et toutefois n'ose me découvrir
Le feu qui le dévore et que j'ai su nourrir.
Aujourd'hui même enfin par sa bouche informée
De la mort du tyran qui gourmandait l'armée,
Ici plus longuement il veut m'entretenir,
Et de ma délivrance avec moi convenir.

NÉBÉE.

Je conçois maintenant l'espoir qui vous enflamme.
Vous êtes adorée et l'amour dans votre âme...

ARZANE.

Non : je n'ai point trahi mes aïeux, mes revers.
Lorsque le sort me livre à ce peuple pervers,
Reine malgré le sort, je n'ai point la faiblesse
De partager les feux d'un amour qui me blesse,
Mais je sais écouter des soupirs ennemis,
Pour sortir de l'abîme où le ciel nous a mis :
De l'odieux Jacob je troublerai la cendre.

NÉBÉE.

Arzane, de l'amour on ne se peut défendre !

ARZANE.

Tu te trompes, Nébée, et dans mon sein ce cœur
Au nom du peuple juif ne bat que de fureur.
Faut-il te rappeler nos discordes antiques,
Des deux fils d'Isaac les haines domestiques,
Le droit du premier-né si follement vendu,
Et l'innocent festin qui perdit Ésaü ?
Nous, d'un prince trahi postérité fidèle,
Lorsque nous embrassons une cause si belle
Nous voyons triompher les ignobles drapeaux
Du gendre vagabond d'un pâtre de chameaux

NÉBÉE.

Mais Nadab lui succède.

ARZANE.

A Nadab, a sa gloire
Mon époux doit la mort, et l'Hébreu, la victoire.

NÉBÉE.

Quel est votre projet, votre espoir ?

ARZANE.

Me venger ;
Écouter les aveux du soldat étranger ;
Feindre pour l'asservir, et par quelque artifice

MOÏSE.
Nous sauver, en poussant Jacob au précipice.
Oui, je triompherai, si Nadab amoureux
Au culte d'Abraham arrache les Hébreux.
NÉBÉE.
Vous croyez donc leur Dieu puissant et redoutable?
ARZANE.
Je sais du moins, je sais qu'il est impitoyable :
Amalec autrefois déserta son autel,
Lorsqu'il maudit Édon et bénit Israël.
Jaloux de son pouvoir, jamais il ne pardonne :
Il frappera Jacob, si Jacob l'abandonne.
NÉBÉE.
Nadab....
ARZANE.
Est l'ennemi du sang de mes aïeux.
NÉBÉE.
Il est sincère.
ARZANE.
Eh bien! je le tromperai mieux.
NÉBÉE.
Il fait de vous servir sa plus constante étude,
On vous reprochera...
ARZANE.
Poursuis!
NÉBÉE.
L'ingratitude.
ARZANE.
Non, si par le succès mes vœux sont couronnés :
On ne traite d'ingrats que les infortunés.
NÉBÉE.
Nadab...
ARZANE.
M'est odieux.
NÉBÉE.
Sa clémence...
ARZANE.
M'outrage.
NÉBÉE.
Il veut votre bonheur.
ARZANE.
Ma honte est son ouvrage.
NÉBÉE.
Il vous rendra le trône.
ARZANE.
Il m'a donné des fers.
NÉBÉE.
S'il s'attache à vos pas?
ARZANE.
Je le mène aux enfers.
NÉBÉE.
A vos desseins secrets que je prévois d'obstacles!

ARZANE.

L'amour de la patrie enfante des miracles.
Mais j'aperçois Nadab... Reine de la beauté,
Prête-moi ta ceinture, ô brillante Astarté !
Donne à tous mes discours ta grâce souveraine ;
Déesse de l'amour, sers aujourd'hui la haine.
Descends ! à ton secours amène tous les dieux :
Si Jéhovah triomphe, ils tomberont des cieux.

SCÈNE II.

NADAB, ARZANE, NÉBEE.

ARZANE.

De ses destins, Nadab, votre esclave incertaine
Accourt à votre voix près de cette fontaine.
Si par ces yeux baissés je juge de mon sort,
Je crains bien qu'Amalec ne soit pas libre encor.

NADAB.

Étrangère, il me faut vous le dire sans feinte :
Les vieillards de Caleb ont écouté la plainte.
Le conseil, à qui seul le pouvoir appartient,
Pour quelques jours encor dans ce camp vous retient.
Sans gardes cependant vous pouvez de la plage
Parcourir les sentiers et l'arène sauvage.
Dathan, dont l'amitié ne craint aucun péril,
Amène auprès de vous vos compagnes d'exil.
On vous rend des honneurs inconnus sous nos tentes,

(Dathan entre en ce moment sur la scène, suivi du chœur des jeunes filles
amalécites, il se retire ensuite, et Nébée va se placer à la tête du chœur
au fond du théâtre.)

Et bientôt, au milieu des pompes éclatantes,
Rendue à vos sujets, embrassant l'avenir,
Vous perdrez de Nadab l'importun souvenir.

ARZANE.

Arzane par vos mains à la mort fut ravie,
Et d'un nouveau bienfait cette grâce est suivie !
Mon cœur reconnaissant ne peut s'exprimer mieux
Que par mon peu d'ardeur à sortir de ces lieux.

NADAB.

A ce langage adroit je ne puis me méprendre :
Vous flattez l'ennemi dont vous croyez dépendre.
Mais, nourrie à Séir pour plaire et pour aimer,
Nos farouches vertus ne peuvent vous charmer.

ARZANE.

Amalec et Jacob diffèrent de maxime,
Il est vrai : nous croyons, sans nous en faire un crime,
Qu'aimer est le bonheur, plaire, un don précieux,
Et que la volupté nous rapproche des dieux.
Sous des berceaux de fleurs nos heures fortunées
S'envolent mollement l'une à l'autre enchaînées.

MOISE.

Le dieu que nous servons approuve nos désirs :
Dans une île féconde, aux doux chants des plaisirs,
La beauté l'enfanta sur les mers de Syrie;
Il préside en riant aux banquets de la vie.
Pour attirer sur vous ses bienfaisants regards,
J'ai déjà, les pieds nus et les cheveux épars;
De nos rites sacrés suivant l'antique usage,
Trois fois pendant la nuit conjuré son image...
Mais n'ai-je point, Nadab, armé votre courroux?
Vous détestez le dieu que je priais pour vous.
Pardonnez à ces vœux que dans mon innocence
M'arracha le transport de la reconnaissance.

NADAB.

Qu'entends-je! Amalécite, apprenez donc mon sort.
Longtemps de mon amour je captivai l'essor:
Vous adorant toujours, mais respectant vos larmes,
Je n'aurais pas osé vous parler de vos charmes :
Un mot, dont l'homme heureux ne sent pas la valeur
Trop souvent peut blesser l'oreille du malheur.
Quand Moïse vivait vous aviez tout à craindre;
A cacher mon ardeur je savais me contraindre :
Aujourd'hui que le ciel pour vous se veut calmer,
Votre bonheur me rend le droit de vous aimer.

ARZANE.

Épargnez...

NADAB.

   Vous sauver changea ma vie entière,
Ce cœur, que vous avez habité la première,
Vit l'amour se lever terrible et violent
Comme l'astre de feu dans ce désert brûlant.
Le repos pour jamais s'envola de mon âme;
Mon esprit s'égara dans des songes de flamme.
Abjurant la grandeur promise à nos neveux,
A l'autel des Parfums je n'offrais plus mes vœux;
Je n'allais plus, lévite innocent et modeste,
Chaque aurore au désert cueillir le pain céleste.
Dans les champs de l'Arabe, et loin des yeux jaloux,
Mon bonheur eût été de me perdre avec vous.
De toi seule connue, à toi seule asservie,
L'Orient solitaire aurait caché ma vie.
Pour appui, du dattier, empruntant un rameau,
Le jour j'aurais guidé ton paisible chameau;
Le soir, au bord riant d'une source ignorée,
J'aurais offert la coupe à ta bouche altérée,
Et sous la simple tente, oubliant Israël,
Pressé contre mon cœur la nouvelle Rachel.

ARZANE.

Confuse, à vos regards, je voudrais disparaître;
Mais je suis votre esclave, et vous êtes mon maître.

NADAB.

A qui maudit vos fers le reproche est bien dur !
Mais de vous délivrer il est un moyen sûr.
Vous connaissez du camp le trouble et les alarmes :
De la féconde Égypte on regrette les charmes,
On veut que des tribus je conduise les pas.
Épouse de Nadab, ouvrez-nous vos États ;
D'un peuple de bannis soyez la souveraine :
Le soldat à l'instant va briser votre chaîne.

ARZANE.

Je vois Marie.

SCÈNE III.

MARIE, ARZANE, NADAB, NÉBÉE ; Chœur de jeunes filles Amalécites.

MARIE.

Aaron n'est point ici, Nadab ?

NADAB.

Il pleure le prophète au torrent de Cédab.

MARIE.

Rendez grâce au Seigneur ; sa paix nous accompagne.
Moïse reparaît sur la sainte montagne.
Cherchant partout Aaron, je cours lui répéter
Ce qu'un chef des pasteurs vient de me raconter.

SCÈNE IV.

NADAB, ARZANE, NÉBÉE ; chœur de jeunes filles Amalécites.

ARZANE.

Fils d'Aaron, à mon sort il faut que je succombe !
Vous me parliez d'hymen, et je touche à ma tombe.

NADAB, *sans écouter Arzane.*

Nous allons te revoir enfin, fameux mortel,
Encor tout éclatant des feux de l'Éternel.
Honneur à tes vertus, et gloire à ton génie !

ARZANE.

Veillé-je ? dans mes maux quelle affreuse ironie !
Quoi ! Nadab, ces desseins où tous deux engagés,
Ces projets de l'amour...

NADAB.

Ils ne sont point changés.

ARZANE.

Entre Moïse et moi vous tenez la balance :
De votre passion je vois la violence.

NADAB.

Femme, je suis sans force à tes pieds abattu ;
Mais ne puis-je du moins admirer la vertu ?

ARZANE.

Qui pourra m'arracher de ce sanglant théâtre
Où la mort me poursuit ?

NADAD.
Ce cœur qui t'idolâtre.
ARZANE.
Mais les remords viendront arrêter vos efforts.
NADAB.
Mais si je t'obéis, que te font mes remords?
ARZANE.
De ces hauts sentiments je serai la victime.
NADAB.
Laisse-moi m'enchanter d'innocence et de crime,
Connaître mes devoirs sans te manquer de foi,
Apercevoir l'abîme, et m'y jeter pour toi.
ARZANE.
Je ressens vos douleurs, et n'en suis point complice.
NADAB.
Cesse de t'excuser : j'adore mon supplice.
Ma souffrance est ma joie, et je veux à jamais
Conserver la douceur du mal que tu me fais.
Hélas! mon fol amour m'épouvante moi-même;
Je me sens sous le coup de quelque arrêt suprême :
D'involontaires pleurs s'échappent de mes yeux ;
La nuit, dans mon sommeil, j'entends parler tes dieux.
Prêt à sacrifier à leurs autels coupables,
Je me réveille au bruit de mes cris lamentables.
Dis : n'est-ce pas ainsi, dans ses tourments divers,
Qu'une âme est par le ciel dévouée aux enfers?
ARZANE.
On va vous délivrer du joug de l'étrangère.
NADAB.
Des légers fils d'Agar la voix est mensongère;
L'Arabe aime à conter : je veux sonder des bruits
Aisément élevés, plus aisément détruits.
De Moïse en ces lieux je viendrai vous apprendre
Le destin. Quel parti qu'alors vous vouliez prendre
Contre tout ennemi prompt à vous secourir;
Arzane, je saurai vous sauver ou mourir.

(Nadab sort.)

SCÈNE V.

ARZANE, NÉBÉE ; CHOEUR DE JEUNES FILLES AMALÉCITES.

ARZANE.
Ah! Nébée, à ce coup je ne saurais survivre!
L'implacable destin s'attache à me poursuivre.
NÉBÉE.
Et moi je ressentais un doux enchantement
En écoutant des vœux si chers!
ARZANE.
Autre tourment,
Incestueux projet, effroyable à mon âme!

Je hais du fils d'Aaron et la main et la flamme.
Amalec recevoir Israël dans ses bras !
Recueillir dans mon sein une race d'ingrats !
Je légitimerais ces exécrables frères,
Qui menacent nos fils, qui trahirent nos pères ;
Ces esclaves du Nil, bâtisseurs de tombeaux,
Ignobles artisans flétris par leurs travaux,
Qui d'Égypte chassés avec tous leurs prophètes,
Proclament en tremblant d'insolentes conquêtes,
Se disent héritiers des florissants États
De cent peuples divers qu'ils ne connaissent pas !

NÉBÉE.

Sauvez, sauvez vos jours !

ARZANE.

Voudrais-tu donc, Nébée,
Aux autels de Jacob voir Arzane courbée,
Contrainte d'embrasser le culte menaçant
Du Dieu cruel qui veut exterminer mon sang ?
S'il faut suivre aujourd'hui la fortune jalouse,
S'il faut que de Nadab je devienne l'épouse,
Que lui-même, parjure au culte de Nachor,
Serve avec moi Baal, et Moloch, et Phogor ;
Que son hymen des Juifs brise les lois publiques ;
Qu'il me donne sa main aux autels domestiques
Des dieux de mon palais, des dieux accoutumés
A couronner les vœux contre Jacob formés !

NÉBÉE.

Du retour de Moïse on n'a pas l'assurance.
Espérons.

ARZANE.

Laisse là ta menteuse espérance.

NÉBÉE.

L'étoile d'Astarté paraît sur l'horizon :
Pour hâter le retour du jeune fils d'Aaron,
Saluons l'astre heureux par des chants agréables.

ARZANE, *au chœur.*

Captives, suspendez ces pleurs inépuisables.
Voici l'instant prédit où les filles d'Édom
Vont sauver d'Amalec et la race et le nom.
Nos guerriers ne sont plus, mais vous restez encore :
Formez les chœurs brillants des peuples de l'Aurore.
Des femmes de Byblos répétez les soupirs,
Du farouche Israël enflammez les désirs.
Loin d'ici la pudeur et la froide innocence !
Il nous faut des plaisirs conduits par la vengeance.
Chantez l'amour ; c'est lui qui du Dieu d'Israël
Doit corrompre l'encens et renverser l'autel.

LE CHŒUR.

Amour, tout chérit tes mystères,

Tout suit tes gracieuses lois,
L'hirondelle au palais des ro.s,
L'aigle sur les monts solitaires,
Et le passereau sous nos toits.

UNE AMALÉCITE.

Ton vieux temple, entouré des peuples de la terre,
S'élève révéré de chaque âge nouveau,
Comme au milieu d'un champ la borne héréditaire,
Ou la tour du pasteur au milieu du troupeau.

LE CHOEUR.

Amour, tout chérit tes mystères,
Tout suit tes gracieuses lois,
L'hirondelle au palais des rois,
L'aigle sur les monts solitaires,
Et le passereau sous nos toits.

UNE AMALÉCITE.

Invoquons du Liban la déesse charmante !
De nos longs cheveux d'or que la tresse élégante
 Tombe en sacrifice à l'Amour.
Soulevons les enfers, répétons tour à tour
Du berger chaldéen la parole puissante.

UNE AUTRE AMALÉCITE.

Qui méprise l'Amour dans ses fers gémira.

DEUX AMALÉCITES.

De prodiges divers l'Amour remplit l'Asie,
 Il embauma l'Arabie
 Des pleurs de la tendre Myrrha ;
Du pur sang d'Adonis il peignit l'anémone :
 Fleur des regrets, symbole du plaisir,
Elle vit peu de temps ; et le même zéphyr
 La fait éclore et la moissonne.

UNE AMALÉCITE.

Prenons notre riche ceinture,
Nos réseaux les plus fins, nos bagues, nos colliers ;
 Vengeons aujourd'hui nos guerriers ;
 Les remparts et les boucliers
Sont vains contre l'Amour dans toute sa parure.

LE CHOEUR.

Que dit à son amant, de plaisir transporté,
 Cette prêtresse d'Astarté
Qui voudrait attirer le jeune homme auprès elle,
Et lui percer le cœur d'une flèche mortelle ?

UNE AMALÉCITE.

« Beau jeune homme, dit-elle, arrête donc les yeux
« Sur la tendre Abigail que ta froideur opprime.
 « Je viens d'immoler la victime
 « Et d'implorer la faveur de nos dieux.

 « Viens, que je sois ta bien-aimée.
« J'ai suspendu ma couche en souvenir de toi ;

« D'aloès je l'ai parfumée.
« Sur un riche tapis je recevrai mon roi ;
« Dans l'albâtre éclatant la lampe est allumée ;
« Un bain voluptueux est préparé pour moi.

« L'époux qu'on a choisi, mais qui n'a pas mon âme,
« Est parti ce matin pour ses plants d'oliviers :
  « Il veut écouler ses viviers ;
  « Sa vigne ensuite le réclame.
« Il a pris dans sa main son bâton de palmier,
« Et mis deux sicles d'or dans sa large ceinture ;
« Il ne reviendra point que de son orbe entier
  « L'astre des nuits n'ait rempli la mesure.

  « Tandis qu'en son champ il vendange,
  « Enivrons-nous de nos désirs.
« De tant de jours perdus qu'un jour heureux nous venge :
  « Il n'est de bon que les plaisirs. »

<small>DEUX AMALÉCITES.</small>

O filles d'Amalec ! si par un tel langage
 De nos tyrans nous embrasions les cœurs,
Nous verrions à nos pieds cette race sauvage,
Et les vaincus deviendraient les vainqueurs !

<small>LES MÊMES, AVEC UNE TROISIÈME AMALÉCITE.</small>

Arzane, lève-toi dans l'éclat de tes larmes !
  Triomphe par tes charmes !
Que l'amour sur ton front s'embellissant encor
Attaque des Hébreux les princes redoutables
Et livre tout Jacob à nos dieux formidables,

<small>LE CHŒUR.</small>

Baal, Moloch et Phogor !

<small>ARZANE.</small>

Nadab ne revient pas. Déjà la lune éclaire
Des rochers du Sina le sommet solitaire :
De la garde du camp on voit briller les feux.

(Au chœur.)

Retournez vers Jacob ; mêlez-vous à ses jeux ;
Pour subjuguer son cœur faites briller vos grâces.

(A Nébée.)

Et toi, du fils d'Aaron cherche et poursuis les traces :
J'attendrai ton retour auprès des pavillons
Où depuis si longtemps dans les pleurs nous veillons.

ACTE TROISIÈME.

SCÈNE PREMIÈRE.

MOISE, *seul*.

(Il fait nuit ; on voit à la clarté de la lune Moïse qui descend du mont Sinaï, portant les Tables de la loi. Il s'avance vers le bocage des palmiers, et dépose les Tables de la loi au tombeau de Joseph.)

Sur ces tableaux divins la main de l'Éternel
Grava toutes les lois du monde et d'Israël.
O toi qui déroulas tous les cieux comme un livre,
Qui détruis d'un regard et d'un souffle fais vivre
Qui traças au soleil sa course de géant,
Qui d'un mot fis sortir l'univers du néant !
Dis par quelle bonté, maître de la nature,
Tu daignais t'abaisser jusqu'à ta créature,
Et parler en secret à mon cœur raffermi
Comme un ami puissant cause avec son ami.
Depuis que je t'ai vu dans les feux du tonnerre,
Je ne puis attacher mes regards à la terre,
Et mon œil cherche encor, frappé de ta splendeur,
Dans ce beau firmament l'ombre de ta grandeur.
(Moïse s'assied sur une pierre auprès du tombeau de Joseph.)
Avant de me montrer à la foule empressée,
Je veux de nos tribus connaître la pensée ;
Josué, descendu par un chemin plus court,
Doit avoir à mon frère annoncé mon retour ;
Attendons, sous cette ombre au conseil favorable,
Du grand Melchisédech l'héritier véritable.
(Il regarde quelque temps le camp en silence.)
Qu'avec un doux transport je vois ce camp tranquille,
D'un peuple fugitif unique et noble asile !
Peuple que j'ai sauvé, que je porte en mon cœur,
De tous tes ennemis sois à jamais vainqueur !
Servant au monde entier de modèle et d'exemple,
Garde du Tout-Puissant la parole et le temple !
Séparé par ta loi, ton culte, tes déserts
Du reste corrompu de ce vaste univers,
O Jacob, sois en tout digne du droit d'aînesse !
Je veux, en dirigeant ta fougueuse jeunesse,
En profitant du feu de ton esprit hautain,
Te forger en un peuple et de fer et d'airain.
Ouvrage des mortels, et prompt à se dissoudre,
Les empires divers rentreront dans la poudre ;
Toi seul subsisteras parmi tous ces débris ;
Les ruines du temps t'offriront des abris ;

En te voyant toujours, les races étonnées
Iront se racontant tes longues destinées,
Et se montrant du doigt ce peuple paternel
Que Moïse marqua du sceau de l'Éternel !
Mais, Jacob, pour monter où le Seigneur t'appelle,
Il faut à ses desseins n'être jamais rebelle :
Sous le courroux du ciel tu pourrais succomber,
Et la foudre est sur toi toujours prête à tomber.
Prions pour ton salut tandis que tu sommeilles.
(Il se lève, et étend ses bras vers le ciel.)
Dieu de paix !...
(On entend des sons lointains de musique, et des bruits de danses.)
Mais quel son vient frapper mes oreilles?
Ce n'est point là le cri du belliqueux soldat
Qui chante Sabaoth en courant au combat :
Je reconnais l'accent d'une race coupable.
Quel noir pressentiment et me trouble et m'accable?
Aaron sous ces palmiers est bien lent à venir.
Fidèle Josué, qui te peut retenir?
Laissons à ce tombeau ces Tables tutélaires.
Marchons... Qui vient ici?

SCÈNE II.

NADAB, MOISE.

NADAB, *sans voir Moïse, qui reste appuyé sur le tombeau de Joseph.*
Ces lieux sont solitaires.
Elle est rentrée au camp... Oui, j'aurai trop tardé.
Le retour de Moïse est un bruit hasardé,
D'un Arabe menteur la nouvelle incertaine.
(Il avance au bord de la scène, et demeure quelque temps en silence.)
Que mon sein oppressé se soulève avec peine !
Que cet air est brûlant, pour achever son tour,
La nuit semble emprunter le char ardent du jour.
Image de mon cœur cette arène embrasée
Reçoit en vain du ciel la bénigne rosée.
(Autre silence.)
Ici de la beauté j'entendis les accents.
Sur sa trace de feu qu'on répande l'encens !
Qu'on l'adore !... Où m'emporte une imprudente ivresse
On n'a point jusqu'ici couronné ma tendresse :
Si j'étais le jouet de quelque illusion !
Connaissons notre sort.
(Il va pour rentrer au camp : en passant devant le bocage de palmiers il aperçoit Moïse.)
O sainte vision !
N'est-ce pas de Joseph l'ombre majestueuse ?
Viens-tu me consoler ? Que ta voix vertueuse
Des chagrins de mon cœur adoucisse le fiel,
Et donne-moi la paix que tu goûtes au ciel !

MOÏSE.

MOÏSE, *sans quitter le tombeau.*
Le ciel des passions n'entend point la prière.
NADAB.
Moïse !
MOÏSE, *descendant du tombeau.*
C'est lui-même.
NADAB.
En touchant la poussière,
Prophète du Seigneur, je m'incline à vos pieds,
Et baisse devant vous mes yeux humiliés.
MOÏSE.
De quel noir chagrin votre âme est agitée.
NADAB.
Le camp, qui déplorait votre mort racontée,
Voulait mettre en mes mains un dangereux pouvoir.
MOÏSE.
Eh bien ! qu'avez-vous fait ?
NADAB.
J'espérais vous revoir.
MOÏSE.
Et n'avez-vous, Nadab, rien de plus à m'apprendre ?
NADAB.
Sans doute ici bientôt les vieillards se vont rendre
(On entend la musique du camp.)
MOÏSE.
Vous me dites, Nadab, que les tribus en deuil,
Gémissent sur le sort de Moïse au cercueil ;
Et j'entends les concerts horribles ou frivoles,
Dont les fils de Baal fatiguent leurs idoles.
Qui produit ces clameurs ? qui peut y prendre part ?
NADAB.
Nos captives souvent, assises à l'écart,
Aiment à répéter les hymnes de leurs pères.
MOÏSE.
Des captives ici ? des femmes étrangères ?
Arzane n'a donc pas satisfait au Seigneur ?
Elle vit ; et peut-être, écoutant votre ardeur,
Elle reçoit ces vœux sortis d'une âme impure,
Dont le vent de la nuit m'apportait la souillure
Jusqu'au chaste tombeau du pudique Joseph ?
NADAB.
Des Hébreux triomphants le magnanime chef
Craindrait-il une femme esclave de nos armes,
Qui mange un pain amer détrempé de ses larmes ?
Sur le compte des grands je ne suis pas suspect :
Leurs malheurs seulement attirent mon respect.
Je hais le Pharaon que l'éclat environne ;
Mais s'il tombe, à l'instant j'honore sa couronne ;
Il devient à mes yeux roi par l'adversité.
Des pleurs je reconnais l'auguste autorité.

Courtisan du malheur, flatteur de l'infortune,
Tel est de mon esprit la pente peu commune :
Je m'attache au mortel que mon bras a perdu,
Et je voudrais sauver la race d'Esaü.

MOÏSE.

Vous, sauver d'Astarté la nation flétrie !
Regarder sans horreur l'infâme idolâtrie,
Quand j'apporte aux Hébreux les lois de Jéhovah !
Sur ce marbre sacré lui-même les grava ;
Lisez : l'astre des nuits vous prête sa lumière.

NADAB, *lisant.*

N'ADORE QU'UN SEUL DIEU.

MOÏSE.

    Telle est la loi première.
Et vous seul, immolant l'avenir d'Israël,
De cet unique Dieu renversez-vous l'autel ?
Jacob, trahirais-tu tes hautes destinées ?
Ne veux-tu point, courbé sous le poids des années,
T'avancer sur la terre, antique voyageur,
Pour apprendre aux humains le grand nom du Seigneur ?
Tu portes dans tes mains ce livre salutaire
Où je traçai de Dieu le sacré caractère :
Contrat original, titre où l'homme enchanté
Retrouvera ses droits à l'immortalité.
L'infidèle Jacob perdrait son rang suprême !
Mais entrons dans ce camp ; voyons tout par nous-même.

NADAB.

Arrêtez !

MOÏSE.

  Et pourquoi ?

NADAB.

     Pour soustraire au danger
Des jours qu'au prix des miens je voudrais protéger.

MOÏSE.

Vous !

NADAB.

  Je dois l'avouer...

MOÏSE.

    Eh bien !

NADAB.

      Dans votre absence
Le camp s'abandonnant à l'aveugle licence,
A rejeté vos lois.

MOÏSE.

   Par Jacob annoncé,
Dieu ne retranche point l'avenir menacé !

NADAB.

Écoutez un moment.

MOÏSE.

   Laisse-moi, téméraire !

J'ai prévu ta faiblesse, Aaron ! Malheureux frère
Qu'as-tu fait?
NADAB.
Permettez que je guide vos pas.
MOÏSE.
Non : j'affronterai seul tes coupables soldats;
Demeure, ou va plutôt (car j'entrevois ton crime),
Dans son bercail impur va chercher la victime
Dont le sang répandu peut encor tout sauver.
NADAB.
Ne vous obstinez pas, Moïse, à tout braver.
J'irai vous annoncer aux troupes alarmées.
MOÏSE.
Tu n'es plus le soldat du Seigneur des armées.
NADAB.
Vous repoussez mon bras?
MOÏSE.
Qu'ai-je besoin de toi?
L'ange exterminateur marchera devant moi.
(Moïse sort.)

SCÈNE III

NADAB, seul.

Moi, livrer aux bourreaux une femme éplorée!
Que plutôt par l'enfer mon âme dévorée...

SCÈNE IV.

NADAB, ARZANE.
ARZANE.

N'espérant plus, Nadab, votre prochain retour,
J'avais quitté ces lieux avec la fin du jour :
Vainement sur vos pas j'ai fait voler Nébée.
Dans mes pensers amers tristement absorbée,
J'ai mouillé quelque temps ma couche de mes pleurs :
La nuit, en accroissant mes nouvelles douleurs,
A redoublé ma crainte, et je suis revenue
Aux bords, où je le vois, vous m'avez attendue.
NADAB.
Arzane, de nos jours le sort est éclairci :
Avec moi, dans l'instant, Moïse était ici.
ARZANE.
Ici! quelle fureur sera bientôt la sienne!
NADAB.
Il menace déjà votre vie et la mienne.
ARZANE.
Eh bien! que ferez-vous?
NADAB.
Ce que j'avais promis.
Devenez mon épouse, et mes nombreux amis
Annonçant aux soldats la fertile Idumée,

Rangeront à vos pieds le conseil et l'armée.
Je ferai plus : il faut à la fille d'Édom
Un époux revêtu des pompes de Sidon.
Demain, pour égaler l'honneur de ma conquête,
L'huile sainte des rois coulera sur ma tête.
Donnez par votre amour une âme à mes projets,
Et j'abaisse Moïse au rang de mes sujets.

ARZANE.
(A part.) (Haut.)
Ciel! Le dessein est grand ! je le pense moi-même;
Il n'est pour nous, Nadab, d'abri qu'au rang suprême.
Mais mesurez la cime avant que d'y monter ;
Dans l'arène glissante où vous voulez lutter,
En songeant au succès prévoyez la défaite.
Pourrez-vous étouffer la voix d'un vieux prophète
Parlant au nom des cieux à des hommes tremblants,
Dans l'imposant éclat de ses longs cheveux blancs

NADAB.
Si vous m'aimez, alors tout me sera facile.

ARZANE.
Voulez-vous, d'un esprit aussi ferme qu'habile,
D'un pouvoir souverain créer les éléments?
De la foi d'Israël changer les fondements.
Si le peuple, poussé vers des dieux qu'il appelle,
Est plus que vous encore à Moïse rebelle,
Les Juifs craignant ce chef implacable et jaloux,
Pour se sauver de lui se donneront à vous.
Tout indique à vos yeux la route qu'il faut suivre :
Onze de vos tribus aujourd'hui veulent vivre
Sous le dieu d'Amalec : secondez leurs efforts ;
Dans cette arche nouvelle enfermez des ressorts ;
A des miracles feints opposez des miracles ;
Comme Moïse, ayez des prêtres, des oracles,
Et bientôt le soleil vous verra dans ces lieux
Le pontife et le roi d'un peuple glorieux.

NADAB.
Nadab, lâche apostat! Arzane en vain l'espère!
Vous-même chérissez les dieux de votre père :
Si je vous proposais aussi de les quitter?

ARZANE.
Quand auprès d'Astarté je voudrais m'acquitter
Des tendres et doux vœux que son culte réclame,
La faiblesse me sied : et que suis-je? une femme !
Mais un homme au-dessus des vulgaires mortels
Prend conseil de sa gloire et choisit ses autels.
Votre Dieu vous menace et sa loi vous condamne;
Vous ne pouvez régner que par le dieu d'Arzane.
Régnez sur elle; allez au premier feu du jour
Chercher votre couronne au temple de l'Amour ;

Et, tandis qu'Amalec frappera la victime,
Vous offrirez des fleurs : ce n'est pas un grand crime

NADAB.

O magique serpent! décevante beauté,
Par quels secrets tiens-tu tout mon cœur enchanté?
Es-tu fille d'enfer ou des esprits célestes?
Réponds-moi !

ARZANE.

Du malheur je suis les tristes restes.
Suppliante à vos pieds, sans trône et sans époux,
Je n'ai d'autre soutien ni d'autre espoir que vous.

NADAB.

C'en est fait : il le faut! A toi je m'abandonne!
Qu'importe le poison, quand ta main me le donne?
Mais en goûtant au fruit, présent de ton hymen,
Du moins entre avec moi sous les berceaux d'Éden,
Ève trop séduisante! au jardin des délices
Que nos félicités précèdent nos supplices !
Tu ne m'as point encore révélé tes secrets,
Et même en ce moment tes regards sont muets.
Un mot peut tout fixer dans mon âme incertaine.
Dis : ai-je mérité ton amour ou ta haine ?
Si tu l'aimes, Nadab est prêt à s'immoler.

ARZANE.

Que faire?

NADAB.

Explique-toi.

ARZANE.

Je ne saurais parler.

NADAB.

M'aimes-tu? m'aimes-tu, divine Amalécite?

ARZANE.

Ma voix s'éteint...

NADAB.

Promets à ce cœur qui palpite
Que demain à l'autel...

ARZANE.

A l'autel de mes dieux ?...

NADAB.

O douleur!

ARZANE, *à part*.

En formant un hymen odieux,
Du moins perdons Jacob.

NADAB, *à part*.

Dans ta juste colère,
Ne te souviens, Seigneur, que d'Abraham mon père.
(A Arzane.)
Achevons.

ARZANE.

Vous m'aimez ?

NADAB.

Ah ! cent fois plus que moi !

Puisqu'aux feux éternels je me livre pour toi !
ARZANE.
Vous dites que demain, au lever de l'aurore,
A l'autel de mes dieux...
NADAB.
Je n'ai rien dit encore.
ARZANE.
Je mourrai donc ?

SCÈNE V.

NÉBÉE, ARZANE, NADAB.

NÉBÉE, *accourant précipitamment.*

Fuyez ! le péril est pressant :
Tout prend autour de vous un aspect menaçant.
Je veillais près d'ici dans mon inquiétude,
Quand j'ai vu s'avancer vers cette solitude,
A pas lents et légers, Caleb avec Lévi.
De cent prêtres armés ce cruel est suivi ;
Leurs yeux sinistrement étincellent dans l'ombre ;
Ils se parlent tout bas d'une voix triste et sombre.
J'ai surpris quelques mots de leur noir entretien :
De vous donner la mort ils cherchent le moyen.

NADAB.

Contre vos jours, Arzane, un lévite conspire ?
Tout est fini ; demain je vous rends votre empire.
De Pharaon vaincu prenez le plus beau char ;
Des soldats éblouis enchantez le regard.
Je vous déclarerai mon épouse adorée ;
Du sceptre d'Esaü vous serez décorée.
D'Édom et de Jacob que les dieux fraternels
Soient enfin encensés sur les mêmes autels.

(Arzane et Nébée sortent par un côté du théâtre ; Nadab les suit de loin pour les protéger contre les lévites, qui entrent sur la scène du côté opposé : il s'arrête quand Arzane a disparu, et parle aux lévites du fond du théâtre.)

SCÈNE VI.

NADAB, CALEB, CHŒUR DE LEVITES.

NADAB.

Lévites ! je me ris de vos sourdes pratiques ;
Je brave vos poignards et crains peu vos cantiques.
Vous m'y forcez ; je vais aussi porter des coups :
Que le crime et la honte en retombent sur vous !

SCÈNE VII.

CALEB, CHŒUR DE LÉVITES.

UN LÉVITE.

Quel reproche insensé ! quelle voix ! Ce profane
Ne craint plus d'annoncer ses projets pour Arzane.

CALEB.

Josué m'avait dit que notre auguste chef
Devait attendre Aaron au tombeau de Joseph;
Je venais avec vous lui porter nos épées,
Au sang de l'ennemi plus d'une fois trempées :
Mais déjà dans le camp il aura pénétré.

LE MÊME LÉVITE.

Au négligent pasteur l'aigle enfin s'est montré.

CALEB.

Adultère Israël, dans ton brutal caprice,
Tu désertes d'Abel l'innocent sacrifice,
Et, cessant d'immoler la colombe et l'agneau,
Du meurtrier Caïn tu rejoins le troupeau!
Vous, par qui l'Esprit saint s'explique et prophétise,
Prêtres sacrés, avant d'aller trouver Moïse,
Que l'ange du Seigneur, dans ce ciel de saphirs,
Porte jusqu'au Très-Haut nos chants et nos soupirs.
La lune est au milieu de sa belle carrière,
Et c'est l'heure où des nuits nous offrons la prière.

CALEB.
PRIÈRE.

Dieu, dont la majesté m'accable,
Pure essence, divine ardeur,
Qui peut comprendre la grandeur
De ton nom incommunicable?

Je me retire à ta lumière,
Au tabernacle de ta loi :
Des nuits où nous veillons pour toi,
C'est peut-être ici la dernière.

Si nous tombons dans les tempêtes
Qu'excitent de noirs assaillants,
Nous dormirons près des vaillants,
Un glaive placé sous nos têtes.

Mais que plutôt par toi nos bras soient affermis,
Et de tes saints dissipe les alarmes;
Par la bride et le mors dompte tes ennemis!

LES LÉVITES, *tirant leurs épées qu'ils élèvent vers le ciel en fléchissant le genou.*

Bénis nos armes!

CHŒUR DE LÉVITES.
CHANT NOCTURNE.

Les cieux racontent la gloire
Du souverain Créateur;
La nuit garde la mémoire
Du sublime Ordonnateur
Qui fit camper sous ses voiles

Cette milice d'étoiles
Dont les bataillons divers,
Dans leur course mesurée,
Traversent de l'empirée
Les magnifiques déserts.

UN LÉVITE.

Le soleil, élevant sa tête radieuse,
Ferme de ce grand chœur la marche harmonieuse;
Ainsi, de l'autel d'or franchissant le degré,
Un pontife éclatant et consomme et termine
Une pompe divine
Dans un temple superbe au Seigneur consacré.

LE PLUS JEUNE DES LÉVITES.

Image de la mort du juste,
Douce nuit, où du ciel éclate la beauté,
Se peut-il que l'impie en son iniquité,
Profane ton silence auguste?

(On entend la musique du camp.)

UN LÉVITE.

Ah! quels horribles sons s'échappent de ce lieu!
Oh! de l'enfer détestable puissance!
Dans ce camp perverti c'est Baal qu'on encense;
Ici nous prions le vrai Dieu!

(Moment de silence, pendant lequel on entend une seconde fois la musique du camp.)

UN AUTRE LÉVITE.

Méchants, votre hymne criminelle
De la nuit des enfers ranime tous les feux:
Vous invoquez Satan; qu'il exauce vos vœux!
Tombez dans la nuit éternelle!

(Nouveau silence et musique du camp.)

UN TROISIÈME LÉVITE.

Ah! retournez plutôt à vos devoirs,
Esclaves malheureux des femmes étrangères!

LE PLUS JEUNE DES LÉVITES.

Prions pour eux, ce sont nos frères;
Ils ont bu comme nous le vin de nos pressoirs,
Et sucé le lait de nos mères!

PRIÈRE GÉNÉRALE, *prononcée par Caleb.*

N'écoute point dans ta colère,
O Dieu! le cri de ces infortunés:
Prends pitié de leurs nouveau-nés;
Donne la paix à leur misère.

Que le bruit des astres roulants
Te rende sourd aux clameurs de l'impie,
Et n'entends que la voix qui prie
Pour le péché de tes enfants.

La fraîche et brillante rosée,
Au bord des flots les tamarins en fleur,
Le vent, qui perdant sa chaleur,
Glisse sur la mer apaisée.

Tout rit : du firmament serein
S'ouvre à nos yeux le superbe portique :
O Dieu! sois doux et pacifique
Comme l'ouvrage de ta main!

ACTE QUATRIÈME.

SCÈNE PREMIÈRE.

MOISE, AARON, DATHAN, VIEILLARDS ET CHEFS D'ISRAEL.

MOÏSE.
Terre, frémis d'horreur! Pleurez, portes du ciel!
Sur la fleur de Juda l'enfer vomit son fiel.
La maison de Jacob, par Nadab corrompue,
Aux princes des démons ici se prostitue ;
Et déjà, consultant les devins et les sorts,
Rugit devant ses dieux comme au festin des morts.

AARON.
Moïse, ma douleur à la vôtre est égale.
Sitôt que Josué, dans cette nuit fatale,
Est venu m'annoncer votre étonnant retour,
J'ai rassemblé ces chefs, et par un long détour,
Choisissant avec eux les routes les plus sombres,
Je vous ai rencontré seul, errant dans les ombres.
Daignez me pardonner, si malgré mes efforts,
J'ose vous ramener à ces tranquilles bords.
Le conseil des vieillards comme moi vous conjure
D'éviter d'Amalec la faction impure.
Vos jours sont menacés; à des hommes ingrats
La nuit qui règne encore a dérobé vos pas :
Que de périls divers pour mon fils et mon frère!

MOÏSE.
Ne pleurez pas sur moi; pleurez d'un cœur sincèr
Sur ce peuple infecté du poison de l'erreur,
Et que Dieu va punir dans toute sa fureur.
Profitez, ô vieillards, du moment qui vous reste,
Et détournez Nadab de son projet funeste.

UN VIEILLARD.
Hélas! nous voudrions secourir Israël,
Mais Dieu même a rompu son pacte solennel.

MOÏSE.
Peuple de peu de foi ! vous doutez des oracles !
Vos yeux ont oublié l'éclat de cent miracles !
Dieu vous semble impuissant dans vos dégoûts amers,
Et du haut de ce roc on aperçoit les mers
Naguère sous vos pas par Moïse entr'ouvertes !
Et de la manne encor vos tentes sont couvertes !
Seigneur, ils ont osé murmurer contre toi,
Te trahir à l'instant où j'apportais la loi
Qui promet à Jacob une terre féconde,
Le sceptre à ses enfants, et le Sauveur au monde !

AARON.
Béni soit l'Éternel, qui ne trompe jamais !

DATHAN.
Et pourquoi donc ce Dieu, si prodigue en bienfaits,
Égare-t-il nos pas au désert où nous sommes ?

MOÏSE.
Pour t'enseigner les maux et les vertus des hommes ;
Pour former aux combats nos faibles légions
Dans le mâle berceau de l'aigle et des lions.
Toi, qui jusqu'au Très-Haut veux porter ton délire,
T'assieds-tu près de lui dans le céleste empire ?
Vis-tu le Créateur, dans les premiers moments,
De ce vaste univers creuser les fondements,
Des vents et des saisons mesurer la richesse,
Et jusque sous les flots promener sa sagesse ?
Des portes de l'abîme as-tu posé le seuil ?
As-tu dit à la mer : « Brise ici ton orgueil ? »
Misérable Dathan ! quoi ! vermisseau superbe,
Tu veux comprendre Dieu quand tu rampes sous l'herbe !
Admire et soumets-toi : le néant révolté
Peut-il dans ses desseins juger l'éternité ?

UN CHEF.
J'entends des pas, vers nous quelqu'un se précipite.

AARON.
Qui s'avance ? Est-ce toi, mon fils ?

UN VIEILLARD.
       C'est un lévite.

SCÈNE II.

LES PRÉCÉDENTS, UN LÉVITE.

LE LÉVITE.
Interprète du ciel, confident d'Éloé,
Moïse, je vous cherche : au nom de Josué,
Du progrès de nos maux j'accours pour vous instruire.
L'ouvrage de vos mains est prêt à se détruire ;
Le camp vous a proscrit ; et ces chefs assemblés,
S'ils reviennent à vous, seront tous immolés.

Marie, avec Caleb, retirés vers l'oracle,
S'efforcent de sauver le sacré tabernacle.
Ici même l'aurore et le nouveau soleil
Des noces de Nadab mèneront l'appareil :
Une idole y sera brillante et parfumée,
Et soudain les tribus marchent vers l'Idumée.
Déjà l'on a donné le signal du départ;
On abaisse la tente, on lève l'étendard
Et le lâche Israël, que corrompent des traîtres,
Va fuir en reniant le Dieu de ses ancêtres.

LES VIEILLARDS, *à Moïse immobile qui commence à sentir l'inspiration.*

O Moïse !

AARON.

Il redit l'oracle du saint lieu,
Et pour l'homme attentif il est l'écho de Dieu !

LES VIEILLARDS.

Écoutons !

MOÏSE, *inspiré.*

Anathème à ta race volage,
Jacob, si par tes mains tu te fais une image !
Que maudit soit ton champ, ton pavillon, ton lit,
Et que sur Gelboé ton figuier soit maudit !
Tombant dans l'avenir d'abîmes en abîmes,
De malheurs en malheurs et de crimes en crimes,
Un jour on te verra couronner tes forfaits
En égorgeant l'Agneau descendu pour la paix.
Alors, peuple proscrit, dispersé sur la terre,
Tu traîneras partout ta honte et ta misère;
Tu viendras, pauvre et nu, enfant déshérité,
Pleurer sur les débris de ta triste cité,
Dans ces débris épars trouver pour ton supplice
D'un Dieu ressuscité la tombe accusatrice,
Et mourir de douleur près du seul monument
Qui n'aura rien à rendre au jour du jugement.

LES VIEILLARDS.

Ciel !

AARON.

Arrachons Nadab à son indigne flamme.
Je l'ai fait appeler pour attendrir son âme;
Sans doute il va venir, il m'obéit encor.
(A Moïse.)
Prêtez-moi de vos vœux le fraternel accord;
Brisez de Jéhovah la flèche dévorante;
Éteignez le courroux dans sa droite fumante.
Vous avez comme moi de chers et doux liens :
Pensez à vos enfants, vous prierez pour les miens.

MOÏSE.

Il reste au Tout-Puissant une tribu fidèle :
Je vais m'y réunir; je marche où Dieu m'appelle.

AARON.
Prophète, que Nadab ne soit pas condamné !
Si mon fils est coupable, il est infortuné.
MOÏSE.
Vous allez voir Nadab; eh bien ! qu'il se repente,
Que du chemin du crime il remonte la pente !
Ce qu'il dénie au ciel, tâchez de l'obtenir ;
J'attendrai vos succès pour régler l'avenir :
Adieu. Lévites saints, je vous porte ces Tables,
Que souilleraient ici des hommes détestables.

(Il prend les Tables de la loi au tombeau de Joseph, et s'éloigne suivi du lévite.)

DATHAN, *aux vieillards*.
Et nous, sans redouter sa menace et ses cris,
De l'union d'Arzane acceptons le haut prix.

(Il sort avec les chefs et les vieillards.)

SCÈNE III.

AARON, *seul*.

Tout fuit ! Moment affreux ! la céleste colère
Me laisse seul chargé du destin de la terre.
Pourrai-je triompher d'un amour criminel ?
Sauverai-je mon fils en sauvant Israël ?
O Père des humains, inspire ma tendresse !

SCÈNE IV.

AARON, NADAB.

NADAB, *parlant à des soldats qu'on ne voit pas*.
Fidèles compagnons que mon sort intéresse,
Je ne crains plus ici les prêtres conjurés ;
N'allez pas plus avant. Vous, Ruben, demeurez.
AARON.
Approche, infortuné; dans le sein de ton père
Viens confesser ta faute et cacher ta misère.
NADAB.
Ciel, qui savez mes maux, fortifiez mon cœur !
(A Aaron.)
Vous me désirez voir ?
AARON.
Ferais-tu mon malheur,
Toi dont j'ai soutenu la paisible jeunesse ?
Instruisant ton berceau, protégeant ta faiblesse,
C'est moi qui le premier t'appris le divin nom
Du Dieu que tu trahis pour la fille d'Édom.
Non, mon fils bien-aimé n'est point inexorable ;
Il m'entendra.
NADAB.
Aaron, votre bonté m'accable.

Craignez mon désespoir; ne me condamnez pas
De conduire aujourd'hui mon Arzane au trépas.
AARON.
Tu peux aimer encor cette femme étrangère?
NADAB.
Comme en ses jeunes ans vous aimâtes ma mère.
Me condamnerez-vous?
AARON.
              Je te plains seulement;
Je te viens consoler dans ton égarement.
Quel mortel ne fut point éprouvé dans sa vie?
Chaque jour à nos cœurs une joie est ravie :
J'ai vu mourir ta mère, et, plein de mes regrets,
Du Seigneur en pleurant j'adore les décrets.
Sache donc, s'il le faut, pour t'épargner un crime,
Souffrir que le ciel rompe un nœud illégitime.
NADAB.
Ma parole est liée.
AARON.
              Aurais-tu donc promis
D'abandonner ton Dieu, Moïse et tes amis?
NADAB.
J'ai promis de sauver celle qu'on a proscrite
AARON.
Ainsi ton cœur se tait quand je le sollicite.
NADAB.
Ne cherchez plus le fils sorti de votre sang.
Un noir feu me consume et s'attache à mon flanc;
J'offre de tous les maux l'assemblage bizarre;
Je pleure, je souris, et ma raison s'égare;
Je touche également aux vertus, aux forfaits;
Des sépulcres, la nuit, je viole la paix;
Altéré de combats, quelquefois j'en frissonne...
J'irais du Roi des rois attaquer la couronne!
Puis, reprenant soudain des sentiments plus doux,
Je songe à votre peine, et je gémis sur vous.
Longtemps dans ce chaos je tourne, je me lasse.
Enfin, quand mon délire et s'apaise et s'efface,
Dans mon cœur, éclairé d'un tendre et nouveau jour,
Je ne retrouve plus que mon funeste amour.
AARON.
Formidable peinture! étrange frénésie!
Serais-tu donc, Nadab, la victime choisie?
Reviens, prodigue enfant, à tes champs nourriciers.
Si le ciel te frappait, parjure à tes foyers,
Sur ma tête plutôt que ton péché retombe!
Moi, marqué pour la mort, je creuserais la tombe
De cet enfant chéri dont les saintes douleurs
A mon dernier linceul réservaient quelques pleurs :

Jeune guerrier, ma main desséchée et débile
Viendrait t'ensevelir dans ce sable stérile !
Mes os, à ce penser, ont tressailli d'effroi.
Dieu d'Abraham, Dieu fort, Dieu bon, épargne-moi !
Ne me demande pas, souveraine Justice,
Même pour m'éprouver, un cruel sacrifice ;
Je me dirais toujours, tremblant et peu soumis,
« Si l'ange va tarder, que deviendra mon fils ? »
Je n'ai point, j'en conviens, la fermeté d'un père ;
J'ai plutôt la faiblesse et le cœur d'une mère.
Rachel pleura ses fils au tombeau descendus ;
Rien ne la consola, parce qu'ils n'étaient plus.

NADAB.

Père compatissant !

AARON.

     Enfant de ma tendresse,
N'es-tu pas le soleil qui charme ma vieillesse,
La lumière du jour, le doux rayon des cieux
Qui réchauffe mon cœur, qui réjouit mes yeux ?
Si Nadab à ton joug, Seigneur, est indocile,
Tout homme est ton ouvrage, et tout homme est fragile :
Dans ta miséricorde attends le criminel.
O Dieu ! sois patient ! n'es-tu pas éternel ?

NADAB.

Malheur à moi ! d'Aaron je vois couler les larmes !
Il faut de l'étrangère oublier tous les charmes.
Mon père, entre tes bras recueille ton enfant :
Sur ton paisible sein presse mon sein brûlant ;
Que j'y trouve un asile, et que dans la tempête
Tes bénédictions reposent sur ma tête !

AARON.

Honneur de mes vieux ans, couronne de mes jours,
Donne à ton repentir un large et libre cours ;
Laisse à ton père Aaron achever la victoire.
Nadab, tu t'attendris ; tes pleurs feront ma gloire.
Prie avec moi le Dieu que tu voulais quitter.

 (Il prie.)

« Dieu clément, contre nous cesse de t'irriter,
« Reçois dans ton bercail la brebis égarée,
« Par des loups ravissants à moitié déchirée. »
As-tu prié, mon fils ? es-tu calmé ? sens-tu
Cette tranquillité que nous rend la vertu ?
Moïse nous attend prosterné sur la pierre :
Viens avec le prophète achever ta prière ;
Gravissons du Sina le roc silencieux,
Et pour trouver la paix rapprochons-nous des cieux.

 (Il entraîne Nadab, et tout à coup il aperçoit Arzane.)

Quel fantôme envieux épouvante ma vue !

SCÈNE V.

AARON, NADAB, ARZANE.

ARZANE, à Nadab.

Ma présence est ici sans doute inattendue;
Mais pardonnez, Nadab, si la fille des rois
Demande à vous parler pour la dernière fois.
On dit que dans ces lieux, écoutant votre père,
Recevant ses conseils, cédant à sa colère,
Vous allez par ma mort noblement consentir
Au pardon qu'on promet à votre repentir.
Voilà ce que Dathan s'est hâté de m'apprendre.
A des reproches vains je ne sais point descendre
Je dédaigne la vie, et je viens seulement
Entendre mon arrêt, subir mon jugement.

NADAB.

Arzane!

AARON.

Quelle femme insolente et rebelle
Ose mêler sa voix à la voix paternelle?
Du sang et du devoir respecte le lien,
Mon fils.

ARZANE.

Nadab, aussi ne me devez-vous rien?
Moi, des rois d'Amalec et la veuve et la fille,
Je vous livrais mes dieux, mon peuple et ma famille.
Fallait-il, puisqu'enfin vous vouliez m'immoler,
Par des aveux trompeurs chercher à me troubler,
A ternir sur mon front l'éclat du diadème?

NADAB.

Soupçonner mon amour! j'en appelle à vous-même :
Que diriez-vous, Arzane, en cet affreux moment,
Si je vous accusais de me tromper?

ARZANE, surprise et troublée.

Comment!
Qui? moi?

AARON, à Nadab.

N'en doute pas, c'est le ciel qui t'inspire.
A perdre les Hébreux cette étrangère aspire,
Sans partager ta flamme. Altier, dur et moqueur,
Son regard a trahi le secret de son cœur.
Elle te hait, Nadab, comme elle hait ta race.
Aussitôt qu'à tes yeux elle aura trouvé grâce,
Tu la verras, quittant un langage suspect,
Redevenir pour toi la veuve d'Amalec.
Tes fils, dignes enfants de cette digne mère,
Sortiront de son sein en maudissant leur père;
Et peut-être, effaçant le crime de Caïn,
Ils lèveront sur toi leur parricide main.

ARZANE, *à part.*
Ne laissons pas la haine altérer mon visage.
(Haut.)
Le ciel lit mieux au fond de ce cœur qu'on outrage.
NADAB.
Aaron aurait-il dit la triste vérité?
ARZANE.
Que son reproche, hélas! n'était-il mérité!
Je m'égare...
NADAB.
Achevez!
ARZANE.
Un dieu qui m'humilie
Me force à révéler ma honte et ma folie.
Cruel, quand, sans remords, tu manques à ta foi...
AARON, *l'interrompant.*
Nadab, crains des aveux qui ne trompent que toi.
ARZANE.
Jusqu'au fond du tombeau bénissant ta mémoire...
AARON, *l'interrompant.*
Regarde-la, mon fils, pour cesser de la croire.
ARZANE.
Je ne regretterai, dans le sombre séjour,
Que de ne pouvoir plus t'exprimer mon amour.
NADAB.
Aveux délicieux! douce et divine flamme,
Qui pénètre et descend dans le fond de mon âme!
Qu'est-ce que l'univers au prix d'un tel bonheur?
Et qu'importent Moïse et toute sa grandeur,
Et les desseins du ciel et le sort de la terre?
Nadab, sûr d'être aimé, redevient téméraire.
AARON.
Quel blasphème est sorti de ta bouche, ô Nadab!
(Arzane s'incline aux pieds d'Aaron; Aaron le repousse.)
Fuis, exécrable enfant de Loth et de Moab,
Et reçois, pour présent de l'hymen qui s'apprête,
La malédiction dont je frappe ta tête.
(Arzane se relève.)
NADAB, *égaré tout le reste de la scène.*
(Arzane le prend par la main.)
Femme, as-tu disparu! Ta main brûle ma main.
ARZANE.
Des tentes d'Israël c'est ici le chemin.
AARON.
N'engage pas mon fils dans le sentier du crime.
NADAB.
Arzane, suis mes pas... Évite cet abîme.
J'entends gronder la foudre, et la terre a tremblé.
AARON.
Malheureux, par l'enfer ton esprit est troublé.

NADAB.
Silence!... c'est sa voix ; c'est la voix de Moïse.
AARON.
Il te montre la terre à tes aïeux promise.
NADAB.
Il fait rouler du Nil les flots ensanglantés ;
L'ange pâle des morts se tient à ses côtés ;
Le feu du ciel descend sur ma tête profane.
AARON.
Demeure avec Aaron.
NADAB.
Il a maudit Arzane !
AARON.
Il bénira Nadab.
NADAB.
Rejeté loin du port,
D'Arzane désormais je partage le sort.
AARON.
Ne revendique point l'anathème d'un père.
J'anéantis l'arrêt lancé dans ma colère,
S'il atteint jusqu'à toi.
NADAB.
Vous ne le pouvez plus :
Par le Dieu paternel vos vœux sont entendus.
Astarté, qu'à tes chants notre union s'achève :
Marchons ; l'autel est prêt et l'aurore se lève.
AARON.
Arrête !
NADAB.
Il est trop tard.
AARON.
Viens.
NADAB.
Je suis entraîné.
AARON.
Dieu te pardonnera.
NADAB.
Vous m'avez condamné.
AARON, *à Marie, qui s'avance à la tête des chœurs.*
Ma sœur, secourez-moi ! Priez tous ! Au prophète,
Pour racheter mon fils, je vais offrir ma tête.

SCÈNE VI.

MARIE, CALEB ; CHŒUR DE LÉVITES, CHŒUR DE JEUNES FILLES ISRAÉLITES.

(Le jour commence à paraître ; les lévites, ceints de leurs épées, tiennent dans la main droite un bâton blanc, et dans la gauche, une trompette. Quatre lévites portent le tabernacle qu'ils ont enlevé du camp. Les jeunes filles israélites portent des harpes et des tambourins.)

CALEB.
Moïse nous ordonne, au matin renaissant,
D'aller le retrouver près du puits d'Élissant,

Tandis qu'à nos autels les vierges retirées
Rediront au Seigneur les plaintes consacrées.
Partons. Que de l'enfer soit confondu l'orgueil !

MARIE.

Mais de Joseph ici laissons-nous le cercueil?
Verra-t-il des faux dieux les infâmes emblèmes ?
Non : les morts ont horreur de ces dieux morts eux-mêmes.
Dérobons ce cercueil, et courons le cacher
Auprès du tabernacle, à l'abri d'un rocher :
C'est Jacob tout entier qui fuit l'idolâtrie :
Les enfants, les tombeaux, font toute la patrie.

(Caleb à la tête des lévites, Marie à la tête des jeunes filles israélites, gravissent le Sina. Six lévites enlèvent le cercueil de Joseph ; quatre autres lévites portent le tabernacle. L'aurore paraît ; les lévites sonnent de temps en temps de la trompette ; les deux chœurs se groupent diversement sur les rochers, et chantent ou déclament, en marchant, ce qui suit :)

CHŒUR DES LÉVITES.

Emportons les os de nos pères ;
De nos trésors c'est le plus beau.
Joseph vivant fut trahi par ses frères,
Ne trahissons point son tombeau.

CHŒUR DE JEUNES FILLES ISRAÉLITES.

Nous gardons la douceur de nos foyers antiques
Dans les champs de l'exil et sous de nouveaux cieux ;
En conservant nos autels domestiques
Et les cendres de nos aïeux.

DEUX LÉVITES.

Quel pouvoir est le sien ! que d'œuvres redoutables
Moïse, aimé du ciel, accomplit à la fois !

DEUX JEUNES FILLES.

Il commande : la mer aux vagues indomptables,
Comme un enfant docile, exécute ses lois.

CALEB.

Que notre bouche répète,
Au fracas des tambours, au son de la trompette,
L'hymne qu'au bord des flots chantait en son honneur
Marie, instruite du Seigneur.

CHŒUR GÉNÉRAL.

Dieu protége et défend l'innocent qu'on opprime :
Du cruel Pharaon pour sauver la victime,
Il a paru comme un guerrier,
Et précipité dans l'abîme
Le cheval et le cavalier.

UN ISRAËLITE.

Mezraïm disait dans sa rage :
« Frappons les Hébreux fugitifs .
« La mer ne leur ouvre un passage
« Que pour nous livrer nos captifs.
« Qu'Israël au joug indocile,
« De nos murs pétrissant l'argile,

« Accomplisse ses vils destins,
« Et que la Juive la plus fière
« S'épuise à broyer sur la pierre
« Le pur froment de nos festins. »
UN LÉVITE.
Le Seigneur entendit ces clameurs insolentes,
Et, se levant soudain,
Sur la mer, partagée en deux voûtes roulantes,
Il étendit sa main.
UN AUTRE LÉVITE.
De la mer aussitôt les ondes suspendues
Cèdent au bras puissant,
Et sur les Égyptiens les vagues épandues
Tombent en mugissant.
CHŒUR GÉNÉRAL.
Oh ! quel spectacle !
Les chars, les javelots,
Engloutis au sein des flots,
Les hurlements et les sanglots,
La noire mort croissant dans ce chaos,
Du vengeur d'Israël attestent le miracle.
CHŒUR DE JEUNES ISRAÉLITES.
Oh ! des méchants inutiles complots !
CHŒUR DES LÉVITES.
Oh ! quel spectacle !
UN LÉVITE.
Des ossements muets les arides monceaux
S'entassèrent au bord où tant de voix gémirent.
UNE ISRAÉLITE.
Les princes de Tanis aux enfers descendirent
Comme une pierre au fond des eaux.
CHŒUR GÉNÉRAL.
Dieu protége et défend l'innocent qu'on opprime :
Du cruel Pharaon pour sauver la victime,
Il a paru comme un guerrier,
Et précipité dans l'abîme
Le cheval et le cavalier.
MARIE.
Du favori de Dieu vive l'antique gloire,
Qui présage à nos cœurs sa nouvelle victoire !
Que du lâche Ephraïm nos concerts méritants
Attirent les regards sur ces sommets distants ;
Qu'il voie avec remords nos cohortes fidèles
Couronnant du Sina les roches éternelles ;
Abraham et Jacob penchés du haut des cieux ;
Les anges se mêlant à nos hymnes pieux ;
Et Moïse à l'écart, prosterné sur la poudre,
Suppliant le Seigneur et retenant la foudre.

(Les chœurs disparaissent peu à peu derrière les rochers.)

ACTE CINQUIÈME.

SCÈNE PREMIÈRE.
NADAB, DATHAN.
(Dans cet acte, Nadab est revêtu d'armes brillantes, et porte le manteau royal.)

DATHAN.
Votre absence, Nadab, va surprendre l'armée ;
Elle en paraît déjà justement alarmée :
Objet de tant de vœux, vous les devez combler.

NADAB.
N'est-ce donc pas ici qu'on se doit rassembler ?

DATHAN.
Sans doute ; mais du camp, que votre absence trompe,
Il ne vous convient pas de devancer la pompe.
Montrez-vous radieux aux soldats satisfaits.

NADAB.
Sais-je ce que je veux ? sais-je ce que je fais ?
A ces bords où mes pas et mes destins s'enchaînent,
L'amour et le remords tour à tour me ramènent.

DATHAN.
Cachez du moins le trouble où flotte votre esprit.

NADAB.
Que plutôt sur mon front ce trouble soit écrit !

DATHAN.
Les conseils éternels ont rejeté Moïse ;
Et c'est vous à présent que le ciel favorise.

NADAB.
Pure religion, dont je souille l'autel,
J'entends en ce moment ton soupir maternel.
Combien j'étais heureux quand tes chastes entraves
Au pied d'un Dieu jaloux tenaient mes sens esclaves ;
Quand un simple bandeau, déroulé par ta main,
Sous un lin virginal cachait mon front serein !
Dathan, j'ai tout perdu par ma coupable audace ;
J'ai trahi le passé, l'avenir et ma race.
Oh ! que le premier crime est pesant sur le cœur !

DATHAN.
Calmez l'emportement d'une injuste douleur :
Aux rives de Séir tout vous sera prospère.

NADAB.
Je ne chanterai point dans la terre étrangère.

DATHAN.
Sous le manteau des rois le chagrin est léger.

NADAB.
Que ne suis-je vêtu du sayon du berger !

Et que n'ai-je, innocent au jour de la tempête,
Une pierre au désert pour reposer ma tête!
DATHAN.
Venez: pour votre hymen tout s'apprête en ce lieu.
NADAB.
Il ne manque à l'autel que mon père et mon Dieu.
DATHAN.
Éloignez ces ennuis : voilà, plein d'espérance,
Au-devant de vos pas le peuple qui s'avance.
NADAB.
Quel charme! quel éclat! Fuyez, tristes remords!
L'aspect de la beauté me rend tous mes transports.

SCÈNE II.

NADAB, ARZANE, NÉBÉE, DATHAN ; CHŒUR DE JEUNES FILLES
AMALÉCITES, SOLDATS, PEUPLE, ETC.

(Arzane paraît traînée sur un char; onze drapeaux annoncent les onze tribus présentes au sacrifice. Les jeunes Amalécites déposent au milieu du théâtre un autel sur lequel on voit une idole : elles placent devant cet autel un trépied allumé ; quelques-unes tiennent les corbeilles des offrandes. Dathan porte le flambeau nuptial, et Nébée, le vase à l'encens.)

NADAB, à *Arzane*.

**Arzane, qu'au bonheur l'heureux Nadab invite,
Sous le sceptre d'Édom rangez l'Israélite.**
(Aux soldats.)
Soldats, que votre sort à mon sort doit unir,
N'accusez plus vos chefs : tous vos maux vont finir.
Vous avez demandé des dieux dont la puissance
Vous guidât à des lieux de paix et d'abondance,
Où vous puissiez fixer, à l'abri des tyrans,
Vos tombeaux voyageurs et vos berceaux errants :
Ces biens, qu'en soupirant vous espériez à peine,
Vous sont tous accordés par une grande reine.
Née aux monts de Séir, du sang de nos aïeux,
Elle va réunir notre race et nos dieux.
UN DES CHEFS DES SOLDATS.
Qu'Arzane et que Nadab règnent pour nos délices,
Et conduisent nos pas sous des cieux plus propices!
UN DES PRINCES DU PEUPLE.
Sauvez-nous du désert; nous vous en prions tous,
Et faites-nous des dieux qui marchent devant nous.
NADAB, à *Dathan*.
Cher Dathan, préparez la pompe nuptiale.
ARZANE, à *part*.
Je règne, et meurs.
NADAB, à *part*.
D'où sort cette nuit infernale?
(Dathan allume le flambeau nuptial; les Amalécites déposent les offrandes au pied de l'idole; le peuple les imite. Nébée présente l'encens à Arzane.

Arzane prend l'encens des mains de Nébée, l'élève au-dessus du trépied devant l'idole, et dit :)

ARZANE.

Puissant Dieu d'Amalec, dont Jacob aujourd'hui
Reconnaît la grandeur et recherche l'appui,
Ouvre tes bras d'airain, ta poitrine enflammée,
Pour verser sur Jacob la faveur réclamée.
O Moloch ! sois propice à tes nouveaux sujets :
Les mères d'Israël payeront tes bienfaits.

(Elle répand l'encens sur le trépied, et passe l'urne à Nadab.)

NADAB.

Nadab sacrifier au dragon de l'abîme !

DATHAN.

Le temps fuit.

NADAB.

Puisse-t-il toujours manquer au crime !

DATHAN.

Tous les yeux sont sur vous.

NADAB.

Sinaï ! Sinaï !

ARZANE.

Répandez donc l'encens.

NADAB.

Jacob, je t'ai trahi !

ARZANE.

Achevez.

NADAB.

Je ne puis.

ARZANE.

Qu'attendez-vous ?

NADAB.

Mon père.

ARZANE.

Couronne mon amour.

NADAB.

Et s'il me trompe

ARZANE.

Espère.

NADAB.

Pense au ciel qui me voit !

ARZANE.

Songe à tes derniers vœux !

NADAB.

Consommons le forfait !

MOÏSE, *du haut du Sinaï, où il apparaît tenant les Tables de la loi.*

Arrête, malheureux !

(L'urne à l'encens tombe des mains de Nadab : il se fait un moment de silence.)

SCÈNE III.

MOISE, NADAB, ARZANE, DATHAN, NÉBÈE ; SOLDATS, PEUPLE, ETC.

ARZANE.

Jacob ! je reconnais ton malfaisant génie.

MOÏSE, *toujours sur les rochers.*

De mon front sillonné dernière ignominie !
Veillé-je, ou n'est-ce pas l'idolâtre Israël
Qui d'un monstre du Nil environne l'autel ?
O Tables de la loi, du ciel présent insigne,
De vos commandements ce peuple n'est plus digne !
Tombez, et brisez-vous !

(Il brise les Tables de la loi, descend des rochers, et marche à l'autel.)

Disparais à mes yeux,
Disparais à jamais, simulacre odieux.

(Il renverse l'autel et l'idole.)

Vous qu'un ange toujours protége de son aile,
Lévites, accourez : Moïse vous appelle.
Et toi, noble Marie, amène dans ce lieu
Ton faible bataillon, si puissant devant Dieu.

(Les lévites et les jeunes Israélites entrant de tous côtés sur la scène, se rangent autour de Moïse.)

NADAB, *tirant son épée.*

Soldats ! livrerez-vous mon épouse à ces traîtres ?
Défendez votre roi contre la main des prêtres.

MOÏSE.

Que tout fidèle Hébreu, par son zèle emporté,
D'un repentir soudain passe de mon côté.

(Le peuple fait un mouvement.)

NADAB.

Infâmes déserteurs !

MOÏSE.

N'écoutez point l'impie,
Et qu'à la voix des saints Israël se rallie !

(Le peuple et les soldats passent du côté de Moïse.)

NADAB, *à Arzane.*

Je te défendrai seul, objet cher et cruel,
Contre ce peuple entier, Moïse et l'Éternel.

MOÏSE.

Vengeurs du sanctuaire, entourez la victime,
Et désarmez le bras qu'avait armé le crime.

(Des lévites environnent Arzane et désarment Nadab, d'autres emmènent Dathan.)

ARZANE.

Cessez, vils meurtriers ; je saurai bien sans vous
Mourir comme une reine. Oui, je vous brave tous.
Heureuse, en expirant j'ai vengé ma patrie ;
C'est par moi que Jacob connaît l'idolâtrie.
Retourne si tu veux, ô peuple renié,
A ton Dieu dévorant, à ton Dieu sans pitié.

Je te livre à l'arrêt qui déjà te condamne.
Et ton sang va couler après celui d'Arzane.

MOÏSE.

Qu'on l'entraîne !

NADAB, *s'arrachant des mains des lévites et se précipitant vers Arzane.*

Sur moi tournez votre poignard !
Arzane, que mon corps te serve de rempart ;
Permets avec le tien que mon sang se confonde ;
Que nos âmes ensemble abandonnent le monde,
Et que le dernier souffle exhalé de mon cœur
Des feux qui me brûlaient te porte encor l'ardeur !

ARZANE, *le repoussant.*

Quoi ! jusque dans la mort m'accabler de ta flamme !
Laisse, laisse aux enfers descendre en paix mon âme.
Disons-le maintenant à la face des cieux :
Comme tout Israël tu m'étais odieux.
Fils d'Aaron, dans l'espoir de te perdre toi-même,
J'avais, pour mon supplice, eu la faiblesse extrême
De me vouloir sauver en me donnant à toi ;
Mais cet effort était trop au-dessus de moi ;
Et lorsque de l'amour j'affectais le langage
Les pleurs le démentaient sur mon pâle visage.
Je suis enfin soustraite à ces secrets tourments ;
Le tombeau me dérobe à tes embrassements.
Quel bonheur d'échapper à l'amant qu'on déteste !
Adieu, parjure enfant d'une race funeste ;
De mon dernier aveu que le dur souvenir
Augmente la douleur de ton dernier soupir ;
Et songe, en expirant à ton culte infidèle,
Que je n'avais pour toi qu'une haine immortelle !

(Elle arrache son voile, et sort avec les Amalécites sous la garde d'une troupe de lévites.)

MOÏSE.

Allez, brisez la tête à cet ingrat serpent,
Et tarissez les flots du venin qu'il répand.

SCÈNE IV.

MOÏSE, NADAB, MARIE ; PEUPLE ET SOLDATS.

MARIE.

Du Très-Haut, pour Nadab, implorons la clémence.

NADAB, *dans la stupeur.*

Mon songe disparaît dans un abîme immense.
Ta malédiction, Aaron infortuné,
Comme un manteau brûlant couvre ton premier-né.
Tu ne m'entendras plus te parler, te sourire ;

Tu ne me verras plus chaque matin te dire :
« Viens, mon père, au soleil réchauffer tes vieux ans;
« Viens prier l'Éternel et bénir tes enfants. »
(Il fait quelques pas sur le théâtre.)
Mais par quel corps sanglant est ma marche heurtée?
Aux corbeaux du désert une femme jetée...
Noirs vautours attachés à ce sein éclatant,
Je demande ma part du festin palpitant.
Tu ne peux plus du moins repousser ma tendresse,
Arzane ; dans mes bras je te tiens, je te presse.
Nous aurons au soleil montré dans un seul jour
Des prodiges nouveaux et de haine et d'amour.
Jéhovah! puisqu'Arzane à ma flamme est ravie,
Je te rends tes présents, je renonce à la vie :
Pour aller aux enfers m'unir à la beauté,
Je cours t'offrir l'encens que respire Astarté.
(Il fuit.)
MOÏSE, *aux lévites*.
Suivez-le, gardez-le de sa propre misère.
Ne verse point sur lui, Seigneur, dans ta colère
Les feux dont Séboïn jadis fut consumé,
Et que de ton courroux le trésor soit fermé!
(Les lévites suivent Nadab. Moïse parlant à Marie :)
Vous, femme forte et sage, à la vertu nourrie,
Soignez l'âme d'Aaron d'un coup affreux meurtrie :
Par mes ordres secrets Benjamin et Caleb
Ont arrêté mon frère à la source d'Oreb.
(Marie sort ; le ciel commence à se couvrir ; on entend un coup de tonnerre.
Moïse, après avoir regardé le ciel et la montagne, dit :)
Quel présage effrayant! Dieu vient : à sa présence
La mer a fui ; la terre attend dans le silence ;
Et les cieux, dont il fait trembler l'immensité,
S'abaissent sous les pas de son éternité.

SCÈNE V.
LES PRECÉDENTS, UN LÉVITE.
LE LÉVITE.

Par la fureur du peuple Arzane lapidée
Est rendue aux démons qui l'avaient obsédée.
Mais Nadab l'a suivie : en proie au désespoir,
Chargeant de feux impurs un impur encensoir,
Il souillait l'holocauste, alors que sur la poudre
Il est tombé soudain.
MOÏSE.
Qui l'a frappé!
LE LÉVITE.
La foudre.

MOÏSE.

O Justice incréée, Arbitre souverain,
Je n'ai donc plus l'espoir de désarmer ta main !

(Au peuple.)

Oui, vous serez punis: il faudra que l'épée
Cherche encor parmi vous la victime échappée.
Vous mourrez au désert, et vos jeunes enfants
Dans Jéricho sans vous entreront triomphants.
Caleb et Josué, sauvé par le Dieu juste,
Seuls du sacré Jourdain passeront l'onde auguste.
Moi-même, tout flétri de votre iniquité,
Du pays de Jacob je serai rejeté.
Salut, mont Abarim, d'où les yeux de Moïse
Découvriront les bords de la Terre-Promise ;
Abarim, où, chantant mon cantique de mort,
Je bénirai ce peuple en un tendre transport.

(Il étend les mains sur le peuple, qui s'incline.)

Tribus, je vous bénis comme à ma dernière heure.
Au sein de mes enfants que je vive et je meure,
Et qu'après mon trépas un voyageur divin
Des vrais champs d'Abraham leur montre le chemin !

FIN DE MOÏSE.

VOYAGE A CLERMONT.

(AUVERGNE.)

2, 3, 4, 5 et 6 août 1805.

Me voici au berceau de Pascal et au tombeau de Massillon. Que de souvenirs! les anciens rois d'Auvergne et l'invasion des Romains, César et ses légions, Vercingétorix, les derniers efforts de la liberté des Gaules contre un tyran étranger, puis les Visigoths, puis les Francs, puis les évêques, puis les comtes et les Dauphins d'Auvergne, etc.

Gergovia, oppidum Gergovia, n'est pas Clermont : sur cette colline de Gergoye que j'aperçois au sud-est, était la véritable Gergovie. Voilà Mont-Rognon, *Mons Rugosus*, dont César s'empara pour couper les vivres aux Gaulois renfermés dans Gergovie. Je ne sais quel Dauphin bâtit sur le *Mont-Rugosus* un château dont les ruines subsistent.

Clermont était *Nemossus*, à supposer qu'il n'y ait pas de fausse lecture dans Strabon; il était encore *Nemetum*, *Augusto Nemetum*, *Arverni urbs*, *civitas Arverna*, *oppidum Arvernum*, témoin Pline, Ptolémée, la carte de Peutinger, etc.

Mais d'où lui vient ce nom de *Clermont*, et quand a-t-il pris ce nom? Dans le neuvième siècle, disent Loup de Ferrières et Guillaume de Tyr : il y a quelque chose qui tranche mieux la question. L'Anonyme, auteur des Gestes de Pipin, ou, comme nous prononçons, Pepin, dit : *Maximam partem Aquitaniæ vastans, usque urbem Arvernam, cum omni exercitu veniens (Pipinus)* Clare Montem *castrum captum, atque succensum bellando cepit.*

Le passage est curieux en ce qu'il distingue la ville, *urbem Arvernam*, du château *Clare Montem castrum*. Ainsi la ville romaine était au bas du monticule, et elle était défendue par un château bâti sur le monticule : ce château s'appelait *Clermont*. Les habitants de la ville basse ou de la ville romaine, *Arverni urbs*, fatigués d'être sans cesse ravagés dans une ville ouverte, se retirèrent peu à peu autour et sous la protection du château. Une nouvelle ville du nom de Clermont s'éleva dans l'endroit où elle est aujourd'hui, vers le milieu du huitième siècle, un siècle avant l'époque fixée par Guillaume de Tyr.

Faut-il croire que les anciens Arvernes, les Auvergnats d'aujourd'hui, avaient fait des incursions en Italie, avant l'arrivée du pieux Énée, ou faut-il croire, d'après Lucain, que les Arvernes descendaient tout droit des Troyens? Alors, ils ne se seraient guère mis en peine des imprécations de Didon, puisqu'ils s'étaient faits les alliés d'Annibal et les protégés de Carthage. Selon les druides, si toutefois nous savons ce que disaient les druides, Pluton aurait été le père des Arvernes : cette fable ne pourrait-elle tirer son origine de la tradition des anciens volcans d'Auvergne ?

Faut-il croire, avec Athénée et Strabon, que Luerius, roi des Arvernes, donnait de grands repas à tous ses sujets, et qu'il se promenait sur un char élevé en jetant des sacs d'or et d'argent à la foule ? Cependant les rois gaulois (*Cæsar. Com.*) vivaient dans des espèces de huttes faites de bois et de terre, comme nos montagnards d'Auvergne.

Faut-il croire que les Arvernes avaient enrégimenté des chiens, lesquels manœuvraient comme des troupes régulières, et que Bituitus avait un assez grand nombre de ces chiens pour manger toute une armée romaine ?

Faut-il croire que ce roi Bituitus attaqua avec deux cent mille combattants le consul Fabius qui n'avait que trente mille hommes ? Nonobstant ce, les trente mille Romains tuèrent ou noyèrent dans le Rhône cent cinquante mille Auvergnats, ni plus ni moins. Comptons :

Cinquante mille noyés, c'est beaucoup.

Cent mille tués.

Or, comme il n'y avait que trente mille Romains, chaque légionnaire a dû tuer trois Auvergnats, ce qui fait quatre-vingt-dix mille Auvergnats.

Restent dix mille tués à partager entre les plus forts tueurs, ou les machines de l'armée de Fabius.

Bien entendu que les Auvergnats ne se sont pas défendus du tout, que leurs chiens enrégimentés n'ont pas fait meilleure contenance ; qu'un seul coup d'épée, de pilum, de flèche ou de fronde, dûment ajusté dans une partie mortelle, a suffi pour tuer son homme ; que les Auvergnats n'ont ni fui, ni pu fuir ; que les Romains n'ont pas perdu un seul soldat, et qu'enfin quelques heures ont suffi *matériellement* pour tuer avec le glaive cent mille hommes ; le géant Robastre était un Myrmidon auprès de cela. A l'époque de la victoire de Fabius, chaque légion ne traînait pas encore après elle dix machines de guerre de la première grandeur, et cinquante plus petites.

Faut-il croire que le royaume d'Auvergne, changé en république, arma, sous Vercingétorix, quatre cent mille soldats contre César ?

Faut-il croire que *Nemetum* était une ville immense qui n'avait rien moins que trente portes ?

En fait d'histoire, je suis un peu de l'humeur de mon compatriote le père Hardouin, qui avait du bon : il prétendait que l'histoire ancienne avait été refaite par les moines du treizième siècle, d'après les *Odes* d'Horace, les *Géorgiques* de Virgile, les ouvrages de Pline et de Cicéron. Il se moquait de ceux qui prétendaient que le soleil était loin de la terre : voilà un homme raisonnable.

La ville des Arvernes, devenue romaine sous le nom d'*Augusto Nemetum*, eut un capitole, un amphithéâtre, un temple de Wasso-Galates, un colosse qui égalait presque celui de Rhodes : Pline nous parle de ses carrières et de ses sculpteurs. Elle eut aussi une école célèbre, d'où sortit le rhéteur Fronton, maître de Marc-Aurèle. *Augusto-Nemetum*, régie par le droit latin, avait un sénat ; ses citoyens, citoyens romains, pouvaient être revêtus des grandes charges de l'État : c'était encore le souvenir de Rome républicaine qui donnait la puissance aux esclaves de l'empire.

Les collines qui entourent Clermont étaient couvertes de bois et marquées par des temples : à Champturgues un temple de Bacchus, à Montjuset un temple de Jupiter, desservi par des femmes-fées (*fatuæ*, *fatidicæ*), au Puy de Montaudou un temple de Mercure ou de Teutatès ; (Montaudon, *Mons Teutatès*), etc.

Nemetum tomba avec toute l'Auvergne sous la domination des Visigoths, par la cession de l'empereur Népos ; mais Alaric ayant été vaincu à la bataille de Vouillé, l'Auvergne passa aux Francs. Vinrent ensuite les temps féodaux, et le gouvernement souvent indépendant des évêques, des comtes et des Dauphins.

Le premier apôtre de l'Auvergne fut saint Austremoine : la *Gallia christiana* compte quatre-vingt-seize évêques depuis ce premier évêque jusqu'à Massillon. Trente et un ou trente-deux de ces évêques ont été reconnus pour saints ; un d'entre eux a été pape, sous le nom d'Innocent VI. Le gouvernement de ces évêques n'a rien eu de remarquable : je parlerai de Caulin.

Chilping disait à Thierry, qui voulait détruire Clermont : « Les murs de « cette cité sont très-forts, et remparés de boulevards inexpugnables ; et, afin « que Votre Majesté m'entende mieux, je parle des saints et de leurs églises, « qui environnent les murailles de cette ville. »

Ce fut au concile de Clermont que le pape Urbain II prêcha la première croisade. Tout l'auditoire s'écria : « *Diex el volt!* » et Aymar, évêque du Puy, partit avec les croisés. Le Tasse le fait tuer par Clorinde.

. . . . Fu del sangue sacro
Su l' arme femminili, ampio lavacro.

Les comtes qui régnèrent en Auvergne, ou qui en furent les premiers seigneurs féodaux, produisirent des hommes assez singuliers. Vers le milieu du dixième siècle, Guillaume, septième comte d'Auvergne, qui, du côté maternel, descendait des Dauphins viennois, prit le titre de *Dauphin* et le donna à ses terres.

Le fils de Guillaume s'appela *Robert*, nom des aventures et des romans. Ce second Dauphin d'Auvergne favorisa les amours d'un pauvre chevalier. Robert avait une sœur, femme de Bertrand Ier, sire de Mercœur ; Pérols, troubadour, aimait cette grande dame ; il en fit l'aveu à Robert, qui ne s'en fâcha pas du tout : c'est l'histoire du Tasse retournée. Robert lui-même était poëte, et échangeait des *sirventes* avec Richard Cœur de Lion.

Le petit-fils de Robert, commandeur des templiers en Aquitaine, fut brûlé vif à Paris : il expia avec courage dans les tourments un premier moment de faiblesse. Il ne trouva pas dans Philippe le Bel la tolérance qu'un troubadour avait rencontrée dans Robert : pourtant Philippe, qui brûlait les templiers, faisait enlever et souffleter les papes.

Une multitude de souvenirs historiques s'attachent à différents lieux de l'Auvergne. Le village de La Tour rappelle un nom à jamais glorieux pour la France, La Tour d'Auvergne.

Marguerite de Valois se consolait un peu trop gaiement à Usson de la perte de ses grandeurs et des malheurs du royaume ; elle avait séduit le marquis de Canillac, qui la gardait dans ce château. Elle faisait semblant d'aimer la femme de Canillac : « Le bon du jeu, dit d'Aubigné, fut qu'aussitost que son mari « (Canillac) eut le dos tourné pour aller à Paris, Marguerite la despouilla de « ses beaux joyaux, la renvoya comme une peteuse avec tous ses gardes, et se « rendit dame et maistresse de la place. Le marquis se trouva beste, et servit « de risée au roi de Navarre. »

Marguerite aimait beaucoup ses amants tandis qu'ils vivaient ; à leur mort elle les pleurait, faisait des vers pour leur mémoire, déclarait qu'elle leur serait toujours fidèle : *Mentem Venus ipsa dedit :*

> Atys, de qui la perte attriste mes années ;
> Atys, digne des vœux de tant d'âmes bien nées,
> Que j'avais élevé pour montrer aux humains
> Une œuvre de mes mains.
> . . . .
> Si je cesse d'aimer, qu'on cesse de prétendre :
> Je ne veux désormais être prise, ni prendre.

Et, dès le soir même, Marguerite était prise et mentait à son amour et à sa muse.

Elle avait aimé La Molle, décapité avec Coconas : pendant la nuit, elle fit enlever la tête de ce jeune homme, la parfuma, l'enterra de ses propres mains, et soupira ses regrets au bel *Hyacinthe.* « Le pauvre diable d'Aubiac, en al- « lant à la potence, au lieu de se souvenir de son ame et de son salut, baisoit « un manchon de velours raz bleu qui lui restoit des bienfaits de sa dame. » Aubiac, en voyant Marguerite pour la première fois, avait dit : « Je voudrois « avoir passé une nuit avec elle, à peine d'être pendu quelque temps après. » Martigues portait aux combats et aux assauts un petit chien que lui avait donné Marguerite.

D'Aubigné prétend que Marguerite avait fait faire à Usson les lits de ses dames extrêmement hauts, « afin de ne plus s'escorcher, comme elle souloit, « les espaules en s'y fourrant à quatre pieds pour y chercher Pominy, » fils d'un chaudronnier d'Auvergne, et qui, d'enfant de chœur qu'il était, devint secrétaire de Marguerite.

Le même historien la prostitue dès l'âge de onze ans à d'Antragues et à Charin ; il la livre à ses deux frères, François, duc d'Alençon, et Henri III ; mais il ne faut pas croire entièrement les satires de d'Aubigné, huguenot hargneux, ambitieux mécontent, d'un esprit caustique : Pibrac et Brantôme ne parlent pas comme lui.

Marguerite n'aimait point Henri IV, qu'elle trouvait malpropre. Elle recevait Champvallon « dans un lit éclairé avec des flambeaux, entre deux linceuls de « taffetas noir. » Elle avait écouté M. de Mayenne, *bon compagnon gros et gras, et voluptueux comme elle ; et ce grand degousté de vicomte de Turenne, et ce vieux rufian de Pibrac, dont elle montroit les lettres pour rire à Henri IV ; et ce petit chicon de valet de Provence, Date, qu'avec six aulnes d'étoffe elle avoit anobli dans Usson ; et ce bec-jaune de Bajaumont,* le dernier de la longue liste qu'avait commencée d'Antragues, et qu'avaient continuée, avec les favoris déjà cités, le duc de Guise, Saint-Luc et Bussy.

Selon le père Lacoste, la seule *vue de l'ivoire du bras de Marguerite* triompha de Canillac.

Pour finir ce *notable commentaire, qui m'est eschappé d'un flux de caquet*, comme parle Montaigne, je dirai que les deux lignées royales des d'Orléans et des Valois avaient peu de mœurs, mais qu'elles avaient du génie ; elles aimaient les lettres et les arts : le sang français et le sang italien se mêlaient en elles par Valentine de Milan et Catherine de Médicis. François Ier était poëte, témoin ses vers charmants sur Agnès Sorel ; sa sœur, *la royne de Navarre*, contait à la manière de Boccace ; Charles IX rivalisait avec Ronsard ; les chants de Marguerite de Valois, d'ailleurs tolérante et humaine (elle sauva plusieurs victimes à la Saint-Barthélemy), étaient répétés par toute la cour : ses *Mémoires* sont pleins de dignité, de grâce et d'intérêt.

Le siècle des arts en France est celui de François Ier en descendant jusqu'à Louis XIII, nullement le siècle de Louis XIV : le *petit palais* des Tuileries, le vieux Louvre, une partie de Fontainebleau et d'Anet, le palais du Luxembourg, sont ou étaient fort supérieurs aux monuments du grand roi.

C'était tout un autre personnage que Marguerite de Valois, ce chancelier de Lhopital, né à Aigueperse, à quinze ou seize lieues d'Usson. « C'estoit un
« autre censeur Caton, celui-là, dit Brantôme, et qui savoit très-bien censurer
« et corriger le monde corrompu. Il en avoit du moins toute l'apparence avec
« sa grande barbe blanche, son visage pasle, sa façon grave, qu'on eust dit
« à le voir que c'estoit un vrai portrait de saint Jérosme.

« Il ne falloit pas se jouer avec ce grand juge et rude magistrat ; si estoit-il
« pourtant doux quelquefois, là où il voyoit de la raison..... Ces belles-lettres
« humaines lui rabattoient beaucoup de sa rigueur de justice. Il estoit grand
« orateur et fort disert ; grand historien, et surtout très-divin poëte latin,
« comme plusieurs de ses œuvres l'ont manifesté tel. »

Le chancelier de Lhopital, peu aimé de la cour et disgracié, se retira pauvre dans une petite maison de campagne auprès d'Étampes. On l'accusait de modération en religion et en politique : des assassins furent envoyés pour le tuer lors du massacre de la Saint-Barthélemy. Ses domestiques voulaient fermer les portes de sa maison : « Non, non, dit-il ; si la petite porte n'est
« bastante pour les faire entrer, ouvrez la grande. »

La veuve du duc de Guise sauva la fille du chancelier, en la cachant dans sa maison ; il dut lui-même son salut aux prières de la duchesse de Savoie. Nous avons son testament en latin ; Brantôme nous le donne en français : il est curieux, et par les dispositions et par les détails qu'il renferme.

« Ceux, dit Lhopital, qui m'avoient chassé, prenoient une couverture de
« religion ; et eux-mesmes estoient sans pitié et religion ; mais je vous puis
« assurer qu'il n'y avoit rien qui les esmust davantage que ce qu'ils pensoient
« que tant que je serois en charge il ne leur seroit permis de rompre les edits
« du roi, ni de piller ses finances et celles de ses sujets.

« Au reste, il y a presque cinq ans que je mene ici la vie de Laërte... et ne

« veux point rafraischir la memoire des choses que j'ai souffertes en ce despar-
« tement de la cour. »

Les murs de sa maison tombaient ; il avait de la peine à nourrir ses vieux serviteurs et sa nombreuse famille ; il se consolait, comme Cicéron, avec les Muses : mais il avait désiré voir les peuples rétablis dans leur liberté ; et il mourut lorsque les cadavres des victimes du fanatisme n'avaient pas encore été mangés par les vers, ou dévorés par les poissons et les vautours.

Je voudrais bien placer Châteauneuf de Randon en Auvergne ; il en est si près ! C'est là que Duguesclin reçut sur son cercueil les clefs de la forteresse : nargue des deux manuscrits qui ont fait capituler la place quelques heures avant la mort du connétable. « Vous verrez dans l'histoire de ce Breton une
« ame forte, nourrie dans le fer, petrie sous des palmes, dans laquelle Mars
« fit eschole longtemps. La Bretagne en fut l'essai ; l'Anglois, son boute-hors ;
« la Castille, son chef-d'œuvre : dont les actions n'estoient que heraults de sa
« gloire ; les defaveurs, theastres elevés à sa constance ; le cercueil, embase-
« ment d'un immortel trophée. »

L'Auvergne a subi le joug des Visigoths et des Francs, mais elle n'a été colonisée que par les Romains ; de sorte que, s'il y a des Gaulois en France, il faut les chercher en Auvergne, *montes Cellorum*. Tous ses monuments sont celtiques ; et ses anciennes maisons descendent ou des familles romaines consacrées à l'épiscopat, ou des familles indigènes.

La féodalité poussa néanmoins de vigoureuses racines en Auvergne ; toutes les montagnes se hérissèrent de châteaux. Dans ces châteaux s'établirent des seigneurs qui exercèrent ces petites tyrannies, ces droits bizarres, enfants de l'arbitraire, de la grossièreté des mœurs et de l'ennui. A Langeac, le jour de la fête de saint Galles, un châtelain jetait un millier d'œufs à la tête des paysans, comme en Bretagne, chez un autre seigneur, on apportait un œuf garrotté dans un grand chariot traîné par six bœufs.

Un seigneur de Tournemine, assigné dans son manoir d'Auvergne par un huissier appelé *Loup*, lui fit couper le poing, disant que jamais loup ne s'était présenté à son château, sans qu'il n'eût laissé sa patte clouée à la porte. Aussi arriva-t-il qu'aux *grands jours* tenus à Clermont en 1665, ces petites fredaines produisirent douze mille plaintes rendues en justice criminelle. Presque toute la noblesse fut obligée de fuir, et l'on n'a point oublié l'homme *aux douze apôtres*. Le cardinal de Richelieu fit raser une partie des châteaux d'Auvergne ; Louis XIV en acheva la destruction. De tous ces donjons en ruine, un des plus célèbres est celui de Murat ou d'Armagnac. Là fut pris le malheureux Jacques, duc de Nemours, jadis lié d'amitié avec ce Jean V, comte d'Armagnac, qui avait épousé publiquement sa propre sœur. En vain le duc de Nemours adressa-t-il une lettre bien humble à Louis XI, *écrite en la cage de la Bastille* et signée *le pauvre Jacques* ; il fut décapité aux halles de Paris, et ses trois jeunes fils, placés sous l'échafaud, furent couverts du sang de leur père.

Charles de Valois, duc d'Angoulême, fils naturel de Charles IX et de Marie Touchet, frère utérin de la marquise de Verneuil, fut investi du comté de Clermont et d'Auvergne. Il entra dans les complots de Biron, dont la mort est justement reprochée à Henri IV. A la mort de Henri III, Henri IV avait dit à Armand de Gontaud, baron de Biron : *C'est à ceste heure qu'il faut que vous mettiez la main droite à ma couronne; venez-moi servir de père et d'ami contre ces gens qui n'aiment ni vous ni moi.* Henri aurait dû garder la mémoire de ces paroles; il aurait dû se souvenir que Charles de Gontaud, fils d'Armand, avait été son compagnon d'armes; il aurait dû se souvenir que la tête de celui qui avait mis *la main droite à sa couronne* avait été emportée par un boulet : ce n'était pas au Béarnais à joindre la tête du fils à la tête du père.

Le comte d'Auvergne, pour de nouvelles intrigues, fut arrêté à Clermont ; sa maîtresse, la dame de Châteaugay, menaçait de tuer de cent coups de pistolet et de cent coups d'épée d'Eure et Murat qui avaient saisi le comte : elle ne tua personne. Le comte d'Auvergne fut mis à la Bastille; il en sortit sous Louis XIII, et vécut jusqu'en 1650 : c'était la dernière goutte du sang des Valois.

Le duc d'Angoulême était brave, léger et lettré comme tous les Valois. Ses Mémoires contiennent une relation touchante de la mort de Henri III, et un récit détaillé du combat d'Arques, auquel lui, duc d'Angoulême, s'était trouvé à l'âge de seize ans. Chargeant Sagonne, ligueur décidé, qui lui criait : « Du « fouet! du fouet! petit garçon ! » il lui cassa la cuisse d'un coup de pistolet, et obtint les prémices de la victoire.

L'Auvergne fut presque toujours en révolte sous la seconde race ; elle dépendait de l'Aquitaine ; et la charte d'Aalon a prouvé que les premiers ducs d'Aquitaine descendaient en ligne directe de la race de Clovis; ils combattaient donc les Carlovingiens comme des usurpateurs du trône. Sous la troisième race, lorsque la Guienne, fief de la couronne de France, tomba par alliance et héritage à la couronne d'Angleterre, l'Auvergne se trouva anglaise en partie : elle fut alors ravagée par les grandes compagnies, par les écorcheurs, etc. On chantait partout des complaintes latines sur les malheurs de la France :

> Plange regni respublica,
> Tua gens ut schismatica
> Desolatur, etc.

Pendant les guerres de la Ligue, l'Auvergne eut beaucoup à souffrir. Les sièges d'Issoire sont fameux : le capitaine Merle, partisan protestant, fit écorcher vifs trois religieux de l'abbaye d'Issoire. Ce n'était pas la peine de crier si haut contre les violences des catholiques.

On a beaucoup cité, et avec raison, la réponse du gouverneur de Bayonne à Charles IX qui lui ordonnait de massacrer les protestants. Montmorin, commandant en Auvergne à la même époque, fit éclater la même générosité. La noble famille qui avait montré un si véritable dévouement à son prince, ne l'a point démenti de nos jours; elle a répandu son sang pour un monarque aussi vertueux que Charles IX fut criminel.

Voltaire nous a conservé la lettre de Montmorin.

« Sire,

« J'ai reçu un ordre, sous le sceau de Votre Majesté, de faire mourir tous « les protestants qui sont dans ma province. Je respecte trop Votre Majesté

« pour ne pas croire que ces lettres sont supposées ; et si, ce qu'à Dieu ne plaise,
« l'ordre est véritablement émané d'elle, je la respecte aussi trop pour lui obéir.»

C'est de Clermont que nous viennent les deux plus anciens historiens de la France, Sidoine Apollinaire et Grégoire de Tours. Sidoine, natif de Lyon et évêque de Clermont, n'est pas seulement un poëte, c'est un écrivain qui nous apprend comment les rois francs célébraient leurs noces dans un fourgon, comment ils s'habillaient et quel était leur langage. Grégoire de Tours nous dit, sans compter le reste, ce qui se passait à Clermont de son temps ; il raconte, avec une ingénuité de détails qui fait frémir, l'épouvantable histoire du prêtre Anastase, enfermé par l'évêque Caulin dans un tombeau avec le cadavre d'un vieillard. L'anecdote des deux amants est aussi fort célèbre : les deux tombeaux d'Injuriosus et de Scholastique se rapprochèrent, en signe de l'étroite union de deux chastes époux, qui ne craignaient plus de manquer à leur serment. Quelque chose de semblable a été dit depuis d'Abailard et d'Héloïse : on n'a pas la même confiance dans le fait. Grégoire de Tours, naïf dans ses pensées, barbare dans son langage, ne laisse pas que d'être fleuri et rhétoricien dans son style.

L'Auvergne a vu naître le chancelier de Lhopital, Domat, Pascal, le cardinal de Polignac, l'abbé Gérard, le père Sirmond ; et de nos jours La Fayette, Desaix, d'Estaing, Chamfort, Thomas, l'abbé Delille, Chabrol, Dulaure, Montlosier et Barante. J'oubliais de compter ce Lizet, ferme dans la prospérité, lâche au malheur, faisant brûler les protestants, requérant la mort pour le connétable de Bourbon, et n'ayant pas le courage de perdre une place.

Maintenant que ma mémoire ne fournit plus rien d'essentiel sur l'histoire d'Auvergne, parlons de la cathédrale de Clermont, de la Limagne et du Puy-de-Dôme.

La cathédrale de Clermont est un monument gothique qui, comme tant d'autres, n'a jamais été achevé. Hugues de Tours commença à la faire bâtir en partant pour la Terre-Sainte, sur un plan donné par Jean de Campis. La plupart de ces grands monuments ne se finissaient qu'à force de siècles, parce qu'ils coûtaient des sommes immenses. La chrétienté entière payait ces sommes du produit des quêtes et des aumônes.

La voûte en ogive de la cathédrale de Clermont est soutenue par des piliers si déliés qu'ils sont effrayants à l'œil : c'est à croire que la voûte va fondre sur votre tête. L'église, sombre et religieuse, est assez bien ornée pour la pauvreté actuelle du culte. On y voyait autrefois le tableau de la *Conversion de saint Paul*, un des meilleurs de Lebrun ; on l'a ratissé avec la lame d'un sabre : *Turba ruit!* Le tombeau de Massillon était aussi dans cette église ; on l'en a fait disparaître dans un temps où rien n'était à sa place, pas même la mort.

Il y a longtemps que la Limagne est célèbre par sa beauté. On cite toujours le roi Childebert à qui Grégoire de Tours fait dire : « Je voudrais voir quelque « jour la Limagne d'Auvergne, que l'on dit être un pays si agréable. » Salvien appelle la Limagne la *moelle des Gaules*. Sidoine en peignant la Limagne d'autrefois semble peindre la Limagne d'aujourd'hui. *Taceo territorii peculiarem jucunditatem, viatoribus molle, fructuosum aratoribus, venatoribus volup-*

tuosum; quod montium cingunt dorsa pascuis, latera vinetis, terrena villis, saxosa castellis, opaca lustris, aperta culturis, concava fontibus, abrupta fluminibus : quod denique hujusmodi est, ut semel visum advenis, multis PATRIÆ OBLIVIONEM SÆPE PERSUADEAT.

On croit que la Limagne a été un grand lac; que son nom vient du grec λίμην : Grégoire de Tours écrit alternativement *Limane* et *Limania*. Quoi qu'il en soit, Sidoine, jouant sur le mot, disait dès le quatrième siècle, *æquor agrorum in quo, sine periculo, quæstuosæ fluctuant in segetibus undæ*. C'est en effet une mer de moissons.

La position de Clermont est une des plus belles du monde.

Qu'on se représente des montagnes s'arrondissant en un demi-cercle; un monticule attaché à la partie concave de ce demi-cercle; sur ce monticule Clermont; au pied de Clermont, la Limagne, formant une vallée de vingt lieues de long, de six, huit et dix de large.

La place du (1). . . . . . . offre un point de vue admirable sur cette vallée. En errant par la ville au hasard, je suis arrivé à cette place vers six heures et demie du soir. Les blés mûrs ressemblaient à une grève immense, d'un sable plus ou moins blond. L'ombre des nuages parsemait cette plage jaune de taches obscures, comme des couches de limon ou des bancs d'algue : vous eussiez cru voir le fond d'une mer dont les flots venaient de se retirer.

Le bassin de la Limagne n'est point d'un niveau égal ; c'est un terrain tourmenté dont les bosses de diverses hauteurs semblent unies quand on les voit de Clermont, mais qui, dans la vérité, offrent des inégalités nombreuses et forment une multitude de petits vallons au sein de la grande vallée. Des villages blancs, des maisons de campagne blanches, de vieux châteaux noirs, des collines rougeâtres, des plants de vignes, des prairies bordées de saules, des noyers isolés qui s'arrondissent comme des orangers, ou portent leurs rameaux comme les branches d'un candélabre, mêlent leurs couleurs variées à la couleur des froments. Ajoutez à cela tous les jeux de la lumière.

A mesure que le soleil descendait à l'occident, l'ombre coulait à l'orient et envahissait la plaine. Bientôt le soleil a disparu ; mais baissant toujours et marchant derrière les montagnes de l'ouest, il a rencontré quelque défilé débouchant sur la Limagne : précipités à travers cette ouverture, ses rayons ont soudain coupé l'uniforme obscurité de la plaine par un fleuve d'or. Les monts qui bordent la Limagne au levant retenaient encore la lumière sur leur cime ; la ligne que ces monts traçaient dans l'air se brisait en arcs dont la partie convexe était tournée vers la terre. Tous ces arcs se liant les uns aux autres par les extrémités, imitaient à l'horizon la sinuosité d'une guirlande, ou les festons de ces draperies que l'on suspend aux murs d'un palais avec des roses de bronze. Les montagnes du levant dessinées de la sorte, et peintes, comme je l'ai dit, des reflets du soleil opposé, ressemblaient à un rideau de moire bleue et pourpre ; lointaine et dernière décoration du pompeux spectacle que la Limagne étalait à mes yeux.

---

(1) Je n'ai jamais pu lire le nom à demi effacé dans l'original écrit au crayon ; c'est sans doute la place de Jaude.

Les deux degrés de différence entre la latitude de Clermont et celle de Paris sont déjà sensibles dans la beauté de la lumière : cette lumière est plus fine et moins pesante que dans la vallée de la Seine; la verdure s'aperçoit de plus loin et paraît moins noire :

> Adieu donc, *Chanonat!* adieu, frais paysages !
> Il semble qu'un autre air parfume vos rivages;
> Il semble que leur vue ait ranimé mes sens,
> M'ait redonné la joie, et rendu mon printemps.

Il faut en croire le poëte de l'Auvergne.

J'ai remarqué ici dans le style de l'architecture des souvenirs et des traditions de l'Italie : les toits sont plats, couverts en tuiles à canal; les lignes des murs, longues; les fenêtres, étroites et percées haut; les portiques, multipliés; les fontaines, fréquentes. Rien ne ressemble plus aux villes et aux villages de l'Apennin que les villes et les villages des montagnes de Thiers, de l'autre côté de la Limagne, au bord de ce Lignon où Céladon ne se noya pas, sauvé qu'il fut par les trois nymphes Sylvie, Galatée et Léonide.

Il ne reste aucune antiquité romaine à Clermont, si ce n'est peut-être un sarcophage, un bout de voie romaine, et des ruines d'aqueduc; pas un fragment de colosse, pas même de traces des maisons, des bains et des jardins de Sidoine. Nemetum et Clermont ont soutenu au moins sept siéges, ou, si l'on veut, ils ont été pris et détruits une vingtaine de fois.

Un contraste assez frappant existe entre les femmes et les hommes de cette province. Les femmes ont les traits délicats, la taille légère et déliée; les hommes sont construits fortement, et il est impossible de ne pas reconnaître un véritable Auvergnat à la forme de la mâchoire inférieure. Une province, pour ne parler que des morts, dont le sang a donné Turenne à l'armée, Lhôpital à la magistrature, et Pascal aux sciences et aux lettres, a prouvé qu'elle a une vertu supérieure.

Je suis allé au Puy-de-Dôme par pure affaire de conscience. Il m'est arrivé ce à quoi je m'étais attendu ; la vue du haut de cette montagne est beaucoup moins belle que celle dont on jouit de Clermont. La perspective à vol d'oiseau est plate et vague ; l'objet se rapetisse dans la même proportion que l'espace s'étend.

Il y avait autrefois sur le Puy-de-Dôme une chapelle dédiée à saint Barnabé; on en voit encore les fondements : une pyramide de pierre de dix ou douze pieds marque aujourd'hui l'emplacement de cette chapelle. C'est là que Pascal a fait les premières expériences sur la pesanteur de l'air. Je me représentais ce puissant génie cherchant à découvrir, sur ce sommet solitaire, les secrets de la nature, qui devaient le conduire à la connaissance des mystères du Créateur de cette même nature. Pascal se fraya, au moyen de la science, le chemin à l'ignorance chrétienne ; il commença par être un homme sublime, pour apprendre à devenir un simple enfant.

Le Puy-de-Dôme n'est élevé que de huit cent vingt-cinq toises au-dessus du niveau de la mer; cependant je sentis à son sommet une difficulté de respirer que je n'ai éprouvée ni dans les Alléghanys, en Amérique, ni sur les

VOYAGE A CLERMONT.

plus hautes Alpes de la Savoie. J'ai gravi le Puy-de-Dôme avec autant de peine que le Vésuve; il faut près d'une heure pour monter de sa base au sommet par un chemin raide et glissant; mais la verdure et les fleurs vous suivent. La petite fille qui me servait de guide m'avait cueilli un bouquet des plus belles pensées; j'ai moi-même trouvé sous mes pas des œillets rouges d'une élégance parfaite. Au sommet du mont, on voit partout de larges feuilles d'une plante bulbeuse, assez semblable au lis. J'ai rencontré, à ma grande surprise, sur ce lieu élevé, trois femmes qui se tenaient par la main et qui chantaient un cantique. Au-dessous de moi, des troupeaux de vaches paissaient parmi les monticules que domine le Puy-de-Dôme. Ces troupeaux montent à la montagne avec le printemps, et en descendent avec la neige. On voit partout les *burons* ou les chalets de l'Auvergne, mauvais abris de pierres sans ciment, ou de bois gazonné. Chantez les chalets, mais ne les habitez pas.

Le patois de la montagne n'est pas exactement celui de la plaine. La *musette*, d'origine celtique, sert à accompagner quelques airs de romances, qui ne sont pas sans euphonie, et sur lesquels on a fait des paroles françaises. Les Auvergnats, comme les habitants du Rouergue, vont vendre des mules en Catalogne et en Aragon; ils rapportent de ce pays quelque chose d'espagnol qui se marie bien avec la solitude de leurs montagnes; ils font pour leurs longs hivers provision de soleil et d'histoires. Les voyageurs et les vieillards aiment à conter, parce qu'ils ont beaucoup vu : les uns ont cheminé sur la terre, les autres, dans la vie.

Les pays de montagnes sont propres à conserver les mœurs. Une famille d'Auvergne, appelée les *Guittard-Pinon*, cultivait en commun des terres dans les environs de Thiers; elle était gouvernée par un chef électif, et ressemblait assez à un ancien clan d'Écosse. Cette espèce de république champêtre a survécu à la révolution; mais elle est au moment de se dissoudre.

Je laisse de côté les curiosités naturelles de l'Auvergne, la grotte de Royat, charmante néanmoins par ses eaux et sa verdure; les diverses fontaines minérales, la fontaine pétrifiante de Saint-Allyre, avec le pont de pierre qu'elle a formé, et que Charles IX voulut voir; le puits de la poix, les volcans éteints, etc.

Je laisse aussi à l'écart les merveilles des siècles moyens, les orgues, les horloges avec leur carillon et leurs têtes de Maure ou de More, qui ouvraient des bouches effroyables quand l'heure venait à sonner. Les processions bizarres, les jeux mêlés de superstition et d'indécence, mille autres coutumes de ces temps, n'appartiennent pas plus à l'Auvergne qu'au reste de l'Europe gothique.

J'ai voulu, avant de mourir, jeter un regard sur l'Auvergne, en souvenance des impressions de ma jeunesse. Lorsque j'étais enfant dans les bruyères de ma Bretagne, et que j'entendais parler de l'Auvergne et des petits Auvergnats, je me figurais que l'Auvergne était un pays bien loin, bien loin, où l'on voyait des choses étranges, où l'on ne pouvait aller qu'avec de grands périls, en cheminant sous la garde de la mère de Dieu. Une chose m'a frappé et charmé à la fois : j'ai retrouvé dans l'habit du paysan Auvergnat le vêtement du paysan Breton. D'où vient cela? C'est qu'il y avait autrefois pour ce royaume, et même pour l'Europe entière, un fonds d'habillement commun. Les provinces reculées ont gardé les anciens usages, tandis que les départements voisins de Paris ont perdu leurs vieilles mœurs : de là cette ressemblance entre certains villageois placés aux extrémités opposées de la France, et qui ont été défendus contre les nouveautés par leur indigence et leur solitude.

Je ne vois jamais sans une sorte d'attendrissement ces petits Auvergnats qui vont chercher fortune dans ce grand monde, avec une boîte et quelques méchantes paires de ciseaux. Pauvres enfants qui *dévalent* bien tristes de leurs montagnes, et qui préféreront toujours le pain bis et la *bourrée* aux prétendues joies de la plaine. Ils n'avaient guère que l'espérance dans leur boîte en descendant de leurs rochers; heureux s'ils la rapportent à la chaumière paternelle !

VOYAGE AU MONT-BLANC.

Rien n'est beau que le vrai, le vrai seul est aimable.

PAYSAGES DE MONTAGNES.

Fin d'août 1805.

J'ai vu beaucoup de montagnes en Europe et en Amérique, et il m'a toujours paru que, dans les descriptions de ces grands monuments de la nature, on allait au delà de la vérité. Ma dernière expérience à cet égard ne m'a point fait changer de sentiment. J'ai visité la vallée de Chamouny, devenue célèbre par les travaux de M. de Saussure; mais je ne sais si le poëte y trouverait le *speciosa deserti* comme le minéralogiste. Quoi qu'il en soit, j'exposerai avec simplicité les réflexions que j'ai faites dans mon voyage. Mon opinion, d'ailleurs, a trop peu d'autorité pour qu'elle puisse choquer personne.

Sorti de Genève par un temps assez nébuleux, j'arrivai à Servoz au moment où le ciel commençait à s'éclaircir. La crête du Mont-Blanc ne se découvre pas de cet endroit, mais on a une vue distincte de sa croupe *neigée*, appelée le *Dôme*. On franchit ensuite le passage des Montées, et l'on entre dans la vallée de Chamouny. On passe au-dessous du glacier des Bossons; ses pyramides se montrent à travers les branches des sapins et des mélèzes. M. Bourrit a comparé ce glacier, pour sa blancheur et la coupe allongée de ses cristaux, à une flotte à la voile; j'ajouterais, au milieu d'un golfe bordé de vertes forêts.

Je m'arrêtai au village de Chamouny, et le lendemain je me rendis au Montanvert. J'y montai par le plus beau jour de l'année. Parvenu à son sommet, qui n'est qu'une croupe du Mont-Blanc, je découvris ce qu'on nomme très-improprement la *Mer de Glace*.

Qu'on se représente une vallée dont le fond est entièrement couvert par un fleuve. Les montagnes qui forment cette vallée laissent pendre au-dessus de ce fleuve une masse de rochers, les aiguilles du Dru, du Bochard, des Charmoz. Dans l'enfoncement, la vallée et le fleuve se divisent en deux branches, dont l'une va aboutir à une haute montagne, le Col du Géant, et l'autre aux rochers des Jorasses. Au bout opposé de cette vallée se trouve une pente qui regarde la vallée de Chamouny. Cette pente, presque verticale, est occupée par la portion de la Mer de Glace qu'on appelle le *Glacier des Bois*. Supposez donc un rude hiver survenu; le fleuve qui remplit la vallée, ses inflexions et ses pentes, a été glacé jusqu'au fond de son lit; les sommets des monts voisins se sont chargés de neige partout où les plans du granit ont été assez horizontaux pour retenir les eaux congelées : voilà la Mer de Glace et son site. Ce n'est point, comme on le voit, une mer; c'est un fleuve; c'est, si l'on veut, le Rhin glacé; la Mer de Glace sera son cours, et le Glacier des Bois, sa chute à Laufen.

Lorsqu'on est sur la Mer de Glace, la surface, qui vous en paraissait unie du haut du Montanvert, offre une multitude de pointes et d'anfractuosités. Ces pointes imitent les formes et les déchirures de la haute enceinte de rocs qui surplombent de toutes parts : c'est comme le relief en marbre blanc des montagnes environnantes.

Parlons maintenant des montagnes en général.

Il y a deux manières de les voir : avec les nuages, ou sans les nuages.

Avec les nuages, la scène est plus animée; mais alors elle est obscure, et souvent d'une telle confusion, qu'on peut à peine y distinguer quelques traits.

Les nuages drapent les rochers de mille manières. J'ai vu au-dessus de Servoz un piton chauve et ridé qu'une nue traversait obliquement comme une toge; on l'aurait pris pour la statue colossale d'un vieillard romain. Dans un autre endroit, on apercevait la pente défrichée de la montagne; une barrière de nuages arrêtait la vue à la naissance de cette pente, et au-dessus de cette barrière s'élevaient de noires ramifications de rochers imitant des gueules de Chimère, des corps de Sphinx, des têtes d'Anubis, diverses formes des monstres et des dieux de l'Égypte.

Quand les nues sont chassées par le vent, les monts semblent fuir derrière ce rideau mobile : ils se cachent et se découvrent tour à tour; tantôt un bouquet de verdure se montre subitement à l'ouverture d'un nuage, comme une île suspendue dans le ciel; tantôt un rocher se dévoile avec lenteur, et perce peu à peu la vapeur profonde comme un fantôme. Le voyageur attristé n'entend que le bourdonnement du vent dans les pins, le bruit des torrents qui tombent dans les glaciers, par intervalle la chute de l'avalanche, et quelquefois le sifflement de la marmotte effrayée qui a vu l'épervier dans la nue.

Lorsque le ciel est sans nuages, et que l'amphithéâtre des monts se déploie tout entier à la vue, un seul accident mérite alors d'être observé : les sommets des montagnes, dans la haute région où ils se dressent, offrent une pureté de lignes, une netteté de plan et de profil que n'ont point les objets de la plaine. Ces cimes anguleuses, sous le dôme transparent du ciel, ressemblent à de superbes morceaux d'histoire naturelle, à de beaux arbres de coraux, à des girandoles de stalactite, renfermés sous un globe du cristal le plus pur. Le mon tagnard cherche dans ces découpures élégantes l'image des objets qui lui sont familiers : de là ces roches nommées les *Mulets*, les *Charmoz*, ou les *Chamois*; de là ces appellations empruntées de la religion, les *sommets des Croix*, le *rocher du Reposoir*, le *glacier des Pèlerins*; dénominations naïves qui prouvent que, si l'homme est sans cesse occupé de l'idée de ses besoins, il aime à placer partout le souvenir de ses consolations.

Quant aux arbres des montagnes, je ne parlerai que du pin, du sapin et du mélèze, parce qu'ils font, pour ainsi dire, l'unique décoration des Alpes.

Le pin a quelque chose de monumental; ses branches ont le port de la pyramide, et son tronc, celui de la colonne. Il imite aussi la forme des rochers où il vit : souvent je l'ai confondu sur les redans et les corniches avancées des montagnes, avec des flèches et des aiguilles élancées ou échevelées comme lui. Au revers du Col de Balme, à la descente du glacier de Trient, on rencontre un bois de pins, de sapins et de mélèzes : chaque arbre, dans cette famille de géants, compte plusieurs siècles. Cette tribu alpine a un roi que les guides ont soin de montrer aux voyageurs. C'est un sapin qui pourrait servir de mât au plus grand vaisseau. Le monarque seul est sans blessure, tandis que tout son peuple autour de lui est mutilé : un arbre a perdu sa tête, un autre ses bras; celui-ci a le front sillonné par la foudre, celui-là, le pied noirci par le feu des pâtres. Je remarquai deux jumeaux sortis du même tronc, qui s'élançaient ensemble dans le ciel : ils étaient égaux en hauteur et en âge; mais l'un était plein de vie, et l'autre était desséché.

> Daucia, Laride Thymberque, simillima proles,
> Indiscreta suis, gratusque parentibus error :
> At nunc dura dedit vobis discrimina Pallas.

« Fils jumeaux de Daucus, rejetons semblables, ô Laris et Thymber! vos pa-
« rents mêmes ne pouvaient vous distinguer, et vous leur causiez de douces
« méprises! Mais la *mort* mit entre vous une cruelle différence. »

Ajoutons que le pin annonce la solitude et l'indigence de la montagne. Il est le compagnon du pauvre Savoyard, dont il partage la destinée : comme lui, il croît et meurt inconnu sur des sommets inaccessibles où sa postérité se perpétue également ignorée. C'est sur le mélèze que l'abeille cueille ce miel ferme et savoureux, qui se marie si bien avec la crème et les framboises de Montanvert. Les bruits du pin, quand ils sont légers, ont été loués par les poëtes bucoliques; quand ils sont violents, ils ressemblent au mugissement de la mer ; vous croyez quelquefois entendre gronder l'Océan au milieu des Alpes. Enfin, l'odeur du pin est aromatique et agréable; elle a surtout pour moi un charme particulier, parce que je l'ai respirée à plus de vingt lieues en mer sur les côtes de la Virginie : aussi réveille-t-elle toujours dans mon esprit l'idée de ce Nouveau-Monde qui me fut annoncé par un souffle embaumé, de ce beau ciel, de ces mers brillantes où le parfum des forêts m'était apporté par la brise du matin ; et, comme tout s'enchaîne dans nos souvenirs, elle rappelle aussi dans ma mémoire les sentiments de regret et d'espérance qui m'occupaient, lorsque appuyé sur le bord du vaisseau je rêvais à cette patrie que j'avais perdue, et à ces déserts que j'allais trouver.

Mais, pour venir enfin à mon sentiment particulier sur les montagnes, je dirai que, comme il n'y a pas de beaux paysages sans un horizon de montagnes, il n'y a point aussi de lieux agréables à habiter ni de satisfaisants pour les yeux et pour le cœur, là où l'on manque d'air et d'espace ; or, c'est ce qui arrive dans l'intérieur des monts. Ces lourdes masses ne sont point en harmonie avec les facultés de l'homme et la faiblesse de ses organes.

On attribue aux paysages des montagnes la sublimité : celle-ci tient sans doute à la grandeur des objets. Mais, si l'on prouve que cette grandeur, très-réelle en effet, n'est cependant pas sensible aux regards, que devient la sublimité ?

Il en est des monuments de la nature comme de ceux de l'art : pour jouir de leur beauté, il faut être au véritable point de perspective ; autrement les formes, les couleurs, les proportions, tout disparaît. Dans l'intérieur des montagnes, comme on touche à l'objet même, et comme le champ de l'optique est trop resserré, les dimensions perdent nécessairement leur grandeur : chose si vraie, que l'on est continuellement trompé sur les hauteurs et sur les distances. J'en appelle au voyageur : le Mont-Blanc leur a-t-il paru fort élevé du fond de la vallée de Chamouny ? Souvent un lac immense dans les Alpes a l'air d'un petit étang ; vous croyez arriver en quelques pas au haut d'une pente que vous êtes trois heures à gravir ; une journée entière vous suffit à peine pour sortir de cette gorge, à l'extrémité de laquelle il vous semblait que vous touchiez de la main. Ainsi cette grandeur des montagnes, dont on fait tant de bruit, n'est réelle que par la fatigue qu'elle vous donne. Quant au paysage, il n'est guère plus grand à l'œil qu'un paysage ordinaire.

Mais ces monts qui perdent leur grandeur apparente quand ils sont trop rapprochés du spectateur, sont toutefois si gigantesques qu'ils écrasent ce qui pourrait leur servir d'ornement. Ainsi, par des lois contraires, tout se rapetisse à la fois dans les défilés des Alpes, et l'ensemble et les détails. Si la nature avait fait les arbres cent fois plus grands sur les montagnes que dans les plaines ; si les fleuves et les cascades y versaient des eaux cent fois plus abondantes, ces grands bois, ces grandes eaux pourraient produire des effets pleins de majesté sur les flancs élargis de la terre. Il n'en est pas de la sorte ; le cadre du tableau s'accroît démesurément, et les rivières, les forêts, les villages, les troupeaux gardent les proportions ordinaires : alors il n'y a plus de rapport entre le tout et la partie, entre le théâtre et la décoration. Le plan des montagnes étant vertical devient une échelle toujours dressée où l'œil rapporte et compare les objets qu'il embrasse ; et ces objets accusent tour à tour leur petitesse sur cette énorme mesure. Les pins les plus altiers, par exemple, se distinguent à peine dans l'escarpement des vallons, où ils paraissent collés comme des flocons de suie. La trace des eaux pluviales est marquée dans ces bois grêles et noirs par de petites rayures jaunes et parallèles ; et les torrents les plus larges, les cataractes les plus élevées, ressemblent à de maigres filets d'eau ou à des vapeurs bleuâtres.

Ceux qui ont aperçu des diamants, des topazes, des émeraudes dans les glaciers, sont plus heureux que moi : mon imagination n'a jamais pu découvrir ces trésors. Les neiges du bas du Glacier des Bois, mêlées à la poussière de granit, m'ont paru semblables à de la cendre ; on pourrait prendre la Mer de Glace, dans plusieurs endroits, pour des carrières de chaux et de plâtre ; ses crevasses seules offrent quelques teintes du prisme, et quand les couches de glace sont appuyées sur le roc, elles ressemblent à de gros verres de bouteille.

Ces draperies blanches des Alpes ont d'ailleurs un grand inconvénient ; elles noircissent tout ce qui les environne, et jusqu'au ciel dont elles rembrunissent l'azur. Et ne croyez pas que l'on soit dédommagé de cet effet désagréable par les beaux accidents de la lumière sur les neiges. La couleur dont se peignent les montagnes lointaines est nulle pour le spectateur placé à leur pied. La pompe dont le soleil couchant couvre la cime des Alpes de la Savoie n'a lieu que pour l'habitant de Lausanne. Quant au voyageur de la vallée de Chamouny, c'est en vain qu'il attend ce brillant spectacle. Il voit, comme du fond d'un entonnoir, au-dessus de sa tête, une petite portion d'un ciel bleu et pur, sans couchant et sans aurore ; triste séjour où le soleil jette à peine un regard à midi par-dessus une barrière glacée.

Qu'on me permette, pour me faire mieux entendre, d'énoncer une vérité triviale. Il faut une toile pour peindre : dans la nature le ciel est la toile des paysages ; s'il manque au fond du tableau, tout est confus et sans effet. Or, les monts, quand on en est trop voisin, obstruent la plus grande partie du ciel. Il n'y a pas assez d'air autour de leurs cimes ; ils se font ombre l'un à l'autre et se prêtent mutuellement les ténèbres qui résident dans quelque enfoncement de leurs rochers. Pour savoir si les paysages des montagnes avaient une supériorité si marquée, il suffisait de consulter les peintres : ils ont toujours jeté les monts dans les lointains, en ouvrant à l'œil un paysage sur les bois et sur les plaines.

Un seul accident laisse aux sites des montagnes leur majesté naturelle : c'est le clair de lune. Le propre de ce demi-jour sans reflets et d'une seule teinte est d'agrandir les objets en isolant les masses et en faisant disparaître cette gradation de couleurs qui lie ensemble les parties d'un tableau. Alors plus les coupes des monuments sont franches et décidées, plus leur dessin a de longueur et de hardiesse, et mieux la blancheur de la lumière profile les lignes de l'ombre. C'est pourquoi la grande architecture romaine, comme les contours des montagnes, est si belle à la clarté de la lune.

Le *grandiose*, et par conséquent l'espèce de sublime qu'il fait naître, disparaît donc dans l'intérieur des montagnes : voyons si le *gracieux* s'y trouve dans un degré plus éminent.

On s'extasie sur les vallées de la Suisse ; mais il faut bien observer qu'on ne les trouve si agréables que par comparaison. Certes, l'œil fatigué d'errer sur des plateaux stériles ou des promontoires couverts d'un lichen rougeâtre, retombe avec un grand plaisir sur un peu de verdure et de végétation. Mais en quoi cette verdure consiste-t-elle ? en quelques saules chétifs, en quelques sillons d'orge et d'avoine qui croissent péniblement et mûrissent tard, en quelques arbres sauvageons qui portent des fruits âpres et amers. Si une vigne végète péniblement dans un petit abri tourné au midi, et garantie avec soin des vents du nord, on vous fait admirer cette fécondité extraordinaire. Vous élevez-vous sur les rochers voisins, les grands traits des monts font disparaître la miniature de la vallée. Les cabanes deviennent à peine visibles, et les compartiments cultivés ressemblent à des échantillons d'étoffes sur la carte d'un drapier.

On parle beaucoup des fleurs des montagnes, des violettes que l'on cueille au bord des glaciers, des fraises qui rougissent dans la neige, etc. Ce sont d'imperceptibles merveilles qui ne produisent aucun effet : l'ornement est trop petit pour des colosses.

Enfin, je suis bien malheureux, car je n'ai pu voir dans ces fameux chalets enchantés par l'imagination de J.-J. Rousseau que de méchantes cabanes remplies du fumier des troupeaux, de l'odeur des fromages et du lait fermenté; je n'y ai trouvé pour habitants que de misérables montagnards qui se regardent comme en exil et aspirent à descendre dans la vallée.

De petits oiseaux muets, voletant de glaçons en glaçons, des couples assez rares de corbeaux et d'éperviers, animent à peine ces solitudes de neiges et de pierres où la chute de la pluie est presque toujours le seul mouvement qui frappe vos yeux. Heureux quand le pivert, annonçant l'orage, fait retentir sa voix cassée au fond d'un vieux bois de sapins! Et pourtant ce triste signe de vie rend plus sensible la mort qui vous environne. Les chamois, les bouquetins, les lapins blancs sont presque entièrement détruits; les marmottes mêmes deviennent rares, et le petit Savoyard est menacé de perdre son trésor. Les bêtes sauvages ont été remplacées sur les sommets des Alpes par des troupeaux de vaches qui regrettent la plaine aussi bien que leurs maîtres. Couchés dans les herbages du pays de Caux, ces troupeaux offriraient une scène aussi belle, et ils auraient en outre le mérite de rappeler les descriptions des poëtes de l'antiquité.

Il ne reste plus qu'à parler du sentiment qu'on éprouve dans les montagnes. Eh bien! ce sentiment, selon moi, est fort pénible. Je ne puis être heureux là où je vois partout les fatigues de l'homme et ses travaux inouïs qu'une terre ingrate refuse de payer. Le montagnard, qui sent son mal, est plus sincère que les voyageurs; il appelle la plaine le *bon pays*, et ne prétend pas que des rochers arrosés de ses sueurs, sans en être plus fertiles, soient ce qu'il y a de meilleur dans les distributions de la Providence. S'il est très-attaché à sa montagne, cela tient aux relations merveilleuses que Dieu a établies entre nos peines, l'objet qui les cause et les lieux où nous les avons éprouvées ; cela tient aux souvenirs de l'enfance, aux premiers sentiments du cœur, aux douceurs, et même aux rigueurs de la maison paternelle. Plus solitaire que les autres hommes, plus sérieux par l'habitude de souffrir, le montagnard appuie davantage sur tous les sentiments de sa vie. Il ne faut pas attribuer aux charmes des lieux qu'il habite l'amour extrême qu'il montre pour son pays; cet amour vient de la concentration de ses pensées, et du peu d'étendue de ses besoins.

Mais les montagnes sont le séjour de la rêverie? j'en doute; je doute qu'on puisse rêver lorsque la promenade est une fatigue; lorsque l'attention que vous êtes obligé de donner à vos pas occupe entièrement votre esprit. L'amateur de la solitude qui *bayerait aux chimères* (1) en gravissant le Montanvert pourrait bien tomber dans quelque puits, comme l'astrologue qui prétendait lire au-dessus de sa tête et ne *pouvait voir à ses pieds*.

Je sais que les poëtes ont désiré les vallées et les bois pour converser avec les Muses. Mais écoutons Virgile :

> Rura mihi et rigui placeant in vallibus amnes :
> Flumina amem sylvasque inglorius.

D'abord il se plairait aux champs, *rura mihi*; il chercherait les vallées agréables, riantes, gracieuses, *vallibus amnes;* il aimerait les fleuves, *flumina amem* (non pas les torrents), et les forêts où il vivrait sans gloire, *sylvasque inglorius*. Ces forêts sont de belles futaies de chênes, d'ormeaux, de hêtres, et non de tristes bois de sapins; car il n'eût pas dit :

> Et *ingenti* ramorum protegat *umbra*,
> « Et d'un *feuillage épais* ombragera ma tête. »

Et où veut-il que cette vallée soit placée? dans un lieu où il y aura de beaux souvenirs, des noms harmonieux, des traditions de la Fable et de l'Histoire :

> . . . . O ubi campi,
> Sperchiusque, et virginibus bacchata lacænis
> Taygeta! O qui me gelidis in vallibus Hæmi
> Sistat!
> Dieux! que ne suis-je assis au bord du Sperchius!
> Quand pourrai-je fouler les beaux vallons d'Hémus!
> Oh! qui me portera sur le riant Taygète!

Il se serait fort peu soucié de la vallée de Chamouny, du glacier de Taconay, de la petite et de la grande Jorasse, de l'aiguille du Dru et du rocher de la Tête-Noire.

Enfin, si nous en croyons Rousseau et ceux qui ont recueilli ses erreurs sans hériter de son éloquence, quand on arrive au sommet des montagnes on se sent transformé en un autre homme. « Sur les hautes montagnes, dit Jean-Jacques, « les méditations prennent un caractère grand, sublime, proportionné aux ob- « jets qui nous frappent; je ne sais quelle volupté tranquille qui n'a rien d'âcre « et de sensuel. Il semble qu'en s'élevant au-dessus du séjour des hommes, « on y laisse tous les sentiments bas et terrestres..... Je doute qu'aucune agi- « tation violente pût tenir contre un pareil séjour prolongé, etc. »

Plût à Dieu qu'il en fût ainsi! Qu'il serait doux de pouvoir se délivrer de ses maux en s'élevant à quelques toises au-dessus de la plaine! Malheureusement l'âme de l'homme est indépendante de l'air et des sites; un cœur chargé de sa peine n'est pas moins pesant sur les hauts lieux que dans les vallées. L'antiquité, qu'il faut toujours citer quand il s'agit de vérité de sentiments, ne pensait pas comme Rousseau sur les montagnes; elle les représente au contraire comme le séjour de la désolation et de la douleur : si l'amant de Julie oublie

(1) La Fontaine.

ses chagrins parmi les rochers du Valais, l'époux d'Eurydice nourrit ses douleurs sur les monts de la Thrace. Malgré le talent du philosophe genevois, je doute que la voix de Saint-Preux retentisse aussi longtemps dans l'avenir que la lyre d'Orphée. Œdipe, ce parfait modèle des calamités royales, cette image accomplie de tous les maux de l'humanité, cherche aussi les sommets déserts :

Il va,
. . . . du Cythéron remontant vers les cieux,
Sur le malheur de l'homme interroger les dieux.

Enfin une autre antiquité plus belle encore et plus sacrée nous offre les mêmes exemples. L'Écriture, qui connaissait mieux la nature de l'homme que les faux sages du siècle, nous montre toujours les grands infortunés, les prophètes, et Jésus-Christ même se retirant au jour de l'affliction sur les hauts lieux. La fille de Jephté, avant de mourir, demande à son père la permission d'aller pleurer sa virginité sur les montagnes de la Judée : *Super montes assumam*. dit Jérémie, *fletum ac lamentum*. « Je m'élèverai sur les montagnes pour pleurer « et gémir. » Ce fut sur le mont des Oliviers que Jésus-Christ but le calice rempli de toutes les douleurs et de toutes les larmes des hommes.

C'est une chose digne d'être observée que dans les pages les plus raisonnables d'un écrivain qui s'était établi le défenseur de la morale, on distingue encore des traces de l'esprit de son siècle. Ce changement supposé de nos dispositions intérieures selon le séjour que nous habitons, tient secrètement au système de matérialisme que Rousseau prétendait combattre. On faisait de l'âme une espèce de plante soumise aux variations de l'air, et qui, comme un instrument, suivait et marquait le repos ou l'agitation de l'atmosphère. Et comment Jean-Jacques lui-même aurait-il pu croire de bonne foi à cette influence salutaire des hauts lieux? L'infortuné ne traîna-t-il pas sur les montagnes de la Suisse ses passions et ses misères!

Il n'y a qu'une seule circonstance où il soit vrai que les montagnes inspirent l'oubli des troubles de la terre : c'est lorsqu'on se retire loin du monde, pour se consacrer à la religion. Un anachorète qui se dévoue au service de l'humanité, un saint qui veut méditer les grandeurs de Dieu en silence, peuvent trouver la paix et la joie sur des roches désertes; mais ce n'est point alors la tranquillité des lieux qui passe dans l'âme de ces solitaires, c'est au contraire leur âme qui répand sa sérénité dans la région des orages.

L'instinct des hommes a toujours été d'adorer l'Éternel sur les lieux élevés : plus près du ciel, il semble que la prière ait moins d'espace à franchir pour arriver au trône de Dieu. Il était resté dans le christianisme des traditions de ce culte antique; nos montagnes, et, à leur défaut, nos collines, étaient chargées de monastères et de vieilles abbayes. Du milieu d'une ville corrompue, l'homme qui marchait peut-être à des crimes, ou du moins à des vanités, apercevait, en levant les yeux, des autels sur les coteaux voisins. La croix, déployant au loin l'étendard de la pauvreté aux yeux du luxe, rappelait le riche à des idées de souffrance et de commisération. Nos poëtes connaissaient bien peu leur art lorsqu'ils se moquaient de ces monts de Calvaire, de ces missions, de ces retraites qui retraçaient parmi nous les sites de l'Orient, les mœurs des solitaires de la Thébaïde, les miracles d'une religion divine, et le souvenir d'une antiquité qui n'est point effacé par celui d'Homère.

Mais ceci rentre dans un autre ordre d'idées et de sentiments, et ne tient plus à la question générale que nous venons d'examiner. Après avoir fait la critique des montagnes, il est juste de finir par leur éloge. J'ai déjà observé qu'elles étaient nécessaires à un beau paysage, et qu'elles devaient former la chaîne dans les derniers plans d'un tableau. Leurs têtes chenues, leurs flancs décharnés, leurs membres gigantesques, hideux quand on les contemple de trop près, sont admirables lorsqu'au fond d'un horizon vaporeux ils s'arrondissent et se colorent dans une lumière fluide et dorée. Ajoutons, si l'on veut, que les montagnes sont la source des fleuves, le dernier asile de la liberté dans les temps d'esclavage, une barrière utile contre les invasions et les fléaux de la guerre. Tout ce que je demande, c'est qu'on ne me force pas d'admirer les longues arêtes de rochers, les fondrières, les crevasses, les trous, les entortillements des vallées des Alpes. A cette condition, je dirai qu'il y a des montagnes que je visiterais encore avec un plaisir extrême : ce sont celles de la Grèce et de la Judée. J'aimerais à parcourir les lieux dont mes nouvelles études me forcent de m'occuper chaque jour; j'irais volontiers chercher sur le Tabor et le Taygète d'autres couleurs et d'autres harmonies, après avoir peint les monts sans renommée, et les vallées inconnues du Nouveau Monde (1).

NOTICE SUR LES FOUILLES DE POMPÉI.

On découvrit d'abord les deux théâtres, ensuite le temple d'Isis et celui d'Esculape, la maison de campagne d'Arrius Diomédès, et plusieurs tombeaux. Durant le temps que Naples fut gouverné par un roi sorti des rangs de l'armée française, les murailles de la ville, la rue des Tombeaux, plusieurs rues de l'intérieur de la ville, la basilique, l'amphithéâtre et le forum furent découverts. Le roi de Naples a fait continuer les travaux; et, comme les fouilles sont conduites avec beaucoup de régularité et se font dans le louable dessein de découvrir la ville plutôt que de chercher des trésors enfouis, chaque jour ajoute aux connaissances déjà acquises sur cet objet si intéressant et presque inépuisable.

La ville de Pompéi, située à peu près à quatorze milles au sud-est de Naples, était bâtie en partie sur une éminence qui dominait une plaine fertile, et qui

---

(1) Cette dernière phrase annonçait mon voyage en Grèce et dans la Terre-Sainte; voyage que j'exécutai en effet l'année suivante 1806. Voyez l'*Itinéraire*.

s'est considérablement accrue par l'immense quantité de matières volcaniques dont le Vésuve l'a recouverte. Les murailles de la ville et les murs de ses édifices ont retenu dans leur enceinte toutes les matières que le volcan y vomissait, et empêché les pluies de les emporter; de sorte que l'étendue de ces constructions est très-distinctement marquée par le monticule qu'ont formé l'amas des pierres ponces et l'accumulation graduelle de terre végétale qui le couvrent.

L'éminence sur laquelle Pompéi fut bâti doit avoir été formée à une époque très-reculée; elle est composée de produits volcaniques vomis par le Vésuve.

On a conjecturé que la mer avait autrefois baigné les murs de Pompéi, et qu'elle venait jusqu'à l'endroit où passe aujourd'hui le chemin de Salerne. Strabon dit, en effet, que cette ville servait d'arsenal maritime à plusieurs villes de la Campanie, ajoutant qu'elle est près du Sarno, fleuve sur lequel les marchandises peuvent descendre et remonter.

Plusieurs faits que l'on observe à Pompéi sembleraient incompréhensibles si l'on ne se rappelait pas que la destruction de cette ville a été l'ouvrage de deux catastrophes distinctes : l'une en l'an 63 de J.-C., par un tremblement de terre; l'autre, seize ans plus tard, par une éruption du Vésuve. Ses habitants commençaient à réparer les dommages causés par la première, lorsque les signes précurseurs de la seconde les forcèrent d'abandonner un lieu qui ne tarda pas à être enseveli sous un déluge de cendres et de matières volcaniques.

Cependant des débris d'ouvrages en briques indiquaient sa position. Il se conserva, sans doute pendant longtemps, un reste de population dans son voisinage, puisque Pompéi est indiqué dans l'*Itinéraire* d'Antonin, et sur la carte de Peutinger. Au treizième siècle, les comtes de Sarno firent creuser un canal dérivé du Sarno; il passait sous Pompéi, mais on ignorait sa position; enfin, en 1748, un laboureur ayant trouvé une statue en labourant son champ, cette circonstance engagea le gouvernement napolitain à ordonner des fouilles.

A l'époque des premiers travaux, on versait dans la partie que l'on venait de déblayer les décombres que l'on retirait de celle que l'on s'occupait de découvrir; et, après qu'on en avait enlevé les peintures à fresque, les mosaïques et autres objets curieux, on comblait de nouveau l'espace débarrassé : aujourd'hui l'on suit un système différent.

Quoique les fouilles n'aient pas offert de grandes difficultés par le peu d'efforts que le terrain exige pour être creusé, il n'y a pourtant qu'une septième partie de la ville de déterrée. Quelques rues sont de niveau avec le grand chemin qui passe le long des murs, dont le circuit est d'environ seize cents toises.

En arrivant par Herculanum, le premier objet qui frappe l'attention est la maison de campagne d'Arrius Diomédès, située dans le faubourg. Elle est d'une très-jolie construction, et si bien conservée, quoiqu'il y manque un étage, qu'elle peut donner une idée exacte de la manière dont les anciens distribuaient l'intérieur de leurs demeures. Il suffirait d'y ajouter des portes et des fenêtres pour la rendre habitable; plusieurs chambres sont très-petites, le propriétaire était cependant un homme opulent.

Dans d'autres maisons de gens moins riches, les chambres sont encore plus petites. Le plancher de la maison d'Arrius Diomédès est en mosaïques : tous les appartements n'ont pas de fenêtres, plusieurs ne reçoivent du jour que par la porte. On ignore quelle est la destination de beaucoup de petits passages et de recoins. Les amphores, qui contenaient le vin, sont encore dans la cave, le pied posé dans le sable, et appuyées contre le mur.

La rue des Tombeaux offre, à droite et à gauche, les sépultures des principales familles de la ville; la plupart sont de petites dimensions, mais construites avec beaucoup de goût.

Les rues de Pompéi ne sont pas larges, n'ayant que quinze pieds d'un côté à l'autre, et les trottoirs les rendant encore plus étroites; elles sont pavées en pierres de lave grise et de formes irrégulières, comme les anciennes voies romaines : on y voit encore distinctement la trace des roues. Il ne reste aux maisons qu'un rez-de-chaussée, mais les débris font voir que quelques-unes avaient plus d'un étage; presque toutes ont une cour intérieure, au milieu de laquelle est un *impluvium* ou réservoir pour l'eau de pluie, qui allait ensuite se rendre dans une citerne contiguë. La plupart des maisons étaient ornées de pavés mosaïques, et de parois généralement peintes en rouge, en bleu et en jaune. Sur ce fond, l'on avait peint de jolies arabesques et des tableaux de diverses grandeurs. Les maisons ont généralement une chambre de bains qui est très-commode; souvent les murs sont doubles, et l'espace intermédiaire est vide : il servait à préserver la chambre de l'humidité.

Les boutiques des marchands de denrées, liquides et solides, offrent des massifs de pierres souvent revêtus de marbre, et dans lesquels les vaisseaux qui contenaient les denrées étaient maçonnés.

On a pensé que le genre de commerce qui se faisait dans quelques maisons était désigné par des figures qui sont sculptées sur le mur extérieur; mais il paraît que ces emblèmes indiquaient plutôt le génie sous la protection duquel la famille était placée.

Les foudres et les machines à moudre le grain font connaître les boutiques des boulangers. Ces machines consistent en une pierre à base ronde; son extrémité supérieure est conique et s'adapte dans le creux d'une autre pierre qui est, de même, creusée en entonnoir dans sa partie supérieure : on faisait tourner la pierre d'en haut par le moyen de deux anses latérales que traversaient des barres de bois. Le grain, versé dans l'entonnoir supérieur, tombait par un trou entre l'entonnoir renversé et la pierre conique. Le mouvement de rotation le réduisait en farine.

Les édifices publics, tels que les temples et les théâtres, sont en général les mieux conservés, et par conséquent ce qu'il y a jusqu'à présent de plus intéressant dans Pompéi.

Le petit théâtre qui, d'après des inscriptions, servait aux représentations comiques, est en bon état; il peut contenir quinze cents spectateurs : il y a, dans le grand, de la place pour plus de six mille personnes.

De tous les amphithéâtres anciens, celui de Pompéi est un des moins dégradés. En enlevant les décombres, on y a trouvé, dans les corridors qui font le tour de l'arène, des peintures qui brillaient des couleurs les plus vives; mais à peine frappées du contact de l'air extérieur, elles se sont altérées. On aperçoit encore des vestiges d'un lion, et un joueur de trompette vêtu d'un costume bizarre. Les inscriptions qui avaient rapport aux différents spectacles sont un monument très-curieux.

On peut suivre sur le plan les murailles de la ville; c'est le meilleur moyen de se faire une idée de sa forme et de son étendue.

« Ces remparts, dit M. Mazois, étaient composés d'un terre-plein terrasse et d'un contre-mur; ils avaient quatorze pieds de largeur, et l'on y montait par des escaliers assez spacieux pour laisser passage à deux soldats de front. Ils sont soutenus, du côté de la ville, ainsi que du côté de la campagne, par un mur en pierres de taille. Le mur extérieur devait avoir environ vingt-cinq pieds d'élévation; celui de l'intérieur surpassait le rempart en hauteur d'environ huit pieds. L'un et l'autre sont construits de l'espèce de lave qu'on appelle *piperino*, à l'exception de quatre ou cinq premières assises du mur extérieur qui sont en pierres de roche ou travestin grossier. Toutes les pierres en sont parfaitement bien jointes : le mortier est en effet peu nécessaire dans les constructions faites avec des matériaux d'un grand échantillon. Ce mur extérieur est partout plus ou moins incliné vers le rempart; les premières assises sont, au contraire, en retraite l'une sur l'autre.

« Quelques-unes des pierres, surtout celles de ces premières assises sont entaillées et encastrées l'une dans l'autre de manière à se maintenir mutuellement. Comme cette façon de construire remonte à une haute antiquité, et qu'elle semble avoir suivi les constructions pélagisques ou cyclopéennes, dont elle conserve quelques traces, on peut conjecturer que la partie des murs de Pompéi, bâtie ainsi, est un ouvrage des Osques, ou du moins des premières colonies grecques qui vinrent s'établir dans la Campanie.

« Les deux murs étaient crénelés de manière que, vus du côté de la campagne, ils présentaient l'apparence d'une double enceinte de remparts.

« Ces murailles sont dans un grand désordre que l'on ne peut pas attribuer uniquement aux tremblements de terre qui précédèrent l'éruption de 79. Je pense, ajoute M. Mazois, que Pompéi a dû être démantelé plusieurs fois, comme le prouvent les brèches et les réparations qu'on y remarque. Il paraît même que ces fortifications n'étaient plus regardées depuis longtemps comme nécessaires, puisque, du côté où était le port, les habitations sont bâties sur les murs, que l'on a, en plusieurs endroits, abattus à cet effet.

« Ces murs sont surmontés de tours qui ne paraissent pas d'une si haute antiquité; leur construction indique qu'elles sont du même temps que les réparations faites aux murailles; elles sont de forme quadrangulaire, servent en même temps de poterne, et sont placées à des distances inégales les unes des autres.

« Il paraît que la ville n'avait pas de fossés, au moins du côté où l'on a fouillé; car les murs, en cet endroit, étaient assis sur un terrain escarpé. »

On voit que, par leur genre de construction, les remparts sont les monuments qui résisteront le mieux à l'action du temps. Malgré l'attention extrême avec laquelle on a cherché à conserver ceux qui ont été découverts, l'exposition à l'air, dont ils étaient préservés depuis si longtemps, les a endommagés. Les pluies d'hiver, extrêmement abondantes dans l'Europe méridionale, font pénétrer graduellement l'humidité entre les briques et leur revêtement. Il y croît des mousses, puis des plantes qui déjoignent les briques. Pour éviter la dégradation on a couvert les murs avec des tuiles, et placé des toits au-dessus des édifices.

Le plan indique cinq portes, désignées chacune par un nom qui n'a été donné que depuis la découverte de la ville, et qui n'est fondé sur aucun monument. La porte de Nola, la plus petite de toutes, est la seule dont l'arcade soit conservée. La porte la plus proche du forum, ou quartier des soldats, est celle par laquelle on entre : elle a été construite d'après l'antique.

Quelques personnes avaient pensé qu'au lieu d'enlever de Pompéi les divers objets que l'on y a trouvés, et d'en former un muséum à Portici, l'on aurait mieux fait de les laisser à leur place, ce qui aurait représenté une ville ancienne avec tout ce qu'elle contenait. Cette idée est spécieuse, et ceux qui la proposaient n'ont pas réfléchi que beaucoup de choses se seraient gâtées par le contact de l'air, et qu'indépendamment de cet inconvénient, on aurait couru le risque de voir plusieurs objets dérobés par des voyageurs peu délicats; c'est ce qui n'arrive que trop souvent. Il faudrait, pour songer même à meubler quelques maisons, que l'enceinte de la ville fût entièrement déblayée, de manière à être bien isolée, et à ne pas offrir la facilité d'y descendre de dessus les terrains environnants; alors on fermerait les portes, et Pompéi ne serait plus exposé à être pillé par des pirates terrestres.

L'on n'a eu dessein dans cette *Notice* que de donner une idée succincte de l'état des fouilles de Pompéi en 1817. Pour bien connaître ce lieu remarquable, il faut consulter le bel ouvrage de M. Mazois (1). L'on trouve aussi des renseignements précieux dans un livre que M. le comte de Clarac, conservateur des antiques, publia étant à Naples. Ce livre, intitulé *Pompéi*, n'a été tiré qu'à un petit nombre d'exemplaires, et n'a pas été mis en vente. M. de Clarac y rend un compte très-instructif de plusieurs fouilles qu'il a dirigées.

Il est d'autant plus nécessaire de ne consulter sur cet objet intéressant que des ouvrages faits avec soin, que trop souvent des voyageurs, ou même des écrivains qui n'ont jamais vu Pompéi, répètent avec confiance les contes absurdes débités par les *ciceroni*. Quelques journaux quotidiens de Paris ont dernièrement transcrit un article du *Courrier* de Londres, dans lequel M. W..... abusait étrangement du privilége de raconter des choses extraordinaires. Il était question, dans son récit, d'argent trouvé dans le tiroir d'un comptoir, d'une lance encore appuyée contre un mur, d'épigrammes tracées sur les colonnes du quartier des soldats, de rues toutes bordées d'édifices publics.

Ces niaiseries ont engagé M. M..., qui a suivi pendant douze ans les fouilles de Pompéi, à communiquer au *Journal des Débats*, du 18 février 1821, des observations extrêmement sensées.

« Il est sans doute permis, dit M. M..., à ceux qui visitent Pompéi, d'écouter tous les contes que font les *ciceroni* ignorants et intéressés, afin d'obtenir des étrangers qu'ils conduisent quelques pièces de monnaie; il est même très-permis

(1) *Ruines de Pompéi*, in-fol.

d'y ajouter foi, mais il y a plus que de la simplicité à les rapporter naïvement comme des vérités, et à les insérer dans les journaux les plus répandus.

« La relation de M. W..... me rappelle que le chevalier Coghell, ayant vu au Muséum de la reine de Naples des *Artoplas* ou tourtières pour faire cuire le pain, les prit pour des chapeaux, et écrivit à Londres qu'on avait trouvé à Pompéi des chapeaux de bronze extrêmement légers.

Les fouilles de Pompéi sont d'un intérêt trop général, les découvertes qu'elles procurent sont trop précieuses sous le rapport de l'histoire de l'art et de la vie privée des anciens, pour qu'on laisse publier des relations niaises et erronées, sans avertir le public du peu de foi qu'elles méritent. »

LETTRE DE M. TAYLOR A M. CH. NODIER

SUR LES VILLES

DE POMPÉI ET D'HERCULANUM.

« Herculanum et Pompéi sont des objets si importants pour l'histoire de l'antiquité, que pour bien les étudier il faut y vivre, y demeurer.

« Pour suivre une fouille très-curieuse, je me suis établi dans la maison de Diomède; elle est à la porte de la ville, près de la voie des Tombeaux, et si commode, que je l'ai préférée aux palais qui sont près du forum. Je demeure à côté de la maison de Salluste.

« On a beaucoup écrit sur Pompéi, et l'on s'est souvent égaré. Par exemple, un savant, nommé Matorelli, fut employé pendant deux années à faire un mémoire énorme pour prouver que les anciens n'avaient pas connu le verre de vitre, et quinze jours après la publication de son in-folio on découvrit une maison où il y avait des vitres à toutes les fenêtres. Il est cependant juste de dire que les anciens n'aimaient pas beaucoup les croisées, le plus communément le jour venait par la porte; mais enfin, chez les patriciens, il y avait de très-belles glaces aux fenêtres, aussi transparentes que notre verre de Bohême, et les carreaux étaient joints avec des listels de bronze de bien meilleur goût que nos traverses en bois.

« Un voyageur de beaucoup d'esprit et de talent, qui a publié des lettres sur la Morée, et un grand nombre d'autres voyageurs, trouvent extraordinaire que les constructions modernes de l'Orient soient absolument semblables à celles de Pompéi. Avec un peu de réflexion, cette ressemblance paraîtrait toute naturelle. Tous les arts nous viennent de l'Orient; c'est ce qu'on ne saurait trop répéter aux hommes qui ont le projet d'étudier et de s'éclairer.

« Les fouilles se continuent avec persévérance et avec beaucoup d'ordre et de soin : on vient de découvrir un nouveau quartier et des thermes superbes. Dans une des salles, j'ai particulièrement remarqué trois sièges en bronze, d'une forme tout à fait inconnue, et de la plus belle conservation. Sur l'un deux était placé le squelette d'une femme, dont les bras étaient couverts de bijoux, en outre des bracelets d'or, dont la forme était déjà connue ; j'ai détaché un collier qui est vraiment d'un travail miraculeux. Je vous assure que nos bijoutiers les plus experts ne pourraient rien faire de plus précieux ni d'un meilleur goût.

« Il est difficile de peindre le charme que l'on éprouve à toucher ces objets sur les lieux mêmes où ils ont reposé tant de siècles, et avant que le prestige ne soit tout à fait détruit. Une des croisées était couverte de très-belles vitres, que l'on vient de faire remettre au musée de Naples.

« Tous les bijoux ont été portés chez le roi. Sous peu de jours ils seront l'objet d'une exposition publique.

« Pompéi a passé vingt siècles dans les entrailles de la terre ; les nations ont passé sur son sol ; ses monuments sont restés debout, et tous ses ornements intacts. Un contemporain d'Auguste, s'il revenait, pourrait dire : « Salut, ô ma
« patrie! ma demeure est la seule sur la terre qui ait conservé sa forme, et
« jusqu'aux moindres objets de mes affections. Voici ma couche ; voici mes au-
« teurs favoris. Mes peintures sont encore aussi fraîches qu'au jour où un artiste
« ingénieux en orna ma demeure. Parcourons la ville, allons au théâtre ; je re-
« connais la place où pour la première fois j'applaudis aux belles scènes de *Té-*
« *rence* et d'*Euripide.* »

« Rome n'est qu'un vaste musée ; *Pompéi est une antiquité vivante.* »

MÉLANGES LITTÉRAIRES.

PRÉFACE

Le succès des poëmes d'Ossian en Angleterre fit naître une foule d'imitateurs de Macpherson. De toutes parts on prétendit découvrir des poésies erses ou galliques ; trésors enfouis que l'on déterrait, comme ceux de quelques mines de la Cornouailles, oubliées depuis le temps des Carthaginois. Les pays de Galles et d'Irlande rivalisèrent de patriotisme avec l'Écosse ; toute la littérature se divisa : les uns soutenaient avec Blair que les poëmes d'Ossian étaient originaux ; les autres prétendaient avec Johnson qu'Ossian n'était autre que Macpherson. On se porta des défis ; on demanda des preuves matérielles : il fut impossible de les donner, car les textes imprimés des chants du fils de Fingal ne sont que des traductions galliques des prétendues traductions anglaises d'Ossian.

Lorsqu'en 1793 la révolution me jeta en Angleterre, j'étais grand partisan du barde écossais : j'aurais, la lance au poing, soutenu son existence envers et contre tous, comme celle du vieil Homère. Je lus avec avidité une foule de poëmes inconnus en France, lesquels, mis en lumière par divers auteurs, étaient indubitablement, à mes yeux, du père d'Oscar tout aussi bien que les manuscrits runiques de Macpherson. Dans l'ardeur de mon admiration et de mon zèle, tout malade et tout occupé que j'étais (1), je traduisis quelques productions *ossianiques* de John Smith. Smith n'est pas l'inventeur du genre ; il n'a pas la noblesse et la verve épique de Macpherson ; mais peut-être son talent a-t-il quelque chose de plus élégant et de plus tendre. Au reste, ce pseudonyme, en voulant peindre des hommes barbares et des mœurs sauvages, trahit à tout moment, dans ses images et dans ses pensées, les mœurs et la civilisation des temps modernes.

J'avais traduit Smith presque en entier : je ne donne que les trois poëmes de *Dargo*, de *Duthona* et de *Gaul*. C'est pour l'art une bonne étude que celle de

(1) Voyez la préface de l'*Essai historique*.

ces auteurs ou de ces langues qui commencent la phrase par tous les bouts, par tous les mots, depuis le verbe jusqu'à la conjonction, et qui vous obligent à conserver la clarté du sens, au milieu des inversions les plus audacieuses. J'ai fait disparaître les redites et les obscurités du texte anglais : ces chants qui sortent les uns des autres, ces histoires qui se placent comme des parenthèses dans des histoires, ces lacunes opposées d'un manuscrit inventé, peuvent avoir leur mérite chez nos voisins; mais nous voulons en France des choses *qui se conçoivent bien et qui s'énoncent clairement*. Notre langue a horreur de ce qui est confus, notre esprit repousse ce qu'il ne comprend pas tout d'abord. Quant à moi, je l'avoue, le vague et le ténébreux me sont antipathiques : un nominatif qui se perd, des relatifs qui s'embarrassent, des amphibologies qui se forment, me désolent. Je suis persuadé qu'on peut toujours dégager une pensée des mots qui la voilent, à moins que cette pensée ne soit un lieu commun guindé dans des nuages : l'auteur qui a la conscience de ce lieu commun n'ose le faire descendre du milieu des vapeurs, de crainte qu'il ne s'évanouisse.

Je répète ici ce que j'ai dit ailleurs : je ne crois plus à l'authenticité des ouvrages d'Ossian, je n'ai plus aussi pour eux le même enthousiasme : j'écoute cependant encore la harpe du barde, comme on écouterait une voix monotone, il est vrai, mais douce et plaintive. Macpherson a ajouté aux *chants des Muses* une note jusqu'à lui inconnue; c'est assez pour le faire vivre. *OEdipe et Antigone* sont les types d'Ossian et de Malvina, déjà reproduits dans le *Roi Léar*. Les débris des tours de Morven, frappés des rayons de l'astre de la nuit, ont leur charme ; mais combien est plus touchante dans ses ruines la Grèce éclairée, pour ainsi dire, de sa gloire passée !

DARGO.

POÈME.

CHANT PREMIER.

Dargo est appuyé contre un arbre solitaire; il écoute le vent qui murmure tristement dans le feuillage : l'ombre de Crimoïna se lève sur les flots azurés du lac. Les chevreuils l'aperçoivent sans en être effrayés, et passent avec lenteur sur la colline; aucun chasseur ne trouble leur paix, car Dargo est triste, et les ardents compagnons de ses chasses aboient inutilement à ses côtés. Et moi aussi, ô Dargo! je sens tes infortunes. Les larmes tremblent dans mes yeux comme la rosée sur l'herbe des prairies, quand je me souviens de tes malheurs.

Comhal était assis au lieu où les daims paissent maintenant sur sa tombe : un chêne sans feuillage, et trois pierres grisâtres rongées par la mousse des ans, marquent les cendres du héros. Les guerriers de Comhal étaient rangés autour

REPAS ET RÉCIT DE RAPHAËL.

de lui : penchés sur leurs boucliers, ils écoutaient la chanson du barde. Tout à coup ils tournent les yeux vers la mer : un nuage paraît parmi les vagues lointaines ; nous reconnaissons le vaisseau d'Inisfail ; au haut de ses mâts est suspendu le signal de détresse. « Déployez mes voiles ! s'écrie Comhal ; volons « pour secourir nos amis ! »

La nuit nous surprit sur l'abîme. Les vagues enflaient leur sein écumant, et les vents mugissaient dans nos voiles : la nuit de la tempête est sombre, mais une île déserte est voisine, et ses bras se courbent comme mon arc lorsque j'envoie la mort à l'ennemi. Nous abordons à cette île ; là nous attendons le retour de la lumière ; là les matelots rêvent aux dangers qui ne sont plus.

Nous sommes dans la baie de Botha. L'oiseau des morts crie ; une voix triste sort du fond d'une caverne. « C'est l'ombre de Dargo qui gémit, dit Comhal ; « de Dargo que nous avons perdu en revenant des guerres de Lochlin.

« Les vagues confondaient leurs sommets blanchis parmi les nuages, et leurs « flancs bleuâtres s'élevaient entre nous et la terre. Dargo monte au haut du « mât pour découvrir Morven, mais il ne voit point Morven. Les cuirs humides « glissent dans ses mains, il tombe et s'ensevelit dans les flots ; un tourbillon « chasse au loin nos navires ; notre chef échappe à nos yeux. Nous chantâmes « un chant à sa gloire ; nous invitâmes les ombres de ses pères à le recevoir dans « leur palais de nuages. Ils n'écoutèrent point nos vœux. L'ombre de Dargo « habite encore les rochers : elle n'est point errante sur les blondes collines, « dans les détours verdoyants des vallées. Chante, ô Ullin ! les louanges du héros : « il reconnaîtra ta voix, et se réjouira au bruit de sa renommée. »

Ainsi parle Comhal, et le barde saisit sa harpe : « Paix à ton ombre, toi qui « as soutenu quelquefois seul les efforts de toute une armée ! paix à ton ombre, « ô Dargo ! que ton sommeil soit profond, enfant de la caverne, sur un rivage « étranger ! »

A peine Ullin a-t-il cessé ses chants, qu'une voix se fait entendre : « M'or-« donnes-tu de demeurer sur ces roches désertes, ô barde de Comhal ? les guer-« riers de Morven abandonnent-ils leurs amis dans l'infortune ? » Ainsi disait Dargo lui-même en descendant de la colline.

Galchos, ancien ami de Dargo, reconnaît sa voix ; il y répond par les cris joyeux dont jadis il appelait son ami à la poursuite des hôtes des forêts : il est déjà dans les bras de Dargo ; les étoiles virent entre les nuages brisés le bonheur des deux guerriers. Dargo se présente à Comhal. « Tu vis ! s'écria Comhal ; « comment échappas-tu à l'Océan lorsqu'il roula ses flots sur sa tête ? »

— « La vague, répondit Dargo, me jeta sur ces bords. Depuis ce temps, la « lune a vu sept fois s'éteindre et sept fois se rallumer sa lumière ; mais sept « années ne sont pas plus longues sur la cime rembrunie de Morven. Toujours « assis sur le rocher, en murmurant les chants de nos bardes, je prêtais l'oreille, « ou au bruit des vagues, ou au cri de l'oiseau qui planait sur leurs déserts, en « jetant des voix plaintives. Ce temps marcha peu, car lents sont les pas du « soleil, et paresseuse la lumière de la lune sur cette rive solitaire. »

Dargo s'interrompit tout à coup. « Pourquoi, reprit-il en regardant Comhal, « pourquoi ces larmes silencieuses, pourquoi ces regards attendris ? Ah ! ils ne

« sont pas pour le récit de mes peines, ils sont pour la mort d'Évella! Oui, je
« le sais, Évella n'est plus; j'ai vu son ombre glisser dans la vapeur abaissée,
« lorsque l'astre des nuits brillait à travers le voile d'une légère ondée, sur la
« surface unie de la mer. J'ai vu mon amour, mais son visage était pâle; des
« gouttes humides tombaient de ses beaux cheveux, comme si elle eût sorti du
« sein de l'Océan; le cours de ses larmes était tracé sur ses joues. J'ai reconnu
« Évella. J'ai presque senti son malheur. En vain j'ai appelé mon amante;
« les ombres des vierges de Morven me l'ont ravie; elles chantaient autour
« d'elle : leurs voix ressemblaient aux derniers soupirs du vent dans un soir
« d'automne, lorsque la nuit descend par degrés dans la vallée de Cona, et que
« de faibles murmures se font entendre parmi les roseaux qui bordent les ondes.
« Évella suivit les gracieux fantômes; mais elle me jeta un regard douloureux
« sur mon rocher. La suave musique cessa, la belle vision s'évanouit. Depuis
« ce temps, je n'ai cessé de pleurer au lever du soleil, de pleurer au coucher du
« soleil. Quand te reverrai-je, Évella? Dis-moi, Comhal, quelle fut la destinée
« de la fille de Morven? »

— « Évella apprit ton malheur, répondit Comhal. Durant trois soleils, elle
« reposa sa tête inclinée sur son bras d'albâtre; au quatrième soleil, elle des-
« cendit sur le rivage de la mer, et chercha le corps de Dargo. Les filles de
« Morven la virent du sommet de la colline; elles essuyèrent leurs larmes avec
« les boucles de leur chevelure. Elles s'avancèrent en silence pour consoler
« Évella; mais elles la trouvèrent affaissée comme un monceau de neige, et
« belle encore comme un cygne du rivage. Les filles de Morven pleurèrent, et
« les bardes firent entendre des chants. Puisses-tu, ô Dargo! vivre comme
« Évella dans la renommée! puisse ainsi durer notre mémoire, quand nous
« nous enfoncerons dans la tombe! »

Ainsi dit Comhal. Mais nous apercevons une grande lumière dans Inisfail;
nous découvrons le signal qui annonce le danger du roi. Aussitôt nous nous
précipitons dans nos vaisseaux; Dargo est avec nous, nous quittons l'île déserte :
nous nous hâtons pour disperser les ennemis d'Inisfail.

Les vents de Morven viennent à notre aide; ils remplissent le sein de nos
voiles; les mariniers se courbent et se redressent sur la rame, qui brise, en écumant, la tête sombre et mobile des flots. Chaque héros a les yeux fixés sur le rivage : toutes les âmes sont déjà dans le champ du carnage; mais l'on est encore
à quelque distance d'Inisfail. Dargo seul ne ressent point la joie du péril; ses
yeux sont baissés, son front est appuyé sur son bras, qui repose sur le bord
d'un bouclier. Comhal observe la tristesse de ce chef; il fait un signe à Ullin,
afin que le chant du barde réveille le cœur de Dargo. Ullin chante au bruit des
vaisseaux qui sillonnent les vagues :

« Colda vivait aux jours de Trenmor. Il poursuivait les daims autour de la
« baie d'Étha : les rochers, couverts de forêts, répondaient à ses cris, et les
« fils légers de la montagne tombèrent. Mélina l'aperçut d'un autre rivage :
« elle veut traverser la baie sur un esquif bondissant. Un tourbillon descend du
« ciel, et renverse la nef; Mélina s'attache à la carène. Je meurs! s'écrie-t-
« elle : Colda, mon guerrier, viens à mon secours!

« La nuit déploya ses ombres ; plus faiblement alors la voix murmura des
« plaintes, plus faiblement encore elle fut répétée par les échos du rivage ; elle
« s'évanouit enfin dans les ténèbres. Colda trouva Mélina à demi ensevelie dans
« le sable ; il éleva pour elle la pierre du tombeau sous un chêne, auprès d'un
« torrent : le chasseur aime ce lieu solitaire, il s'y repose à l'ombre quand
« le soleil brûle la plaine. Colda fut longtemps triste ; il s'égarait seul à travers
« les bois des coteaux d'Étha ; chaque nuit, les oiseaux des mers écoutaient ses
« soupirs : mais l'ennemi vint, et le bouclier de Trenmor retentit ; Colda saisit
« sa lance, et fut vainqueur. La joie reparut peu à peu sur son visage, comme
« le soleil sur la bruyère quand la tempête est passée. »

— « Le souvenir de ce chef, dit Dargo, revit dans ma mémoire, mais
« comme les faibles traces d'un songe depuis longtemps évanoui. Colda condui-
« sit souvent les pas de mon enfance au chêne d'Étha ; les larmes tombaient de
« ses yeux, en s'avançant sur les grèves abandonnées. Je lui demandais pour-
« quoi il pleurait ; il me répondait : C'est ici que dort Mélina. O Colda ! je me
« suis reposé sur sa tombe et sur la tienne ! Puisse ma renommée me survivre,
« de même que ta gloire est restée après toi, lorsque je serai errant dans les
« nuages avec la belle Évella ! »

— « Oui, ton nom demeurera parmi les hommes, dit Comhal. Mais nous tou-
« chons au rivage. Vois-tu ces boucliers roulant comme la lune à travers le
« brouillard ? Leurs bosses reluisent aux rayons du matin. Les guerriers
« d'Inisfail sont là ; le roi regarde par la fenêtre. De son palais il aperçoit un
« nuage grisâtre : des larmes tombent sur la pierre de la fenêtre. Nos voiles
« sont le nuage grisâtre ; le roi les a reconnues ; la joie éclate dans ses yeux ;
« il s'écrie : Voici Comhal ! »

Les chefs de Lochlin ont aussi reconnu les guerriers de Morven, qui viennent
au secours d'Inisfail. Leur armée se courbe, et s'avance à la rencontre de ces
guerriers. Armor la conduit : il s'élève au-dessus des héros comme le chef
rougeâtre au-dessus des troupeaux de biches dans les bois de Morven. Comhal
s'écrie : « Ceignez vos épées ; rappelez les jours de votre gloire, et les an-
« ciennes batailles de Morven. Dargo, présente ton large bouclier ; Carrill, que
« ton glaive rapide jette encore des ondes de lumière ; lève cette lance, ô Con-
« nal ! qui si souvent joncha la terre de morts ; et toi, Ullin, que ta voix nous
« anime aux combats sanglants ! »

Nous fondons sur l'ennemi : il était immobile comme le chêne de Malaor,
que ne peut ébranler la tempête. Inisfail nous vit, et se précipita dans la vallée
pour se joindre à nous. Lochlin plie sous les coups de l'orage ; ses branches
arrachées couvrent les champs. Armor combattit le chef d'Inisfail, mais la lance
du roi cloua le bouclier d'Armor à sa poitrine. Lochlin, Morven et Inisfail pleurèrent la mort du jeune chef sitôt abattu. Son barde entonna le chant de la
tombe :

« Ta taille, ô Armor ! était celle du pin. L'aile de l'aigle marin n'égalait pas
« la rapidité de ta course ; ton bras descendait sur les guerriers comme le tour-
« billon de Loda, et mortelle était ton épée comme les brouillards du Légo.

« Pourquoi, ô mon héros ! es-tu tombé dans ta jeunesse ? comment apprendre

« à ton père qu'il n'a plus de fils? comment dire à Crimoïna qu'elle n'a plus
« d'amant? Je vois ton père courbé sous le poids des années : sa main est in-
« certaine sur le bâton qui l'appuie ; sa tête, qu'ombragent encore quelques
« cheveux gris, vacille comme la feuille du tremble. Chaque nuage éloigné
« trompe ses débiles regards, lorsqu'ils cherchent ton navire sur les flots.

« Comme un rayon de soleil sur la fougère desséchée, l'espérance brille sur
« le front du vieillard. Quand le vénérable guerrier, s'adressant aux enfants
« qui jouent autour de lui, leur dit : Ne vois-je pas le vaisseau de mon fils? les
« enfants regardent aussitôt la mer bleuâtre, et ils répondent au vieillard :
« Nous n'apercevons qu'une vapeur passagère.

« Crimoïna, tu souris dans le songe du matin, tu crois recevoir ton amant
« dans toute sa beauté; tes lèvres l'appellent par des mots à demi formés;
« tes bras s'entr'ouvrent, et s'avancent pour le presser contre ton sein : ah! Cri-
« moïna, ce n'est qu'un songe!

« Armor est tombé, il ne reverra plus sa terre natale; il dort dans la pous-
« sière d'Inisfail.

« Crimoïna, tu sortiras de ton sommeil; mais quand Armor se réveillera-t-il?

« Quand le son du cor fera-t-il tressaillir le jeune chasseur? quand le choc
« des boucliers l'appellera-t-il au combat! Enfants des forêts, Armor est cou-
« ché; n'attendez pas qu'il se lève. Fils de la lance, la bataille rugira sans Armor.

« Ta taille était comme celle du chêne, ô chef de Lochlin! l'aile de l'aigle ma-
« rin était moins rapide que ta course; ton bras descendait sur les guerriers
« comme le tourbillon de Loda, et mortelle était ton épée comme les brouil-
« lards du Légo. »

Ainsi chantait le barde. La tombe d'Armor s'élève; les guerriers de Lochlin
fuient; leurs vaisseaux, repassant les mers, pèsent sur l'abîme : par intervalles on entendait la chanson des bardes étrangers; leurs accents étaient tristes.

CHANT II.

L'histoire des temps qui ne sont plus est pour le barde un trait de lumière ;
c'est le rayon de soleil qui court légèrement sur les bruyères, mais rayon
bientôt effacé, car les pas de l'ombre le poursuivent; ils le joignent sur la montagne : le consolant rayon a disparu. Ainsi le souvenir de Dargo brille rapidement
dans mon âme, de nouveau bientôt obscurcie.

Après la bataille où tomba le vaillant Armor, Morven passa la nuit dans les
tours grisâtres d'Inisfail; par intervalles une plainte lointaine frappait nos
oreilles. « Bardes, dit Comhal, Ullin, et vous, Salma, cherchez l'enfant des
« hommes qui gémit. » Nous sortons, nous trouvons Crimoïna assise sur le
tombeau d'Armor; elle avait suivi en secret son amant aux champs d'Inisfail.
Après la bataille, elle se fit un lit de douleur de la dernière couche de son héros : nous l'enlevâmes de ce lieu funeste. Nos larmes descendaient en silence :
l'infortune de cette femme était grande, et nous n'avions que des soupirs. Nous

transportâmes Crimoïna dans la salle des fêtes. La tristesse, comme une obscure vapeur, se répandit sur tous les visages. Ullin saisit sa harpe ; il en tira des sons mélodieux : ses doigts erraient sur l'instrument ; une douce et religieuse mélancolie semblait s'échapper des cordes tremblantes. La musique attendrit les âmes, elle endort le chagrin dans les cœurs agités. Il chantait :

« Quelle ombre se penche ainsi sur sa nue vaporeuse ? La profonde blessure
« est encore dans sa poitrine ; le chevreuil aérien est à ses côtés. Qui peut-elle
« être, cette ombre, si ce n'est celle du beau Morglan ?

« Morglan vint avec l'ennemi de Morven. Son amante l'accompagnait, la fille
« de Sora, Minona à la main blanche, à la longue chevelure. Morglan pour-
« suivit les daims sur la colline ; Minona demeure sous le chêne. L'épais brouil-
« lard descend ; la nuit arrive avec tous ses nuages ; le torrent rugit, les ombres
« crient le long de ses rives profondes. Minona regarde autour d'elle : elle croit
« entrevoir un chevreuil à travers le brouillard, et pose sur l'arc sa main de
« neige. La corde est tendue, la flèche vole : ah ! que n'a-t-elle erré loin du but !
« La flèche s'est enfoncée dans le jeune sein de Morglan.

« Nous élevâmes la tombe du héros sur la colline : nous plaçâmes la flèche
« et le bois d'un chevreuil dans l'étroite demeure. Là fut aussi couché le dogue
« de Morglan, pour poursuivre devant l'ombre du chasseur les cerfs dans les
« nuages. Minona voulait dormir auprès de son amant ; nous la transportâmes
« au palais de ses pères ; longtemps elle y parut triste. Les rapides années em-
« portent la douleur : à présent Minona se réjouit avec les filles de Sora, bien
« qu'elle soupire quelquefois encore. »

Ainsi chantait le barde. L'aube peignit de sa lumière d'albâtre les rochers d'Inisfail : « Ullin, dit Comhal, conduis sur ton vaisseau Crimoïna à sa patrie ;
« qu'au milieu de ses compagnes elle puisse encore se lever comme la lune,
« lorsqu'elle montre sa tête au-dessus des nuages, et qu'elle sourit aux vallées
« silencieuses. »

— « Béni soit, dit Crimoïna, le chef de Morven, l'ami du faible dans les jours
« du danger ! Mais que ferait Crimoïna aux champs de ses pères, où chaque ro-
« cher, chaque arbre, chaque ruisseau réveillerait ses chagrins assoupis ? Les
« jeunes filles me diraient : Où est ton Armor ? Vous pourrez le dire, ô jeunes
« filles ! mais je ne vous entendrai pas. J'irai vivre dans une terre éloignée ;
« j'achèverai mes jours avec les vierges de Morven : leur cœur, comme celui
« de leur roi, s'ouvre aux pleurs des infortunés. »

Nous emmenâmes Crimoïna avec nous dans notre patrie ; nous joignîmes sa main à celle de Dargo ; mais la fille étrangère ne souriait plus : elle confiait souvent des soupirs au cours d'une onde ignorée. Crimoïna, tes heures furent rapides : les cordes de ta harpe sont humides quand le barde soupire ton histoire.

Un jour, comme nous poursuivions les daims sur les bruyères de Morven, les vaisseaux de Lochlin apparurent avec leurs voiles blanches et leurs mâts élevés. Nous crûmes qu'ils venaient réclamer Crimoïna. « Je ne combattrai pas pour
« elle, dit Connas, un de nos chefs, avant que je ne sache si cette étrangère
« aime notre race. Perçons le sanglier, teignons avec son sang la robe de Dargo ;
« nous porterons Dargo au palais : Crimoïna déplorera-t-elle sa perte ? »

O malheur! nous écoutons l'avis de Connas! nous terrassons le sanglier écumant; Connas le frappe de son épée. Nous enveloppons Dargo dans une robe ensanglantée; nous le portons sur nos épaules à Crimoïna. Connas marchait devant nous avec la dépouille du sanglier : « J'ai tué le monstre, disait-« il; mais auparavant sa dent mortelle a percé ton amant, ô Crimoïna! »

Crimoïna écouta ces paroles de mort : silencieuse et pâle, elle reste immobile comme les colonnes de glace que l'hiver fixe au sommet du Mora. Elle demande sa harpe; elle la fait résonner à la louange du héros qu'elle croyait expiré. Dargo voulait se lever; nous l'en empêchâmes jusqu'à la fin de la chanson, car la voix de Crimoïna était douce comme la voix du cygne blessé, lorsque ses compagnons nagent tristement autour de lui.

« Penchez-vous, disait Crimoïna, sur le bord de vos nuages, ô vous ancêtres
« de Dargo! et transportez votre fils au palais de votre repos. Et vous, filles des
« champs aériens de Trenmor, préparez la robe de vapeur transparente et co-
« lorée. Dargo, pourquoi m'avais-tu fait oublier Armor? Pourquoi t'aimais-je
« tant? Pourquoi étais-je tant aimée? Nous étions deux fleurs qui croissaient en-
« semble dans les fentes du rocher; nos têtes humides de rosée souriaient aux
« rayons du soleil. Ces fleurs avaient pris racine dans le roc aride. Les vierges
« de Morven disaient : Elles sont solitaires, mais elles sont charmantes. Le
« daim dans sa course s'élançait par-dessus ces fleurs, et le chevreuil épargnait
« leurs tiges délicates.

« Le soleil de Morven est couché pour moi. Il brilla pour moi, ce soleil, dans
« la nuit de mes premiers malheurs, au défaut du soleil de ma patrie; mais il
« vient de disparaître à son tour; il me laisse dans une ombre éternelle.

« Dargo, pourquoi t'es-tu retiré si vite? pourquoi ce cœur brûlant s'est-il glacé?
« Ta voix mélodieuse est-elle muette? Ta main, qui naguère maniait la lance à
« la tête des guerriers, ne peut plus rien tenir; tes pieds légers, qui ce matin
« encore devançaient ceux de tes compagnons, sont à présent immobiles comme
« la terre qu'ils effleuraient.

« Partout sur les mers, au sommet des collines, dans les profondes vallées,
« j'ai suivi ta course. En vain mon père espéra mon retour, en vain ma mère
« pleura mon absence; leurs yeux mesurèrent souvent l'étendue des flots, sou-
« vent les rochers répétèrent leurs cris. Parents, amis, je fus sourde à votre
« voix! toutes mes pensées étaient pour Dargo; je l'aimais de toute la force de
« mes souvenirs pour Armor. Dargo, l'autre nuit j'ai goûté le sommeil à tes
« côtés sur la bruyère. N'est-il pas de place cette nuit dans ta nouvelle couche?
« Ta Crimoïna veut reposer auprès de toi, dormir pour toujours à tes côtés. »

Le chant de Crimoïna allait en s'affaiblissant à mesure qu'il approchait de sa fin; par degrés s'éteignait la voix de l'étrangère : l'instrument échappa aux bras d'albâtre de la fille de Lochlin. Dargo se lève : il était trop tard! l'âme de Crimoïna avait fui sur les sons de la harpe. Dargo creusa la tombe de son épouse auprès de celle d'Évella, et prépara pour lui-même la pierre du sommeil.

Dix étés ont brûlé la plaine, dix hivers ont dépouillé les bois; durant ces longues années, l'enfant du malheur, Dargo, a vécu dans la caverne; il n'aime que les accents de la tristesse. Souvent je chante au chef infortuné des airs mélancoliques dans le calme du midi, lorsque Crimoïna se penche sur le bord de sa nue pour écouter les soupirs du barde.

DUTHONA.

POÈME.

« Pourquoi, ô mers! élevez-vous votre voix parmi les rochers de Morven?
« Vent du midi, pourquoi épuises-tu ta rage sur mes collines? Est-ce pour rete-
« nir ma voile loin des rivages de l'ennemi, pour arrêter le cours de ma gloire?
« Mais, ô mers! vos flots mugissent en vain; vent du midi, tu peux souffler,
« mais tu n'empêcheras point les vaisseaux de Fingal de voler à la contrée
« lointaine de Dorla : ta fureur se calmera, et la surface azurée de l'Océan
« deviendra tranquille et brillante. Oui, le bruit de la tempête cessera, mais la
« mémoire de Fingal ne périra point. »

Ainsi parla le roi, et ses guerriers se rangèrent autour de lui. Le vent siffle dans les cheveux touffus de Dumolach; Leth se penche sur son bouclier d'airain, tout ridé de mille cicatrices; Molo agite dans les airs sa lance étincelante; la joie de la bataille est dans les yeux de Gormalon.

Nous cinglons à travers l'écume houleuse de l'Océan : les baleines effrayées plongent au fond de l'abîme, les îles fuient; elles s'abaissent tour à tour derrière nous sous l'onde, et Duthona sort peu à peu devant nous du sein des flots. Les vagues roulantes et élevées nous en dérobent de temps en temps la vue. « C'est
« la terre de Connar, dit Fingal, le pays de l'ami de mon peuple. »

La nuit descend, le ciel est ténébreux, le pilote cherche en vain de ses regards l'étoile qui nous guide; il l'entrevoit quelquefois à travers le voile déchiré d'un nuage : mais l'ouverture se referme, et le flambeau de notre route se cache.
« Les pas de la nuit sur l'abîme, dit Fingal, sont menaçants; que notre vais-
« seau se repose au rivage jusqu'au retour de la lumière. »

Nous entrons dans la baie de Duthona. Quelle ombre terrible se tient sur le rocher, en s'appuyant sur un pin? Son bouclier est un nuage; derrière ce bouclier passe la lune errante. L'ombre a pour lance une colonne de brouillard d'un bleu sombre, surmonté d'une étoile sanglante; un météore lui sert d'épée; les vents, dans leurs jeux, élèvent la chevelure du fantôme comme une fumée; deux flammes qui sortent de deux cavernes creusées dans les nuages sont les yeux menaçants de cet enfant de la nuit. Souvent Fingal a vu se manifester ainsi le signe de la bataille; mais qui pourrait y croire dans la patrie de Connar, ami du peuple de Fingal?

Le roi monte sur le rocher, le glaive de Luno jette dans sa main des ondes de lumière; Carrill marche derrière le roi. Le fantôme aperçoit Fingal, et sur l'aile d'un tourbillon s'envole; le héros le poursuit du geste et de la voix. Cette voix est entendue sur les collines de Duthona, qui s'agitent avec tous leurs rochers et tous leurs arbres; le peuple tressaille, se réveille en rêvant le péril, et les feux d'alarme sont allumés de toute part.

« Levez-vous, dit le roi revenant parmi ses guerriers; levez-vous : que
« chacun endosse son armure et place devant lui son bouclier. Il nous faut
« combattre. Nos amis nous vont attaquer au milieu de la nuit; Fingal ne leur
« dira pas son nom, car nos ennemis s'écrieraient ensuite : Les guerriers de
« Morven furent effrayés! ils dirent leur nom pour éviter le combat! que cha-
« cun endosse son armure et place devant lui son bouclier; mais que nos lances
« errent loin du but, que nos flèches soient emportées par les vents. A la lu-
« mière du matin, nos amis nous reconnaîtront, et la joie sera grande dans
« Duthona.

Nous rencontrâmes la colonne mouvante et sombre des guerriers de Duthona. Comme la grêle échappée des flancs de l'orage, leurs flèches tombent sur nos boucliers; ils nous environnent comme un rocher entouré par les flots. Fingal vit que son peuple allait périr, ou qu'il serait forcé de combattre : il descendit de la colline, ainsi qu'une ombre qui se plaît à rouler avec les tempêtes. La lune, dans ce moment, leva sa tête au-dessus de la montagne, et réfléchit sa lumière sur l'épée de Luno; l'épée étincelle dans la main du roi, comme un pilier de glace pendant l'hiver, à la chute devenue muette du Lora. Duthona, vit la flamme, et n'en put supporter la splendeur; ses guerriers se retirèrent comme les ténèbres devant le jour; ils s'enfoncèrent dans un bois.

Avançant à leur suite, nous nous arrêtâmes au bord d'un profond ruisseau qui coulait devant nous à travers la bruyère. Son lit se creusait entre deux rivages semés de fougères et ombragés de quelques bouleaux vieillis. Là, nous nous entretînmes du récit des combats et des actions des premiers héros. Carril redit les faits du temps passé, Ossian célébra la gloire de Connar : sa harpe ne put oublier la tendre beauté de Minla.

Les chants cessèrent, une brise murmura le long du ruisseau; elle nous apporta les soupirs de l'infortune : ils étaient doux comme la voix des ombres au milieu d'un bois solitaire, quand elles passent sur la tombe des morts.

« Allez, Ossian, dit le roi; quelque guerrier languit sur son bouclier; qu'il
« soit apporté à Fingal : s'il est blessé, qu'on applique les herbes de la mon-
« tagne sur sa plaie. Aucun nuage ne doit obscurcir notre joie dans la terre
« de Duthona. »

Je marchai guidé par la chanson du malheur.

« Triste et abandonnée est ma demeure, disait la chanson; aucune voix ne
« s'y fait entendre, si ce n'est celle de la chouette. Nul barde ne charme la lon-
« gueur de mes nuits; les ténèbres et la lumière sont égales pour moi. Le
« soleil ne luit point dans ma caverne; je ne vois point flotter la chevelure dorée
« du matin, ni couler les flots de pourpre que verse l'astre du jour à son
« couchant. Mes yeux ne suivent point la lune à travers les pâles nuages; je
« ne vois point ses rayons trembler à travers les arbres dans les ondes du
« ruisseau : ils ne visitent point la caverne de Connar.

« Ah! que ne suis-je tombé dans la tempête de Dorla! ma renommée ne se-
« rait pas évanouie comme le silencieux rayon de l'automne qui court sur les

« champs jaunis entre les ombres et les brouillards. Les enfants sous le chêne
« ont senti un moment la chaleur du rayon, et l'ont bénie; mais il passe: les
« enfants poursuivent leurs jeux, et le rayon est oublié.

« Oubliez-moi aussi, enfants de mon peuple, si vous n'êtes pas tombés comme
« moi, si Dorla qui a envahi Duthona n'a point soufflé sur vous dans votre
« jeunesse, comme l'haleine d'une gelée tardive sur les bourgeons du prin-
« temps. Que n'ai-je autrefois trouvé la mort à vos yeux, quand je marchai
« avec Fingal au-devant des forces de Swaran! Le roi eût élevé ma tombe,
« Ossian eût chanté ma gloire; les bardes des futures années, en s'asseyant au-
« tour du foyer, eussent dit à l'ouverture de la fête : Écoutez la chanson de
« Connar.

« A présent, enchaîné dans cette caverne, je mourrai tout entier : ma tombe
« ne sera point connue; le voyageur écartera sous ses pas, avec la pointe de
« sa lance, une herbe longue et flétrie; il découvrira une pierre poudreuse :
« Qui dort dans cette étroite demeure? demandera-t-il à l'enfant de la vallée; et
« l'enfant de la vallée lui répondra : Son nom n'est point dans la chanson. »

— « Ton nom sera dans la chanson, m'écriai-je; tu ne seras point oublié
« par Ossian. Sors de la caverne où t'a caché la destinée, et viens lever
« encore la lance dans la bataille. Viens, Fingal sera auprès de toi; il te ven-
« gera. Viens, les oppresseurs de Duthona sécheront à ton aspect comme la
« fougère atteinte par la brise : ton nom refleurira comme le chêne qui ombrage
« les salles de tes fêtes, quand, après les rigueurs de l'hiver, il se rajeunit au
« printemps. »

Connar prit la voix d'Ossian pour celle d'une ombre : « Ta voix m'est
« agréable, enfant de la nuit, dit-il, car les fantômes n'effraient point mon
« âme; ta voix est douce à Connar abandonné. Converse avec moi dans la ca-
« verne; notre entretien sera de la tombe et de la demeure aérienne des héros.
« Nous ne parlerons point de Duthona; nous serons silencieux sur ma gloire,
« elle s'est évanouie. Mes amis aussi sont loin : ils dorment sur leurs bou-
« cliers; mon souvenir ne trouble point leur repos! Ah! qu'ils continuent
« de sommeiller en paix!

« Ombre amie, ma demeure sera bientôt avec la tienne. Nous visiterons en-
« semble les enfants du malheur dans leur caverne; nous leur ferons oublier
« leurs chagrins dans les illusions des songes : nous les conduirons en pensée
« dans les champs de leur renommée : ils croiront briller dans les combats;
« leur tunique d'esclave s'allongera en robe ondoyante; leurs prisons souter-
« raines deviendront les nobles salles de Fingal; le murmure du vent sera
« pour eux et pour nous la mélodie des harpes, le frissonnement des gazons de-
« viendra le soupir des vierges. Ombre amie, en attendant que je m'unisse à toi
« dans les nuages, descends souvent à la caverne de Connar! Fantôme de la nuit,
« ta voix est charmante à mon cœur. »

Je me plonge dans la caverne de Connar; je coupe les liens dont les guer-
riers de Dorla avaient entouré les mains du chef; je conduis le roi délivré à
Fingal; leurs visages brillèrent de joie au milieu de leurs cheveux gris, car
Fingal et Connar se souviennent de leurs jeunes années, de ces premiers jours

de la vie où ils tendaient ensemble leurs arcs au bord du torrent. « Connar, « dit Fingal, qui a pu confiner l'ami de Morven dans la caverne ? Puissant « devait être son bras, inévitable, son épée.

— « Dorla, répondit Connar, apprit que la force de mon bras s'était éva-« nouie dans fa vieillesse. Il attaqua mes salles pendant la nuit, lorsque j'é-« tais seul avec ma fille Niala, et que mes guerriers étaient absents. Je com-« battis : le nombre prévalut. Dorla est resté dans Duthona, et mes peuples sont « dispersés dans leurs vallons ignorés. »

Fingal entendit les paroles de Connar : il fronce le sourcil : les rides de son front sont comme les nuages qui couvent la tempête. Il agite dans sa main sa lance mortelle, et regarde l'épée de Luno.

« Il n'est pas temps de reposer, s'écrie-t-il, quand celui qui dépouilla mon « ami est si près. Les guerriers de Dorla sont nombreux ; ils nous ont attaqués « cette nuit, et nous avons cru, en les respectant, que c'étaient les bataillons « de Connar. Ossian et Gormalon, avancez le long du rivage. Dumolach et « Leth, volez aux salles de Connar ; et si vous y trouvez Niala, étendez de-« vant elle vos boucliers protecteurs. Molo, observe l'ennemi, afin qu'il ne « puisse livrer ses voiles au vent sans combattre. Et toi, Carrill, où es-tu ? « Barde aux douces chansons, reste auprès du chef de Duthona avec ta harpe : « sa mélodie est un rayon de lumière qui se glisse au milieu de l'orage.

Carrill vint avec sa harpe : les sons de cette harpe étaient légers comme le « mouvement des ombres glissant dans un air pur sur les rivages de Lara. Coulez en silence, ruisseaux de la nuit, que nous entendions la chanson du barde.

« Au bord des torrents de Lara se penche un chêne qui laisse tomber de ses « feuilles, sur le courant d'eau, les pleurs de la rosée. Là, on voit errer deux « ombres, lorsque le soleil illumine la plaine et que le silence est dans Mor-« ven : l'une est ton ombre, vénérable Uval ; l'autre est celle de ta fille, la « belle chasseresse. Les jeunes guerriers de Lara poursuivaient les chevreuils ; « ils célébraient la fête dans la cabane lointaine du désert. Colgar les découvrit, « et parut subitement à Lara comme le torrent qui fond du haut d'une mon-« tagne, quand l'ondée est encore sur les hauts sommets, et n'a point descendu « dans la vallée. — Fille d'Uval, dit Colgar, il te faut me suivre ; j'enchaî-« nerai ici ton père, car il frapperait sur le bouclier, et les jeunes guerriers « pourraient entendre le son dans la solitude. »

— « Colgar, je ne t'aime pas, dit la fille d'Uval ; laisse-moi avec mon père : « ses yeux sont tristes, ses cheveux, blanchis. »

« Colgar est sourd à la prière ; la fille d'Uval est obligée de le suivre, mais « ses pas sont tardifs. Un chevreuil bondit auprès de Colgar ; ses flancs bruns « se montrent à travers les vertes bruyères. — Colgar, dit la fille d'Uval, « prête-moi ton arc, j'ai appris à percer le chevreuil. Colgar crut la beauté « déjà consolée, et, plein d'amour, il donne son arc. La fille d'Uval tend la « corde, la flèche part, Colgar tombe. La fille d'Uval retourne à Lara : l'âme « de son père fut réjouie. Le soir de la vie d'Uval se prolongea ; il fut comme « le coucher du soleil sur la montagne des sources limpides ; les derniers jours

« d'Uval tombèrent comme les feuilles d'automne dans la vallée silencieuse.
« Les années de la fille d'Uval furent nombreuses; quand elle s'éteignit, elle
« dormit en paix avec son père. »

Ainsi chantait Carrill; et moi Ossian je m'avançais avec Gormalon sur le rivage, selon les ordres de Fingal. Au pied d'un rocher nous trouvons un jeune homme : son bras, sortant d'une brillante armure, reposait sur une harpe brisée; le bois d'une lance était à ses côtés. A travers les herbes chevelues du rocher, la lune éclairait la tête du jeune homme : cette tête était penchée; elle s'agitait lentement dans la douleur, comme la cime d'un pin qui se balance aux soupirs du vent.

« Quel est celui, dit Gormalon, qui demeure ici solitaire? Es-tu un des com-
« pagnons de Dorla, ou l'un des guerriers de Connar? »

— « Je suis, » répondit le jeune homme tremblant comme l'herbe dans le courant d'un ruisseau, « je suis un des bardes qui chantaient dans les
« salles de Connar. Dorla écouta mes chansons, et épargna ma vie après
« avoir livré bataille sur les champs de Duthona. »

— « Souviens-toi de Dorla, si tu le veux, répliqua Gormalon; mais que
« peux-tu dire à sa louange? Il attaqua Connar lorsque les amis du roi étaient
« absents; son bras est faible dans le danger, fort quand personne ne le re-
« pousse. Dorla est un nuage qui se montre seulement dans le calme, un
« brouillard qui ne se lève jamais du marais que quand les vents de la vallée
« se sont retirés. Mais la tempête de Fingal joindra ce nuage; et le déchirera
« dans les airs. »

— Je me souviens de Fingal, dit le jeune homme; je le vis jadis dans les
« salles de Duthona; je me souviens de la voix d'Ossian et des fiers héros de
« Morven; mais Morven est loin de Duthona. »

Les soupirs étouffèrent la voix du jeune homme; ses sanglots éclatèrent comme la glace qui se fend sur le lac du Légo, ou comme les vents de la montagne dans la grotte d'Arven.

« Faible est ton âme, dit Gormalon indigné : non, tu n'es pas l'enfant des
« salles de Connar; tu n'es pas des bardes de la race du roi. Ceux-ci chantaient
« les actions de la bataille; la joie du danger enflait leurs âmes, de même
« que s'enflent les voiles blanches de Fingal dans les tourbillons de la mer de
« Morven. Tu es des amis de Dorla; va donc le rejoindre, enfant du faible,
« et dis-lui que Morven le poursuit : jamais il ne reverra les collines de sa
« patrie. »

— « Gormalon, dis-je alors, n'outrage pas la jeunesse : l'âme du brave peut
« quelquefois faillir, mais elle se relève. Le soleil sourit du haut de sa carrière
« lorsque la tempête est passée; le pin cesse alors de secouer dans les airs sa
« pyramide de verdure, la mer calme sa surface azurée, et les vallées se ré-
« jouissent aux rayons de l'astre éclatant. »

Je pris le jeune homme par la main, et le conduisis vers Carrill, roi des chansons. La lumière commençait alors à briller sur l'armée de Dorla; ses guerriers pâles et muets regardaient la lance de Morven et l'épée de Connar; ils demeuraient immobiles : lorsque le chasseur est surpris par la nuit sur la colline de Cromla, la terreur des fantômes l'environne ; une sueur froide perce son front, ses pas tremblants se refusent à sa fuite, ses genoux fléchissent au milieu de sa course.

Dorla vit les yeux égarés de son peuple ; une grosse larme roule dans les siens. « Pourquoi, dit-il à ses guerriers, demeurez-vous dans ce silence,
« comme les arbres qui s'élèvent autour de nous ? Votre nombre ne sur-
« passe-t-il pas celui des fils de Morven ? Ils peuvent avoir leur renommée ;
« mais n'avons-nous pas aussi combattu avec les héros ? Si vous songez à la
« fuite, où est le chemin de nos vaisseaux, si ce n'est à travers l'ennemi !
« Fondons sur eux dans notre colère ; que nos bras soient courageux, et la
« joie de mes amis sera grande quand nous retournerons chez nos pères. »

Connar, au milieu des héros de Morven, frappa sur le bouclier de Duthona. Ses guerriers dispersés entendirent le signal du roi ; ils levèrent la tête dans leurs vallons ignorés, comme les ruisseaux de Selma : dans les jours de sécheresse, ces ruisseaux se cachent sous les cailloux de leur lit ; mais, quand les tièdes ondées descendent, ils sortent tout à coup de leur retraite, rugissent, inondent et surmontent de leurs eaux les collines.

On combat : Dorla est abattu par la lance de Connar. Fingal le vit tomber ; il s'avance alors dans sa clémence, et parle aux guerriers de Dorla, qui n'est plus.

« Fingal, leur dit-il, ne se plaît point dans la chute de ses ennemis, quoi-
« qu'ils l'aient forcé de tirer l'épée. Ne venez jamais à Morven, ne vous pré-
« sentez plus aux rivages de Duthona. Rapide est le jour du peuple qui ose lever
« la lance contre Fingal ; une colonne de fumée chassée par la tempête est la
« vie de ceux qui combattent contre les héros de Morven. Retirez-vous : emportez
« le corps de Dorla.

« Pourquoi es-tu si matinale, épouse de Dorla ? continua Fingal. Que fais-tu,
« immobile sur le rocher ? Tes cheveux sont trempés de la rosée du matin ; tes
« regards sont errants sur les vagues lointaines : ce que tu vois n'est pas l'é-
« cume du vaisseau de Dorla, c'est la mer qui se brise autour du flanc des ba-
« leines. Les deux enfants de l'épouse de Dorla sont assis sur les genoux de
« leur mère ; ils voient une larme descendre le long de la joue de la femme ;
« ils lèvent leur petite main pour saisir la perle brillante : Mère, diront-ils,
« pourquoi pleures-tu ? Où notre père a-t-il dormi cette nuit ?

« Ainsi peut-être, ô Ossian ! ton Éveralline est maintenant inquiète pour toi.
« Elle conduit peut-être ton Oscar au sommet de Morven, afin de découvrir la
« pleine mer. Ossian, souviens-toi d'Oscar et d'Éveralline ; ô mon fils ! épargne
« le guerrier qui, comme Dorla, peut laisser derrière lui une épouse dans les
« larmes. Hélas ! Dorla, pourquoi es-tu déjà tombé ? »

Ainsi me parlait Fingal, aux jours du passé, dans la terre de Duthona ; ainsi, pour m'enseigner la pitié, il mettait devant mes yeux l'image d'Éveralline mon épouse, d'Oscar mon jeune fils. Éveralline ! Oscar ! rayons de joie maintenant éteints ! comment m'avez-vous précédé dans l'étroite demeure ! Comment Ossian peut-il faire retentir la harpe et chanter encore les guerriers, lorsque votre souvenir, comme l'étoile qui tombe du ciel, traverse tout à coup son âme ? Oh ! que ne suis-je le compagnon de votre course azurée, brillants voyageurs des nuages? Quand nos ombres se rejoindront-elles dans les airs! quand glisseront-elles avec les brises sur la cime ondoyante des pins! Quand élèverons-nous nos têtes ornées d'une chevelure brillante, comme les astres de la nuit dans le désert? Puisse ce moment bientôt arriver! Ce qu'est le lit de bruyère au chasseur fatigué sera la tombe au barde appesanti par les ans : je dormirai! la pierre de ma dernière couche gardera ma mémoire.

Mais, ô pierre du tombeau! la saison de ta vieillesse arrivera aussi ; tu t'enfonceras toi-même dans le lieu où les guerriers reposent pour jamais. L'étranger demandera où était ta place; les fils du faible ne la connaîtront point.

Peut-être la chanson aura gardé le souvenir de cette pierre. La chanson se perdra à son tour dans la nuit des temps; le brouillard des années enveloppera sa lumière. Notre mémoire passera comme l'histoire de Duthona, qui déjà s'éclipse dans l'âme d'Ossian.

Le peuple de Dorla fend la mer en silence ; les sons d'aucune chanson ne roulent devant lui sur les flots; les bardes penchent la tête sur leur harpe, et leurs cheveux argentés errent avec leurs armes le long des cordes humides. Les marins sont enfoncés dans leurs sombres pensées; le rameur distrait suspend soudain la rame qu'il allait plonger dans les flots.

Nous montâmes au palais de Connar : mais le chef est triste malgré sa victoire ; son sein oppressé soulève son armure comme la vague qui renferme la tempête; son œil éteint ne lance plus son regard brillant à travers la salle des fêtes. Personne n'ose demander au héros pourquoi il est triste, car absente est l'étoile de la nuit, la fille de Connar, la charmante Niala. Fingal voyait la douleur du chef, et cachait la sienne sous le panache de son casque. « Carrill, dit-
« il à voix basse, qu'as-tu fait de tes chants? viens avec ta harpe soulager l'âme
« du roi. »

Carrill s'avance au milieu des salles de la fête, appuyé d'une main sur son bâton blanc, de l'autre portant sa harpe ; derrière lui marche le jeune barde de Duthona, qu'Ossian et Gormalon avaient trouvé sur le rivage pendant la nuit. Tout à coup son armure tombe à terre ; il lève une main pour cacher son trouble. Quelle est cette main si blanche? Ce visage sourit si gracieusement à travers les boucles de ses beaux cheveux! « Niala ! s'écria Connar, est-ce toi ? » Elle jette ses bras charmants autour de son père ; la joie revient au banquet des guerriers. Connar donna la beauté à Gormalon, et nous déployâmes nos voiles et nos chants pour Morven. Ossian est seul aujourd'hui dans les ruines des tours de Fingal, et l'épouse de mon Oscar, Malvina, la douce Malvina, ne sourira plus à son père.

Vallée de Cona, les sons de la harpe ne se font plus entendre le long de tes ruisseaux, dont la voix s'élève à peine sur les collines silencieuses. La biche dort sans frayeur dans la hutte abandonnée du chasseur; le faon bondit sur la tombe guerrière, dont il creuse la mousse avec ses pieds. Je suis resté seul de ma race : je n'ai plus qu'un jour à passer dans un monde qui ne me connaît plus.

GAUL.

POÈME.

Le silence de la nuit est auguste. Le chasseur repose sur la bruyère : à ses côtés sommeille son chien fidèle, la tête allongée sur ses pieds légers ; dans ses rêves, il poursuit les chevreuils ; dans la joie confuse de ses songes, il aboie et s'éveille à moitié.

Dors en paix, fils bondissant de la montagne, Ossian ne troublera point ton repos : il aime à errer seul ; l'obscurité de la nuit convient à la tristesse de son âme ; l'aurore ne peut apporter la lumière à ses yeux depuis longtemps fermés. Retire tes rayons, ô soleil ! comme le roi de Morven a retiré les siens ; éteins ces millions de lampes que tu allumes dans les salles azurées de ton palais lorsque tu reposes derrière les portes de l'occident. Ces lampes se consumeront d'elles-mêmes : elles te laisseront seul, ô soleil ! de même que les amis d'Ossian l'ont abandonné. Roi des cieux, pourquoi cette illumination magnifique sur les collines de Fingal, lorsque les héros ont disparu, et qu'il n'est plus d'yeux pour contempler ces flambeaux éblouissants ?

Morven, le jour de ta gloire a passé ; comme la lueur du chêne embrasé de tes fêtes, l'éclat de tes guerriers s'est évanoui : les palais ont croulé ; Témora a perdu ses hauts murs ; Tura n'est plus qu'un monceau de ruines, et Selma est muette. La coupe bruyante des festins est brisée ; le chant des bardes a cessé ; le son des harpes ne se fait plus entendre. Un tertre couvert de ronces, quelques pierres cachées sous la mousse, c'est tout ce qui rappelle la demeure de Fingal. Le marin du milieu des flots n'aperçoit plus les tours qui semblaient marquer les bornes de l'Océan, et le voyageur qui vient du désert ne les aperçoit plus.

Je cherche les murailles de Selma ; mes pas heurtent leurs débris : l'herbe croît entre les pierres, et la brise frémit dans la tête du chardon. La chouette voltige autour de mes cheveux blancs ; je sens le vent de ses ailes : elle éveille par ses cris la biche sur son lit de fougère : mais la biche est sans frayeur, elle a reconnu le vieil Ossian.

Biche des ruines de Selma, ta mort n'est point dans la pensée du barde : tu te lèves de la même couche où dormirent Fingal et Oscar ? Non, ta mort n'est point le désir du barde ! J'étends seulement la main dans l'obscurité vers le lieu où était suspendu au dôme du palais le bouclier de mon père, vers ces voûtes que remplace aujourd'hui la voûte du ciel. La lance qui sert d'appui à mes pas rencontre à terre ce bouclier ; il retentit : ce bruit de l'airain plaît encore à mon oreille ; il réveille en moi la mémoire des anciens jours, ainsi que le souffle du soir ranime dans la ramée des bergers la flamme expirante. Je sens revivre mon génie ; mon sein se soulève comme la vague battue de la tempête, mais le poids des ans le fait retomber.

Retirez-vous, pensées guerrières ! souvenirs des temps évanouis, retirez-vous ! Pourquoi nourrirais-je encore l'amour des combats, quand ma main a oublié l'épée ? La lance de Témora n'est plus qu'un bâton dans la main du vieillard.

Je frappe un autre bouclier dans la poussière. Touchons-le de mes doigts tremblants. Il ressemble au croissant de la lune : c'était ton bouclier, ô Gaul ! le bouclier du compagnon de mon Oscar. Fils de Morni, tu as déjà reçu toute ta gloire, mais je te veux chanter encore : je veux pour la dernière fois confier le nom de Gaul à la harpe de Selma. Malvina, où es-tu ? Oh ! qu'avec joie tu m'entendrais parler de l'ami de ton Oscar !

« La nuit était sombre et orageuse, les ombres criaient sur la bruyère, les torrents se précipitaient du rocher ; les tonnerres à travers les nuages roulaient comme des monts qui s'écroulent, et l'éclair traversait rapidement les airs. Cette nuit même nos héros s'assemblèrent dans les salles de Selma, dans ces salles maintenant abattues : le chêne flamboyait au milieu ; à sa lueur on voyait briller le visage riant des guerriers à demi cachés dans leur noire chevelure. La coquille des fêtes circulait à la ronde ; les bardes chantaient, et la main des vierges glissait sur les cordes de la harpe.

« La nuit s'envola sur les ailes de la joie : nous croyions les étoiles à peine au milieu de leur course, et déjà le rayon du matin entr'ouvrait l'orient nébuleux. Fingal frappa sur son bouclier : ah ! qu'il rendait alors un son différent de celui qu'il a parmi ces débris ! Les guerriers l'entendirent ; ils descendirent du bord de tous leurs ruisseaux. Gaul reconnut aussi la voix de la guerre ; mais le Strumon roulait ses flots entre lui et nous : et qui pouvait traverser ses ondes terribles ?

« Nos vaisseaux abordent à Ifrona ; nous combattons, nous arrachons des mains de l'ennemi les dépouilles de notre patrie. Pourquoi ne restais-tu pas au bord de ton torrent, toi qui levais le bouclier d'azur ? Pourquoi, fils de Morni, ton âme respirait-elle les combats ? Sur quelque champ que ce fût, Gaul voulait moissonner. Il prépare son vaisseau dompteur des vagues, et déploie ses voiles au premier souffle du matin, pour suivre à Ifrona les pas du roi.

« Quelle est celle que j'aperçois au bord de la mer, sur le rocher battu des flots ? Elle est triste comme le pâle brouillard de l'aube ; ses cheveux noirs flottent en désordre ; des larmes roulent dans ses yeux, fixés sur le vaisseau fugitif de Gaul. De ses bras aussi blancs que l'écume de l'onde, elle presse sur son sein un jeune enfant qui lui sourit ; elle murmure à l'oreille du nouveau-né un chant de son âge, mais un soupir entrecoupe la voix maternelle, et la femme ne sait plus quelle était la chanson.

« Tes pensées, Évircoma, n'étaient point pour des airs folâtres : elles volaient sur les flots avec ton amour. On n'aperçoit plus qu'à peine le vaisseau diminué : des nues abaissées étendent maintenant entre lui et le rivage leurs fumées onduleuses ; elles le cachent comme un écueil lointain sous une vapeur passagère. « Que ta course soit heureuse, dompteur des vagues écumantes ! « Quand te reverrai-je, ô mon amant ? »

« Évircoma retourne aux salles de Strumon ; mais ses pas sont tardifs, son visage est triste : on dirait d'une ombre solitaire qui traverse la brume du lac. Souvent elle se retourne pour regarder le vaste Océan. « Que ta course soit

« heureuse, dompteur des vagues écumantes! Quand te reverrai-je, ô mon
« amant? »

La nuit surprit le fils de Morni au milieu de la mer ; la lune n'était point au ciel ; pas une étoile ne brillait dans la profondeur des nuages. La barque du chef glissait sur les flots en silence, et nous passons sans la voir, en retournant à Morven.

Gaul aborde au rivage d'Ifrona. Ses pas étaient sans inquiétude : il erre çà et là; il écoute; il n'entend point rugir la bataille : il frappe avec sa lance sur son bouclier, afin que ses amis se réjouissent de son arrivée : il s'étonne du silence.

« Fingal dort-il? s'écrie Gaul en élevant la voix; le combat n'est-il pas com-
« mencé? Héros de Morven, êtes-vous ici? »

Que n'y étions-nous, fils de Morni ! cette lance t'aurait défendu, ou Ossian serait tombé avec toi. Lance aujourd'hui sans force dans ma main, innocent appui de ma vieillesse, jadis ferme soutien de ceux qui versaient des larmes, tu étais la lance de Témora, tu étais le météore briseur du chêne orgueilleux. Ossian n'était pas comme aujourd'hui un roseau desséché qui tremble dans un étang solitaire ; je m'élevais comme le pin, avec tous mes rameaux verdoyants autour de moi. Que n'étais-je auprès du chef de Strumon, quand l'orage d'Ifrona descendit !

Ombres de Morven, dormiez-vous dans vos grottes aériennes ou vous amusiez-vous à faire voler les feuilles flétries, quand vous nous laissâtes ignorer le danger de Gaul? Mais non; ombres amies de nos pères, vous prîtes soin de nous avertir ; deux fois vous repoussâtes nos vaisseaux au rivage d'Ifrona : nous ne comprîmes pas ce présage, nous crûmes que des Esprits jaloux s'opposaient à notre retour. Fingal tira son épée, et sépara les pans de leur robe de vapeur; à l'instant les ombres passèrent sur nos têtes. « Allez, impuissants fantômes,
« leur dit le chef, allez chasser le duvet du chardon dans une terre lointaine;
« vous jouerez avec les fils du faible. »

Les ombres amies méconnues s'envolèrent avec le vent : leurs voix ressemblaient aux soupirs de la montagne quand l'oiseau de mer prédit la tempête. Quelques-uns de nos guerriers crurent entendre le nom de Gaul à demi formé dans le murmure des ombres. . . . .
. . . .

(Le traducteur, ou plutôt l'auteur anglais, suppose qu'il y a ici une lacune dans le texte.)

« Je suis seul au milieu de mille guerriers: n'est-il point quelque épée pour
« briller avec la mienne? Le vent souffle vers Morven en brisant le sommet des
« vagues. Gaul remontera-t-il sur son vaisseau? ses amis ne sont point auprès
« de lui. Mais que dirait Fingal, mais que diraient les bardes, si un nuage en-
« veloppait la réputation du fils de Morni? Mon père, ne rougirais-tu pas, si je
« me retirais sans combattre? En présence des héros de notre âge, tu cacherais
« ton visage avec tes cheveux blancs, et tu abandonnerais tes soupirs au vent
« solitaire de la vallée ; les ombres des faibles te verraient, et diraient : Voilà
« le père de celui qui a fui dans Ifrona.

« Non, ton fils ne fuira point, ô Morni! son âme est un rayon de feu qui dé-
« vore. O mon Evircoma ! ô mon Ogal!... Eloignons ces souvenirs : le calme

« rayon du jour ne se mêle point à la tempête ; il attend que les cieux soient
« rassérénés. Gaul ne doit respirer que la bataille. Ossian, que n'es-tu avec moi
« comme dans le combat de Lathmor ! Je suis le torrent qui précipite ses ondes
« dans les mille vagues de l'Océan, et qui, vainqueur, s'ouvre un passage à
« travers l'abîme. »

Gaul frappe sur son bouclier, alors non rongé par la rouille des âges.

Ifrona tremble ; ses nombreux guerriers entourent le héros de Strumon : la lance de Morni est dans la main de Gaul ; elle fait reculer les rangs ennemis.

Tu as vu, Malvina, la mer troublée par les bonds d'une immense baleine, qui, blessée et furieuse, se débat à la surface écumante des flots ; tu as vu une troupe de mouettes affamées nager autour de la terrible fille de l'Océan, dont elles n'osent encore approcher, bien qu'elle soit expirante : ainsi s'agitent et se serrent les guerriers épouvantés d'Ifrona, hors de la portée du bras du héros.

Mais la force du chef de Strumon commence à s'épuiser ; il s'appuie contre un arbre ; des ruisseaux de sang errent sur son bouclier ; cent flèches ont déchiré sa poitrine ; sa main tient sa redoutable épée, et les ennemis frémissent.

Enfants d'Ifrona, quelle roche essayez-vous de soulever ? est-ce pour marquer aux siècles à venir votre renommée ou votre honte ? La gloire des braves n'est pas à vous ; vous êtes barbares, et vos cœurs sont inflexibles comme le fer. A peine sept guerriers peuvent détacher la roche du haut de la colline ; elle roule avec fracas, et vient heurter les pieds affaiblis de Gaul : il tombe sur ses genoux ; mais au-dessus de son bouclier roulent encore ses yeux terribles. Les ennemis n'ont pas l'audace de se jeter sur lui ; ils le laissent languir dans la mort, comme un aigle resté seul sur un rocher quand la foudre a brisé ses ailes. Que ne savions-nous dans Selma ta destinée ! que nous auraient fait alors les chansons des vierges et le son de la harpe des bardes ! la lance de Fingal n'eût pas reposé si tranquillement contre les murs du palais ; nous n'eussions pas été surpris, dans cette nuit funeste, de voir le roi se lever à moitié du banquet, en disant : « J'ai cru que la lance d'une ombre avait touché mon bouclier ; ce n'est
« qu'une brise passagère. » O Morni ! que ne vins-tu réveiller Ossian ! que ne vins-tu lui dire : « Hâte-toi de traverser la mer ! » Malheureux père, tu avais volé dans Ifrona pour pleurer sur ton fils.

Le matin sourit dans la vallée de Strumon ; Évircoma sort du trouble d'un songe ; elle entend le bruit de la chasse sur les coteaux de Morven. Surprise de ne point distinguer la voix de Gaul au milieu des cris des guerriers, elle prête, le cœur palpitant, une oreille encore plus attentive : mais les rochers ne renvoient point le son d'une voix connue ; les échos de Strumon ne répètent que les plaintes d'Évircoma.

Le soir attrista la vallée de Strumon : aucun vaisseau ne parut sur la mer. L'âme d'Évircoma était abattue : « Qui retient mon héros dans l'île d'Ifrona ?
« Quoi ! mon amour, n'es-tu point revenu avec les chefs de Morven ? Ton Évir-
« coma sera-t-elle longtemps assise seule sur le rivage ? les larmes descendront-
« elles longtemps de ses yeux ? Gaul, as-tu oublié l'enfant de notre tendresse ? il
« demande le sourire accoutumé de son père. Ses pleurs coulent avec les
« miens, ses soupirs répondent à mes soupirs. Si Gaul entendait son fils bal-

« butier son nom, il précipiterait son retour pour protéger son Ogal. Je me
« souviens de mon songe; je crains que le jour du retour ne soit passé.

« Il me sembla voir les fils de Morven poursuivant les chevreuils. Le chef
« de Strumon n'était point avec eux. Je l'aperçus à quelque distance, appuyé
« sur son bouclier. Un pied seulement soutenait le héros; l'autre paraissait être
« formé d'une vapeur grisâtre. Cette image variait au souffle de chaque brise :
« je m'en approchai; une bouffée de vent vint du désert, le fantôme s'évanouit.

« Les songes sont enfants de la crainte. Chef de Strumon, je te verrai encore,
« tu élèveras encore devant moi ta belle tête, comme le sommet de la colline re-
« ligieuse de Cromla, éclairée des premiers rayons de l'aurore. Le voyageur,
« égaré la nuit sur la bruyère, tremble au milieu des fantômes; mais au doux
« éclat du jour les esprits de ténèbres se retirent, le pèlerin rassuré reprend son
« bâton et poursuit sa route. »

Évircoma crut voir un vaisseau sur les vagues lointaines ; elle crut voir un
mât blanchi, semblable à l'arbre qui, pendant l'hiver, balance sa cime couverte
d'une neige nouvellement tombée. Ses yeux humides n'aperçoivent que des objets confus, bien qu'elle essayât de tarir ses larmes. La nuit descendit; Évircoma se confia à un léger esquif, pour trouver son amant dans les replis des
ombres. Elle vole sur les vagues, mais elle ne rencontre point de vaisseau : elle
avait été trompée par un nuage, ou par la barque aérienne de l'ombre d'un
nautonier décédé, qui poursuivait encore les plaisirs des jours de sa vie.

La nacelle d'Évircoma fuit devant la brise; elle entre dans la baie d'Ifrona,
où la mer s'étend à l'ombre d'une épaisse forêt. Errant de nuage en nuage,
la lune se montrait entre les arbres de la rive. Par intervalle, les étoiles jetaient
un regard à travers le voile déchiré qui couvrait le ciel, et se cachaient de nouveau sous ce voile : à leur faible lumière, Évircoma contemplait la beauté
d'Ogal. Elle donne un baiser à son enfant, le laisse couché dans la nacelle, et va
chercher Gaul dans les bois.

Trois fois elle s'éloigne avec lenteur de son fils, trois fois elle revient en
courant à lui. La colombe qui a caché ses petits dans la fente du rocher d'Oualla
veut cueillir la baie mûrie qu'elle découvre dans la bruyère au-dessous d'elle;
mais le souvenir de l'épervier la trouble; vingt fois elle revole vers ses petits
pour les voir encore, et s'assurer de leur repos. L'âme d'Évircoma est partagée
entre son époux et son enfant, comme la vague que brisent tour à tour et les
vents et les rochers. Mais quelle est cette voix que l'on entend parmi le murmure des flots? Vient-elle de l'arbre solitaire du rivage?

« Je péris seul. A qui la force de mon bras fut-elle utile dans la bataille?
« Pourquoi Fingal, pourquoi Ossian, ignorent-ils mon destin? Étoiles qui me
« voyez, annoncez-le dans Selma par votre lumière sanglante, lorsque les héros
« sortent de la salle des fêtes pour admirer votre beauté. Ombres qui glissez
« sur les rayons de la lune, si votre course se dirige à travers les bois de Morven,
« murmurez en passant mon histoire. Dites au roi que j'expire aussi; dites-
« lui que dans Ifrona est ma froide demeure; que depuis deux jours je languis
« blessé sans nourriture; qu'au lieu de la douce eau du ruisseau, je n'ai pour
« éteindre ma soif que les flots amers.

« Mais, ombres compatissantes, gardez-vous d'apprendre mon sort aux murs
« de Strumon; éloignez la vérité de l'oreille d'Évircoma. Que vos tourbillons
« passent loin de la couche de mon amour ; ne battez point violemment des
« ailes en rasant les tours de mon père : Évircoma vous entendrait, et quelque
« pressentiment s'élèverait dans son âme. Volez loin d'elles, ombres de la nuit;
« que son sommeil soit paisible ; le matin est encore éloigné. Dors avec ton en-
« fant, ô mon amour! Puisse mon souvenir ne point troubler ton repos! Toutes
« les peines de Gaul sont légères, quand les songes d'Évircoma sont légers. »

— « Et penses-tu, » s'écrie l'épouse du fils de Morni, « qu'elle puisse reposer
« en paix quand son guerrier est en péril? penses-tu que les songes d'Évircoma
« puissent être doux lorsque son héros est absent? Mon cœur n'est pas insen-
« sible; je n'ai point reçu la naissance dans la terre d'Ifrona. Mais comment te
« pourrai-je soulager, ô Gaul ! Évircoma trouvera-t-elle quelque nourriture
« dans la terre de l'ennemi ? »

Évircoma soutenait Gaul dans ses bras; elle rappela l'histoire de Conglas son père.

Lorsque Évircoma, jeune encore, était portée dans les bras maternels, Conglas s'embarqua une nuit avec Crisollis, doux rayon de l'amour. La tempête jeta
le père, la mère et l'enfant sur un rocher : là s'élevaient seulement trois arbres
qui secouaient dans les airs leur cime sans feuillage. A leurs racines rampaient
quelques baies empourprées; Conglas les arracha, et les donna à Crisollis; il
espérait saisir le lendemain le daim de la montagne : la montagne était stérile,
et rien n'en animait le sommet. Le matin vint et le soir suivit, et les trois infortunés étaient encore sur le rocher. Conglas voulut tresser une nacelle avec
les branches des arbres, mais il était faible, faute de nourriture.

« Crisollis, dit-il, je m'endors ; quand la tempête s'apaisera, retourne avec
« ton enfant à Idronlo: l'heure où je pourrai marcher est éloignée. »

— « Jamais les collines ne me reverront sans mon amour, répliqua Crisollis.
« Pourquoi ne m'as-tu pas dit que ton âme était défaillante? nous aurions
« partagé les baies de la bruyère; mais le sein de Crisollis nourrira son amant.
« Penche-toi sur moi : non, tu ne dormiras point ici. »

Conglas reprit ses forces au sein de Crisollis; le calme revint sur les flots;
Conglas, Crisollis et la jeune Évircoma atteignirent les rivages d'Idronlo. Souvent le père conduisit la fille au tombeau de Crisollis, en lui racontant la charmante histoire. « Évircoma, disait Conglas, aime de même ton époux, quand le
« jour de ta beauté sera venu. »

— « Oui, je l'aime ainsi, dit à Gaul Évircoma ; presse cette nuit, pour te
« ranimer, ce sein gonflé du lait qui nourrit ton fils: demain nous serons heu-
« reux dans les salles de Strumon. »

« — Fille la plus aimable de ta race, dit Gaul, retire-toi ; que les rayons du so-
« leil ne te trouvent point dans Ifrona. Rentre dans ta nacelle avec Ogal. Pour-
« quoi tomberait-il comme une fleur dont le guerrier indifférent enlève la tête
« avec son épée? Laisse-moi ici. Ma force, telle que la chaleur de l'été, s'est éva-
« nouie; je me fane comme le gazon sous la main de l'hiver, et je ne re-
« naîtrai point au printemps. Dis aux guerriers de Morven de me transporter

« dans leur vallée. Mais non, car l'éclat de ma gloire est couvert d'un nuage :
« qu'ils élèvent seulement ma tombe sous cet arbre. L'étranger la découvrira
« en passant sur la mer, et il dira : Voilà tout ce qui reste du héros. »

— « Et tout ce qui reste de la fille de Strumon, répondit Évircoma ; car je
« reposerai auprès de mon amant. Notre lit sera encore le même ; nos ombres
« voleront unies sur le même nuage. Voyageurs des ondes, vous verserez la
« double larme, car avec son bien-aimé dormira la mère d'Ogal. »

Les cris de l'enfant se firent entendre. Le cœur d'Évircoma bat à coups redoublés dans sa poitrine, et semble vouloir s'ouvrir un passage dans son étroite prison. Un soupir échappe aussi du sein de Gaul. Il a reconnu la voix de son fils : « Guerrier, dit Évircoma, laisse-moi essayer de te porter à la barque où
« j'ai déposé notre enfant ; ton poids sera léger pour moi. Donne-moi cette
« lance, elle soutiendra mes pas. »

La fille de Crisollis parvint à conduire son époux dans la nacelle. Le reste de la nuit elle lutta contre les vagues. Les dernières étoiles virent ses forces s'éteindre ; elles s'évanouirent au lever de l'aurore, comme la vapeur des prairies se dissipe au lever du soleil.

Cette nuit même, il m'en souvient, Ossian dormait sur la bruyère du chasseur ; Morni, le père de Gaul, paraît tout à coup dans mes songes ; il s'arrête devant moi, appuyé sur son bâton tremblant : le vieillard était triste ; les rides profondes que le temps avait creusées dans ses joues étaient remplies des larmes qui descendaient de ses yeux : il regarda la mer, et, avec un profond soupir : « Est-ce là, murmura-t-il faiblement, le temps du sommeil pour l'ami de Gaul ? » Une bouffée de vent agite les arbres ; le coq de bruyère se réveille sous la racine du buisson, relève précipitamment la tête qu'il tenait cachée sous son aile, et pousse un cri plaintif. Ce cri m'arrache à mes songes, j'ouvre les yeux ; je vois Morni emporté par le tourbillon. Je suis la route qu'il me trace ; je fends la mer avec mon vaisseau ; je rencontre la nacelle d'Évircoma ; elle était arrêtée au rivage d'une île déserte : sur l'un des bords de la nacelle la tête de Gaul était inclinée. Je déliai le casque du héros ; ses blonds cheveux, trempés de la sueur des combats, flottèrent sur son front pâli. Aux accents de ma douleur, il essaya de soulever ses paupières ; mais ses paupières étaient trop pesantes ; la mort vint sur le visage de Gaul comme la nuit sur la face du soleil. O Gaul ! tu ne reverras jamais le père de ton ami Oscar.

Près du fils de Morni repose la beauté expirante, Évircoma ; son enfant était dans ses bras, et l'innocente créature promenait en se jouant sa faible main sur le fer de la lance de Gaul. Les paroles d'Évircoma furent courtes : elle se pencha sur la tête d'Ogal, et son dernier regard perça mon cœur. « Adieu,
« mon pauvre orphelin ! Ogal, Ossian te servira de père. » Elle expire.

— O mes amis ! qu'êtes-vous devenus ! Votre souvenir est plein de douceur, et pourtant il fait couler des larmes.

J'aborde au pied des tours de Strumon ; le silence régnait sur le rivage ; aucune fumée ne s'élevait en colonne d'azur du faîte du palais, aucun chant ne se faisait entendre. Le vent sifflait à travers les portes ouvertes, et jonchait le seuil de feuilles séchées ; l'aigle déjà perché sur le comble des tours semblait dire : « Ici je bâtirai mon aire. » Le faon de la biche se cache sous les boucliers sans maîtres; le compagnon des chasses de Gaul, le rapide Codula, croit reconnaître les pas du fils de Morni : dans sa joie il se lève d'un seul bond; mais lorsqu'il a reconnu son erreur, il retourne se coucher sur la froide pierre, en poussant de longs hurlements.

Qui racontera la douleur des héros de Morven? Ils vinrent silencieux de leurs ondoyantes vallées; ils s'avancèrent lentement, comme un sombre brouillard. Gaul, Évircoma et Ogal lui-même n'étaient plus. Fingal se place sous un pin; les guerriers l'environnent. Penché sur le front de Gaul, les cheveux gris de Fingal nous dérobent ses larmes; mais le vent les décèle, en les chassant de sa barbe argentée.

« Es-tu tombé, dit-il enfin, es-tu tombé, ô le premier de mes héros? N'en-
« tendrai-je plus ta voix dans mes fêtes, le son de ton bouclier dans mes com-
« bats? Ton épée n'éclairera-t-elle plus les sombres replis de la bataille? ta lance
« ne renversera-t-elle plus des rangs entiers de mes ennemis? Ton noir vais-
« seau surmontait hardiment la tempête, tandis que tes joyeux rameurs répé-
« taient leurs chansons entre les montagnes humides. Les enfants de Morven
« m'arrachaient à mes pensées en criant : Voyez le vaisseau de Gaul! La harpe
« des vierges et la voix des bardes annonçaient ton arrivée, tes bannières flot-
« taient sur la bruyère. Je reconnaissais le sifflement de ta flèche et le bruit
« de tes pas.

« Force des guerriers, qu'es-tu? Aujourd'hui tu chasses les vaillants devant
« toi, comme des nuages de poussière, la mort marque ton passage, comme la
« feuille séchée indique la course des fantômes : demain le court songe de la va-
« leur est dissipé; la terreur des armées s'est évanouie; l'insecte ailé bour-
« donne sa victoire sur le corps du héros.

« Fils du faible, pourquoi désirais-tu la force du chef de Strumon, quand tu
« le voyais resplendissant sous ses armes? Ne savais-tu pas que la force du guer-
« rier s'évanouit? Quand le chasseur regagne sa demeure, il contemple un
« nuage brillant que traversent les couleurs de l'arc-en-ciel; mais les moments
« fuient sur leurs ailes d'aigle, le soleil ferme ses yeux de lumière, un tour-
« billon brouille les nues : une noire vapeur est tout ce qui reste de l'arc étin-
« celant. O Gaul! les ténèbres ont succédé à ta clarté; mais ta mémoire vivra;
« il ne soufflera pas un seul vent sur Morven qui ne parle de ta renommée.

« Bardes, élevez la tombe du père, de la mère et du fils. La pierre moussue
« apprendra à l'étranger le lieu de leur repos, le chêne leur prêtera son ombre.
« Les brises visiteront cet arbre de la mort; sous les fraîches ondées du prin-
« temps, il se couvrira de feuilles, longtemps avant que les autres arbres aient
« repris leur parure, longtemps avant que la bruyère se soit ranimée à ses
« pieds. Les oiseaux de passage s'arrêteront sur la cime du chêne solitaire : ils
« y chanteront la gloire de Gaul, tandis que les vierges des temps à venir re-
« diront la beauté d'Évircoma, et que les mères pleureront Ogal.

« Mais, ô pierre! quand tu seras réduite en poudre; ô chêne! quand les vers
« t'auront rongé; ô torrent! lorsque tu cesseras de couler, et que la source de
« la montagne ne fournira plus son onde à ta course; lorsque vos chansons,

« ô bardes! seront oubliées; lorsque votre mémoire et celle des héros par vous
« célébrés auront disparu dans le gouffre des âges; alors, et seulement alors, la
« gloire de Gaul périra, l'étranger pourra demander quel était le fils de Morni,
« quel était le chef de Strumon. »

LETTRE

SUR L'ART DU DESSIN DANS LES PAYSAGES.

A MONSIEUR ***.

Londres, 1795.

Voilà le petit paysage que vous m'avez demandé. Je vous l'ai fait attendre; mais vous savez quels tristes soins m'appellent à d'autres études qui pourtant ne seront pas longues, s'il faut en croire les médecins (1); je suis prêt quand et comment il plaira à Dieu. Ces mêmes études m'ont fait abandonner cette grande *vue* du Canada, qui me plaisait par le souvenir de mes voyages. Quelle différence de ce temps-là à celui-ci! Lorsque mes pensées se reportent vers le passé, je sens si vivement le poids de mes peines, que je ne sais ce que je deviens. Pardonnez à cet épanchement de mon cœur. Il y a tant de charme à parler de ses souffrances quand ceux qui vous écoutent peuvent vous comprendre! Peu de gens me comprennent ici.

Le petit dessin que je vous envoie m'a fait faire quelques réflexions sur l'art du paysage : elles vous seront peut-être utiles. D'ailleurs nous sommes en hiver; vous avez du feu : grande ressource contre les barbouilleurs de papier.

Élevé dans les bois, les défauts de l'art et la sécheresse des paysages m'ont frappé presque dès mon enfance, sans que je puisse dire ce qui constituait ces défauts. Lorsque je dessinais moi-même, je sentais que je faisais mal en copiant des modèles; j'étais plus content de moi, lorsque je suivais mes propres idées. Insensiblement cela m'engagea à rechercher les causes de cette bizarrerie; car enfin ce que je retraçais d'après les règles valait mieux que ce que je créais d'après ma tête. Voici ce que l'examen m'apprit, et la solution la plus satisfaisante que j'aie pu me donner de mon problème.

En général, les paysagistes n'aiment point assez la nature, et la connaissent peu. Je ne parle point ici des grands maîtres, dont au reste il y aurait encore beaucoup de choses à dire; je ne parle que des maîtres ordinaires, et des amateurs comme nous. On nous apprend à forcer ou à éclaircir les ombres; à rendre un trait net, pur, et le reste; mais on ne nous apprend point à étudier les objets mêmes qui nous flattent si agréablement dans les tableaux de la nature; on ne nous fait point remarquer que ce qui nous charme dans ces tableaux, ce

---

(1) Voyez la préface de l'*Essai historique*.

sont les harmonies et les oppositions des vieux bois et des bocages, des rochers arides, et des prairies parées de toute la jeunesse des fleurs. Il semblerait que l'étude du paysage ne consiste que dans l'étude des coups de crayon ou de pinceau; que tout l'art se réduit à assembler certains traits, de manière à ce qu'il en résulte des apparences d'arbres, de maisons, d'animaux et d'autres objets. Le paysagiste qui dessine ainsi ne ressemble pas mal à une femme qui fait de la dentelle, qui passe de petits bâtons les uns sur les autres, en causant et en regardant ailleurs; il résulte de cet ouvrage des pleins et des vides qui forment un tissu plus ou moins varié : appelez cela un métier et non un art.

Il faut donc que les élèves s'occupent d'abord de l'étude même de la nature : c'est au milieu des campagnes qu'ils doivent prendre leurs premières leçons. Qu'un jeune homme soit frappé de l'effet d'une cascade qui tombe de la cime d'un roc, et dont l'eau bouillonne en s'enfuyant : le mouvement, le bruit, les jets de lumière, les masses d'ombres, les plantes échevelées, la neige de l'écume qui se forme au bas de la chute, les frais gazons qui bordent le cours de l'eau, tout se gravera dans la mémoire de l'élève. Ces souvenirs le suivront dans son atelier : il n'a pas encore touché le pinceau, et il brûle de reproduire ce qu'il a vu. Un croquis informe sort de dessous sa main : il se dépite; il recommence son ouvrage et le déchire encore. Alors il s'aperçoit qu'il y a des principes qu'il ignore; il est forcé de convenir qu'il lui faut un maître : mais un pareil élève ne demeurera pas longtemps aux principes, et il avancera à pas de géant dans une carrière où l'inspiration aura été son premier guide.

Le peintre qui représente la nature humaine doit s'occuper de l'étude des passions : si l'on ne connaît le cœur de l'homme, on connaîtra mal son visage. Le paysage a sa partie morale et intellectuelle, comme le portrait; il faut qu'il parle aussi, et qu'à travers l'exécution matérielle on éprouve ou les rêveries ou les sentiments que font naître les différents sites. Il n'est pas indifférent de peindre dans un paysage, par exemple, des chênes ou des saules : les chênes à la longue vie, *durando sæcula vincit*, aux écorces rudes, aux bras vigoureux, à la tête altière, *immota manet*, inspirent sous leurs ombres des sentiments d'une tout autre espèce que ces saules au feuillage léger, qui vivent peu, et qui ont la fraîcheur des ondes où ils puisent leur sève : *umbræ irrigui fontis amica salix*.

Quelquefois le paysagiste, comme le poëte, faute d'avoir étudié la nature, voile le caractère des sites. Il place des pins au bord d'un ruisseau, et des peupliers sur la montagne; il répand la corbeille de la Flore de nos jardins dans les prairies; l'églantier d'une haie sauvage porte la rose de nos parterres, couronne trop pesante pour lui.

L'étude de la botanique me semble utile au paysagiste, quand ce ne serait que pour apprendre le *feuillé*, et ne pas donner aux feuilles de tous les arbres le même limbe et la même forme. Si le peintre qui doit exprimer sur la toile les tristes passions des hommes est obligé d'en rechercher les organes à l'aide de l'anatomie, plus heureux que lui, le peintre de paysage ne doit s'occuper que des générations innocentes des fleurs; des inclinations des plantes, et des mœurs paisibles des animaux rustiques.

MÉLANGES LITTÉRAIRES.

Lorsque l'élève aura franchi les premières barrières, quand son pinceau plus hardi pourra errer sans guide avec ses pensées, il faudra qu'il s'enfonce dans la solitude, qu'il quitte ces plaines déshonorées par le voisinage de nos villes. Son imagination, plus grande que cette petite nature, finirait par lui donner du mépris pour la nature même; il croirait faire mieux que la création : erreur dangereuse par laquelle il serait entraîné loin du vrai dans des productions bizarres, qu'il prendrait pour du génie.

Gardons-nous de croire que notre imagination est plus féconde et plus riche que la nature. Ce que nous appelons *grand* dans notre tête est presque toujours du désordre. Ainsi, dans l'art qui fait le sujet de cette lettre, pour nous représenter le *grand*, nous nous figurons des montagnes entassées jusqu'aux cieux, des torrents, des précipices, la mer agitée, des flots si vastes que nous ne les voyons que dans le vague de nos pensées, des vents, des tonnerres; que sais-je? un million de choses incohérentes et presque ridicules, si nous voulions être de bonne foi, et nous rendre un compte net et clair de nos idées.

Cela ne serait-il point une preuve du penchant que l'homme a pour détruire? Il nous est bien plus facile de nous faire des notions du chaos que des justes proportions de l'univers. Nous avons toutes les peines du monde à nous peindre le calme des flots, à moins que nous n'y mêlions des souvenirs de terreur : c'est ce dont on se peut convaincre par la description de ces calmes où l'on trouve presque toujours les mots de *menaçant*, de *profond silence*, etc. Que, rempli de ces folles idées du sublime, un paysagiste arrive pendant un orage au bord de la mer qu'il n'a jamais vue, il est tout étonné d'apercevoir des vagues qui s'enflent, s'approchent et se déroulent avec ordre et majesté l'une après l'autre, au lieu de ce choc et de ce bouleversement qu'il s'était représenté. Un bruit sourd, mêlé de quelques sons rauques et clairs entrecoupés de quelques courts silences, a succédé au tintamarre que notre peintre entendait dans son cerveau. Partout des couleurs tranchantes, mais conservant des harmonies jusque dans leurs disparates. L'écume éblouissante des flots jaillit sur les rochers noirs; dans un horizon sombre roulent de vastes nuages, mais qui sont poussés du même côté : ce ne sont plus mille vents déchaînés qui se combattent, des couleurs brouillées, des cieux escaladés par les flots, la lumière épouvantant les morts à travers les abîmes creusés entre les vagues.

Notre jeune poëte ou notre jeune peintre s'écrie : « J'imaginais mieux que « cela; » et il tourne le dos avec dédain. Mais, si son esprit est bon, il reviendra bientôt de ses notions exagérées : il rectifiera son imagination; rien ne lui paraîtra plus grand désormais que les ouvrages formés par une puissance première. Il renversera ces montagnes entassées dans sa tête, où tous les sites, tous les accidents, tous les végétaux étaient confondus. Ces montagnes idéales ne s'élèveront plus jusqu'aux étoiles, mais les neiges couvriront la tête des Alpes, les torrents s'écouleront de leur cime; les mélèzes, dans une région moins élevée, commenceront à décorer le flanc des rochers; des végétaux moins robustes, quittant le séjour des tempêtes, descendront par degrés dans la vallée; et la cabane du Suisse agricole et guerrier sourira sous les saules grisâtres au bord du ruisseau.

Fort alors de ses études et de son goût épuré, l'élève se livrera à son génie. Tantôt il égarera les yeux de l'amateur sous des pins où peut-être un tombeau couvert de lierre appellera en vain l'amitié; tantôt, dans un vallon étroit, entouré de rochers nus, il placera les restes d'un vieux château : à travers les crevasses des tours, on apercevra le tronc de l'arbre solitaire qui a envahi la demeure du bruit et des combats; le perce-pierre couvrira de ses croix blanches les débris écoulés, et les capillaires tapisseront les pans de murs encore debout. Peut-être un petit pâtre gardera dans ce lieu ses chèvres, qui sauteront de ruines en ruines.

Les paysages riants auront leur tour, quoique en général ils soient moins attachants dans leur composition ; soit que l'image du bonheur convienne peu aux hommes, soit que l'art ne trouve que de faibles ressources dans la peinture des plaisirs champêtres, réduits pour la plupart à des danses et à des chants. Il y a pourtant certains caractères généraux propres à ces sortes de *vues* : le feuillé doit être léger et mobile; le lointain, indéterminé sans être vaporeux; l'ombre peu prononcée; et il doit régner sur toute la scène une clarté suave qui veloute la surface des objets.

Le paysagiste apprendra l'influence des divers horizons sur la couleur des tableaux : si vous supposez deux vallons parfaitement identiques, dont l'un regarde le midi et l'autre le nord, les tons, la physionomie, l'expression morale de ces deux vues semblables seront dissemblables.

La perspective aérienne est d'une difficulté prodigieuse; cependant il y faut savoir placer la perspective linéaire des plans de la terre, et détacher sur les parties fuyantes les nuages, si différents aux différentes heures du jour. La nuit même a ses couleurs ; il ne suffit pas de faire la lune pâle pour la faire belle ; la chaste Diane a aussi ses amours, et la pureté de ses rayons ne doit rien ôter à l'inspiration de sa lumière.

Cette lettre est déjà d'une extrême longueur, et je n'ai encore qu'effleuré un sujet inépuisable. Tout ce que j'ai voulu dire aujourd'hui, c'est que le paysage doit être *dessiné* sur le *nu*, si on le veut faire ressemblant, et en accuser pour ainsi dire les muscles, les formes. Des études de cabinet, des copies sur des copies, ne remplaceront jamais un travail d'après nature. *Atticæ plurimam salutem.*

MÉLANGES POLITIQUES.

PRÉFACE.

(1828.)

Quand on aura relu, si on les relit, *Buonaparte et les Bourbons*, *Compiègne*, l'*État de la France au 4 octobre 1814*, le *Rapport fait au roi dans son conseil à Gand*, etc., il restera prouvé que je suis un ennemi de la légitimité, comme il appert par le *Génie du Christianisme* que je suis un impie, comme il appert par les *Réflexions politiques* que, dès 1814, je ne voulais pas de la Charte. Mais si je ne suis pas un impie, je suis tout au moins un philosophe; en voici la preuve. J'ai dit dans la nouvelle Préface de l'*Essai historique* : « *Je crois*
« *très-sincèrement; j'irais demain, pour ma foi, d'un pas ferme à l'échafaud.*

« *Je ne démens pas une syllabe de ce que j'ai écrit dans le* Génie du Christia-
« nisme ; *jamais un mot n'échappera à ma bouche, une ligne à ma plume, qui*
« *soit en opposition avec les opinions religieuses que j'ai professées depuis vingt-*
« *cinq ans.*

« Voilà ce que je suis.

« Voici ce que je ne suis pas :

« Je ne suis point chrétien par patentes de trafiquant en religion : mon bre-
« vet n'est que mon extrait de baptême. J'appartiens à la communion géné-
« rale, naturelle et publique de tous les hommes qui, depuis la création, se
« sont entendus d'un bout de la terre à l'autre pour prier Dieu.

« Je ne fais point métier et marchandise de mes opinions. Indépendant de
« tout, fors de Dieu, je suis chrétien sans ignorer mes faiblesses, sans me don-
« ner pour modèle, sans être persécuteur, inquisiteur, délateur; sans espion-
« ner mes frères, sans calomnier mes voisins.

« Je ne suis point un incrédule déguisé en chrétien, qui propose la religion
« comme un frein utile aux peuples. Je n'explique point l'Évangile au profit
« du despotisme, mais au profit du malheur.

« Si je n'étais pas chrétien, je ne me donnerais pas la peine de le paraître :
« toute contrainte me pèse, tout masque m'étouffe ; à la seconde phrase, mon
« caractère l'emporterait et je me trahirais. J'attache trop peu d'importance à
« la vie pour m'amuser à la parer d'un mensonge.

« Se conformer en tout à l'esprit d'élévation et de douceur de l'Évangile,

« marcher avec le temps, soutenir la liberté par l'autorité de la religion, prê-
« cher l'obéissance à la Charte comme la soumission au roi; faire entendre du
« haut de la chaire des paroles de compassion pour ceux qui souffrent, quels
« que soient leur pays et leur culte, réchauffer la foi par l'ardeur de la cha-
« rité, voilà, selon moi, ce qui pouvait rendre au clergé la puissance légitime
« qu'il doit obtenir : par le chemin opposé, sa ruine est certaine. La société ne
« peut se soutenir qu'en s'appuyant sur l'autel ; mais les ornements de l'autel
« doivent changer selon les siècles, et en raison des progrès de l'esprit humain.
« Si le sanctuaire de la Divinité est beau à l'ombre, il est encore plus beau à
« la lumière : la croix est l'étendard de la civilisation.

« Je ne redeviendrai incrédule que quand on m'aura démontré que le chris-
« tianisme est incompatible avec la liberté ; alors je cesserai de regarder comme
« véritable une religion opposée à la dignité de l'homme. Comment pourrais-je
« le croire émané du ciel, un culte qui étoufferait les sentiments nobles et gé-
« néreux, qui rapetisserait les âmes, qui couperait les ailes du génie, qui mau-
« dirait les lumières au lieu d'en faire un moyen de plus pour s'élever à la
« contemplation des œuvres de Dieu? Quelle que fût ma douleur, il faudrait
« bien reconnaître malgré moi que je me repaissais de chimères : j'approche-
« rais avec horreur de cette tombe où j'avais espéré trouver le repos et non le
« néant.

« Mais tel n'est point le caractère de la vraie religion ; le christianisme porte
« pour moi deux preuves manifestes de sa céleste origine : par sa morale, il
« tend à nous délivrer des passions ; par sa politique, il abolit l'esclavage. C'est
« donc une religion de liberté : c'est la mienne. »

Pourrait-on croire que, dans ces pages où je déclare que *j'irais demain, pour ma foi, d'un pas ferme à l'échafaud*, que *je ne démens pas une syllabe de ce que j'ai écrit dans le* Génie du christianisme ; pourrait-on croire que des hommes charitables aient trouvé contre moi une accusation de *philosophisme?* — Comment cela? Eh! n'avez-vous pas remarqué cette abominable manifestation de l'erreur? *J'appartiens à la communion générale, naturelle et publique de tous les hommes qui, depuis la création, se sont entendus d'un bout de la terre à l'autre pour prier Dieu.*

En bonne logique, ne puis-je appartenir à la grande communion des hommes qui ont prié Dieu depuis les patriarches jusqu'aux gentils des temps modernes, ignorants encore de l'Évangile ; ne puis-je, dis-je, appartenir à cette communion, sans cesser de connaître et de prier Dieu à la manière des chrétiens? Mais passons.

Je suis bien plus coupable encore ; je joins *l'hérésie* au *philosophisme*, témoin ces mots : *Je suis chrétien*. C'est du protestantisme tout pur ; je devais dire : Je suis *catholique, apostolique* et *romain*. Bien : je suis hérétique parce que je me suis servi du mot fameux des martyrs allant au supplice : « Je suis « chrétien! »

Mais si j'ai déclaré, dans le même paragraphe, que *j'irais, pour ma foi, d'un pas ferme à l'échafaud*, que *je ne démens pas une syllabe de ce que j'ai écrit dans le* Génie du Christianisme, reste-t-il quelque doute sur mes sentiments? L'ouvrage dont *je ne démens pas une syllabe* n'est-il pas l'apologie la plus complète de la religion *catholique, apostolique* et *romaine?* Ah! mes pieux commentateurs, ce ne sont pas là les phrases qui vous blessent! Vous me trouveriez très-orthodoxe si avant et après ces mots, *je suis chrétien,* on ne lisait pas ces divers passages : *Je ne suis point chrétien par patentes de trafiquant en religion... Je ne fais point métier et marchandise de mes opinions... Indépendant de tout, fors de Dieu,* je suis chrétien *sans ignorer mes faiblesses, sans me donner pour modèle, sans être persécuteur, inquisiteur, délateur; sans espionner mes frères, sans calomnier mes voisins... Je n'explique point l'Évangile au profit du despotisme, mais au profit du malheur... Marcher avec le temps; soutenir la liberté par l'autorité de la religion; prêcher l'obéissance à la* Charte *comme la soumission au* Roi... *voilà, selon moi, ce qui pourrait rendre au clergé la puissance légitime qu'il doit obtenir. Le christianisme porte pour moi deux preuves de sa céleste origine : par sa morale, il tend à nous délivrer des passions; par sa politique, il abolit l'esclavage. C'est donc une religion de liberté; c'est la mienne.*

Détester la persécution, l'intrigue et le mensonge; désirer que la religion s'allie avec la liberté et s'étende avec les lumières du siècle, voilà ma véritable hérésie, mon philosophisme réel, mon péché irrémissible. Un homme qui veut la Charte, en la séparant de l'Évangile, prêche une doctrine stérile; mais un homme qui demande que la Charte soit déposée sur l'autel est assis dans une chaire féconde en séductions diaboliques : la foule trompée finirait par se plaire à l'œuvre réprouvée que l'ancien Dragon inspira à Louis XVIII et fit jurer à Charles X.

Pour tout esprit droit et tout cœur sincère, il ne peut y avoir rien d'équivoque dans les phrases *incriminées,* si on les rattache aux phrases dont elles sont précédées ou suivies; mais voulant trancher la question, et ne laisser aucune occasion d'anathème aux nouveaux docteurs, je déclare donc que je vivrai et mourrai *catholique, apostolique* et *romain.* Voilà qui est clair et positif. Les trafiquants de religion seront-ils satisfaits, me croiront-ils? Pas du tout; ils me jugent d'après eux.

Je me serais bien gardé de rappeler de misérables critiques dans une préface, si ces critiques ne tombaient sur un point religieux : le mépris ou l'insouciance en pareille matière serait coupable. Je professe ma croyance religieuse aussi publiquement que ma croyance politique : j'ai toujours été d'avis qu'il n'y a point de liberté durable si elle n'est fondée, comme la société tout entière, dans la religion; seulement il ne faut pas prendre l'hypocrisie pour la foi, l'ardeur de la calomnie pour le zèle de la charité, et l'abus que l'on fait des choses saintes pour les choses saintes elles-mêmes.

Je parlerai maintenant de l'écrit placé dans les *Mélanges historiques.* Louis XVIII voulait bien dire que cet écrit lui avait valu une armée.

Buonaparte est jugé avec rigueur dans cet opuscule approprié aux besoins de l'époque. A cette époque de trouble et de passions les paroles ne pouvaient être rigoureusement pesées; il s'agissait moins d'écrire que d'agir; c'était une bataille qu'il fallait gagner ou perdre dans l'opinion; et, perdue, elle dispersait pour toujours les débris du trône légitime. La France ne savait que penser;

l'Europe, stupéfaite de sa victoire, hésitait ; Buonaparte était à Fontainebleau, tout-puissant encore, et environné de quarante mille vétérans ; les négociations avec lui n'étaient pas rompues : le moment était décisif ; force était donc de s'occuper seulement de l'homme à craindre, sans rechercher ce qu'il avait d'éminent ; l'admiration mise imprudemment dans la balance l'aurait fait pencher du côté de l'oppresseur de nos libertés. La patrie était écrasée sous le despotisme, et livrée par l'ambition insensée de ce despotisme à l'invasion de l'étranger ; nos blessures récentes saignaient : le donjon de Vincennes, les exils, les fusillades à la plaine de Grenelle, l'anéantissement de notre indépendance, la conscription, les banqueroutes répétées, l'iniquité de la politique napoléonienne, l'ingrate persécution suscitée au souverain pontife, l'enlèvement du roi d'Espagne, les désastres de la campagne de Russie ; enfin tous les abus de l'arbitraire, toutes les vexations du gouvernement de l'empire, ne laissaient à personne le sang-froid nécessaire pour prononcer un jugement impartial. On ne voyait que la moitié du tableau ; les défauts étaient en saillie dans la lumière, les qualités plongées dans l'ombre.

Le temps a marché ; Napoléon a disparu : le soldat devant lequel tant de rois fléchirent le genou, le conquérant qui fit tant de bruit, occupe à peine, dans un silence sans fin, quelques pieds de terre sur un roc au milieu de l'Océan. Usurpateur du trône de saint Louis et des droits de la nation, tel se montrait Buonaparte quand j'esquissai ses traits pour la première fois. Je le jugeai d'abord avec les générations souffrantes, moi-même une de ses victimes ; depuis, j'ai dû parler d'un sceptre perdu, d'une épée brisée, en historien consciencieux, en citoyen qui voit l'indépendance de son pays assurée. La liberté m'a permis d'admirer la gloire : assise désormais sur un tombeau solitaire, cette gloire ne se lèvera point pour enchaîner ma patrie.

En 1814, j'ai peint *Buonaparte et les Bourbons;* en 1827, j'ai tracé le parallèle de *Washington et de Buonaparte;* mes deux *plâtres* de Napoléon ressemblent ; mais l'un a été coulé sur la vie, l'autre modelé sur la mort, et la mort est plus vraie que la vie.

Cessant lui-même d'avoir un intérêt à garder contre moi sa colère, Buonaparte m'avait aussi pardonné et rendu quelque justice. Un article où je parlais de sa force étant tombé entre ses mains, il dit à M. de Montholon :

« Si, en 1814 et en 1815, la confiance royale n'avait point été placée dans
« des hommes dont l'âme était détrempée par des circonstances trop fortes, ou
« qui, renégats à leur patrie, ne voient de salut et de gloire pour le trône de
« leur maître que dans le joug de la Sainte-Alliance ; si le duc de Richelieu,
« dont l'ambition fut de délivrer son pays des baïonnettes étrangères ; si
« Chateaubriand, qui venait de rendre à Gand d'éminents services, avaient eu
« la direction des affaires, la France serait sortie puissante et redoutée de ces
« deux grandes crises nationales. Chateaubriand a reçu de la nature le feu
« sacré : ses ouvrages l'attestent. Son style n'est pas celui de Racine, c'est
« celui du prophète. Il n'y a que lui au monde qui ait pu dire impunément,
« à la tribune des pairs, que la *redingote grise et le chapeau de Napoléon,*
« *placés au bout d'un bâton sur la côte de Brest, feraient courir l'Europe*

« *aux armes*[1]. Si jamais il arrive au timon des affaires, il est possible que
« Chateaubriand s'égare : tant d'autres y ont trouvé leur perte ! mais, ce qui
« est certain, c'est que tout ce qui est grand et national doit convenir à son
« génie, et qu'il eût repoussé avec indignation ces actes infamants de l'ad-
« ministration d'alors. » (*Mémoires pour servir à l'Histoire de France sous
Napoléon*, par M. DE MONTHOLON, tom. IV, page 248.)

Pourquoi ne conviendrais-je pas que ce jugement *flatte de mon cœur
l'orgueilleuse faiblesse ?* Bien de petits hommes à qui j'ai rendu de grands
services ne m'ont pas jugé si favorablement que le géant dont j'avais osé
déserter le crime[2] et attaquer la puissance.

Quoi qu'il en soit, en rapprochant l'écrit *de Buonaparte et des Bourbons* du
parallèle *de Buonaparte et de Washington*[3] et de quelques pages de ma *Polémique*[4], on saura à peu près tout ce qu'il y a à dire en bien ou en mal de celui
que les peuples appelèrent un *fléau* : les fléaux de Dieu conservent quelque
chose de l'éternité et de la grandeur de ce courroux divin dont ils émanent.
Ossa arida... dabo vobis spiritum, et vivetis. (ÉZÉCHIEL).

DE BUONAPARTE ET DES BOURBONS.

30 MARS 1814.

Non, je ne croirai jamais que j'écris sur le tombeau de la France ; je ne
puis me persuader qu'après le jour de la vengeance nous ne touchions pas
au jour de la miséricorde. L'antique patrimoine des rois très-chrétiens ne
peut être divisé ; il ne périra point, ce royaume que Rome expirante enfanta
au milieu de ses ruines, comme un dernier essai de sa grandeur. Ce ne sont
point les hommes seuls qui ont conduit les événements dont nous sommes les
témoins ; la main de la Providence est visible dans tout ceci : Dieu lui-même
marche à découvert à la tête des armées, et s'assied au conseil des rois.
Comment, sans l'intervention divine, expliquer et l'élévation prodigieuse et
la chute plus prodigieuse encore de celui qui, naguère, foulait le monde à

---

[1] Voici le passage auquel Buonaparte fait allusion, et qu'il avait mal retenu :
« Jeté au milieu des mers où le Camoëns plaça le génie des tempêtes, Buonaparte ne
« peut se remuer sur son rocher sans que nous ne soyons avertis de son mouvement par
« une secousse. Un pas de cet homme à l'autre pôle se ferait sentir à celui-ci. Si la Providence
« déchaînait encore son fléau ; si Buonaparte était libre aux États-Unis, ses regards attachés
« sur l'Océan suffiraient pour troubler les peuples de l'ancien monde : sa seule présence sur
« le rivage américain de l'Atlantique forcerait l'Europe à camper sur le rivage opposé. »
(*Polémique*, art. du 17 novembre 1818.)

[2] L'assassinat du duc d'Enghien.

[3] *Voyage en Amérique.*

[4] Voyez *Polémique*, articles du 17 novembre 1818, — 5 juillet 1824 inclusivement.

ses pieds? il n'y a pas quinze mois qu'il était à Moscou, et les Russes sont à Paris; tout tremblait sous ses lois, depuis les colonnes d'Hercule jusqu'au Caucase; et il est fugitif, errant, sans asile; sa puissance s'est débordée comme le flux de la mer et s'est retirée comme le reflux.

Comment expliquer les fautes de cet insensé? Nous ne parlons pas encore de ses crimes.

Une révolution, préparée par la corruption des mœurs et par les égarements de l'esprit, éclate parmi nous. Au nom des lois, on renverse la religion et la morale ; on renonce à l'expérience et aux coutumes de nos pères ; on brise les tombeaux des aïeux, base sacrée de tout gouvernement durable, pour fonder sur une raison incertaine une société sans passé et sans avenir. Errant dans nos propres folies, ayant perdu toute idée claire du juste et de l'injuste, du bien et du mal, nous parcourûmes les diverses formes des constitutions républicaines. Nous appelâmes la populace à délibérer au milieu des rues de Paris, sur les grands objets que le peuple romain venait discuter au Forum, après avoir déposé ses armes et s'être baigné dans les flots du Tibre. Alors sortirent de leurs repaires tous ces rois demi-nus, salis et abrutis par l'indigence, enlaidis et mutilés par leurs travaux, n'ayant pour toute vertu que l'insolence de la misère et l'orgueil des haillons. La patrie tombée en de pareilles mains fut bientôt couverte de plaies. Que nous resta-t-il de nos fureurs et de nos chimères? des crimes et des chaînes !

Mais du moins le but que l'on semblait se proposer alors était noble. La liberté ne doit point être accusée des forfaits que l'on commit sous son nom ; la vraie philosophie n'est point la mère des doctrines empoisonnées que répandent les faux sages. Eclairés par l'expérience, nous sentîmes enfin que le gouvernement monarchique était le seul qui pût convenir à notre patrie.

Il eût été naturel de rappeler nos princes légitimes; mais nous crûmes nos fautes trop grandes pour être pardonnées. Nous ne songeâmes pas que le cœur d'un fils de saint Louis est un trésor inépuisable de miséricorde. Les uns craignaient pour leur vie, les autres pour leurs richesses. Surtout il en coûtait trop à l'orgueil humain d'avouer qu'il s'était trompé. Quoi! tant de massacres, de bouleversements, de malheurs, pour revenir au point d'où l'on était parti! Les passions encore émues, les prétentions de toutes les espèces ne pouvaient renoncer à cette égalité chimérique, cause principale de nos maux. De grandes raisons nous poussaient; de petites raisons nous retinrent : la félicité publique fut sacrifiée à l'intérêt personnel, et la justice à la vanité.

Il fallut donc songer à établir un chef suprême qui fût l'enfant de la révolution, un chef en qui la loi, corrompue dans sa source, protégeât la corruption et fît alliance avec elle. Des magistrats intègres, fermes et courageux, des capitaines renommés par leur probité autant que pour leurs talents, s'étaient formés au milieu de nos discordes; mais on ne leur offrit point un pouvoir que leurs principes leur auraient défendu d'accepter. On désespéra de trouver parmi les Français un front qui osât porter la couronne de Louis XVI. Un étranger se présenta : il fut choisi.

Buonaparte n'annonça pas ouvertement ses projets; son caractère ne se développa que par degrés. Sous le titre modeste de consul, il accoutuma d'abord les esprits indépendants à ne pas s'effrayer du pouvoir qu'ils avaient donné. Il se concilia les vrais Français, en se proclamant le restaurateur de l'ordre, des lois et de la religion. Les plus sages y furent pris, les plus clairvoyants trompés. Les républicains regardaient Buonaparte comme leur ouvrage et comme le chef populaire d'un État libre. Les royalistes croyaient qu'il jouait le rôle de Monk, et s'empressaient de le servir. Tout le monde espérait en lui. Des victoires éclatantes, dues à la bravoure des Français, l'environnèrent de gloire. Alors il s'enivra de ses succès, et son penchant au mal commença à se déclarer. L'avenir doutera si cet homme a été plus coupable par le mal qu'il a fait que par le bien qu'il eût pu faire et qu'il n'a pas fait. Jamais usurpateur n'eut un rôle plus facile et plus brillant à remplir. Avec un peu de modération il pouvait établir lui et sa race sur le premier trône de l'univers. Personne ne lui disputait ce trône : les générations nées depuis la révolution ne connaissaient point nos anciens maîtres, et n'avaient vu que des troubles et des malheurs. La France et l'Europe étaient lassées; on ne soupirait qu'après le repos ; on l'eût acheté à tout prix. Mais Dieu ne voulut pas qu'un si dangereux exemple fût donné au monde, qu'un aventurier pût troubler l'ordre des successions royales, se faire l'héritier des héros, et profiter dans un seul jour de la dépouille du génie, de la gloire et du temps. Au défaut des droits de la naissance, un usurpateur ne peut légitimer ses prétentions au trône que par des vertus : dans ce cas, Buonaparte n'avait rien pour lui; hors des talents militaires, égalés, sinon même surpassés par ceux de plusieurs de nos généraux. Pour le perdre, il a suffi à la Providence de l'abandonner et de le livrer à sa propre folie.

Un roi de France disait que « si la bonne foi était bannie du milieu des hommes, elle devrait se retrouver dans le cœur des rois : » cette qualité d'une âme royale manqua surtout à Buonaparte. Les premières victimes connues de la perfidie du tyran furent deux chefs des royalistes de la Normandie. MM. de Frotté et le baron de Commarque eurent la noble imprudence de se rendre à une conférence où on les attira sur la foi d'une promesse ; ils furent arrêtés et fusillés. Peu de temps après, Toussaint Louverture fut enlevé par trahison en Amérique, et probablement étranglé dans le château où on l'enferma en Europe.

Bientôt un meurtre plus fameux consterna le monde civilisé. On crut voir renaître ces temps de barbarie du moyen âge, ces scènes que l'on ne trouve plus que dans les romans, ces catastrophes que les guerres de l'Italie et la politique de Machiavel avaient rendues familières au delà des Alpes. L'étranger, qui n'était point encore roi, voulut avoir le corps sanglant d'un Français pour marchepied du trône de France. Et quel Français, grand Dieu ! Tout fut violé pour commettre ce crime : droit des gens, justice, religion, humanité. Le duc d'Enghien est arrêté en pleine paix sur un sol étranger. Lorsqu'il avait quitté la France, il était trop jeune pour la bien connaître : c'est du fond d'une chaise de poste, entre deux gendarmes, qu'il voit comme pour la première fois, la terre de sa patrie, et qu'il traverse, pour mourir, les champs illustrés par ses aïeux

Il arrive au milieu de la nuit au donjon de Vincennes. A la lueur des flambeaux, sous les voûtes d'une prison, le petit-fils du grand Condé est déclaré coupable d'avoir comparu sur des champs de bataille : convaincu de ce crime héréditaire il est aussitôt condamné. En vain il demande à parler à Buonaparte (ô simplicité aussi touchante qu'héroïque !) le brave jeune homme était un des plus grands admirateurs de son meurtrier : il ne pouvait croire qu'un capitaine voulût assassiner un soldat. Encore tout exténué de faim et de fatigue, on le fait descendre dans les ravins du château ; il y trouve une fosse nouvellement creusée. On le dépouille de son habit ; on lui attache sur la poitrine une lanterne pour l'apercevoir dans les ténèbres, et pour mieux diriger la balle au cœur. Il demande un confesseur ; il prie ses bourreaux de transmettre les dernières marques de son souvenir à ses amis : on l'insulte par des paroles grossières. On commande le feu ; le duc d'Enghien tombe ; sans témoins, sans consolation, au milieu de sa patrie, à quelques lieues de Chantilly, à quelques pas de ces vieux arbres sous lesquels le saint roi Louis rendait la justice à ses sujets, dans la prison où M. le prince fut renfermé, le jeune, le beau, le brave, le dernier rejeton du vainqueur de Rocroy, meurt comme serait mort le grand Condé, et comme ne mourra pas son assassin. Son corps est enterré furtivement, et Bossuet ne renaîtra point pour parler sur ses cendres.

Il ne reste à celui qui s'est abaissé au-dessous de l'espèce humaine par un crime, qu'à affecter de se placer au-dessus de l'humanité par ses desseins, qu'à donner pour prétexte à un forfait des raisons inaccessibles au vulgaire, qu'à faire passer un abîme d'iniquités pour la profondeur du génie. Buonaparte eut recours à cette misérable assurance qui ne trompe personne, et qui ne vaut pas un simple repentir : ne pouvant cacher son crime, il le publia.

Quand on entendit crier dans Paris l'arrêt de mort, il y eut un mouvement d'horreur que personne ne dissimula. On se demanda de quel droit un étranger venait de verser le plus beau comme le plus pur sang de la France. Croyait-il pouvoir remplacer par sa famille la famille qu'il venait d'éteindre? Les militaires surtout frémirent : ce nom de Condé semblait leur appartenir en propre, et représenter pour eux l'honneur de l'armée française. Nos grenadiers avaient plusieurs fois rencontré de héros dans les trois générations de héros dans la mêlée, le prince de Condé, le duc de Bourbon et le duc d'Enghien ; ils avaient même blessé le duc de Bourbon, mais l'épée d'un Français ne pouvait épuiser ce noble sang : il n'appartenait qu'à un étranger d'en tarir la source.

Chaque nation a ses vices. Ceux des Français ne sont pas la trahison, la noirceur et l'ingratitude. Le meurtre du duc d'Enghien, la torture et l'assassinat de Pichegru, la guerre d'Espagne, et la captivité du pape, décèlent dans Buonaparte une nature étrangère à la France. Malgré le poids des chaînes dont nous étions accablés, sensibles aux malheurs autant qu'à la gloire, nous avons pleuré le duc d'Enghien, Pichegru, Georges et Moreau ; nous avons admiré Sarragosse, et environné d'hommages un pontife chargé de fers. Celui qui priva de ses États le prêtre vénérable dont la main l'avait marqué du sceau des rois ; celui qui à Fontainebleau osa, dit-on, frapper le souverain pontife, traîner par ses cheveux blancs le père des fidèles ; celui-là crut peut-être remporter une nouvelle victoire. Il ne savait pas qu'il restait à l'héritier de Jésus-Christ ce sceptre de roseau et cette couronne d'épines qui triomphent tôt ou tard de la puissance du méchant.

Le temps viendra, je l'espère, où les Français libres déclareront par un acte solennel qu'ils n'ont point pris de part à ces crimes de la tyrannie ; que le meurtre du duc d'Enghien, la captivité du pape et la guerre d'Espagne, sont des actes impies, sacriléges, odieux, anti-français surtout, et dont la honte ne doit retomber que sur la tête de l'*étranger*.

Buonaparte profita de l'épouvante que l'assassinat de Vincennes jeta parmi nous pour franchir le dernier pas et s'asseoir sur le trône.

Alors commencèrent les grandes saturnales de la royauté : les crimes, l'oppression, l'esclavage, marchèrent d'un pas égal avec la folie. Toute liberté expire, tout sentiment honorable, toute pensée généreuse, deviennent des conspirations contre l'État. Si on parle de vertu, on est suspect ; louer une belle action, c'est une injure faite au prince. Les mots changent d'acception : un peuple qui combat pour ses souverains légitimes est un peuple rebelle, un traître est un sujet fidèle ; la France entière devient l'empire du mensonge : journaux, pamphlets, discours, prose et vers, tout déguise la vérité. S'il a fait de la pluie, on assure qu'il a fait du soleil ; si le tyran s'est promené au milieu du peuple muet, il s'est avancé, dit-on, au milieu des acclamations de la foule. Le but unique, c'est le prince : la morale consiste à se dévouer à ses caprices, le devoir à le louer. Il faut surtout se récrier d'admiration lorsqu'il a fait une faute ou commis un crime. Les gens de lettres sont forcés par des menaces à célébrer le despote. Ils composaient, ils capitulaient sur le degré de la louange : heureux quand, au prix de quelques lieux communs sur la gloire des armes, ils avaient acheté le droit de pousser quelques soupirs, de dénoncer quelques crimes, de rappeler quelques vérités proscrites ! Aucun livre ne pouvait paraître sans être marqué de l'éloge de Buonaparte, comme du timbre de l'esclavage ; dans les nouvelles éditions des anciens auteurs, la censure faisait retrancher tous les passages contre les conquérants, la servitude et la tyrannie ; comme le Directoire avait eu dessein de faire corriger dans les mêmes auteurs tout ce qui parlait de la monarchie et des rois. Les almanachs étaient examinés avec soin ; et la conscription forma un article de foi dans le catéchisme. Dans les arts, même servitude : Buonaparte empoisonne les pestiférés de Jaffa ; on fait un tableau qui le représente touchant, par excès de courage et d'humanité, ces mêmes pestiférés. Ce n'était pas ainsi que saint Louis guérissait les malades qu'une confiance touchante et religieuse présentait à ses mains royales. Au reste, ne parlez point d'opinion publique : la maxime est que le souverain doit en disposer chaque matin. Il y avait à la police perfectionnée par Buonaparte un comité chargé de donner la direction aux esprits, et à la tête de ce comité un directeur de l'opinion publique. L'imposture et le silence étaient les deux grands moyens employés pour tenir le peuple dans l'erreur. Si vos enfants meurent sur le champ de bataille, croyez-vous qu'on fasse assez de cas de vous pour vous dire ce qu'ils sont devenus ? On vous taira les événements les plus importants à la patrie, à l'Europe, au monde entier. Les ennemis sont à Meaux : vous ne l'apprenez que par la fuite des gens de la campagne; on vous enveloppe de ténèbres; on se joue de vos inquiétudes; on rit de vos douleurs; on méprise ce que vous pouvez sentir et penser. Vous voulez élever la voix, un espion vous dénonce, un gendarme vous arrête, une commission militaire vous juge : on vous casse la tête, et on vous oublie.

Ce n'était pas tout d'enchaîner les pères, il fallait encore disposer des enfants. On a vu des mères accourir des extrémités de l'empire, et venir réclamer, en fondant en larmes, les fils que le gouvernement leur avait enlevés. Ces enfants étaient placés dans des écoles où, rassemblés au son du tambour, ils devenaient irréligieux, débauchés, contempteurs des vertus domestiques. Si de sages et dignes maîtres osaient rappeler la vieille expérience et les leçons de la morale, ils étaient aussitôt dénoncés comme des traîtres, des fanatiques, des ennemis de la philosophie et du progrès des lumières. L'autorité paternelle, respectée par les plus affreux tyrans de l'antiquité, était traitée par Buonaparte d'abus et de préjugés. Il voulait faire de nos fils des espèces de Mamelouks sans Dieu, sans famille et sans patrie. Il semble que cet ennemi de tout s'attachât à détruire la France par ses fondements.

Il a plus corrompu les hommes, plus fait de mal au genre humain dans le court espace de dix années, que tous les tyrans de Rome ensemble, depuis Néron jusqu'au dernier persécuteur des chrétiens. Les principes qui servaient de base à son administration passaient de son gouvernement dans les différentes classes de la société; car un gouvernement pervers introduit le vice chez les peuples, comme un gouvernement sage fait fructifier la vertu. L'irréligion, le goût des jouissances et des dépenses au-dessus de la fortune, le mépris des liens moraux, l'esprit d'aventure, de violence et de domination descendaient du trône dans les familles. Encore quelque temps d'un pareil règne, et la France n'eût plus été qu'une caverne de brigands.

Les crimes de notre révolution républicaine étaient l'ouvrage des passions, qui laissent toujours des ressources : il y avait désordre et non pas destruction dans la société. La morale était blessée, mais elle n'était pas anéantie. La conscience avait ses remords; une indifférence destructive ne confondait point l'innocent et le coupable : aussi les malheurs de ce temps auraient pu être promptement réparés. Mais comment guérir la plaie faite par un gouvernement qui posait en principe le despotisme; qui, ne parlant que de morale et de religion, détruisait sans cesse la morale et la religion par ses institutions et ses mépris; qui ne cherchait point à fonder l'ordre sur le devoir et sur la loi, mais sur la force et sur les espions de police; qui prenait la stupeur de l'esclavage pour la paix d'une société bien organisée, fidèle aux coutumes de ses pères, et marchant en silence dans le sentier des antiques vertus? Les révolutions les plus terribles sont préférables à un pareil état. Si les guerres civiles produisent les crimes publics, elles enfantent au moins les vertus privées, les talents et les grands hommes. C'est dans le despotisme que disparaissent les empires : en abusant de tous les moyens, en tuant les âmes encore plus que les corps, il amène tôt ou tard la dissolution et la conquête. Il n'y a point d'exemple d'une nation libre qui ait péri par une guerre entre les citoyens;

et toujours un État courbé sous ses propres orages s'est relevé plus florissant.

On a vanté l'administration de Buonaparte : si l'administration consiste dans des chiffres ; si, pour bien gouverner, il suffit de savoir combien une province produit en blé, en vin, en huile ; quel est le dernier écu qu'on peut lever, le dernier homme qu'on peut prendre : certes Buonaparte était un grand administrateur ; il est impossible de mieux organiser le mal, de mettre plus d'ordre dans le désordre. Mais si la meilleure administration est celle qui laisse un peuple en paix ; qui nourrit en lui des sentiments de justice et de pitié, qui est avare du sang des hommes, qui respecte les droits des citoyens, les propriétés des familles : certes le gouvernement de Buonaparte était le pire des gouvernements.

Et encore que de fautes et d'erreurs dans son propre système ! L'administration la plus dispendieuse engloutissait une partie des revenus de l'État. Des armées de douaniers et de receveurs dévoraient les impôts qu'ils étaient chargés de lever. Il n'y avait pas de si petit chef de bureau qui n'eût sous lui cinq ou six commis. Buonaparte semblait avoir déclaré la guerre au commerce. S'il naissait en France quelque branche d'industrie, il s'en emparait, et elle séchait entre ses mains. Les tabacs, les sels, les laines, les denrées coloniales, tout était pour lui l'objet d'un monopole ; il s'était fait l'unique marchand de son empire. Il avait, par des combinaisons absurdes, ou plutôt par une ignorance et un dégoût décidé de la marine, achevé de perdre nos colonies et d'anéantir nos flottes. Il bâtissait de grands vaisseaux qui pourrissaient dans les ports, ou qu'il désarmait lui-même pour subvenir aux besoins de son armée de terre. Cent frégates, répandues dans toutes les mers, auraient pu faire un mal considérable aux ennemis, former des matelots à la France, protéger nos bâtiments marchands : ces premières notions du bon sens n'entraient pas même dans la tête de Buonaparte. On ne doit point attribuer à ses lois les progrès de notre agriculture ; ils sont dus au partage des grandes propriétés, à l'abolition de quelques droits féodaux, et à plusieurs autres causes produites par la révolution.

Tous les jours cet homme inquiet et bizarre fatiguait un peuple qui n'avait besoin que de repos par des décrets contradictoires, et souvent inexécutables : il violait le soir la loi qu'il avait faite le matin. Il a dévoré en dix ans quinze milliards d'impôts[1], ce qui surpasse la somme des taxes levées pendant les soixante-treize années du règne de Louis XIV. La dépouille du monde, un milliard cinq cents millions de revenu ne lui suffisaient pas ; il n'était occupé qu'à grossir son trésor par les mesures les plus iniques. Chaque préfet, chaque sous-préfet, chaque maire avait le droit d'augmenter les entrées des villes, de mettre des centimes additionnels sur les bourgs, les villages et les hameaux ; de demander à tel propriétaire une somme arbitraire pour tel ou tel prétendu besoin. La France entière était au pillage. Les infirmités, l'indigence, la mort, l'éducation, les arts, les sciences, tout payait un tribut au prince. Vous aviez un fils estropié, cul-de-jatte, incapable de servir : une loi de la conscription

---

[1] Tous ces calculs ne sont qu'*approximatifs* : je ne me pique nullement de donner des comptes rigoureux par francs et par centimes.

vous obligeait à donner quinze cents francs pour vous consoler de ce malheur. Quelquefois le conscrit malade mourait avant d'avoir subi l'examen du capitaine de recrutement. Vous supposiez alors le père exempt de payer les quinze cents francs de la réforme? Point du tout. Si la déclaration de l'infirmité avait été faite avant l'accident de la mort, le conscrit se trouvant vivant au moment de la déclaration, le père était obligé de compter la somme sur le tombeau de son fils. Le pauvre voulait-il donner quelque éducation à l'un de ses enfants, il fallait qu'il comptât d'abord une somme à l'université, plus une redevance sur la pension donnée au maître. Un auteur moderne citait-il un ancien auteur, comme les ouvrages de ce dernier étaient tombés dans ce qu'on appelait le *domaine public*, la censure exigeait un centime par feuille de citation. Si vous traduisiez en citant, vous ne payiez qu'un demi-centime par feuille, parce qu'alors la citation était du *domaine mixte*; la moitié appartenant au travail du traducteur vivant et l'autre moitié à l'auteur mort. Lorsque Buonaparte fit distribuer des aliments aux pauvres dans l'hiver de 1812, on crut qu'il tirait cette générosité de son épargne ; il leva à cette occasion des centimes additionnels, et gagna quatre millions sur la soupe des pauvres. Enfin, on l'a vu s'emparer de l'administration des funérailles : il était digne du destructeur des Français de lever un impôt sur leurs cadavres. Et comment aurait-on réclamé la protection des lois, puisque c'était lui qui les faisait? Le Corps législatif a osé parler une fois, et il a été dissous. Un seul article des nouveaux codes détruisait rapidement la propriété. Un administrateur du domaine pouvait vous dire : « Votre propriété est domaniale ou nationale. Je la mets provisoirement sous le séquestre : allez et plaidez. Si le domaine a tort, on vous rendra votre bien. » Et à qui aviez-vous recours en ce cas? aux tribunaux ordinaires? non : ces causes étaient réservées à l'examen du conseil d'État, et plaidées devant l'empereur, qui était ainsi juge et partie.

Si la propriété était incertaine, la liberté civile était encore moins assurée. Qu'y avait-il de plus monstrueux que cette commission nommée pour inspecter les prisons, et sur le rapport de laquelle un homme pouvait être détenu toute sa vie dans les cachots, sans instruction, sans procès, sans jugement, mis à la torture, fusillé la nuit, étranglé entre deux guichets? Au milieu de tout cela, Buonaparte faisait nommer chaque année des commissions de la liberté de la presse et de la liberté individuelle : Tibère ne s'est jamais joué à ce point de l'espèce humaine.

Enfin la conscription faisait comme le couronnement de ses œuvres de despotisme. La Scandinavie, appelée par un historien la *fabrique du genre humain*, n'aurait pu fournir assez d'hommes à cette loi homicide. Le code de la conscription sera un monument éternel du règne de Buonaparte. Là se trouve réuni tout ce que la tyrannie la plus subtile et la plus ingénieuse peut imaginer pour tourmenter et dévorer les peuples : c'est véritablement le code de l'enfer. Les générations de la France étaient mises en coupe réglée comme les arbres d'une forêt : chaque année quatre-vingt mille jeunes gens étaient abattus. Mais ce n'était là que la coupe régulière : souvent la conscription était doublée ou fortifiée par des levées extraordinaires; souvent elle dévorait d'avance les futures victimes, comme un dissipateur emprunte sur le revenu à venir. On avait fini par prendre sans compter : l'âge légal, les qualités requises pour mourir sur un champ de bataille n'étaient plus considérés ; et l'inexorable loi montrait à cet égard une merveilleuse indulgence. On remontait vers l'enfance ; on descendait vers la vieillesse : le réformé, le remplacé, était repris ; tel fils d'un pauvre artisan, racheté trois fois au prix de la petite fortune de son père, était obligé de marcher. Les maladies, les infirmités, les défauts du corps n'étaient plus une raison de salut. Des colonnes mobiles parcouraient nos provinces comme un pays ennemi, pour enlever au peuple ses derniers enfants. Si l'on se plaignait de ces ravages, on répondait que les colonnes mobiles étaient composées de beaux gendarmes qui consoleraient leurs mères et leur rendraient ce qu'elles avaient perdu. Au défaut du frère absent, on prenait le frère présent. Le père répondait pour le fils, la femme pour le mari : la responsabilité s'étendait aux parents les plus éloignés et jusqu'aux voisins. Un village devenait solidaire pour le conscrit qu'il avait vu naître. Des garnisaires s'établissaient chez le paysan, et le forçaient de vendre son lit pour les nourrir : pour s'en délivrer il fallait qu'il trouvât le conscrit caché dans les bois. L'absurde se mêlait à l'atroce : souvent on demandait des enfants à ceux qui étaient assez heureux pour n'avoir point de postérité ; on employait la violence pour découvrir le porteur d'un nom qui n'existait que sur le rôle des gendarmes, ou pour avoir un conscrit qui servait déjà depuis cinq ou six ans. Des femmes grosses ont été mises à la torture, afin qu'elles révélassent le lieu où se tenait caché le premier né de leurs entrailles ; des pères ont apporté le cadavre de leur fils, pour prouver qu'ils ne pouvaient fournir ce fils vivant. Il restait encore quelques familles dont les enfants plus riches s'étaient rachetés ; ils se destinaient à former un jour des magistrats, des administrateurs, des savants, des propriétaires, si utiles à l'ordre social dans un grand pays : par le décret des gardes d'honneur, on les a enveloppés dans le massacre universel. On en était venu à ce point de mépris pour la vie des hommes et pour la France, d'appeler les conscrits la *matière première* et la *chair à canon*. On agitait quelquefois cette grande question parmi les pourvoyeurs de chair humaine : savoir combien de temps *durait* un conscrit ; les uns prétendaient qu'il durait trente-trois mois, les autres trente-six. Buonaparte disait lui-même : *J'ai trois cent mille hommes de revenu.* Il a fait périr, dans les onze années de son règne, plus de cinq millions de Français, ce qui surpasse le nombre de ceux que nos guerres civiles ont enlevés pendant trois siècles, sous les règnes de Jean, de Charles V, de Charles VI, de Charles VII, de Henri II, de François II, de Charles IX, de Henri III et de Henri IV. Dans les douze derniers mois qui viennent de s'écouler, Buonaparte a levé (sans compter la garde nationale) treize cent mille hommes, ce qui est plus de cent mille hommes par mois : et on a osé lui dire qu'il n'avait dépensé que le luxe de la population.

Il était aisé de prévoir ce qui est arrivé : tous les hommes sages disaient que la conscription, en épuisant la France, l'exposerait à l'invasion aussitôt qu'elle serait sérieusement attaquée. Saigné à blanc par le bourreau, ce corps vide de sang, n'a pu faire qu'une faible résistance ; mais la perte des hommes n'était pas le plus grand mal que faisait la conscription : elle tendait à nous replonger nous et l'Europe entière dans la barbarie. Par la conscription, les métiers, les arts et les lettres sont inévitablement détruits. Un jeune homme qui doit mourir à dix-huit ans ne peut se livrer à aucune étude. Les nations voisines, obligées, pour se défendre, de recourir aux mêmes moyens que nous, abandonnaient à leur tour les avantages de la civilisation ; et tous les peuples précipités les uns sur les autres, comme au siècle des Goths et des Vandales, auraient vu renaître les malheurs de ces temps. En brisant les liens de la société générale, la conscription anéantissait aussi ceux de la famille. Accoutumés dès leur berceau à se regarder comme des victimes dévouées à la mort, les enfants n'obéissaient plus à leurs parents ; ils devenaient paresseux, vagabonds et débauchés, en attendant le jour où ils allaient piller et égorger le monde. Quel principe de religion et de morale aurait eu le temps de prendre racine dans leur cœur? De leur côté, les pères et les mères, dans la classe du peuple, n'attachaient plus leurs affections, ne donnaient plus leurs soins à des enfants qu'ils se préparaient à perdre, qui n'étaient plus leur richesse et leur appui, et qui ne devenaient pour eux qu'un objet de douleur et un fardeau. De là cet endurcissement de l'âme, cet oubli de tous les sentiments naturels, qui mènent à l'égoïsme, à l'insouciance du bien et du mal, à l'indifférence pour la patrie ; qui éteignent la conscience et le remords, qui vouent un peuple à la servitude, en lui ôtant l'horreur du vice et l'admiration pour la vertu.

Telle était l'administration de Buonaparte pour l'intérieur de la France.

Examinons au dehors la marche de son gouvernement, cette politique dont il était si fier, et qu'il définissait ainsi : *la politique, c'est jouer aux hommes.* Hé bien ! il a tout perdu à ce jeu abominable, et c'est la France qui a payé sa perte.

Pour commencer par son système continental, ce système, d'un fou ou d'un enfant, n'était point d'abord le but réel de ses guerres ; il n'en était que le prétexte. Il voulait être le maître de la terre en ne parlant que de la liberté des mers. Et ce système insensé, a-t-il fait ce qu'il fallait pour l'établir? Par les deux grandes fautes qui, comme nous le dirons après, ont fait échouer ses projets sur l'Espagne et sur la Russie, n'a-t-il pas manqué aussi de fermer les ports de la Méditerranée et de la Baltique? N'a-t-il pas donné toutes les colonies du monde aux Anglais? Ne leur a-t-il pas ouvert au Pérou, au Mexique, au Brésil, un marché plus considérable que celui qu'il voulait leur fermer en Europe? chose si vraie, que la guerre a enrichi le peuple qu'il prétendait ruiner. L'Europe n'emploie que quelques superfluités de l'Angleterre ; le fond des nations européennes trouve dans ses propres manufactures de quoi suffire à ses principales nécessités. En Amérique, au contraire, les peuples ont besoin de tout, depuis le premier jusqu'au dernier vêtement ; et dix millions d'Américains consomment plus de marchandises anglaises que trente millions d'Européens. Je ne parle point de l'importation de l'argent du Mexique aux Indes, du monopole du cacao, du quinquina, de la cochenille et de mille autres objets de spéculation, devenus une nouvelle source de richesse pour les Anglais. Et quand Buonaparte aurait réussi à fermer les ports de l'Espagne et de la Baltique, il fallait donc ensuite fermer ceux de la Grèce, de Constantinople, de la

Syrie, de la Barbarie : c'était prendre l'engagement de conquérir le monde. Tandis qu'il eût tenté de nouvelles conquêtes, les peuples déjà soumis, ne pouvant échanger le produit de leur sol et de leur industrie, auraient secoué le joug et rouvert leurs ports. Tout cela n'offre que vues fausses qu'entreprises petites à force d'être gigantesques, défaut de raison et de bon sens, rêves d'un fou et d'un furieux.

Quant à ses guerres, à sa conduite avec les cabinets de l'Europe, le moindre examen en détruit le prestige. Un homme n'est pas grand par ce qu'il entreprend, mais par ce qu'il exécute. Tout homme peut rêver la conquête du monde : Alexandre seul l'accomplit. Buonaparte gouvernait l'Espagne comme une province dont il pompait le sang et l'or. Il ne se contente pas de cela : il veut encore régner personnellement sur le trône de Charles IV. Que fait-il alors? Par la politique la plus noire, il sème d'abord des germes de division dans la famille royale; ensuite il enlève cette famille, au mépris de toutes les lois humaines et divines; il envahit subitement le territoire d'un peuple fidèle, qui venait de combattre pour lui à Trafalgar. Il insulte au génie de ce peuple, massacre ses prêtres, blesse l'orgueil castillan, soulève contre lui les descendants du Cid et du grand capitaine. Aussitôt Sarragosse célèbre la messe de ses propres funérailles, et s'ensevelit sous ses ruines; les chrétiens de Pélasge descendent des Asturies : le nouveau Maure est chassé. Cette guerre ranime en Europe l'esprit des peuples, donne à la France une frontière de plus à défendre, crée une armée de terre aux Anglais, les ramène après quatre siècles dans les champs de Poitiers, et leur livre les trésors du Mexique.

Si, au lieu d'avoir recours à ces ruses dignes de Borgia, Buonaparte, par une politique toujours criminelle, mais plus habile, eût, sous un prétexte quelconque, déclaré la guerre au roi d'Espagne; s'il se fût annoncé comme le vengeur des Castillans opprimés par le prince de la Paix; s'il eût caressé la fierté espagnole, ménagé les ordres religieux, il est probable qu'il eût réussi. « Ce « ne sont pas les Espagnols que je veux, disait-il dans sa fureur, c'est l'Es« pagne. » Eh bien! cette terre l'a rejeté. L'incendie de Burgos a produit l'incendie de Moscou, et la conquête de l'Alhambra a amené les Russes au Louvre. Grande et terrible leçon !

Même faute pour la Russie : au mois d'octobre 1812, s'il s'était arrêté sur les bords de la Duna; s'il se fût contenté de prendre Riga, de cantonner pendant l'hiver son armée de cinq cent mille hommes, d'organiser la Pologne derrière lui, au retour du printemps, il eût peut-être mis en péril l'empire des czars. Au lieu de cela, il marche à Moscou par un seul chemin, sans magasins, sans ressource. Il arrive : les vainqueurs de Pultawa embrasent leur ville sainte. Buonaparte s'endort un mois au milieu des ruines et des cendres; il semble oublier le retour des saisons et la rigueur du climat; il se laisse amuser par des propositions de paix; il ignore assez le cœur humain pour croire que des peuples qui ont eux-mêmes brûlé leur capitale, afin d'échapper à l'esclavage, vont capituler sur les ruines fumantes de leurs maisons. Ses généraux lui crient qu'il est temps de se retirer. Il part, jurant comme un enfant furieux qu'il reparaîtra bientôt avec une armée dont *l'avant-garde seule sera composée de trois cent mille soldats.* Dieu envoie un souffle de sa colère : tout périt; il ne nous revient qu'un homme!

Absurde en administration, criminel en politique, qu'avait-il donc pour séduire les Français, cet étranger? Sa gloire militaire? Eh bien! il en est dépouillé. C'est, en effet, un grand gagneur de batailles; mais hors de là, le moindre général est plus habile que lui. Il n'entend rien aux retraites et à la chicane du terrain ; il est impatient, incapable d'attendre longtemps un résultat, fruit d'une longue combinaison militaire; il ne sait qu'aller en avant, faire des pointes, courir, remporter des victoires, comme on l'a dit, à *coups d'hommes;* sacrifier tout pour un succès, sans s'embarrasser d'un revers; tuer la moitié de ses soldats par des marches au-dessus des forces humaines. Peu importe : n'a-t-il pas la conscription et la *matière première?* On a cru qu'il avait perfectionné l'art de la guerre, et il est certain qu'il l'a fait rétrograder vers l'enfance de l'art[1]. Le chef-d'œuvre de l'art militaire, chez les peuples civilisés, c'est évidemment de défendre un grand pays avec une petite armée ; de laisser reposer plusieurs milliers d'hommes derrière soixante ou quatre-vingt mille soldats; de sorte que le laboureur qui cultive en paix son sillon sait à peine qu'on se bat à quelques lieues de sa chaumière. L'empire romain était gardé par cent cinquante mille hommes, et César n'avait que quelques légions à Pharsale. Qu'il nous défende donc aujourd'hui dans nos foyers, ce vainqueur du monde! Quoi! tout son génie l'a-t-il soudainement abandonné? Par quel enchantement cette France, que Louis XIV avait environnée de forteresses, que Vauban avait fermée comme un beau jardin, est-elle envahie de toutes parts? Où sont les garnisons de ses places frontières? Il n'y en a point. Où sont les canons de ses remparts? Tout est désarmé, même les vaisseaux de Brest, de Toulon et de Rochefort. Si Buonaparte eût voulu nous livrer sans défense aux puissances coalisées, s'il nous eût vendus, s'il eût conspiré secrètement contre les Français, eût-il agi autrement? En moins de seize mois, deux milliards de numéraire, quatorze cent mille hommes, tout le matériel de nos armées et de nos places, sont engloutis dans les bois de l'Allemagne et dans les déserts de la Russie. A Dresde, Buonaparte commet fautes sur fautes, oubliant que si les crimes ne sont quelquefois punis que dans l'autre monde, les fautes le sont toujours dans celui-ci. Il montre l'ignorance la plus incompréhensible de ce qui se passe dans les cabinets, s'obstine à rester sur l'Elbe, est battu à Leipsick, et refuse une paix honorable qu'on lui propose. Plein de désespoir et de rage, il sort pour la dernière fois du palais de nos rois, va brûler, par un esprit de justice et d'ingratitude, le village où ces mêmes rois eurent le malheur de le nourrir, n'oppose aux ennemis qu'une activité sans plan, éprouve un dernier revers, fuit encore, et délivre enfin la capitale du monde civilisé de son odieuse présence.

La plume d'un Français se refuserait à peindre l'horreur de ses champs de bataille; un homme blessé devient pour Buonaparte un fardeau : tant mieux

---

[1] Il est vrai pourtant qu'il a perfectionné ce qu'on appelle l'administration des armées et le matériel de la guerre.

s'il meurt, on en est débarrassé. Des monceaux de soldats mutilés, jetés pêle-mêle dans un coin, restent quelquefois des jours et des semaines sans être pansés : il n'y a plus d'hôpitaux assez vastes pour contenir les malades d'une armée de sept ou huit cent mille hommes, plus assez de chirurgiens pour les soigner. Nulle précaution prise pour eux par le bourreau des Français : souvent point de pharmacie, point d'ambulance, quelquefois même pas d'instruments pour couper les membres fracassés. Dans la campagne de Moscou, faute de charpie, on pansait les blessés avec du foin; le foin manqua, ils moururent. On vit errer cinq cent mille guerriers, vainqueurs de l'Europe, la gloire de la France; on les vit errer parmi les neiges et les déserts, s'appuyant sur des branches de pin, car ils n'avaient plus la force de porter leurs armes, et couverts pour tout vêtement, de la peau sanglante des chevaux qui avaient servi à leur dernier repas. De vieux capitaines, les cheveux et la barbe hérissés de glaçons, s'abaissaient jusqu'à caresser le soldat à qui il était resté quelque nourriture, pour en obtenir une chétive partie : tant ils éprouvaient les tourments de la faim! Des escadrons entiers, hommes et chevaux, étaient gelés pendant la nuit; et le matin on voyait encore ces fantômes de bout au milieu des frimas. Les seuls témoins des souffrances de nos soldats, dans ces solitudes, étaient des bandes de corbeaux et des meutes de lévriers blancs demi-sauvages, qui suivaient notre armée pour en dévorer les débris. L'empereur de Russie a fait faire au printemps la recherche des morts : on a compté deux cent quarante-trois mille six cent dix cadavres d'hommes, et cent vingt-trois mille cent trente-trois de chevaux[1]. La peste militaire, qui avait disparu depuis que la guerre ne se faisait plus qu'avec un petit nombre d'hommes, cette peste a reparu avec la conscription, les armées d'un million de soldats et les flots de sang humain : et que faisait le destructeur de nos pères, de nos frères, de nos fils, quand il moissonnait ainsi la fleur de la France? Il fuyait! il venait aux Tuileries dire, en se frottant les mains au coin du feu : *Il fait meilleur ici que sur les bords de la Bérésina.* Pas un mot de consolation aux épouses, aux mères en larmes dont il était entouré; pas un regret, pas un mouvement d'attendrissement, pas un remords, pas un seul aveu de sa folie. Les Tigellins disaient : « Ce qu'il y a « d'heureux dans cette retraite, c'est que l'empereur n'a manqué de rien; il « a toujours été bien nourri, bien enveloppé dans une bonne voiture; enfin, « il n'a pas du tout souffert; c'est une grande consolation; » et lui, au milieu de sa cour, paraissait gai, triomphant, glorieux : paré du manteau royal, la tête couverte du chapeau à la Henri IV, il s'étalait, brillant sur un trône, répétant les attitudes royales qu'on lui avait enseignées; mais cette pompe ne servait qu'à le rendre plus hideux, et tous les diamants de la couronne ne pouvaient cacher le sang dont il était couvert.

Hélas! cette horreur des champs de bataille s'est rapprochée de nous; elle n'est plus cachée dans les déserts : c'est au sein de nos foyers que nous la voyons, dans ce Paris que les Normands assiégèrent en vain il y a près de mille ans,

---

[1] Extrait d'un rapport officiel du ministre de la police générale au gouvernement russe, en date du 17 mai 1813.

et qui s'enorgueillissait de n'avoir eu pour vainqueur que Clovis, qui devint son roi. Livrer un pays à l'invasion, n'est-ce pas le plus grand et le plus irrémissible des crimes? Nous avons vu périr sous nos propres yeux le reste de nos générations; nous avons vu des troupeaux de conscrits, de vieux soldats pâles et défigurés, s'appuyer sur les bornes des rues, mourant de toutes les sortes de misères, tenant à peine d'une main l'arme avec laquelle ils avaient défendu la patrie, et demandant l'aumône de l'autre main; nous avons vu la Seine chargée de barques, nos chemins encombrés de chariots remplis de blessés, qui n'avaient pas même le premier appareil sur leurs plaies. Un de ces chars que l'on suivait à la trace du sang, se brisa sur le boulevard : il en tomba des conscrits sans bras, sans jambes, percés de balles, de coups de lance, jetant des cris, et priant les passants de les achever. Ces malheureux, enlevés à leurs chaumières avant d'être parvenus à l'âge d'homme, menés avec leurs bonnets et leurs habits champêtres sur le champ de bataille, placés, comme *chair à canon*, dans les endroits les plus dangereux pour épuiser le feu de l'ennemi; ces infortunés, dis-je, se prenaient à pleurer, et criaient en tombant frappés par le boulet : *Ah! ma mère! ma mère!* cri déchirant qui accusait l'âge tendre de l'enfant arraché la veille à la paix domestique; de l'enfant tombé tout à coup des mains de sa mère dans celles de son barbare souverain! Et pour qui tant de massacres, tant de douleurs? pour un abominable tyran, pour un étranger qui n'est si prodigue du sang français que parce qu'il n'a pas une goutte de ce sang dans les veines.

Ah! quand Louis XVI refusait de punir quelques coupables dont la mort lui eût assuré le trône, en nous épargnant à nous-mêmes tant de malheurs; quand il disait : « Je ne veux pas acheter ma sûreté au prix de la vie d'un seul de « mes sujets; » quand il écrivait dans son testament : « Je recommande à mon « fils, s'il a le malheur de devenir roi, de songer qu'il se doit tout entier au « bonheur de ses concitoyens; qu'il doit oublier toute haine et tout ressenti-« ment, et nommément ce qui a rapport aux chagrins que j'éprouve; qu'il ne « peut faire le bonheur des peuples qu'en régnant suivant les lois; » quand il prononçait sur l'échafaud ces paroles : « Français, je prie Dieu qu'il ne venge « pas sur la nation le sang de vos rois qui va être répandu; » voilà le véritable roi, le roi français, le roi légitime, le père et le chef de la patrie!

Buonaparte s'est montré trop médiocre dans l'infortune pour croire que sa prospérité fût l'ouvrage de son génie; il n'est que le fils de notre puissance, et nous l'avons cru le fils de ses œuvres. Sa grandeur n'est venue que des forces immenses que nous lui remîmes entre les mains lors de son élévation. Il hérita de toutes les armées formées sous nos plus habiles généraux, conduites tant de fois à la victoire par tous ces grands capitaines qui ont péri et qui périront peut-être jusqu'au dernier, victimes des fureurs et de la jalousie du tyran. Il trouva un peuple nombreux, agrandi par des conquêtes, exalté par des triomphes et par le mouvement que donnent toujours les révolutions; il n'eut qu'à frapper du pied la terre féconde de notre patrie, et elle lui prodigua des trésors et des soldats. Les peuples qu'il attaquait étaient lassés et désunis : il les vainquit tour à tour, en versant sur chacun d'eux séparément les flots de la population de la France.

Lorsque Dieu envoie sur la terre les exécuteurs des châtiments célestes, tout est aplani devant eux : ils ont des succès extraordinaires avec des talents médiocres. Nés au milieu des discordes civiles, ces exterminateurs tirent leurs principales forces des maux qui les ont enfantés, et de la terreur qu'inspire le souvenir de ces maux : ils obtiennent ainsi la soumission du peuple au nom des calamités dont ils sont sortis. Il leur est donné de corrompre et d'avilir, d'anéantir l'honneur, de dégrader les âmes, de souiller tout ce qu'ils touchent, de tout vouloir et de tout oser, de régner par le mensonge, l'impiété et l'épouvante, de parler tous les langages, de fasciner tous les yeux, de tromper jusqu'à la raison, de se faire passer pour de vastes génies, lorsqu'ils ne sont que des scélérats vulgaires, car l'excellence en tout ne peut être séparée de la vertu : traînant après eux les nations séduites, triomphant par la multitude, déshonorés par cent victoires, la torche à la main, les pieds dans le sang, ils vont au bout de la terre comme des hommes ivres, poussés par Dieu qu'ils méconnaissent.

Lorsque la Providence au contraire veut sauver un empire et non le punir; lorsqu'elle emploie ses serviteurs et non ses fléaux; qu'elle destine aux hommes dont elle se sert une gloire honorable et non une abominable renommée; loin de leur rendre la route facile comme à Buonaparte, elle leur oppose des obstacles dignes de leurs vertus. C'est ainsi que l'on peut toujours distinguer le tyran du libérateur, le ravageur des peuples du grand capitaine, l'homme envoyé pour détruire, et l'homme venu pour réparer. Celui-là est maître de tout, et se sert pour réussir de moyens immenses; celui-ci n'est maître de rien, et n'a entre les mains que les plus faibles ressources : il est aisé de reconnaître aux premiers traits et le caractère et la mission du dévastateur de la France.

Buonaparte est un faux grand homme : la magnanimité, qui fait les héros et les véritables rois, lui manque. De là vient qu'on ne cite pas de lui un seul de ces mots qui annoncent Alexandre et César, Henri IV et Louis XIV. La nature le forma sans entrailles. Sa tête assez vaste est l'empire des ténèbres et de la confusion. Toutes les idées, même celles du bien, peuvent y entrer, mais elles en sortent aussitôt. Le trait distinctif de son caractère est une obstination invincible, une volonté de fer, mais seulement pour l'injustice, l'oppression, les systèmes extravagants; car il abandonne facilement les projets qui pourraient être favorables à la morale, à l'ordre et à la vertu. L'imagination le domine, et la raison ne le règle point. Ses desseins ne sont point le fruit de quelque chose de profond et de réfléchi, mais l'effet d'un mouvement subit et d'une résolution soudaine. Il a quelque chose de l'histrion et du comédien; il joue tout, jusqu'aux passions qu'il n'a pas. Toujours sur un théâtre, au Caire, c'est un renégat qui se vante d'avoir détruit la papauté; à Paris, c'est le restaurateur de la religion chrétienne : tantôt inspiré, tantôt philosophe, ses scènes sont préparées d'avance; un souverain qui a pu prendre des leçons afin de paraître dans une attitude royale est jugé pour la postérité. Jaloux de paraître original, il n'est presque jamais qu'imitateur; mais ses imitations sont si grossières, qu'elles rappellent à l'instant l'objet ou l'action qu'il copie; il essaie toujours de dire ce qu'il croit un grand mot, ou de faire ce qu'il présume une grande chose. Affectant l'universalité du génie, il parle de finances et de spectacles, de guerre et de modes, règle le sort des rois et celui d'un commis à la barrière, date du Kremlin un règlement sur les théâtres, et le jour d'une bataille fait arrêter quelques femmes à Paris. Enfant de notre révolution, il a des ressemblances frappantes avec sa mère; intempérance de langage, goût de la basse littérature, passion d'écrire dans les journaux. Sous le masque de César et d'Alexandre, on aperçoit l'homme de peu et l'enfant de petite famille. Il méprise souverainement les hommes, parce qu'il les juge d'après lui. Sa maxime est qu'ils ne font rien que par intérêt, que la probité même n'est qu'un calcul. De là le système de *fusion* qui faisait la base de son gouvernement, employant également le méchant et l'honnête homme, mêlant à dessein le vice et la vertu, et prenant toujours soin de vous placer en opposition à vos principes. Son grand plaisir était de déshonorer la vertu, de souiller les réputations : il ne vous touchait que pour vous flétrir. Quand il vous avait fait tomber, vous deveniez *son homme*, selon son expression; vous lui apparteniez par droit de honte; il vous en aimait un peu moins, et vous en méprisait un peu plus. Dans son administration, il voulait qu'on ne connût que les résultats, et qu'on ne s'embarrassât jamais des moyens, les *masses* devant être tout, les *individualités* rien. « On corrompra cette jeunesse, mais elle m'obéira mieux; « on fera périr cette branche d'industrie, mais j'obtiendrai pour le moment « plusieurs millions; il périra soixante mille hommes dans cette affaire, mais « je gagnerai la bataille. » Voilà tout son raisonnement, et voilà comme les royaumes sont anéantis!

Né surtout pour détruire, Buonaparte porte le mal dans son sein, tout naturellement, comme une mère porte son fruit, avec joie et une sorte d'orgueil. Il a l'horreur du bonheur des hommes; il disait un jour : « Il y a encore « quelques personnes heureuses en France; ce sont les familles qui ne me con- « naissent pas, qui vivent à la campagne, dans un château, avec trente ou « quarante mille livres de rente; mais je saurai bien les atteindre. » Il a tenu parole. Il voyait un jour jouer son fils; il dit à un évêque présent : « Mon- « sieur l'évêque, croyez-vous que cela ait une âme? » Tout ce qui se distingue par quelque supériorité épouvante ce tyran; toute réputation l'importune. Envieux des talents, de l'esprit, de la vertu, il n'aimerait pas même le bruit d'un crime, si ce crime n'était pas son ouvrage. Le plus disgracieux des hommes, son grand plaisir est de blesser ce qui l'approche, sans penser que nos rois n'insultaient jamais personne, parce qu'on ne pouvait se venger d'eux; sans se souvenir qu'il parle à la nation la plus délicate sur l'honneur, à un peuple que la cour de Louis XIV a formé, et qui est justement renommé pour l'élégance de ses mœurs et la fleur de sa politesse. Enfin Buonaparte n'était que l'homme de la prospérité; aussitôt que l'adversité, qui fait éclater les vertus, a touché le faux grand homme, le prodige s'est évanoui : dans le monarque on n'a plus aperçu qu'un aventurier, et dans le héros qu'un parvenu à la gloire.

Lorsque Buonaparte chassa le Directoire, il lui adressa ce discours :

« Qu'avez-vous fait de cette France que je vous ai laissée si brillante? Je « vous ai laissé la paix, j'ai retrouvé la guerre; je vous ai laissé des victoires,

« j'ai retrouvé des revers; je vous ai laissé les millions de l'Italie, et j'ai trouvé
« partout des lois spoliatrices et de la misère. Qu'avez-vous fait de cent mille
« Français que je connaissais tous, mes compagnons de gloire? Ils sont morts.
« Cet état de choses ne peut durer; avant trois ans il nous mènerait au des-
« potisme : mais nous voulons la république, la république assise sur les bases
« de l'égalité, de la morale, de la liberté civile et de la tolérance politique, etc. »

Aujourd'hui, homme de malheur, nous te prendrons par tes discours, et nous t'interrogerons par tes paroles. Dis, qu'as-tu fait de cette France si brillante? où sont nos trésors, les millions de l'Italie, de l'Europe entière? Qu'as-tu fait, non pas de cent mille, mais de cinq millions de Français que nous connaissions tous, nos parents, nos amis, nos frères? Cet état de choses ne peut durer; il nous a plongés dans un affreux despotisme. Tu voulais la république, et tu nous a apporté l'esclavage. Nous, nous voulons la monarchie assise sur les bases de l'égalité des droits, de la morale, de la liberté civile, de la tolérance politique et religieuse. Nous l'as-tu donnée cette monarchie? Qu'as-tu fait pour nous? que devons-nous à ton règne? Qui est-ce qui a assassiné le duc d'Enghien, torturé Pichegru, banni Moreau, chargé de chaînes le souverain pontife, enlevé les princes d'Espagne, commencé une guerre impie? C'est toi. Qui est-ce qui a perdu nos colonies, anéanti notre commerce, ouvert l'Amérique aux Anglais, corrompu nos mœurs, enlevé les enfants aux pères, désolé les familles, ravagé le monde, brûlé plus de mille lieues de pays, inspiré l'horreur du nom Français à toute la terre? C'est toi. Qui est-ce qui a exposé la France à la peste, à l'invasion, au démembrement, à la conquête? C'est encore toi. Voilà ce que tu n'as pu demander au Directoire, et ce que nous te demandons aujourd'hui. Combien es-tu plus coupable que ces hommes que tu ne trouvais pas dignes de régner! Un roi légitime et héréditaire qui aurait accablé son peuple de la moindre partie des maux que tu nous a faits eût mis son trône en péril; et toi, usurpateur et étranger, tu nous deviendrais sacré en raison des calamités que tu as répandues sur nous! tu règnerais encore au milieu de nos tombeaux! Nous rentrons enfin dans nos droits par le malheur; nous ne voulons plus adorer Moloch; tu ne dévoreras plus nos enfants : nous ne voulons plus de ta conscription, de ta police, de ta censure, de tes fusillades nocturnes, de ta tyrannie. Ce n'est pas seulement nous, c'est le genre humain qui t'accuse. Il nous demande la vengeance au nom de la religion, de la morale et de la liberté. Où n'as-tu pas répandu la désolation? dans quel coin du monde une famille obscure a-t-elle échappé à tes ravages? L'Espagnol dans ses montagnes, l'Illyrien dans ses vallées, l'Italien sous son beau soleil, l'Allemand, le Russe, le Prussien dans ses villes en cendre, te redemandent leurs fils que tu as égorgés, la tente, la cabane, le château, le temple où tu as porté la flamme. Tu les as forcés de venir chercher parmi nous ce que tu leur as ravi, et reconnaître dans tes palais leur dépouille ensanglantée. La voix du monde te déclare le plus grand coupable qui ait jamais paru sur la terre; car ce n'est pas sur des peuples barbares et sur des nations dégénérées que tu as versé tant de maux; c'est au milieu de la civilisation, dans un siècle de lumières, que tu as voulu régner par le glaive d'Attila et les maximes de Néron.

Quitte enfin ton sceptre de fer; descends de ce monceau de ruines, dont tu avais fait un trône ! Nous te chassons comme tu as chassé le Directoire. Va ! puisses-tu, pour seul châtiment, être témoin de la joie que ta chute cause à la France, et contempler, en versant des larmes de rage, le spectacle de la félicité publique !

Telles sont les paroles que nous adressons à l'étranger. Mais si nous rejetons Buonaparte, qui le remplacera? — Le Roi.

DES BOURBONS.

Les fonctions attachées à ce titre de Roi sont si connues des Français, qu'ils n'ont pas besoin de se le faire expliquer : le roi leur représente aussitôt l'idée de l'autorité légitime, de l'ordre, de la paix, de la liberté légale et monarchique. Les souvenirs de la vieille France, la religion, les antiques usages, les mœurs de la famille, les habitudes de notre enfance, le berceau, le tombeau, tout se rattache à ce nom sacré de roi : il n'effraie personne; au contraire, il rassure. Le roi, le magistrat, le père; un Français confond ces idées. Il ne sait ce que c'est qu'un empereur; il ne connaît pas la nature, la forme, la limite du pouvoir attaché à ce titre étranger. Mais il sait ce que c'est qu'un monarque descendant de saint Louis et de Henri IV : c'est un chef dont la puissance paternelle est réglée par des institutions, tempérée par les mœurs, adoucie et rendue excellente par le temps, comme un vin généreux né de la terre de la patrie, et mûri par le soleil de la France. Cessons de vouloir nous le cacher : il n'y aura ni repos, ni bonheur, ni félicité, ni stabilité dans nos lois, nos opinions, nos fortunes, que quand la maison de Bourbon sera rétablie sur le trône. Certes, l'antiquité, plus reconnaissante que nous, n'aurait pas manqué d'appeler *divine* une race qui, commençant par un roi brave et prudent, et finissant par un martyr, a compté dans l'espace de neuf siècles trente-trois monarques, parmi lesquels on ne trouve qu'un seul tyran : exemple unique dans l'histoire du monde, et éternel sujet d'orgueil pour notre patrie. La probité et l'honneur étaient assis sur le trône de France, comme sur les autres trônes la force et la politique. Le sang noble et doux des Capets ne se reposait de produire des héros que pour faire des rois honnêtes hommes. Les uns furent appelés Sages, Bons, Justes, Bien-Aimés; les autres surnommés Grands, Augustes, Pères des lettres et de la patrie. Quelques-uns eurent des passions qu'ils expièrent par des malheurs; mais aucun n'épouvanta le monde par ces vices qui pèsent sur la mémoire des Césars, et que Buonaparte a reproduits.

Les Bourbons, dernière branche de cet arbre sacré, ont vu, par une destinée extraordinaire, leur premier roi tomber sous le poignard du fanatique, et leur dernier sous la hache de l'athée. Depuis Robert, sixième fils de saint Louis, dont ils descendent, il ne leur a manqué, pendant tant de siècles, que cette gloire de l'adversité, qu'ils ont enfin magnifiquement obtenue. Qu'avons-nous à leur reprocher? Le nom de Henri IV fait encore tressaillir les cœurs français, et remplit nos yeux de larmes. Nous devons à Louis XIV la meilleure partie de notre gloire. N'avons-nous pas surnommé Louis XVI le plus honnête homme de son royaume? Est-ce parce que nous avons tué ce bon roi que nous rejetons ce sang? Est-ce parce que nous avons fait mourir sa sœur, sa femme et son fils, que nous repoussons sa famille? Cette famille pleure dans l'exil, non ses malheurs, mais les nôtres. Cette jeune princesse que nous avons persécutée, que nous avons rendue orpheline, regrette tous les jours, dans les palais étrangers, les prisons de la France. Elle pouvait recevoir la main d'un prince puissant et glorieux, mais elle préféra unir sa destinée à celle de son cousin, pauvre, exilé, proscrit, parce qu'il était Français, et qu'elle ne voulait point se séparer des malheurs de sa famille. Le monde entier admire ses vertus, les peuples de l'Europe la suivent quand elle paraît dans les promenades publiques, en la comblant de bénédictions : et nous, nous pouvons l'oublier! Quand elle quitta sa patrie, où elle avait été si malheureuse, elle jeta les yeux en arrière, et elle pleura. Objets constants de ses prières et de son amour, nous savons à peine qu'elle existe. Ah! qu'elle retrouve du moins quelques consolations en faisant le bonheur de sa coupable patrie! Cette terre porte naturellement les lis : ils renaîtront plus beaux, arrosés du sang du roi martyr.

Louis XVIII, qui doit régner le premier sur nous, est un prince connu par ses lumières, inaccessible aux préjugés, étranger à la vengeance. De tous les souverains qui peuvent gouverner à présent la France, c'est peut-être celui qui convient le mieux à notre position et à l'esprit du siècle; comme de tous les hommes que nous pouvions choisir, Buonaparte était peut-être le moins propre à être roi. Les institutions des peuples sont l'ouvrage du temps et de l'expérience : pour régner, il faut surtout de la raison et de l'uniformité. Un prince qui n'aurait dans la tête que deux ou trois idées communes, mais utiles, serait un souverain plus convenable à une nation qu'un aventurier extraordinaire, enfantant sans cesse de nouveaux plans, imaginant de nouvelles lois, ne croyant régner que quand il travaille à troubler les peuples, à changer, à détruire le soir ce qu'il a créé le matin. Non-seulement Louis XVIII a ces idées fixes, cette modération, ce bon sens, si nécessaire à un monarque, mais c'est encore un prince ami des lettres, instruit et éloquent comme plusieurs de nos rois, d'un esprit vaste et éclairé, d'un caractère ferme et philosophique.

Choisissons entre Buonaparte, qui revient à nous portant le code sanglant de la conscription, et Louis XVIII, qui s'avance pour fermer nos plaies, le testament de Louis XVI à la main. Il répètera à son sacre ces paroles écrites par son vertueux frère :

« Je pardonne de tout mon cœur à ceux qui se sont faits mes ennemis sans « que je leur en eusse donné aucun sujet, et je prie Dieu de leur pardonner. »

Monsieur, comte d'Artois, d'un caractère si franc, si loyal, si français, se distingue aujourd'hui par sa piété, sa douceur et sa bonté, comme il se faisait remarquer dans sa première jeunesse par son grand air et ses grâces royales. Buonaparte fut abattu par la main de Dieu, mais non corrigé par l'adversité : à mesure qu'il recule dans le pays qui échappe à sa tyrannie, il traîne après lui de malheureuses victimes chargées de fers; c'est dans les dernières prisons de France qu'il exerce les derniers actes de son pouvoir. Monsieur arrive seul, sans soldats, sans appui, inconnu aux Français auxquels il se montre. A peine a-t-il prononcé son nom, que le peuple tombe à ses genoux : on baise respectueusement son habit, on embrasse ses genoux; on lui crie, en répandant des torrents de larmes : « Nous ne vous apportons que nos cœurs; Buonaparte ne « nous a laissé que cela ! » A cette manière de quitter la France, à cette façon d'y rentrer, connaissez d'un côté l'usurpateur, de l'autre, le prince légitime.

M. le duc d'Angoulême a paru dans une autre de nos provinces; Bordeaux s'est jeté dans ses bras; et le pays de Henri IV a reconnu avec des transports de joie l'héritier des vertus du Béarnais. Nos armées n'ont point vu de chevalier plus brave que M. le duc de Berry. M. le duc d'Orléans prouve, par sa noble fidélité au sang de son roi, que son nom est toujours un des plus beaux de la France. J'ai déjà parlé des trois générations de héros, M. le prince de Condé, M. le duc de Bourbon : je laisse à Buonaparte à nommer le troisième.

Je ne sais si la postérité pourra croire que tant de princes de la maison de Bourbon ont été proscrits par ce peuple qui leur devait toute sa gloire, sans avoir été coupables d'aucun crime, sans que leur malheur leur soit venu de la tyrannie du dernier roi de leur race; non, l'avenir ne pourra comprendre que nous ayons banni des princes aussi bons, des princes nos compatriotes, pour mettre à notre tête un étranger, le plus méchant de tous les hommes. On conçoit jusqu'à un certain point la république en France : un peuple, dans un moment de folie, peut vouloir changer la forme de son gouvernement, et ne plus reconnaître le chef suprême; mais si nous revenons à la monarchie, c'est le comble de la honte et de l'absurdité de la vouloir sans le souverain légitime, et de croire qu'elle puisse exister sans lui. Qu'on modifie, si l'on veut, la constitution de cette monarchie, mais nul n'a le droit de changer le monarque. Il peut arriver qu'un roi cruel, tyrannique, qui viole toutes les lois, qui prive tout un peuple de ses libertés, soit déposé par l'effet d'une révolution violente; mais, dans ce cas extraordinaire, la couronne passe à ses fils, ou à son plus proche héritier. Or, Louis XVI a-t-il été un tyran? pouvons-nous faire le procès à sa mémoire? en vertu de quelle autorité privons-nous sa race d'un trône qui lui appartient à tant de titres? Par quel honteux caprice avons-nous donné à Buonaparte l'héritage de Robert le Fort? ce Robert le Fort descendait vraisemblablement de la seconde race, et celle-ci se rattachait à la première. Il était comte de Paris. Hugues Capet apporta aux Français, comme Français lui-même, Paris, héritage paternel, des biens et des domaines immenses. La France, si petite sous les premiers Capets, s'enrichit et s'accrut sous leurs descendants. Et c'est en faveur d'un insulaire obscur, dont il a fallu faire la fortune en dépouillant tous les Français, que nous avons renversé la loi salique, *palladium* de notre empire. Combien nos pères différaient de nous de sentiments et de maximes! A la mort de Philippe le Bel ils adjugèrent la couronne à Philippe de Valois, au préjudice d'Édouard III, roi d'Angleterre; ils aimèrent mieux se condamner à deux siècles de guerre que de se laisser gouverner par un étranger. Cette noble résolution fut la cause de la gloire et de la grandeur de la France : l'oriflamme fut déchirée aux champs de Crécy, de Poitiers et d'Azincourt, mais ses lambeaux triomphèrent enfin de la bannière d'Édouard III et de Henri V, et le cri de *Montjoie Saint-Denis* étouffa celui de toutes les factions. La même question de l'hérédité se représenta à la mort de Henri III : le parlement rendit alors le fameux édit qui donna Henri IV et Louis XIV à la France. Ce n'étaient pourtant pas des têtes ignobles que celles d'Édouard III, de Henri V, du duc de Guise et de l'infante d'Espagne. Grand Dieu ! qu'est donc devenu l'orgueil de la France ! Elle a refusé d'aussi grands souverains pour conserver sa race française et royale, et elle a fait choix de Buonaparte !

En vain prétendrait-on que Buonaparte n'est pas étranger : il l'est aux yeux de toute l'Europe, de tous les Français non prévenus ; il le sera au jugement de la postérité : elle lui attribuera peut-être la meilleure partie de nos victoires, et nous chargera d'une partie de ses crimes. Buonaparte n'a rien de français, ni dans les mœurs, ni dans le caractère. Les traits même de son visage montrent son origine. La langue qu'il apprit dans son berceau n'était pas la nôtre, et son accent comme son nom révèlent sa patrie. Son père et sa mère ont vécu plus de la moitié de leur vie sujets de la république de Gênes. Lui-même est plus sincère que ses flatteurs : il ne se reconnaît pas Français ; il nous hait et nous méprise. Il lui est plusieurs fois échappé de dire : *Voilà comme vous êtes, vous autres Français*. Dans un discours, il a parlé de l'Italie comme de sa patrie, et de la France comme de sa conquête. Si Buonaparte est Français, il faut dire nécessairement que Toussaint Louverture l'était autant et plus que lui ; car enfin il était né dans une vieille colonie française, et sous les lois françaises ; la liberté qu'il avait reçue lui avait rendu les droits du sujet et du citoyen. Et un étranger, élevé par la charité de nos rois, occupe le trône de nos rois, et brûle de répandre leur sang ! Nous prîmes soin de sa jeunesse, et, par reconnaissance, il nous plonge dans un abîme de douleur ! Juste dispensation de la Providence ! les Gaulois saccagèrent Rome, et les Romains opprimèrent les Gaules ; les Français ont souvent ravagé l'Italie, et les Médicis, les Galigaï, les Buonaparte, nous ont désolés. La France et l'Italie devraient enfin se connaître, et renoncer pour toujours l'une à l'autre.

Qu'il sera doux de se reposer enfin de tant d'agitations et de malheurs sous l'autorité paternelle de notre souverain légitime ! Nous avons pu un moment être sujets de la gloire que nos armes avaient répandue sur Buonaparte ; aujourd'hui qu'il s'est dépouillé lui-même de cette gloire, ce serait trop que de rester l'esclave de ses crimes. Rejetons cet oppresseur comme tous les autres peuples l'ont déjà rejeté. Qu'on ne dise pas de nous : Ils ont tué le meilleur et le plus vertueux des rois : ils n'ont rien fait pour lui sauver la vie, et ils versent aujourd'hui la dernière goutte de leur sang, ils sacrifient les restes de la France pour soutenir un étranger qu'eux-mêmes détestent. Par quelle raison cette France infidèle justifierait-elle son abominable fidélité ? Il faut donc avouer que ce sont les forfaits qui nous plaisent, les crimes qui nous charment, la tyrannie qui nous convient. Ah ! si les nations étrangères, enfin lasses de notre obstination, allaient consentir à nous laisser cet insensé ; si nous étions assez lâches pour acheter, par une partie de notre territoire, la honte de conserver au milieu de nous le germe de la peste et le fléau de l'humanité, il faudrait fuir au fond des déserts, changer de nom et de langage, tâcher d'oublier et de faire oublier que nous avons été Français.

Pensons au bonheur de notre commune patrie ; songeons bien que notre sort est entre nos mains : un mot peut nous rendre à la gloire, à la paix, à l'estime du monde, ou nous plonger dans le plus affreux, comme dans le plus ignoble esclavage. Relevons la monarchie de Clovis, l'héritage de saint Louis, le patrimoine de Henri IV. Les Bourbons seuls conviennent aujourd'hui à notre situation malheureuse, sont les seuls médecins qui puissent fermer nos blessures. La modération, la paternité de leurs sentiments, leurs propres adversités, conviennent à un royaume épuisé, fatigué de convulsions et de malheurs. Tout deviendra légitime avec eux, tout est illégitime sans eux. Leur seule présence fera renaître l'ordre dont ils sont pour nous le principe. Ce sont de braves et illustres gentilshommes, autant et plus Français que nous. Ces seigneurs des fleurs de lis furent dans tous les temps célèbres par leur loyauté ; ils tiennent si fort à la racine de nos mœurs, qu'ils semblent faire partie même de la France, et lui manquer aujourd'hui comme l'air et le soleil.

Si tout doit devenir paisible avec eux, s'ils peuvent seuls mettre un terme à cette trop longue révolution, le retour de Buonaparte nous plongerait dans des maux affreux et dans des troubles interminables. L'imagination la plus féconde peut-elle se représenter ce que serait ce monstrueux géant resserré dans d'étroites limites, n'ayant plus les trésors du monde à dévorer, et le sang de l'Europe à répandre? Peut-on se le figurer renfermé dans une cour ruinée et flétrie, exerçant sur les seuls Français sa rage, ses vengeances et son génie turbulent? Buonaparte n'est point changé ; il ne changera jamais. Toujours il inventera des projets, des lois, des décrets absurdes, contradictoires ou criminels ; toujours il nous tourmentera : il rendra toujours incertaines notre vie, notre liberté, nos propriétés. En attendant qu'il puisse troubler le monde nouveau, il s'occupera du soin de bouleverser nos familles. Seuls esclaves au milieu du monde libre, objets du mépris des peuples, le dernier degré du malheur sera de ne plus sentir notre abjection, et de nous endormir, comme l'esclave de l'Orient, indifférents au cordon que le sultan nous enverra à notre réveil.

Non, il n'en sera pas ainsi. Nous avons un prince légitime, né de notre sang, élevé parmi nous, que nous connaissons, qui nous connaît, qui a nos mœurs, nos goûts, nos habitudes, pour lequel nous avons prié Dieu dans notre jeunesse, dont nos enfants savent le nom comme celui d'un de leurs voisins, et dont les pères vécurent et moururent avec les nôtres. Parce que nous avons réduit nos anciens princes à être voyageurs, la France sera-t-elle une propriété forfaite? Doit-elle demeurer à Buonaparte par droit d'aubaine? Ah! pour Dieu, ne soyons pas trouvés en telle déloyauté, que de déshériter notre naturel seigneur, pour donner son lit au premier compagnon qui le demande. Si nos maîtres légitimes nous manquaient, le dernier des Français serait encore préférable à Buonaparte pour régner sur nous : du moins nous n'aurions pas la honte d'obéir à un étranger.

Il ne me reste plus qu'à prouver que si le rétablissement de la maison de Bourbon est nécessaire à la France, il ne l'est pas moins à l'Europe entière.

DES ALLIÉS.

A ne considérer d'abord que les raisons particulières, est-il un homme au monde qui voulût jamais s'en reposer sur la parole de Buonaparte? N'est-ce pas un point de sa politique commun, un des penchants de son cœur, que de faire consister l'habileté à tromper, à regarder la bonne foi comme une duperie et comme la marque d'un esprit borné, à se jouer de la sainteté des serments? A-t-il tenu un seul des traités qu'il ait faits avec les diverses puissances de l'Europe? C'est toujours en violant quelque article de ces traités, et en pleine paix, qu'il a fait ses conquêtes les plus solides; rarement il a évacué une place qu'il devait rendre; et aujourd'hui même qu'il est abattu, il possède encore dans quelques forteresses de l'Allemagne le fruit de ses rapines et les témoins de ses mensonges.

On le liera de sorte qu'il ne puisse recommencer ses ravages. — Vous aurez beau l'affaiblir en démembrant la France, en mettant garnison dans les places frontières pendant un certain nombre d'années, en l'obligeant à payer des sommes considérables, en le forçant à n'avoir qu'une petite armée, et à abolir la conscription; tout cela sera vain. Buonaparte, encore une fois, n'est point changé. L'adversité ne peut rien sur lui, parce qu'il n'était pas au-dessus de la fortune. Il méditera en silence sa vengeance : tout à coup, après un ou deux ans de repos, lorsque la coalition sera dissoute, que chaque puissance sera rentrée dans ses États, il nous appellera aux armes, profitera des générations qui se seront formées, enlèvera, franchira les places de sûreté, et se débordera de nouveau sur l'Allemagne. Aujourd'hui même il ne parle que d'aller brûler Vienne, Berlin et Munich; il ne peut consentir à lâcher sa proie. Les Russes reviendront-ils assez vite des rives du Borysthène pour sauver une seconde fois l'Europe? Cette miraculeuse coalition, fruit de vingt-cinq années de souffrances, pourra-t-elle se renouer quand tous les fils en auront été brisés? Buonaparte n'aura-t-il pas trouvé le moyen de corrompre quelques ministres, de séduire quelques princes, de réveiller d'anciennes jalousies, de mettre peut-être dans ses intérêts quelques peuples assez aveugles pour combattre sous ses drapeaux? Enfin, les princes qui règnent aujourd'hui seront-ils tous sur le trône, et ce changement dans les règnes ne pourrait-il pas amener un changement dans la politique? Des puissances si souvent trompées pourraient-elles reprendre tout à coup une sécurité qui les perdrait? Quoi! elles auraient oublié l'orgueil de cet aventurier qui les a traitées avec tant d'insolence, qui se vantait d'avoir des rois dans son antichambre, qui envoyait signifier ses ordres aux souverains, établissait ses espions jusque dans leur cour, et disait tout haut qu'avant dix ans sa *dynastie* serait la plus ancienne de l'Europe! Des rois traiteraient avec un homme qui leur a prodigué des outrages que ne supporterait pas un simple particulier! Une reine charmante faisait l'admiration de l'Europe par sa beauté, son courage et ses vertus, et il a avancé sa mort par les plus lâches comme par les plus ignobles outrages. La sainteté des rois comme la décence m'empêchent de répéter les calomnies, les grossièretés, les ignobles plaisanteries qu'il a prodiguées tour à tour à ces rois et à ces ministres qui lui dictent aujourd'hui des lois dans son palais. Si les puissances méprisent personnellement ces outrages, elles ne peuvent ni ne doivent les mépriser pour l'intérêt et la majesté des trônes : elles doivent se faire respecter des peuples, briser enfin le glaive de l'usurpateur, et déshonorer pour toujours cet abominable droit de la force, sur qui Buonaparte fondait son orgueil et son empire.

Après ces considérations particulières, il s'en présente d'autres d'une nature plus élevée, et qui seules peuvent déterminer les puissances coalisées à ne plus reconnaître Buonaparte pour souverain.

Il importe au repos des peuples, il importe à la sûreté des couronnes, à la vie comme à la famille des souverains, qu'un homme sorti des rangs inférieurs de la société ne puisse impunément s'asseoir sur le trône de son maître, prendre place parmi les souverains légitimes, les traiter de *frères*, et trouver dans les révolutions qui l'ont élevé assez de force pour balancer les droits de la légitimité de la race. Si cet exemple est une fois donné au monde, aucun monarque ne peut compter sur sa couronne. Si le trône de Clovis peut être, en pleine civilisation, laissé à un Corse, tandis que les fils de saint Louis sont errants sur la terre, nul roi ne peut s'assurer aujourd'hui qu'il régnera demain. Qu'on y prenne bien garde : toutes les monarchies de l'Europe sont à peu près filles des mêmes mœurs et des mêmes temps; tous les rois sont réellement des espèces de frères unis par la religion chrétienne et par l'antiquité des souvenirs. Ce beau et grand système une fois rompu, des races nouvelles assises sur les trônes où elles feront régner d'autres mœurs, d'autres principes, d'autres idées, c'en est fait de l'ancienne Europe; et dans le cours de quelques années, une révolution générale aura changé la succession de tous les souverains. Les rois doivent donc prendre la défense de la maison de Bourbon, comme ils la prendraient de leur propre famille. Ce qui est vrai, considéré sous les rapports de la royauté, est encore vrai sous les rapports naturels. Il n'y a pas un roi en Europe qui n'ait du sang des Bourbons dans les veines, et qui ne doive voir en eux d'illustres et infortunés parents. On n'a déjà que trop appris aux peuples qu'on peut remuer les trônes. C'est aux rois à leur montrer que si les trônes peuvent être ébranlés, ils ne peuvent jamais être détruits, et que, pour le bonheur du monde, les couronnes ne dépendent pas des succès du crime et des jeux de la fortune.

Il importe encore à l'Europe civilisée que la France, qui en est comme l'âme et le cœur par son génie et par sa position, soit heureuse, florissante, paisible; elle ne peut l'être que sous ses anciens rois. Tout autre gouvernement prolongerait parmi nous ces convulsions qui se font sentir au bout de la terre. Les Bourbons seuls, par la majesté de leur race, par la légitimité de leurs droits, par la modération de leur caractère, offriront une garantie suffisante aux traités, et fermeront les plaies du monde.

Sous le règne des tyrans toutes les lois morales sont comme suspendues; de même qu'en Angleterre, dans les temps de trouble, on suspend l'acte sur lequel repose la liberté des citoyens. Chacun sait qu'il n'agit pas bien, qu'il marche dans une fausse voie; mais chacun se soumet et se prête à l'oppression : on se fait même une espèce de fausse conscience; on remplit scrupuleusement les ordres les plus opposés à la justice. L'excuse est qu'il viendra de meilleurs jours, que l'on rentrera dans ses droits; que c'est un temps d'iniquités qu'il faut passer, comme on passe un temps de malheurs. Mais en attendant ce retour, le tyran fait tout ce qui lui plaît; il est obéi : il peut traîner tout un peuple à la guerre, l'opprimer, lui demander tout sans être refusé. Avec un prince légitime cela est impossible : tout le monde, sous un sceptre légal, est en jouissance de ses droits naturels et en exercice de ses vertus. Si le roi voulait passer les bornes de son pouvoir, il trouverait des obstacles invincibles; tous les corps feraient des remontrances, tous les individus parleraient; on lui opposerait la raison, la conscience, la liberté. Voilà pourquoi Buonaparte, resté maître d'un seul village de la France, est plus à craindre pour l'Europe que les Bourbons avec la France jusqu'au Rhin.

Au reste, les rois peuvent-ils douter de l'opinion de la France? croient-ils qu'ils seraient parvenus aussi facilement jusqu'au Louvre, si les Français n'avaient espéré en eux des libérateurs? N'ont-ils pas vu dans toutes les villes où ils sont entrés des signes manifestes de cette espérance? Qu'entend-on en France depuis six mois, sinon ces paroles : *Les Bourbons y sont-ils? où sont les princes? viennent-ils? Ah! si l'on voyait un drapeau blanc!* D'une autre part, l'horreur de l'usurpateur est dans tous les cœurs. Il inspire tant de haine, qu'il a balancé chez un peuple guerrier ce qu'il y a de dur dans la présence d'un ennemi; on a mieux aimé souffrir une invasion d'un moment, que de s'exposer à garder Buonaparte toute la vie. Si les armées se sont battues, admirons leur courage et déplorons leurs malheurs; elles détestent le tyran autant et plus que le reste des Français; mais elles ont fait un serment, et des grenadiers français meurent victimes de leur parole. La vue de l'étendard militaire inspire la fidélité : depuis nos pères les Francs jusqu'à nous nos soldats ont fait un pacte saint, et se sont pour ainsi dire mariés à leur épée. Ne prenons donc pas le sacrifice de l'honneur pour l'amour de l'esclavage. Nos braves guerriers n'attendent qu'à être dégagés de leur parole. Que les Français et les alliés reconnaissent les princes légitimes, et à l'instant l'armée, déliée de son serment, se rangera sous le drapeau sans tache, souvent témoin de nos triomphes, quelquefois de nos revers, toujours de notre courage, jamais de notre honte.

Les rois alliés ne trouveront aucun obstacle à leur dessein, s'ils veulent suivre le seul parti qui peut assurer le repos de la France et celui de l'Europe. Ils doivent être satisfaits du triomphe de leurs armes. Nous Français, nous ne devons considérer ces triomphes que comme une leçon de la Providence, qui nous châtie sans nous humilier. Nous pouvons nous dire avec assurance, que ce qui eût été impossible sous nos princes légitimes, ne pouvait s'accomplir que sous ce règne d'un aventurier. Les rois alliés doivent désormais aspirer à une gloire plus solide et plus durable. Qu'ils se rendent avec leur garde sur la *place* de notre *Révolution;* qu'ils fassent célébrer une pompe funèbre à la place même où sont tombées les têtes de Louis et d'Antoinette ; que ce conseil de rois, la main sur l'autel, au milieu du peuple français à genoux et en larmes, reconnaisse Louis XVIII pour roi de France : ils offriront au monde le plus grand spectacle qu'il ait jamais vu, et répandront sur eux une gloire que les siècles ne pourront effacer.

Mais déjà une partie de ces événements est accomplie. Les miracles ont enfanté les miracles. Paris, comme Athènes, a vu rentrer dans ses murs des étrangers qui l'ont respecté, en souvenir de sa gloire et de ses grands hommes. Quatre-vingt mille soldats vainqueurs ont dormi auprès de nos citoyens, sans troubler leur sommeil, sans se porter à la moindre violence, sans faire même entendre un chant de triomphe. Ce sont des libérateurs et non pas des conquérants. Honneur immortel aux souverains qui ont pu donner au monde un pareil exemple de modération dans la victoire ! Que d'injures ils avaient à venger ! Mais ils n'ont point confondu les Français avec le tyran qui les opprime. Aussi ont-ils déjà recueilli le fruit de leur magnanimité. Ils ont été reçus des habitants de Paris comme s'ils avaient été nos véritables monarques, comme des princes français, comme des Bourbons. Nous les verrons bientôt les descendants de Henri IV ; Alexandre nous les a promis : il se souvient que le contrat de mariage du duc et de la duchesse d'Angoulême est déposé dans les archives de la Russie. Il nous a fidèlement gardé le dernier acte public de notre gouvernement légitime ; il l'a rapporté au trésor de nos chartes, où nous garderons à notre tour le récit de son entrée dans Paris, comme un des plus grands et des plus glorieux monuments de l'histoire.

Toutefois, ne séparons point des deux souverains qui sont aujourd'hui parmi nous, cet autre souverain qui fait à la cause des rois et au repos des peuples le plus grand des sacrifices : qu'il trouve comme monarque et comme père la récompense de ses vertus dans l'attendrissement, la reconnaissance et l'admiration des Français.

Et quel Français aussi pourrait oublier ce qu'il doit au prince régent d'Angleterre, au noble peuple qui a tant contribué à nous affranchir ? Les drapeaux d'Elisabeth flottaient dans les armées de Henri IV ; ils reparaissent dans les bataillons qui nous rendent Louis XVIII. Nous sommes trop sensibles à la gloire pour ne pas admirer ce lord Wellington qui retrace d'une manière si frappante les vertus et les talents de notre Turenne. Ne se sent-on pas touché jusqu'aux larmes quand on le voit promettre, lors de notre retraite du Portugal, deux guinées pour chaque prisonnier français qu'on lui amènerait vivant ? Par la seule force morale de son caractère, plus encore que par la vigueur de la discipline militaire, il a miraculeusement suspendu, en entrant dans nos provinces, le ressentiment des Portugais et la vengeance des Espagnols : enfin, c'est sous son étendard que le premier cri de *vive le roi!* a réveillé notre malheureuse patrie : au lieu d'un roi de France captif, le nouveau Prince-Noir ramène à Bordeaux un roi de France délivré. Lorsque le roi Jean fut conduit à Londres, touché de la générosité d'Édouard, il s'attacha à ses vainqueurs, et revint mourir dans la terre de captivité : comme s'il eût prévu que cette terre serait dans la suite le dernier asile du dernier rejeton de sa race, et qu'un jour les descendants des Talbot et des Chandos recueilleraient la postérité proscrite des La Hire et des Duguesclin.

Français, amis, compagnons d'infortune, oublions nos querelles, nos haines, nos erreurs, pour sauver la patrie; embrassons-nous sur les ruines de notre cher pays; et qu'appelant à notre secours l'héritier de Henri IV et de Louis XIV, il vienne essuyer les pleurs de ses enfants, rendre le bonheur à sa famille, et jeter charitablement sur nos plaies le manteau de saint Louis, à moitié déchiré de nos propres mains. Songeons que tous les maux que nous éprouvons, la perte de nos biens, de nos armées, les malheurs de l'invasion, le massacre de nos enfants, le trouble et la décomposition de toute la France, la perte de nos libertés sont l'ouvrage d'un seul homme, et que nous devrons tous les biens contraires à un seul homme. Faisons donc entendre de toutes parts le cri qui peut nous sauver, le cri que nos pères faisaient retentir dans le malheur comme dans la victoire, et qui sera pour nous le signal de la paix et du bonheur : *Vive le roi!*

COMPIÈGNE.

Avril 1814.

Le roi était annoncé au château de Compiègne pour le 29 avril; une foule de personnes arrivaient continuellement de Paris; toutes étaient, comme du temps de Henri IV, *affamées de voir un roi*. Les troupes en garnison ici [1] étaient composées d'un régiment suisse et de divers détachements de la garde à pied et à cheval. On voyait sur les visages, dans l'attente du souverain, un certain mélange d'étonnement, de crainte, d'amour et de respect. Des courriers se succédaient d'heure en heure, annonçant l'approche du roi. Tout à coup on bat aux champs; une voiture attelée de six chevaux entre dans la cour où se trouvaient rangés, sur deux lignes, des soldats suisses et les gardes nationaux de Compiègne; ceux-ci portaient, en guise de ceinture, une large écharpe blanche; des lanciers de la garde se tenaient à cheval à l'entrée de la cour, et les grenadiers à pied étaient placés au vestibule. La voiture s'arrête devant le perron; on l'entoure de toutes parts; on en voit descendre non le roi, mais un vénérable vieillard soutenu par son fils : c'était M. le prince de Condé et M. le duc de Bourbon. De vieux serviteurs de la maison de Condé, qui étaient accourus à Compiègne, poussent des cris en reconnaissant leur maître, se jettent sur ses mains et sur son habit, qu'ils baisent avec des sanglots. Ces princes n'étaient que deux,

[1] Compiègne.

et tous les yeux cherchaient en vain le troisième! Le comte de Lostanges s'étant nommé au prince de Condé, le prince lui a répondu : *Ah! oui, le comte de Lostanges! vous étiez colonel de mon régiment d'Enghien?* et il lui jette les bras autour du cou. Le prince a monté l'escalier du vestibule, appuyé sur le bras de son fils, entre les grenadiers de la garde : j'ai vu, et tout le monde a vu comme moi, ces braves soldats couverts de blessures, portant la décoration de la Légion d'honneur, une large cocarde blanche dans leurs bonnets de peau d'ours, pleurer en rendant le salut des armes aux deux Condé, à ces représentants de l'ancienne gloire de la France, comme ces grenadiers eux-mêmes sont les dignes témoins de notre nouvelle gloire. Il est impossible de décrire la joie et la douleur que l'on ressentait à la vue des deux derniers rejetons du vainqueur de Rocroi, de ces princes si braves, si illustres, si malheureux : ils étaient tout près de ce Chantilly qui n'existe plus; mais quand l'héritier manque, qu'importe l'héritage?

Enfin, le roi lui-même est arrivé. Son carrosse était précédé des généraux et des maréchaux de France, qui étaient allés au-devant de Sa Majesté. Ce n'a plus été des cris de *vive le roi!* mais des clameurs confuses dans lesquelles on ne distinguait rien que les accents de l'attendrissement et de la joie. Quand le roi est descendu de sa voiture, soutenu par Madame, duchesse d'Angoulême, la France a cru revoir son père. Ni le roi, ni Madame, ni les maréchaux, ni les soldats ne pouvaient parler. On ne s'exprimait que par des larmes. Les moins attendris criaient encore : *Vive le roi! vive notre père!* et c'est tout ce qu'ils pouvaient dire. Le roi portait un habit bleu, distingué seulement par une plaque et des épaulettes; ses jambes étaient enveloppées de larges guêtres de velours rouge, bordées d'un petit cordon d'or. Il marche difficilement, mais d'une manière noble et touchante; sa taille n'a rien d'extraordinaire; sa tête est superbe, son regard est à la fois celui d'un roi et d'un homme de génie. Quand il est assis dans son fauteuil, avec ses guêtres à l'antique, tenant sa canne entre ses genoux, on croirait voir Louis XIV à cinquante ans.

Madame était vêtue d'une simple robe blanche; sa tête était couverte d'un petit chapeau blanc à l'anglaise. Si quelque chose sur la terre peut donner l'idée d'un ange par la beauté, la modestie, la candeur, c'est certainement la fille de Louis et d'Antoinette : ses traits sont un mélange heureux de ceux de son père et de sa mère; une expression de douceur et de tristesse annonce dans ses regards ce qu'elle a souffert; on remarque jusque dans ses vêtements, un peu étrangers, des traces de son long exil. Elle ne cessait de répéter en pleurant et en riant à la fois : *Que je suis heureuse d'être au milieu des bons Français!* paroles bien dignes d'une princesse qui regrettait, dans le palais de l'étranger, les prisons de la France.

Parvenu dans l'appartement qui lui était préparé, le roi s'est assis au milieu de la foule. On lui a présenté les dames qui se trouvaient à Compiègne : il a adressé à chacune d'elles les paroles les plus obligeantes. La même présentation a eu lieu pour Madame. Le roi, un peu fatigué et prêt à se retirer, a dit à MM. les maréchaux et généraux : *Messieurs, je suis heureux de me trouver au milieu de vous;* et il a ajouté avec un accent qu'il aurait fallu entendre : *Heu-*

reux et FIER ! Il a repris ensuite : *J'espère que la France sera désormais assez heureuse pour n'avoir plus besoin de vos talents ; mais dans tous les cas*, a-t-il ajouté en se levant avec une gaieté noble qui rappelait le descendant de Henri IV, *tout goutteux que je suis, je viendrai me mettre au milieu de vous ;* et il a traversé le groupe aux cris répétés de *vive le roi !*

Le dîner a été servi à huit heures. Le roi, MADAME, M. le prince de Condé et M. le duc de Bourbon, MM. les maréchaux et généraux, les gentilshommes de service auprès du roi, les dames de MADAME, duchesse d'Angoulême ; madame de Montboissier, fille de M. de Malesherbes ; mesdames les duchesses de Duras, madame la comtesse de Simiane, et quelques autres personnes de distinction, invitées par ordre de Sa Majesté, étaient à table. La foule était si grande dans le salon, que l'on pouvait à peine servir. Au milieu du dîner, le roi a pris un verre de vin, et a dit à MM. les maréchaux et généraux : *Messieurs, buvons à l'armée*. Après le dîner, Sa Majesté est retournée dans le salon. Tout le monde voulait se tenir debout. Le roi a fait asseoir MM. les maréchaux et généraux à sa droite. Ces braves capitaines ont paru singulièrement touchés de cette bonté du souverain : ils se rappelaient que l'étranger, sans égard pour leur âge, leurs travaux et leurs blessures, les forçait à se tenir debout devant lui des heures entières, comme s'il eût cherché le respect dans les maux qu'il faisait souffrir à ses serviteurs. On sait que le roi joint à l'esprit le plus remarquable la mémoire la plus étonnante ; il a donné des preuves de ces rares qualités en causant avec les personnes qui l'environnaient. En voyant marcher avec difficulté le maréchal Lefebvre, un peu tourmenté par la goutte, il lui dit : *Hé bien, maréchal, est-ce que vous êtes des nôtres ?* Il a dit au maréchal Mortier : *Monsieur le maréchal, lorsque nous n'étions pas amis, vous avez eu pour la reine, ma femme, des égards qu'elle ne m'a pas laissé ignorer, et je m'en souviens aujourd'hui.* S'adressant au maréchal Marmont : *Vous avez été blessé en Espagne, et vous avez pensé perdre un bras ?* « Oui, sire, a répondu le maréchal, mais je l'ai re-« trouvé pour le service de Votre Majesté. » Les maréchaux Macdonald, Ney, Moncey, Serrurier, Brune, le prince de Neuchâtel, tous les généraux, toutes les personnes présentes, ont obtenu pareillement du roi les paroles les plus affectueuses ; et il n'y avait point de cœur qui ne fût subjugué. Le roi sans armes pouvait dire, comme on l'a dit de Henri IV, qu'*il régnait sur la France,*

Et par droit de conquête et par droit de naissance.

On entendait de tous côtés : *Il verra comme nous le servirons ! Nous sommes à lui pour la vie*. Tous les intéressants exilés revenus avec leur maître, de la terre étrangère, tous les officiers de l'armée se serraient la main comme des frères, se disant : *Plus de factions, plus de partis, tous pour Louis XVIII !* Telle est en France la force du souverain légitime, cette magie attachée au nom du roi. Un homme arrive seul de l'exil, dépouillé de tout, sans suite, sans gardes, sans richesses : il n'a rien à donner, presque rien à promettre. Il descend de sa voiture, appuyé sur le bras d'une jeune femme : il se montre à des capitaines qui ne l'ont jamais vu, à des grenadiers qui savent à peine son nom. Quel est cet homme ? C'est le fils de saint Louis ! c'est le roi ! Tout tombe à ses pieds, l'armée, les grands, le peuple, un million de soldats brûlent de mourir pour lui; on sent qu'il peut tout nous demander, nos enfants, notre vie, notre fortune; qu'il ne nous reste plus en propre que l'honneur, seul bien dont nous ne pouvons pas disposer, et dont un roi de France n'exigera jamais de nous le sacrifice.

DE L'ÉTAT DE LA FRANCE

AU 4 OCTOBRE 1814.

Accoutumés depuis longtemps aux prodiges, à peine remarquons-nous ceux qui passent aujourd'hui sous nos yeux : il est vrai de dire cependant que de tous les miracles qui se sont opérés depuis quelques années, aucun n'est plus frappant que le bonheur actuel de la France. Pouvions-nous raisonnablement nous attendre à un calme aussi profond après une si longue tempête? Pour mieux juger de notre position au mois d'octobre de cette année, rappelons-nous l'état où nous nous trouvions au mois de mars de cette même année.

La France était envahie depuis le Rhin jusqu'à la Loire, depuis les Alpes jusqu'aux montagnes de l'Auvergne, depuis les Pyrénées jusqu'à la Garonne. Paris était occupé par l'ennemi. Cinq cent mille Russes, Allemands, Prussiens, restés de l'autre côté du Rhin, étaient prêts à seconder les efforts de leurs compatriotes par une seconde invasion qui aurait achevé la désolation de la France; l'Espagne se préparait à franchir les Pyrénées sur les traces de l'armée anglaise, espagnole et portugaise. Plus d'un million de Français avaient, en moins de treize mois, été appelés sur le champ de bataille. Un insensé, à qui l'on ne cessait d'offrir la paix, s'obstinait à arracher le dernier homme et le dernier écu à notre malheureuse patrie, pour soutenir au dehors un monstrueux système de guerre, au dedans une tyrannie plus monstrueuse encore. S'il parvenait à prolonger la guerre, la France courait le risque de ne plus offrir, en quelques mois, qu'un monceau de cendres; s'il acceptait enfin la paix, cette paix ne pouvait plus être faite qu'à des conditions aussi déshonorantes pour lui que pour notre patrie : il aurait fallu payer des contributions énormes, céder nos places frontières en garantie des traités[1]. Buonaparte, humilié dans son orgueil, trompé dans son ambition, eût couvert le royaume de deuil et de proscriptions. Déjà les listes étaient dressées, les victimes désignées, les villes entières condamnées : les confiscations, les expropriations, auraient suivi les supplices; la guerre civile aurait peut-être couronné toutes les dévastations de la guerre étrangère, et un despotisme sanglant se serait assis pour jamais sur les ruines de la France.

[1] Les suites nécessaires du retour de Buonaparte n'ont que trop prouvé que ce n'était point là une simple conjecture.

Quel était en ce moment notre unique espoir? Une famille que nous avions accablée de tous les maux en reconnaissance de tous les biens qu'elle avait versés sur nous depuis tant de siècles! Cette famille exilée, presque oubliée de ses enfants ingrats, ne trouvait pas chez les étrangers plus de souvenirs et plus d'appuis. Ce n'était point pour elle qu'on se battait; aucun des malheurs qui accablaient alors la France par suite d'une guerre désastreuse ne pouvait être imputé à cette famille : à Châtillon, on traitait de bonne foi avec Buonaparte. A peine permettait-on à MONSIEUR de suivre presque seul, et de très-loin, les armées envahissantes; il venait coucher dans les ruines que Buonaparte avait faites, essuyer les pleurs des paysans qui s'attroupaient autour de lui, secourir nos conscrits blessés, ne pouvant exercer de la prérogative royale que ces bienfaisantes vertus, qu'il avait héritées du sang de saint Louis. Monseigneur le duc d'Angoulême n'était reconnu que comme simple volontaire à l'armée de lord Wellington; à Jersey, monseigneur le duc de Berry sollicitait en vain la faveur d'être jeté, avec ses deux aides-de-camp, sur les côtes de France; et il comptait si peu sur le succès de ces courageuses entreprises, qu'il avait fait renouveler le bail de sa maison à Londres.

C'est dans ce moment désespéré que la Providence acheva l'ouvrage dont elle avait voulu se charger seule, afin de rendre sa main visible à tous. Les étrangers entrent dans Paris : Dieu change le cœur des princes, ouvre les yeux des Français; un cri de *vive le roi!* sauve le monde. Buonaparte s'écrie qu'on l'a trahi. Trahi, grand Dieu! et par qui, si ce n'est par lui-même? Vit-on jamais une fidélité plus extraordinaire, plus touchante que celle de son armée? Jamais les soldats français ne se sont montrés plus héroïques que dans l'instant même où, détestant l'auteur de nos infortunes, ils respectaient encore en lui leur général, et seraient morts avec lui si lui-même avait su mourir.

Mais lorsqu'il eut emporté sa vie avec les millions qu'il avait eu le courage de demander, la France se tourna vers notre véritable père, qui arrivait de l'exil sans stipulations, sans traités, sans trésors, rentrant les mains vides, comme il en était sorti, mais le cœur plein de cette tendresse et de cette miséricorde naturelle à la race de nos rois.

Qu'est-ce que le roi trouva en arrivant? Quatre cent mille étrangers dans le cœur de la France, 1,700 millions de dettes, des armées désorganisées et sans solde depuis plusieurs mois, plus de trente mille officiers qui avaient droit à un sort et à des récompenses, quatre cent mille prisonniers prêts à rentrer dans leur patrie et à augmenter l'embarras du moment, une constitution à faire, des craintes à calmer, des espérances à remplir, des partis en présence, et tous les éléments d'une guerre civile. Il paraissait sage à quelques personnes que le roi, au milieu de tant d'embarras, ne connaissant ni le terrain sur lequel il marchait, ni l'état des opinions, ni le caractère des hommes en France, inconnu lui-même à son peuple; il paraissait sage, disons-nous, que le roi conservât auprès de lui une force étrangère. Le roi rejeta noblement cette idée : une paix honorable fit sortir les alliés du royaume; il ne nous en coûta ni contributions ni places fortes; nous conservâmes nos anciennes frontières, et même nous nous agrandîmes du côté de la Savoie. Les monuments des arts nous restèrent : tout cela fut le fruit de l'estime des alliés pour le roi.

Une Charte assura nos droits politiques. Bientôt cette armée, si embarrassante par le nombre de ses soldats, a vu, comme par miracle, presque tout son arriéré acquitté, et le reste de cet arriéré au moment de l'être. Les officiers qui n'ont pu trouver place dans la nouvelle organisation militaire reçoivent, au sein de leur famille, une pension qui leur assure cet honorable repos, récompense naturelle de la gloire. Les propriétés ont été garanties ; la confiance renaît ; les manufactures reprennent leurs travaux : tout marche vers la prospérité. La modération, le génie et les vertus d'un seul homme ont opéré ces prodiges : et il n'en a pas coûté une goutte de sang à la France; et personne n'a été ni inquiété, ni persécuté pour son opinion; ni aucune prison ne s'est ouverte, sinon pour rendre la liberté à quelques victimes; et aucun acte arbitraire du pouvoir ne s'est mêlé à tant d'actes de clémence et de bonté ! Nous sommes trop près de ces merveilles pour les apprécier comme elles le méritent ; mais l'histoire les présentera à l'admiration des hommes : elle ajoutera au nom de Louis le *Désiré* le surnom de *Sage*, que la France a déjà eu la gloire de donner à l'un de ses rois.

Si on en avait cru quelques personnes qui avaient leurs raisons pour semer de pareilles alarmes, la France, à l'arrivée des Bourbons, allait devenir le théâtre des réactions et des vengeances. Que pourraient-elles dire aujourd'hui? Quoi! pas une exécution, pas un emprisonnement, pas un exil pour consoler leurs prophéties ! Au retour de Charles II en Angleterre le parlement fit mettre en jugement plusieurs coupables. Au retour de Louis XVIII en France, tout le monde conserve la vie, la fortune, la liberté; rien pour de certains hommes n'est perdu, *fors l'honneur!* Quelque opinion que l'on ait ou que l'on ait eue, on convient généralement que jamais la France n'a été aussi heureuse à aucune époque que dans les quatre mois qui se sont écoulés depuis le rétablissement de la monarchie. Il n'y a aucun Français qui ne porte en lui-même le sentiment de son affranchissement et de sa pleine liberté. Chacun s'endort, sûr de n'être pas réveillé au milieu de la nuit, pour être traîné par des espions à la police, ou par des gendarmes à un tribunal militaire. Le propriétaire sait qu'il conservera son bien ; la mère, son enfant : elle ne tremble plus dans la crainte de voir chaque matin, au coin de la rue, afficher quelque nouvelle conscription. Le fermier, l'artisan, ne se mettent plus d'avance à la torture pour savoir comment ils rachèteront le seul fils qui leur reste ; le conscrit, qui ne sera plus, ne songe plus à se mutiler pour se dérober à la mort. Les taxes seules pèsent encore sur la France; mais du moins on est certain qu'elles seront réduites dans un temps donné, qu'elles ne seront point imposées arbitrairement par la première autorité de l'État, et jusque par des préfets, des sous-préfets, des maires et des adjoints. L'État a des dettes, il faut bien les payer. Et qui les a contractées ces dettes? Est-ce le roi ou l'homme de l'île d'Elbe? Si le roi avait voulu dire : « Je ne suis pas obligé de reconnaître les « dettes de Buonaparte; la fortune que la plupart des fournisseurs ont faite les « dédommagera assez de la perte qu'ils éprouveront, » qu'aurait-on eu à répondre? Mais le roi a cru qu'il y allait de son honneur, comme de celui de la

France, d'acquitter scrupuleusement toute dette qui pouvait être regardée comme dette de l'État; et, par cette bonne foi digne d'un descendant de Henri IV, il donne à la France un crédit qui doublera la fortune publique.

Ainsi, les grands malheurs dont nous menaçait le retour des Bourbons se réduisent à quelques murmures; et ces murmures, quand on veut aller au fond de la chose, naissent tous de quelque espérance trompée, de quelque place qu'on demandait et qu'on n'a pas obtenue. La moitié de la France, sous le despotisme qui vient de finir, était payée par l'autre. Le moyen de soutenir un pareil abus! Buonaparte lui-même, s'il fût resté sur le trône sans être le maître de l'Europe, aurait-il pu maintenir toutes les places qu'il avait créées? Il ne les payait déjà plus. Pour faire taire les mécontents, il les aurait fusillés. D'ailleurs toutes les traces d'une révolution de vingt-cinq années peuvent-elles être effacées dans l'espace de six mois? A la mort de Henri IV, il se trouva encore de vieux ligueurs qui applaudirent au parricide de Ravaillac. Il faut donc nous attendre à voir encore longtemps, et peut-être toute notre vie, les opinions des Français partagées sur une foule d'objets : les uns détester ce que les autres aimeront; ceux-ci vanter, ceux-là dénigrer le gouvernement.

Selon les constitutionnels, la constitution n'est pas assez *libérale*. Selon les anciens royalistes, on se serait bien passé d'une constitution. Ne peut-on pas dire aux premiers : « S'il y a quelque chose de défectueux dans la constitution
« actuelle, le temps y apportera remède. La constitution anglaise, objet de
« votre admiration, n'a pas été l'ouvrage d'un jour. Il suffit que les fonde-
« ments de la liberté publique soient établis parmi nous, que le peuple soit
« représenté, qu'il ne puisse être imposé que du consentement de ses repré-
« sentants, qu'aucun homme ne puisse être ni dépouillé, ni exilé, ni empri-
« sonné, ni mis à mort arbitrairement. Asseyons-nous un moment sur ces
« grandes bases, et respirons du moins après une course si violente et si rapide. »

Ne peut-on pas dire aux derniers : « L'ancienne constitution du royaume
« était sans doute excellente; mais pouvez-vous en réunir les éléments? Où
« prendrez-vous un clergé indépendant, représentant, par ses immenses do-
« maines, une partie considérable des propriétés de l'État? Où trouverez-vous
« un corps de gentilshommes assez nombreux, assez riches, assez puissants
« pour former, par leurs anciens droits féodaux, par leurs terres seigneu-
« riales, par leurs vassaux et leur patronage, par leur influence dans l'armée,
« un contre-poids à la couronne? Comment rétablirez-vous ces priviléges des
« provinces et des villes, les pays d'états, les grands corps de magistrature qui
« mettaient de toutes parts des entraves à l'exercice du pouvoir absolu? L'es-
« prit même de ces corps dont nous parlons n'est-il pas changé? L'égalité de
« l'éducation et des fortunes, l'opinion publique, l'accroissement des lumières,
« permettraient-ils aujourd'hui des distinctions qui choqueraient toutes les va-
« nités? Les institutions de nos aïeux, où l'on reconnaissait les traces de la
« sainteté de notre religion, de l'honneur de notre chevalerie, de la gravité
« de notre magistrature, sont sans doute à jamais regrettables; mais peut-on
« les faire revivre entièrement? Permettez donc, puisqu'il faut enfin quelque
« chose, qu'on essaie de remplacer l'honneur du chevalier par la dignité de

« l'homme, et la noblesse de l'individu par la noblesse de l'espèce. En vain
« voudriez-vous revenir aux anciens jours : les nations, comme les fleuves, ne
« remontent point vers leurs sources : on ne rendit point à la république ro-
« maine le gouvernement de ses rois, ni à l'empire d'Auguste le sénat de
« Brutus. Le temps change tout, et l'on ne peut pas plus se soustraire à ses
« lois qu'à ses ravages. »

Qu'il reste donc encore un peu de chaleur dans nos opinions, cela ne peut être autrement. Le despotisme qui vient de finir nous avait fait sortir de l'ordre naturel. Toutes nos passions étaient exaltées, le soldat ne songeait qu'à devenir maréchal de France, au prix de la vie d'un million de Français ; le plus mince commis aux douanes voyait en perspective un ministère ; l'ouvrier sorti de sa boutique ne voulait plus y rentrer ; la jeunesse, débarrassée du joug domestique, se plongeait dans toutes les jouissances et dans toutes les chimères de son âge. Un devoir qui se réduisait à une bassesse, *obéir aveuglément à la volonté d'un maître*, remplaçait toute la morale de la vie. Buonaparte était le chef visible du mal, comme le démon en est le chef invisible. Toutes les ambitions désordonnées se rassemblaient autour de lui, à peu près comme les songes qui viennent se suspendre à l'arbre funeste que Virgile place à la porte des enfers.

Aujourd'hui, il nous en coûte de rentrer dans le devoir ; le repos nous paraît insipide. Mais, comme l'ordre est l'état naturel des choses, nous reprendrons malgré nous le goût des choses honnêtes et des jouissances légitimes. Il est curieux de voir la surprise des hommes accoutumés à gouverner par les moyens violents du despotisme. Ils prédisent des révolutions, des soulèvements qui n'arrivent pas ; ils prennent leurs opinions particulières, leur humeur, leurs intérêts secrets, pour l'opinion, l'humeur et l'intérêt de la France. *On n'administre pas*, disent-ils. *Cela n'ira pas ; cela ne peut pas aller.* Hé ! pourquoi ? parce qu'on n'a pas fusillé ce matin à la plaine de Grenelle ; parce que la police n'a pas mis à Vincennes cette nuit une douzaine de personnes ; parce qu'on n'a pas amené du bout de la France des prisonniers dans des *cages* de poste ; parce qu'on n'a pas payé assez d'espions ; parce qu'on n'empêche personne de parler, d'écrire, d'imprimer même ce qu'il veut ; parce qu'on ne s'est mêlé ni des opérations du commerce, ni de celles de l'agriculture ; parce que le conseil d'État n'a pas pris dans un seul jour cent arrêtés contradictoires ; parce que, ayant à choisir sur vingt-cinq millions de Français, on n'a pas cru que tous les talents fussent exclusivement renfermés dans les têtes de quelques hommes que l'opinion publique repousse, et qu'on n'a pas appelé ces hommes au gouvernement ! Ces personnes (distinguées d'ailleurs par l'expérience des affaires) sont cependant de mauvais juges de la marche d'un gouvernement légal : elles n'ont connu que la révolution et ses violences ; uniquement occupées de la force physique, elles n'ont aucune idée de la force morale. Elles sont étonnées que tout aille sans efforts, et presque sans qu'on s'en mêle : elles ne savent pas qu'un roi légitime est une plante qui étend naturellement ses branches et ses racines, s'affermit, donne de la protection et de l'ombre, par la seule raison que la terre et le ciel lui sont favorables, et qu'elle croît dans son sol natal. Il est impossible que ce sentiment de sécurité qu'on éprouve ne pénètre pas à la longue toutes les âmes, n'entre pas dans les chaumières et dans les palais, et qu'à la fin on ne se dise pas : « Mais nous sommes cependant « heureux! »

Que ceux qui croient le gouvernement si faible l'examinent d'après les faits et les résultats, et ils verront qu'il est déjà beaucoup plus fort que ce gouvernement de fer auquel il a succédé. Aurait-on pu, par exemple, laisser imprimer contre le dernier despotisme les livres que l'on imprime aujourd'hui contre l'autorité existante, sans que le despotisme en eût été ébranlé? Les plus infâmes libelles, les ouvrages les plus audacieux se colportent, se vendent publiquement : cela fait-il rien à personne? Qui est-ce qui lit ces ouvrages? Et si on les lit, quels sont les lecteurs qui se laissent persuader? On dira que les auteurs, en signant les libelles, en détruisent eux-mêmes l'effet, comme les poisons se neutralisent mutuellement; que l'infamie de l'écrivain corrige le venin de l'ouvrage. Par une raison ou par une autre, il est cependant certain qu'un gouvernement qui compte à peine quatre ou cinq mois d'existence, qui s'est établi, comme nous l'avons vu, au milieu de tant de factions et de tant de malheurs, résiste à une épreuve qui eût renversé Buonaparte au plus haut point de sa puissance. Dans les cafés, dans les salons, on juge hautement les actes du ministère, les lois discutées dans les deux Chambres; on critique, on crie, on blâme, on loue : la marche du gouvernement en paraît-elle dérangée?

La France est ouverte de toutes parts : on y voyage comme on veut. S'il y a des ennemis secrets, ils peuvent y entrer, en sortir quand bon leur semble. Ils peuvent correspondre, se donner des rendez-vous, en un mot *conspirer* ouvertement sur les places publiques et au coin des rues. Les craint-on? Pas du tout. Buonaparte aurait-il pu leur laisser cette liberté? On ne daignerait pas même se mettre en défense, ils viendraient échouer devant la douceur et l'indulgence d'un gouvernement paternel qui arrêterait le bras prêt à les punir : le roi les accablerait du poids de son pardon et de sa bonté. On ne peut rien de redoutable contre une autorité fondée sur la légitimité et la justice. La France est remplie des parents et des créatures de Buonaparte, et ils sont protégés comme les autres citoyens, sans que l'on songe à se prémunir contre eux. Une grande princesse est venue, sous la généreuse protection du roi, prendre les eaux dans nos provinces, et pourtant la plaie était bien vive et bien récente! Cette princesse pouvait réveiller de puissants souvenirs! Hé bien! qu'est-ce que sa présence a produit? Se représente-t-on madame la duchesse d'Angoulême aux eaux d'Aix sous le gouvernement si robuste de la tyrannie, lorsque le seul nom de Bourbon faisait trembler le roi des rois? Enfin, un frère de l'étranger est établi sur notre frontière, où il se montre avec une richesse qu'il serait plus décent de cacher. En a-t-on témoigné la moindre inquiétude? A-t-on demandé son éloignement? Qu'on apprenne donc à juger de la force d'un gouvernement, non par ses actes administratifs, mais par son plus ou moins de morale, de modération et de justice. La force des rois est inébranlable quand elle vient des lumières de leur esprit et de la droiture de leur cœur.

Les Bourbons ont erré, presque sans asile, sur la surface de la terre; exposés aux craintes de l'usurpateur, ils ne pouvaient surtout approcher des frontières de France sans courir les risques de la vie, témoin l'infortuné duc d'Enghien. Aujourd'hui ils ne poursuivent point ceux qui les ont si cruellement poursuivis ; ils les laissent paraître autour d'eux, sans leur montrer la moindre crainte, sans même prendre les précautions qui paraîtraient si naturelles. Qui n'admirerait une confiance aussi magnanime, une absence aussi absolue de tout ressentiment? Louis XVIII a raison. C'est en s'abandonnant ainsi à la loyauté des Français qu'il prouve invinciblement la légitimité de ses droits et la solidité de son trône. Il semble qu'il nous ait crié, en arrivant à Calais, comme Philippe de Valois aux portes du château de Broye : « Ouvrez, c'est la fortune « de la France ! » Nous lui avons ouvert ; et nous lui prouverons que nous sommes dignes de l'estime qu'il nous a témoignée, lorsqu'il a si noblement confié à notre foi ses vertus et ses malheurs.

RÉFLEXIONS POLITIQUES.

DÉCEMBRE 1814.

CHAPITRE PREMIER.

CAS EXTRAORDINAIRE.

Un juge établi sur un tribunal d'après les anciennes constitutions du pays, et non par le fait d'une révolution violente, a condamné un homme à mort. Cet homme a été justement condamné : il était coupable des plus grands crimes. Mais cet homme avait un frère ; ce frère n'a pas pu et n'a pas dû se dépouiller des sentiments de la nature : ainsi, entre le juge du coupable et le frère de ce coupable, il ne pourra jamais s'établir aucune relation. Le cri du sang a pour toujours séparé ces deux hommes.

Un juge établi sur un tribunal d'après les anciennes constitutions du pays, et non par le fait d'une révolution violente, a condamné un homme à mort. Cet homme n'était pas coupable du crime dont on l'accusait ; mais, soit prévarication, soit erreur, le juge a condamné l'innocence. Si cet homme a un frère, ce frère, bien moins encore que dans le premier cas, ne peut jamais communiquer avec le juge.

Enfin, un homme a condamné un homme à mort : l'homme condamné était innocent ; l'homme qui l'a condamné n'était point son juge naturel ; l'innocent condamné était un roi ; le prétendu juge était son sujet. Toutes les lois des nations, toutes les règles de la justice ont été violées pour commettre le meurtre. Le tribunal, au lieu d'exiger les deux tiers des voix pour prononcer la sentence, a rendu son arrêt à la majorité de quelques voix. Afin d'obtenir cette majorité, on a même été obligé de compter le vote des juges qui avaient prononcé la mort conditionnellement. Le monarque, conduit à l'échafaud, avait un frère. Le juge qui a condamné l'innocent, le sujet qui a immolé son roi, pourra-t-il se présenter aux yeux du frère de ce roi? S'il ne peut se présenter devant lui, osera-t-il pourtant lui écrire? S'il lui écrit, sera-ce pour se déclarer criminel, pour lui offrir sa vie en expiation? Si ce n'est pour dévouer sa tête, c'est du moins pour révéler quelque secret important à la sûreté de l'État! Non : il écrit à ce frère du roi pour se plaindre d'être injustement traité; il pousse la plainte jusqu'à la menace; il écrit à ce frère devenu roi, et dont, par conséquent, il est devenu le sujet, pour lui faire l'apologie du régicide, pour lui prouver, par la parole de Dieu et par l'autorité des hommes, qu'il est permis de tuer son roi. Joignant ainsi la théorie à la pratique, il se présente à Louis XVIII comme un homme qui a bien mérité de lui; il vient lui montrer le corps sanglant de Louis XVI,

<blockquote>Et sa tête à la main demander son salaire.</blockquote>

Est-ce au fond d'un cachot, dans l'exaspération du malheur, que cette apologie du régicide est écrite? L'auteur est en pleine liberté : il jouit des droits des autres citoyens; on voit à la tête de son ouvrage l'énumération de ses places et les titres de ses honneurs : places et honneurs dont quelques-uns lui ont été conférés depuis la restauration [1]. Le roi, sans doute transporté de douleur et d'indignation, a prononcé quelque arrêt terrible? le roi a donné sa parole de tout oublier.

CHAPITRE II.

PAROLES D'UN DES JUGES D'HARRISON.

Mais le monde, comme le roi, n'a pas donné sa parole; il pourra rompre le silence. Par quelle imprudence des hommes qui devraient surtout se faire oublier, sont-ils les premiers à se mettre en avant, à écrire, à dresser des actes d'accusation, à semer la discorde, à attirer sur eux l'attention publique? Qui pensait à eux? Qui les accusait? Qui leur parlait de la mort du roi? Qui les priait de se justifier? Que ne jouissaient-ils en paix de leurs honneurs? Ils s'étaient vantés, dans d'autres écrits, d'avoir condamné Louis XVI à mort : eh bien! personne ne voulait leur ravir cette gloire! Ils disent qu'ils sont *proscrits* : est-il tombé un cheveu de leur tête? Ont-ils perdu quelque chose de leurs biens, de leur liberté? Pourquoi, fidèles au souvenir de nos temps de malheurs, continuent-ils à accuser leurs victimes? Y a-t-il beaucoup de courage et de danger à braver aujourd'hui un Bourbon? Faut-il porter dans son sein un cœur de bronze, pour affronter leur bonté paternelle? Est-il bien glorieux de rompre le silence que l'on gardait sous Buonaparte, pour venir dire de fières vérités à un monarque qui, assis, après vingt-cinq ans de douleurs, sur le trône sanglant de son frère, ne répand autour de lui qu'une miséricorde presque céleste? Qu'arrive-t-il? c'est que le public est enfin obligé d'entrer dans des questions qu'il eût mieux valu ne pas agiter.

---

[1] *Mémoire au roi*, par M. CARNOT.

Le colonel Harrison, un des juges de Charles Ier, fut, après la restauration de Charles II, traduit devant un tribunal pour être jugé à son tour. Parmi les diverses raisons qu'il apporta pour sa défense, il fit valoir le silence que le peuple anglais avait gardé jusqu'alors sur la mort de Charles Ier. Un des juges lui répondit : « J'ai ouï conter l'histoire d'un enfant devenu muet de terreur « en voyant assassiner son père. L'enfant, qui avait perdu l'usage de la voix, « garda profondément gravés dans sa mémoire les traits du meurtrier : quinze « ans après, le reconnaissant au milieu d'une foule, il retrouva tout à coup la « parole et s'écria : *Voilà celui qui a tué mon père!* Harrison, le peuple an- « glais a cessé d'être muet; il nous crie, en te regardant : *Voilà celui qui a « tué notre père!*[1] »

CHAPITRE III.

QUE LA DOCTRINE DU RÉGICIDE A PARU EN EUROPE VERS LE MILIEU DU SEIZIÈME SIÈCLE. — MARIANA. — BUCHANAN. — SAUMAISE ET MILTON.

La doctrine du régicide n'est pas nouvelle : un peu après la mort de Henri III, il parut des écrits où l'on avançait qu'il est permis à un peuple de se défaire d'un tyran : les justifications suivent les crimes. On examina à cette époque les opinions que nous avons cru appartenir à notre siècle. Ce ne furent pas seulement les protestants qui rêvèrent des républiques; les catholiques se livrèrent aussi aux mêmes songes. Il est remarquable que les pamphlets de ces temps-là sont écrits avec une vigueur, une science, une logique, qu'on retrouve rarement aujourd'hui.

Buchanan, dans le dialogue *de Jure regni apud Scotos*, et Mariana surtout, dans le traité *de Rege et Regis institutione*, réunirent en un corps de doctrine ces idées éparses dans divers écrits.

On prétendit que Ravaillac avait puisé dans Mariana les sentiments qui coûtèrent la vie à Henri IV. Ravaillac ne savait pas le latin, et il n'avait pu lire le traité *de Rege;* mais il avait pu entendre parler des opinions qui y sont déduites. Ainsi la doctrine du régicide parut d'abord dans le monde pour préconiser le crime de Jacques Clément, et pour inspirer celui de Ravaillac.

La mort de Charles Ier donna une nouvelle célébrité aux principes de Buchanan et de Mariana. Un champion de l'autorité royale, Saumaise, descendit dans l'arène, armé de toute l'érudition de son siècle; il publia son fameux traité *Defensio regia pro Carolo I°*.

Il prouva d'abord l'inviolabilité et la puissance légale des rois, d'après des préceptes et des exemples puisés dans l'Ancien Testament, il trouva ensuite dans le Nouveau Testament et dans la doctrine des Pères d'autres autorités pour foudroyer encore les principes des régicides. De là, passant aux auteurs profanes, il invoqua en faveur de l'autorité royale les plus grands philosophes et les plus grands historiens de l'antiquité. Saumaise ne resta pas sans réponse ; il eut la gloire d'avoir pour adversaire un des plus beaux génies de l'Angleterre.

---

[1] *The Judict. Arraign. Trial of twenty nine Regicides*, p. 56.

Milton s'était déjà signalé dans son ouvrage sur le *Droit des rois et des Magistrats*, qui n'est qu'un commentaire du traité de Mariana. Il releva le gant jeté aux régicides. « Il réfuta Saumaise, dit Voltaire, comme une bête féroce « combat un sauvage. » Il eût été plus juste de dire comme un fanatique combat un pédant. Le style latin de Milton[1] est serré, énergique; souvent à la vigueur de l'expression, on reconnaît l'auteur du *Paradis perdu;* mais le raisonnement est digne de la cause que Milton avait embrassée. Les plaisanteries ne sont pas toujours de bon goût; l'érudition, quoique moins prodiguée que dans le traité de Saumaise, vient souvent hors de propos, et l'auteur ne répond solidement à rien.

Écoutons encore Voltaire : « Milton, dit-il, avait été quelque temps secré-
« taire, pour la langue latine, du parlement appelé le *Rump* ou le *Croupion*.
« Cette place fut le prix d'un livre latin en faveur des meurtriers du roi
« Charles Ier; livre (il faut l'avouer) aussi ridicule par le style que détestable
« par la matière.

« On peut juger si un tel pédant atrabilaire, défenseur du plus énorme crime,
« put plaire à la cour polie et délicate de Charles II. »

Le grand argument de Milton était aussi celui des juges de Charles Ier. Il le trouvait, comme Ludlow, dans ce texte de l'Écriture : « La terre ne peut « être purifiée du sang qui a été répandu que par le sang de celui qui l'a ré-« pandu. »

Cet argument n'eût rien valu contre Louis XVI.

CHAPITRE IV.

PARALLÈLE.

Telle fut cette fameuse controverse. Ceux qui la rappellent aujourd'hui paraissent ignorer ce qu'on a dit et écrit avant eux sur ce sujet : tant ils sont faibles en preuves, en citations et en raisonnements! De même que les régicides anglais, ils citent l'Écriture sainte à l'appui de leur doctrine; mais ils la citent vaguement, ou parce qu'ils la connaissent peu, ou parce qu'ils sentent qu'elle ne leur est pas favorable. Les auteurs de la mort de Charles étaient pour la plupart des fanatiques de bonne foi, des chrétiens zélés, qui, abusant du texte sacré, tuèrent leur souverain *en conscience;* mais parmi nous, ceux qui font valoir l'autorité de l'Écriture dans une pareille cause ne pourraient-ils pas être soupçonnés de joindre la dérision au parricide; de vouloir, par des citations tronquées mal expliquées, troubler le simple croyant, tandis que pour eux-mêmes ces citations ne seraient que ridicules? Employer ainsi l'incrédulité à immoler la foi; justifier le meurtre de Louis XVI par la parole de Dieu, sans croire soi-même à cette parole; égorger le roi au nom de la religion pour le peuple, au nom des lumières pour les esprits éclairés; allumer l'autel du sacrifice au double flambeau du fanatisme et de la philosophie, ce serait, il faut en convenir, une combinaison nouvelle.

---

[1] *Joannis Miltonis pro populo anglicano Defensio.*

Si les régicides anglais étaient, comme nous venons de le dire, des fanatiques de bonne foi, ils avaient encore un autre avantage. Ces hommes, couverts du sang de leur roi, étaient purs du sang de leurs concitoyens. Ils n'avaient pas signé la proscription d'une multitude d'hommes, de femmes, d'enfants et de vieillards; ils n'avaient pas apposé leurs noms, *de confiance*, au bas des listes de condamnés, après des noms très-peu faits pour inspirer cette confiance. Pourtant ces hommes, qui n'avaient pas fait tout cela, étaient en horreur : on les fuyait comme s'ils avaient eu la peste, on les tuait comme des bêtes fauves. Qu'il était à craindre que cet effrayant exemple n'entraînât les Français ! Et cependant, que disons-nous à certains hommes? Rien. Ils jouissent de leur fortune, de leur rang, de leurs honneurs. Comme le roi, nous ne leur eussions jamais parlé de ce qu'ils ont fait, s'ils n'avaient été les premiers à nous le rappeler, à se transformer en accusateurs; et ils osent crier à l'esprit de vengeance ! Craignons plutôt que la postérité ne porte de nous un tout autre jugement, qu'elle ne prenne cette admirable facilité de tout pardonner pour une indifférence coupable, pour une légèreté criminelle ; qu'elle ne regarde comme une misérable insouciance du vice et de la vertu ce qui n'est qu'une impossibilité absolue de récriminer et de haïr.

Les Anglais qui firent leur révolution étaient des républicains sincères : conséquents à leurs principes, les premiers d'entre eux ne voulurent point servir Cromwell; Harrison, Ludlow, Vane, Lambert, s'opposèrent ouvertement à sa tyrannie, et furent persécutés par lui. Ils avaient pour la plupart toutes les vertus morales et religieuses; par leur conviction, ils honorèrent presque leur crime. Ils ne s'enrichirent point de la dépouille des proscrits. Dans les actes de leur jugement, lorsque le président du tribunal fait aux témoins cette question d'usage : « L'accusé a-t-il des biens et des châteaux? » La réponse est toujours : « Nous ne lui en connaissons point. » Harrison écrit en mourant à sa femme qu'il ne laisse que sa Bible [1].

Tout homme qui suit sans varier une opinion est du moins excusable à ses propres yeux; un républicain de bonne foi, qui ne cède ni au temps ni à la fortune, peut mériter d'être estimé, quand d'ailleurs on n'a à lui reprocher aucun crime.

Mais si des fortunes immenses ont été faites; si, après avoir égorgé l'agneau, on a caressé le tigre; si Brutus a reçu des pensions de César, il fera mieux de garder le silence; l'accent de la fierté et de la menace ne lui convient plus.

« On ne pouvait rien contre la force. »

— Vous avez pu quelque chose contre la vertu !

On donne une singulière raison de la mort de Louis XVI : on assure qu'il n'était déjà plus roi lorsqu'il fut jugé; que sa perte était inévitable; que sa mort fut prononcée comme on prononce celle d'un malade dont on désespère.

Avons-nous bien lu, et en croirons-nous nos yeux? Depuis quand le médecin empoisonne-t-il le malade lorsque celui-ci n'a plus d'espérance de vivre ? Et la maladie de Louis XVI était-elle donc si mortelle? Plût à Dieu que ce roi,

---

[1] *Trial of the Reg.*

que l'on a tué parce qu'il n'y *avait plus moyen de contenir les factions*, eût été la victime de ces factions mêmes! Plût à Dieu qu'il eût péri dans une insurrection populaire! La France pleurerait un malheur; elle n'aurait pas à rougir d'un crime.

Vous assurez « que si les juges qui ont condamné le roi à mort se sont
« trompés, ils se sont trompés avec la nation entière, qui, par de nombreuses
« adresses, a donné son adhésion au jugement. Les gouvernements étrangers,
« en traitant avec ces juges, ont aussi prouvé qu'ils ne blâmaient pas le
« meurtre de Louis. »

Ne flétrissez point tous les Français pour excuser quelques hommes. Peut-on sans rougir alléguer les adresses de ces communes gouvernées par un club de Jacobins, et conduites par les menaces et la terreur? D'ailleurs, un seul fait détruit ce que l'on avance ici. Si, en conduisant le roi à l'échafaud, on n'a fait que suivre l'opinion du peuple, pourquoi les juges ont-ils rejeté l'appel au peuple? Si Louis était coupable, si les vœux étaient unanimes, pourquoi, dans la Convention même, les suffrages ont-ils été si balancés? La haute-cour qui condamna Charles le condamna à l'unanimité. La France vous rend le fardeau dont vous voulez vous décharger sur elle; il est pesant! mais il est à vous, gardez-le.

« Les nations étrangères ont traité avec vous. » Ce ne fut point au moment de la mort du roi. L'assassinat de Louis, du plus doux, du plus innocent des hommes, acheva d'armer contre vous l'Europe entière. Un cri d'indignation s'éleva dans toutes les parties du monde : un Français était insulté pour votre crime jusque chez ces peuples accoutumés à massacrer leurs chefs, à Constantinople, à Alger, à Tunis. Parce que les étrangers ont traité avec vous, ils ont approuvé la mort du roi! Dites plutôt que le courage de nos soldats a sauvé la France du péril où vous l'aviez exposée en appelant sur un forfait inouï la vengeance de tous les peuples. Ce n'est point avec vous qu'on a traité, mais avec la gloire de nos armes, avec ce drapeau autour duquel l'honneur français s'était réfugié, et qui vous couvrait de son ombre.

CHAPITRE V.

ILLUSIONS DES APOLOGISTES DE LA MORT DE LOUIS XVI.

Que veulent donc au fond les auteurs de ces déplorables apologies? La république? Ils sont guéris de cette chimère. Une monarchie limitée? Ils l'ont; et ils conviennent eux-mêmes que toutes les garanties de la liberté sont dans la Charte. Si nous sondons la blessure, nous trouverons une conscience malade qui ne peut se tranquilliser, une vanité en souffrance qui s'irrite de n'être pas seule appelée aux conseils du roi, et qui voudrait jouir auprès de lui, non-seulement de l'égalité, mais encore de la préférence ; enfin un désespoir secret né de l'obstacle insurmontable qui s'élève entre Louis XVIII et les juges de Louis XVI. Ne serait-il pas bien plus favorable pour ces hommes de se rendre justice, d'avouer ingénument leurs torts, de convenir qu'ils ne peuvent pas être une société pour le roi, de reconnaître ses bontés au lieu de se sentir humiliés de son silence, de la paix qu'il leur accorde, et du bonheur qu'il répand sur eux pour toute vengeance?

Il est assez probable toutefois qu'ils ne se mettent si fort en avant que parce qu'ils se font illusion sur leur position : il faut les détromper.

Ce n'est pas sans raison qu'ils nous répètent que la France entière est coupable avec eux de la mort du roi. « Si on nous frappe, disent-ils, on frap-« pera bientôt ceux qui nous suivent : nous sommes la première phalange; « une fois rompue, le reste sera enfoncé de toutes parts. » Ils espèrent ainsi enrôler beaucoup de monde sous leur drapeau, et se rendre redoutables par cette espèce de coalition.

D'abord on ne veut point les atteindre; on ne les menace point. Pourquoi sont-ils si susceptibles? pourquoi prendre les pleurs que l'on répand sur la mémoire de Louis XVI pour des actes d'accusation? Faut-il, pour ménager leur délicatesse, s'interdire tous regrets? La douleur est-elle une vengeance, le repentir une réaction? En admettant même que ces personnes eussent de justes sujets de crainte, elles sont complètement dans l'erreur lorsqu'elles s'imaginent que tous les Français font cause commune avec elles. La mort du roi et de la famille royale est le véritable crime de la révolution. Beaucoup d'autres actes de cette révolution sont des erreurs collectives, souvent expiées par des vertus et rachetées par des services, des torts communs qui ne peuvent être imputés à des particuliers, des malheurs qui sont le résultat des passions, le produit du temps, et l'inévitable effet de la nécessité.

Mais les auteurs de la mort du roi ont une cause parfaitement isolée : sous ce rapport, ils n'inspirent aucun intérêt.

Ce n'est point ici une vaine supposition : la formation de la Chambre des pairs a amené nécessairement quelques exclusions: le peuple s'en est-il affligé? La Chambre des députés comptait, parmi ses officiers inférieurs, quelques personnes assez malheureuses pour avoir participé à la mort de Louis XVI : elle les a invitées à se retirer. La nation n'a vu dans cette conduite que l'interprétation de ses propres sentiments. Tous les exemples nobles et utiles devaient être donnés par les dignes représentants du peuple français : un d'entre eux a fait lui-même le courageux aveu de sa faute, en s'exilant du milieu de ses collègues. Se juger ainsi, c'est ôter à jamais aux autres le droit de juger; c'est sortir de la classe des coupables pour entrer dans celle des infortunés.

Ceux qui ont prononcé l'arrêt de Louis XVI doivent donc perdre la pensée de rattacher tous les Français à leur cause. Il faut encore qu'ils ne mettent pas trop leur confiance en leur propre nombre. En effet, ne conviendrait-il pas de retrancher de ce nombre ceux qui ont voté la mort avec l'appel au peuple, ou avec une condition tendant à éloigner l'exécution? Ceux-là avaient peut-être la pensée de sauver leur maître. Dans un pareil temps, vingt-quatre heures étaient tout; on pouvait croire que des votes qui présentaient un espoir de salut, sans heurter de front la fureur révolutionnaire, étaient plus propres à sauver le roi qu'un *non* absolu. C'est une erreur, une faiblesse; mais qui n'a point d'erreurs, de faiblesses? Transportons-nous à ces moments affreux; voyons les bourreaux, les assassins remplir les tribunes, entourer la Convention, montrer du doigt, désigner au poignard quiconque refusait de concourir à l'assassinat de Louis XVI. Les lieux publics, les places, les carrefours retentissaient de hurlements et de menaces. On avait déjà sous les yeux l'exemple des massacres de septembre, et l'on savait à quels excès pouvait se porter une population effrénée.

Il est certain encore qu'on avait fait des préparatifs pour égorger la famille royale, une partie des députés, plusieurs milliers de proscrits, dans le cas où le roi n'eût pas été condamné. Troublé par tant de périls, un homme croit trouver un moyen de concilier tous les intérêts ; il s'imagine que par un vote évasif il sauvera la famille royale, suspendra la mort du roi, et préviendra un massacre général : il saisit avidement cette fatale idée ; il prononce un vote conditionnel. Mais ses collègues ne s'y trompent pas ; ils devinent son intention, rejettent avec fureur l'appel au peuple, les conditions dilatoires, et comptent le vote pour la mort. Cet homme est-il coupable ? Oui, selon le droit ; non, peut-être, d'après l'intention. Il ne s'agit pas ici de principes rigoureux ; car, dans ce cas, ceux même qui auraient voté pour la vie du roi n'en seraient pas moins criminels de lèse-majesté, comme le remarquèrent les juges anglais dans le procès des régicides. Mais nos malheurs ont été si grands, qu'ils sont sortis de toute comparaison et de toute règle. Il est aisé de dire aux jours du bonheur et de la sécurité : « J'aurais agi ainsi ; je me serais conduit comme cela. » C'est au jour du combat que l'on connaît ses forces. Nous ne devons point juger à la rigueur ce qui a été dit ou fait sous la pointe du poignard ; dans ce cas, une bonne intention présumée fait l'innocence ; le reste est du temps et de l'infirmité humaine.

Il faut encore faire une classe à part de ceux qui, appelés, depuis la mort du roi, aux grandes places de l'État, ont tâché d'expier leurs premières erreurs en sauvant des victimes, en résistant avec courage aux ordres sanglants de la tyrannie, et qui, depuis la restauration, ont montré, par leur obéissance et leur désir d'être utiles à la monarchie, combien ils étaient sensibles à la miséricorde du roi.

Voilà donc le faible bataillon de ceux qui se croient si forts, diminué de tout ce qui ne doit pas entrer dans leurs rangs. Ils se trompent encore davantage lorsqu'ils s'écrient qu'ils sont la sauvegarde de quiconque a participé à nos troubles. Il serait, au contraire, bien plus vrai de dire que, si quelque chose a pu alarmer les esprits, c'est le pardon accordé aux juges du roi.

Ce pardon a quelque chose de *surhumain*, et les hommes seraient presque tentés de n'y pas croire : l'excès de la vertu fait soupçonner la vertu. On serait disposé à dire : « Le roi ne peut traiter ainsi les meurtriers de son frère, et « puisqu'il pardonne à tous, c'est que, dans le fond de sa pensée, il ne par- « donne à personne. » Ainsi le respect pour la vie, la liberté, la fortune, les honneurs de ceux qui ont voté la mort du roi, au lieu de tranquilliser la foule, eût pu servir à l'inquiéter.

Mais le roi ne veut proscrire personne : il est fort, très-fort ; aucune puissance ne pourrait aujourd'hui ébranler son trône. S'il voulait frapper il n'aurait besoin d'attendre ni d'autres temps ni d'autres circonstances; il n'a aucune raison de dissimuler. Il ne punit pas, parce que, comme son frère, de douloureuse et sainte mémoire, la miséricorde est son partage, et que, comme Louis XVI encore, il ne voudrait pas, pour sauver sa vie, répandre une seule goutte de sang français. Il a, de plus, donné sa parole. Aucun Français, à son exemple, ne désire ni vengeances ni réactions. Que demande-t-on à ceux qui ont été assez malheureux pour condamner à mort le fils de saint Louis et d'Henri IV? Qu'ils jouissent en paix de ce qu'ils ont acquis; qu'ils élèvent tranquillement leurs familles. Il n'est pas cependant si dur, lorsqu'on approche de la vieillesse, qu'on a passé l'âge de l'ambition, qu'on a connu les choses et les hommes, qu'on a vécu au milieu du sang, des troubles et des tempêtes; il n'est pas si dur d'avoir un moment pour se reconnaître, avant d'aller où Louis XVI est allé. Louis XVI a fait le voyage, non pas dans la plénitude de ses jours, non pas lentement, non pas environné de ses amis, non pas avec tous les secours et toutes les consolations, mais jeune encore, mais pressé, mais seul, mais nu; et cependant il l'a fait en paix.

Ceux qui l'ont contraint de partir si vite veulent-ils prouver au monde qu'ils sont dignes de la clémence dont ils sont l'objet? Qu'ils n'essaient plus d'agiter les esprits, de semer de vaines craintes. Tout bon Français doit aujourd'hui renfermer dans son cœur ses propres mécontentements, en eût-il de raisonnables. Quiconque publie un ouvrage dans le but d'aigrir les esprits, de fomenter des divisions, est coupable. La France a besoin de repos : il faut verser de l'huile dans nos plaies, et non les ranimer et les élargir. On n'est point injuste envers les hommes dont nous parlons : plusieurs ont des talents, des qualités morales, un caractère ferme, une grande capacité dans les affaires, et l'expérience des hommes. Enfin, si quelque chose les blesse dans la restauration de la monarchie, qu'ils songent à ce qu'ils ont fait, et qu'ils soient assez sincères pour avouer que les misères dont ils se choquent sont bien peu de chose au prix des erreurs où ils sont eux-mêmes tombés.

CHAPITRE VI.

DES ÉMIGRÉS EN GÉNÉRAL.

Nous trouvons dans les pamphlets du jour beaucoup d'aigreur contre cette classe de Français malheureux, et toujours le triste sujet de la mort du roi revient au milieu de ces plaintes : « *Ce sont les émigrés qui ont tué le roi; ce sont les émigrés qui nous rapportent des fers; ce sont eux qui accusent de tous les crimes les hommes amis de la liberté; il faut avoir été Vendéen, chouan, Cosaque, Anglais, pour être bien accueilli à la cour; et pourtant qu'a fait la noblesse, qu'a fait le clergé pour le roi?* etc. »

On dit qu'un homme est la cause de la mort de son ami, lorsque cet homme, jugeant mal d'un événement, a choisi, pour sauver son ami, un moyen qui ne l'a pas sauvé; mais s'est-on jamais imaginé de prendre à la lettre cette expression hyperbolique? A-t-on jamais comparé sérieusement le meurtrier réel d'un homme avec l'ami de cet homme? Pour soutenir une cause qu'il eût mieux valu ne pas rappeler, comment un esprit éclairé n'a-t-il pu trouver que ce misérable sophisme?

L'émigration était-elle une mesure salutaire ou funeste? On peut avoir sur ce point différentes opinions. Il faudrait d'abord savoir si cette mesure n'était point forcée; si des hommes insultés, brûlés dans leurs châteaux, poursuivis par les piques, traînés à l'échafaud, ne se sont point vus contraints d'abandonner leur patrie; si, trouvant dans les champs de leur exil des princes proscrits comme eux, ils n'ont pas dû leur offrir leurs bras. Ceux qui leur font un crime aujourd'hui d'être sortis de France ne savent-ils pas, par leur propre expérience, qu'il y a des cas où l'on est obligé de *fuir, de s'échapper la nuit par-dessus des murs, et d'aller confier sa vie à une terre étrangère?* Peuvent-ils *nier* la persécution? Les listes n'existent-elles pas? ne sont-elles pas signées? Une *seule* de ces listes ne se monte-t-elle pas à quinze ou dix-huit mille personnes, hommes, femmes, enfants et vieillards?

Ferons-nous valoir une autre raison de la nécessité de l'émigration? Ce n'est pas une loi écrite, mais c'est le droit coutumier des Français : l'honneur. Partout où on le place, cet honneur, à tort ou à raison, *il oblige*. Quand on veut raisonner juste, il faut se mettre à la place de celui pour qui on raisonne. Une fois reconnu qu'un gentilhomme devait aller se battre sur le Rhin, pouvait-il n'y pas aller? Mais par qui reconnu? par le corps, par l'ordre de ce gentilhomme. L'ordre se trompait. Soit : il se trompait comme ce vieux roi de Bohême qui, tout aveugle qu'il était, voulut faire le coup de lance à Crécy, et y trouva la mort. Qui l'obligeait à se battre, ce vieux roi aveugle? L'honneur: toute l'armée entendra ceci.

Qu'a fait la noblesse pour le roi? Elle a versé son sang pour lui à Haguenau, à Weissembourg, à Quiberon; elle supporte aujourd'hui pour lui la perte de ses biens. L'armée de Condé, qui sous trois héros, combattait à Berstheim en criant *vive le roi!* ne le tuait pas à Paris [1].

Mais, en restant en France, les émigrés auraient sauvé le roi. Les royalistes anglais, qui ne sortirent point de leur pays, arrachèrent-ils à la mort leur malheureux maître? Est-ce aussi Clarendon et Falkland qui ont immolé Charles, comme Lally-Tollendal et Sombreuil ont égorgé Louis?

Qu'a fait le clergé pour le roi? Interrogez l'église des Carmes, les pontons de Rochefort, les déserts de Sinnamary, les forêts de la Bretagne et de la Vendée, toutes ces grottes, tous ces rochers où l'on célébrait les saints mystères en mémoire du roi martyr; demandez-le à tous ces apôtres qui, déguisés sous l'habit du laïque, attendaient dans la foule le char des proscriptions pour bénir en passant vos victimes; demandez-le à toute l'Europe, qui a vu le clergé français suivre dans ses tribulations le fils aîné de l'Église, dernière pompe attachée à ce trône errant, que la religion accompagnait encore lorsque le monde l'avait abandonné. Que font-ils aujourd'hui ces prêtres qui vous importunent? Ils ne donnent plus le pain de la charité, ils le reçoivent. Les successeurs de

---

[1] M. le duc de Bourbon fut blessé d'un coup de sabre dans cette brillante affaire, et un boulet de canon pensa emporter à la fois les trois héros.

ceux qui ont défriché les Gaules, qui nous ont enseigné les lettres et les arts, ne font point valoir les services passés; ceux qui formaient le premier ordre de l'État sont peut-être les seuls qui ne réclament point quelque droit politique ; sublime exemple donné par les disciples de celui dont le *royaume n'était pas de ce monde!* Tant d'illustres évêques, doctes confesseurs de la foi, ont quitté la crosse d'or pour reprendre le bâton des apôtres. Ils ne réclament de leur riche patrimoine que les trésors de l'Évangile, les pauvres, les infirmes, les orphelins, et tous ces malheureux que vous avez faits.

Ah! qu'il faudrait mieux éviter ces récriminations, effacer ces souvenirs, détruire jusqu'à ces noms d'émigrés, de royalistes, de fanatiques, de révolutionnaires, de républicains, de philosophes, qui doivent aujourd'hui se perdre dans le sein de la grande famille! Les émigrés ont eu peut-être leurs torts, leurs faiblesses, leurs erreurs; mais, dire à des infortunés qui ont tout sacrifié pour le roi, que ce sont eux qui ont tué le roi, cela est aussi trop insensé et trop cruel! Et qui est-ce qui leur dit cela, grand Dieu!

Les émigrés nous apportent des fers. On regarde, et l'on voit d'un côté un roi qui nous apporte une Charte, telle que nous l'avions en vain cherchée, et où se trouvent les bases de cette liberté qui servit de prétexte à nos fureurs ; un roi qui pardonne tout, et dont le retour n'a coûté à la France ni une goutte de sang ni une larme; on voit quelques Français qui rentrent à moitié nus dans leur patrie, sans secours, sans protections, sans amis; qui ne retrouvent ni leurs toits ni leurs familles; qui passent sans se plaindre devant leur champ paternel labouré par une charrue étrangère, et qui mangent à la porte de leurs anciennes demeures le pain de la charité. On est obligé de faire pour eux des quêtes publiques : l'homme de Dieu[1], qui les suit comme par l'instinct du malheur, est revenu avec eux des terres lointaines: il est revenu établir parmi nous, pour leurs enfants, les écoles qu'alimentait la piété des Anglais. Il ne manquerait plus, pour couronner l'œuvre, que d'établir ces écoles dans un coin de l'antique manoir de l'émigré, de lui préparer à lui-même une retraite dans ces hôpitaux fondés par ses ancêtres, et où son bien sert aujourd'hui à donner aux pauvres un lit qu'il n'a plus. Ce n'est pas nous qui faisons cette peinture, ce sont des membres de la Chambre des députés, qui n'ont point vu dans ces infortunés des triomphateurs, mais des victimes.

Et ces Vendéens, et ces chouans, *à qui tout est réservé,* vous importunent de leur faveur, de leur éclat? leur pauvreté honorable, leur habit aussi ancien que leur fidélité, leur air étranger dans les palais, ont été pourtant l'objet de vos railleries, lorsque ces loyaux serviteurs sont accourus du fond de la France à la grande, à la merveilleuse nouvelle du retour inespéré de leur roi. Jetons les yeux autour de nous, et tâchons, si nous le pouvons, d'être justes. Par qui la presque totalité des grandes et des petites places est-elle occupée? Est-ce par des chouans, des Vendéens, des *Cosaques,* des émigrés, ou par des hommes qui servaient l'autre ordre de choses? On n'envie point, on ne reproche point les places à ces derniers : mais pourquoi dire précisément le contraire de ce

[1] M. l'abbé Carron.

qui est? Il n'était pas si frappé de la prospérité des émigrés, ce maréchal de France qui a sollicité quelques secours pour de pauvres chevaliers de Saint-Louis : « Car, disait-il noblement, ou il faut leur ôter leur décoration, ou « leur donner le moyen de la porter. » Sous l'uniforme français, il ne peut y avoir que des sentiments généreux.

Le véritable langage à tenir sur les émigrés, pour être équitable, c'est de dire que la vente de leurs biens est une des plus grandes injustices que la révolution ait produites; que l'exemple d'un tel déplacement de propriétés au milieu de la civilisation de l'Europe est le plus dangereux qui ait jamais été donné aux hommes; qu'il n'y aura peut-être point de parfaite réconciliation entre les Français, jusqu'à ce qu'on ait trouvé le moyen, par de sages tempéraments, des indemnités, des transactions volontaires, de diminuer ce que la première injustice a de criant et d'odieux. On ne s'habituera jamais à voir l'enfant mendier à la porte de l'héritage de ses pères. Voilà ce qu'il y a de vrai d'un côté. Il est vrai, de l'autre, que le roi ni les Chambres n'ont pu violemment réparer une injustice par des actes qui auraient compromis la tranquillité de l'État; car enfin on a acheté sous la garantie des lois : les propriétés vendues ont déjà changé de main; il est survenu des enfants, des partages. En touchant à ces ventes, on troublerait de nouvelles familles, on causerait de nouveaux bouleversements. Il faut donc employer, pour guérir cette plaie, les remèdes doux qui viennent du temps; il faut qu'un esprit de paix préside aux mesures que l'on pourra prendre. Le désintéressement et l'honneur sont les deux vertus des Français : avec un tel fonds on peut tout espérer. On dit que le projet du roi est de donner chaque année une somme sur la liste civile pour secourir les propriétaires et favoriser les arrangements mutuels. Le roi est la gloire et le salut de la France.

CHAPITRE VII.

SINGULIÈRE MÉPRISE SUR L'ÉMIGRATION.

En examinant de plus près l'opinion des écrivains opposants, on s'aperçoit qu'ils sont tombés dans une singulière méprise, soit qu'ils l'aient fait à dessein, soit qu'ils aient erré de bonne foi. Ne semblerait-il pas, à les entendre, que l'émigration entière vient de rentrer avec le roi? Ignore-t-on que presque tous les émigrés sont revenus en France, il y a déjà quatorze ou quinze ans; que les enfants de ces émigrés, soit volontairement, soit de force, les uns atteints par la conscription, les autres enlevés pour les écoles militaires; ceux-ci pressés par le défaut absolu de fortune, ceux-là obligés de servir pour soustraire leur famille à la persécution; que les enfants de ces émigrés, disons-nous, ont pris des places sous Buonaparte ? il a loué lui-même leur courage, leur désintéressement, et leur fidélité à leur parole quand une fois ils l'ont donnée; beaucoup d'entre eux ont reçu des blessures sous ses drapeaux : des chefs de chouans, des Vendéens ont défendu leur patrie contre les ennemis. On comptait dans nos armées les premiers gentilshommes de nos provinces, et les descendants de nos familles les plus illustres. Représentants de l'ancienne gloire de la France, ils assistaient, pour ainsi dire, à sa gloire nouvelle. Dans cette noble fraternité d'armes, ils oubliaient nos discordes civiles, et en servant leur patrie, ils apprenaient à servir un jour leur roi. Ces hommes qui auraient pu regretter le rang et la fortune de leurs aïeux, ces rejetons des connétables et des maréchaux de France qui portaient le sac du soldat, nous menaceraient-ils de la *résurrection de tous les préjugés?* Ils ont du moins appris que, dans le métier des armes, tout soldat est noble, et que le grenadier a ses titres de gentilhomme écrits sur le papier de sa cartouche.

C'est donc en vain que la malveillance cherche à créer des distinctions et des partis : il n'y en a point ; il n'y en peut pas avoir. Si Louis XVIII ne voulait remplir les places que d'*hommes tout à fait étrangers à la révolution*, qui serait pur à ses yeux? Mais le roi, et ses preuves sont faites, est aussi impartial qu'il est éclairé ; il ne sépare point *ceux qui ont servi le roi de ceux qui ont servi la patrie.* Ne dénaturons point les faits pour soulager notre humeur ; ne prêtons point au prince des sentiments qui ne sont pas les siens, et ne cherchons point à créer des partis, en prétendant en trouver là où il n'en existe pas.

CHAPITRE VIII.

DES DERNIERS ÉMIGRÉS.

Ainsi tout le raisonnement des pamphlets contre les émigrés, sophistique par la forme, n'est point solide par le fond : il porte sur une base fausse ; car la grande, la véritable émigration est depuis longtemps rentrée en France. Elle a pris des intérêts communs avec le reste des Français par des alliances, des places, des liens de reconnaissance, et des habitudes de société. Tout se réduit donc à cette petite troupe de proscrits que Louis XVIII ramena à sa suite. Voudriez-vous que, dans son exil, le roi n'eût pas conservé un ami? C'est ce qui arrive assez souvent aux princes malheureux. Vous êtes donc effrayés de quelques vieillards qui viennent, tout chargés d'ans et dépouillés par tant de sacrifices, se réchauffer un moment au soleil de la patrie? Nous avons déjà parlé de leur détresse ; faudrait-il, pour mieux vous tranquilliser, qu'ils fussent encore durement rejetés par leur roi? « Compagnons vieillis avec moi dans la terre « étrangère, leur dirait le monarque, me voilà revenu dans mon palais ; j'ai « retrouvé mon peuple, mon bonheur, la gloire de mes aïeux : vous, vous avez « tout perdu pour moi ; vos biens sont vendus, les cendres de vos pères dis« persées : adieu, je ne vous connais plus. » Et où iront-ils, ces compagnons du malheur du roi, ceux qui ont dormi dans l'exil, la tête appuyée sur les fleurs de lis presque effacées par le sang et les larmes ; ceux qui se consolaient, en entourant de leurs respects et de leurs communes misères le roi de l'adversité? Ne permettez-vous point que Louis XVIII leur prête un coin de son manteau? Voulez-vous qu'il prenne un air sévère quand il les voit, qu'il ne leur adresse jamais une de ces paroles qui paient en France tous les services! Vous le voulez indulgent, miséricordieux, et vous exigez qu'il soit ingrat? Admirons nos rois d'avoir été aimés dans le malheur, et d'aimer dans la prospérité.

CHAPITRE IX.

S'IL EST VRAI QU'ON SOIT PLUS INQUIET AUJOURD'HUI QU'ON NE L'ÉTAIT AU MOMENT DE LA RESTAURATION.

« Au retour des Bourbons, dit-on encore, la joie fut universelle ; il n'y eut
« qu'une opinion, qu'un sentiment : les anciens républicains, *particulièrement*
« *opprimés*, applaudirent franchement à la restauration. Aujourd'hui les
« partis renaissent, cette heureuse confiance est ébranlée, etc. » Nous avons
été aussi témoin des premiers moments de la restauration, et nous avons observé précisément le contraire de ce que l'on avance ici. Sans doute il y eut du bonheur, de la joie à l'arrivée des Bourbons, mais il s'y mêlait beaucoup d'inquiétude. Les anciens républicains étaient bien loin surtout d'être si satisfaits, d'applaudir avec tant de cordialité. Plusieurs d'entre eux songeaient à se retirer, et avaient tout préparé pour la fuite. Et en quoi avaient-ils été PARTICULIÈREMENT *opprimés* sous Buonaparte ? Ils jouissaient d'une grande fortune ; ils occupaient les premières places de l'État. Quoi ! c'étaient les *Bourboniens*, les royalistes, qui jouissaient de la faveur sous la tyrannie ? On croit rêver.

La vérité est que la confiance ne fut point entière au premier moment du retour du roi : beaucoup de gens étaient alarmés, les provinces même agitées, incertaines, divisées ; l'armée ne savait si on lui compterait ses souffrances et ses victoires ; on craignait les fers, on redoutait les vengeances.

Mais peu à peu le caractère du roi étant mieux connu, les frayeurs se calmèrent ; on vit lui.. l'aurore d'une paix et l'espérance d'un bonheur sur lesquels on ne comptait presque plus. Rassurés sur les opinions qu'on avait eues, sur les votes que l'on avait émis, tous les partis placèrent dans le monarque une juste confiance.

Depuis ce temps le roi n'a cessé de prendre de nouvelles forces, et la France de marcher vers la prospérité. Chaque jour le très-petit nombre d'opposants diminue ; les contes absurdes, les terreurs populaires s'évanouissent ; le commerce renaît, les manufactures refleurissent, les impôts se paient ; une immense dette est comblée ; l'armée n'a plus qu'un seul et même esprit ; les prisonniers et les soldats licenciés sont retournés au sein de leurs familles ; les officiers, avec une retraite honorable, jouissent dans leurs foyers de l'admiration due à leur courage ; la conscription abolie ne fait plus trembler les mères ; la plus entière liberté d'opinions dans les deux Chambres, dans les livres, dans les journaux, dans les discours, annonce que nous sommes enfin rendus à notre dignité naturelle : on se sent en pleine jouissance de ses droits. La main sur le cœur, de quoi se plaindrait-on ? De qui et de quoi a-t-on peur ? Jamais calme fut-il plus profond après la tempête ? Les libelles que nous combattions ne sont-ils pas même la preuve de la plus entière liberté, comme de la force du gouvernement ? Tout marche sans effort, sans oppression : les étrangers sont confondus et presque jaloux de notre paix et de notre prospérité. On n'entend parler ni de police, ni de dénonciation, ni d'un acte arbitraire du pouvoir, ni d'exécution, ni de réaction publique, ni de vengeance particulière.

Les magistrats ont seuls agi quand ils ont cru voir des coupables, et cela s'est borné à l'arrestation de quelques individus remis en liberté aussitôt que l'on a reconnu qu'ils n'avaient pas outrepassé la loi. On va, on vient, on fait ce qu'on veut. N'est-on pas content? les chemins sont ouverts; qu'on demande des passe-ports, qu'on emporte sa fortune, chacun est le maître : à peine rencontre-t-on un gendarme. Dans un pays où plus de quatre cent mille soldats ont été licenciés, il n'y a pour ainsi dire pas une porte fermée, et pas un voleur de grand chemin. Les créatures, les parents de Buonaparte sont partout; ils jouissent de la protection des lois. S'ils ont des pensions sur l'État, le roi les paie scrupuleusement. S'ils veulent sortir du royaume, rentrer, porter des lettres, en rapporter, envoyer des courriers, faire des propositions, semer des bruits, et même de l'argent, s'assembler en secret, en public, menacer, répandre des libelles, en un mot *conspirer*, comme nous l'avons dit ailleurs, ils le peuvent; cela ne fait de mal à personne. Ce gouvernement de huit mois est si solide, que, fît-il aujourd'hui fautes sur fautes, il tiendrait encore, en dépit de ses erreurs. Le frère de Louis XVI, la famille de Louis XVI, la Charte qui garantit nos libertés, ce sont là des puissances que rien ne peut ébranler. Immobile sur son trône, le roi a calmé les flots autour de lui : il n'a cédé à aucune influence, à aucune impulsion, à aucun parti. Sa patience confond, sa bonté subjugue et entraîne, sa paix se communique à tous. Il a connu les propos que l'on a pu tenir, les petites humeurs que l'on a témoignées, les folles démarches que l'on a pu faire : tout cela s'est évanoui devant son inaltérable sérénité. Lorsque autrefois, en Allemagne, il fut frappé d'une balle à la tête il se contenta de dire : « Une ligne plus haut, et le roi de France s'appelait Charles X ; » et il n'en parla plus. Lorsqu'il reçut l'ordre de quitter Mittau, au milieu de l'hiver, il ne fit pas entendre une plainte. Cette magnanimité sans ostentation qui lui est particulière, ce sang-froid que rien ne peut troubler, le suivent aujourd'hui au milieu de ses prospérités. On lui adresse une apologie de la mort de son frère, il la lit, fait quelques observations, et la renvoie à son auteur. Et pourtant il est roi! et pourtant il pleure tous les jours en secret la mort de ce frère ! En entrant pour la première fois aux Tuileries, le jour de son arrivée à Paris, il se jeta à genoux : « O mon frère, s'écria-t-il, que n'avez-vous vu
« cette journée! Vous en étiez plus digne que moi. » Quand on s'approche de lui, il a toujours l'air de vous dire : « Où pourriez-vous trouver un meil-
« leur père? Laissez-moi panser vos blessures ; j'oublie les miennes pour ne
« songer qu'aux vôtres. Est-ce à mon âge, après mes malheurs, que je puis
« aimer le trône pour moi-même? Je suis là pour vous; et je veux vous
« rendre aussi heureux que vous avez été infortunés. »

Quiconque jette les yeux autour de soi, au dedans et au dehors, et ne comble pas de bénédictions le prince que le ciel nous a rendu, n'est pas digne d'être gouverné par un tel prince.

CHAPITRE X.

SI LE ROI DEVAIT REPRENDRE LES ANCIENNES FORMULES DANS LES ACTES ÉMANÉS DU TRÔNE.

Vient ensuite un autre genre de plainte : comme des enfants gâtés à qui l'on ne refuse rien, nous ne savons à qui nous en prendre de notre bonheur. « Le roi a voulu recevoir la couronne comme un héritage, et non comme un « don du peuple; il s'est donné le titre de roi de France, et non de roi des « Français; il a repris l'ancienne formule : par la grâce de Dieu, etc. »

Nous voulons une monarchie, ou nous n'en voulons point. Si nous la voulons, désirons-nous qu'elle soit élective? Dans ce cas, nous avons raison de trouver mauvais que le roi ait daté sa Charte de l'an *dix-neuvième* de son règne, et de s'appeler *Louis XVIII*. Mais si, connaissant les inconvénients de la monarchie élective, nous revenons à la monarchie héréditaire, incontestablement la meilleure de toutes, le roi a dû dire : « Je règne, parce que mes ancêtres « ont régné; je règne par les droits de ma naissance; sauf à moi à convenir « avec mes peuples d'une forme d'institution qui régularise mon pouvoir, as-« sure la liberté civile et politique, et soit agréable à tous. » Rien alors n'est plus conséquent que la conduite du roi : nous ne sommes point une république, et il n'a pas dû reconnaître la souveraineté du peuple : nous ne sommes point une monarchie élective, et il n'a pu revenir par voie d'élection. Si vous sortez de là, tout est confondu. Il semble toujours, à certains esprits exaltés, qu'un roi anéantit la loi, ou que la loi va faire disparaître le roi : la loi et le roi sont fort compatibles, ou plutôt c'est une seule et même chose, selon Cicéron et le bon sens.

C'est une chicane bien misérable encore que celle qui regarde le titre de *roi de France*. Les Anglais ne sont-ils pas libres? Cependant Charles II a daté la déclaration donnée à Breda de *l'an douzième de son règne*, et l'on dit roi d'Angleterre (*king of England*), et non pas roi des Anglais (*king of the English*). Est-il plus noble d'ailleurs que le roi soit, par son titre, *propriétaire* des Français (roi des Français), que *propriétaire* de la France (roi de France)? Ne vaudrait-il pas mieux qu'il possédât la terre que l'homme? Car roi des Français ne voudrait pas dire qu'il a été choisi, élu par eux, puisque la monarchie est héréditaire, mais qu'il en est le maître, le possesseur. Tous ces raisonnements sont, de part et d'autre, de méchantes subtilités : au fond il ne s'agit pas de tout cela. Sous la première race de nos rois, on disait roi des Francs, *rex Francorum*. Pourquoi! parce que les Francs étaient, non une nation, mais un petit peuple barbare et conquérant, presque sans lois, et surtout sans propriétés fixes : ils n'avaient donc alors qu'un général, qu'un capitaine, qu'un chef, qu'un roi, *dux, rex Francorum*. Sous la seconde race, le titre d'empereur se mêla à celui de roi, et n'emporta encore que l'idée d'un chef de guerre, *imperator*. Sous la troisième race, on commença à dire roi de France, *rex Franciæ*, parce qu'alors le peuple franc, par son mélange avec les Gaulois et les Romains, était devenu une *nation* attachée au sol de la France, remplaçant les lois salique, gombette et ripuaire de la première race, les Capitulaires de la

CHATEAUBRIAND AUX RUINES DE CARTHAGE.

seconde, par l'usage du droit romain, par des coutumes écrites, recueillies vers le temps de Charles VIII[1], substituant des tribunaux sédentaires à des tribunaux errants, marchant à grands pas vers la civilisation. Tout n'est pas dans le *Contrat social;* étudions un peu l'histoire de France : nous ne serons ni si prompts à condamner, ni si superbes dans nos assertions.

La formule, *par la grâce de Dieu*, se défend d'elle-même : tout est par la grâce de Dieu. Franchement, tâchons, si nous pouvons, d'être libres et heureux, et même, s'il le faut, absolument, par la grâce de Dieu! Cela est un peu dur, il est vrai; mais enfin on n'a pas toujours ce que l'on veut. Pour nous consoler, nous penserons que les plus grands philosophes ont cru qu'une formule religieuse était aussi favorable à la politique qu'à la morale. Cicéron remarque que la république romaine ne dut sa grandeur qu'à sa piété envers les dieux. Nos petites impiétés politiques auraient fait grand'pitié aux anciens. « Soit qu'on bâtisse une cité nouvelle, dit Platon, soit qu'on en rebâtisse une « ancienne tombée en décadence, il ne faut point, si on a du bon sens, qu'en « ce qui appartient aux dieux, aux temples, on fasse aucune innovation con-« traire à ce qui aura été réglé par l'oracle. »

Enfin, dans toute constitution nouvelle, il est bon, il est utile qu'on aperçoive les traces des anciennes mœurs. Pourquoi la république française n'a-t-elle pu vivre que quelques moments? C'est (indépendamment des autres causes qui l'ont fait périr) qu'elle avait voulu séparer le présent du passé, bâtir un édifice sans base, déraciner notre religion, renouveler entièrement nos lois, et changer jusqu'à notre langage. Ce monument flottant en l'air, qui n'avait d'appui ni dans le ciel ni sur la terre, s'est évanoui au souffle de la première tempête.

Au contraire, dans le pays où il s'est opéré des changements durables, on voit toujours une partie des anciennes mœurs se mêler aux mœurs nouvelles, comme des fleuves qui viennent à se réunir, et qui s'agrandissent en confondant leurs eaux. Dans la république romaine, on conserva la plus grande partie des institutions monarchiques : « Le nom seul de roi fut changé, dit Cicéron, « la chose resta [2]. »

Ce nom même de roi fut jugé si sacré, qu'on le garda parmi les choses saintes, en l'attribuant au chef des sacrifices : *rex sacrificulus* ou *rex sacrorum*. A Athènes, la dignité de roi des sacrifices était le partage du second archonte, ἄρχων βασιλεύς, et elle passait pour une des premières de l'État. La constitution des Anglais porte de profondes marques de son origine gothique. « Le roi, dit Montesquieu, y conserve, avec une autorité limitée, toutes les « apparences de la puissance absolue. » Dans certains cas, on le sert à genoux, on lui parle dans le langage le plus soumis et le plus respectueux; en un mot, on lui parle comme à la loi, dont il est la principale source.

Il y a plus : presque toutes les coutumes normandes et les lois saxonnes subsistent encore en Angleterre, même celles qui paraissent aujourd'hui les

---

[1] La plus ancienne des coutumes recueillies est celle du Ponthieu, par ordre de Charles VIII, 1495.

[2] *De Leg.* III, 7.

plus éloignées de nos mœurs. Ainsi, dans quelques comtés, un mari peut exposer sa femme au marché public, ce qui remonte à l'ancien droit d'esclavage. Qui croirait que dans un pays si libre on retrouve tout ce qui rappelle les siècles que nous appelons de servitude, et contre lesquels nous avons tant déclamé? C'est que nos voisins ont été plus raisonnables que nous; c'est que, pour fonder quelque chose, ils se sont servis de la base qu'ils ont trouvée; c'est qu'ils ont le bon esprit de laisser les lois caduques mourir de *mort*, sans hâter leur destruction par une violence dangereuse. Quelques politiques pourront prendre tout cela pour de l'esclavage; et c'est avec cette exagération qu'on passe des excès de la démagogie à la soumission la plus lâche sous un tyran : rien de bon sans la raison.

Enfin, ce Guillaume III, ce monarque qu'on n'appela au trône d'Angleterre que sous la condition d'accepter la constitution de 1688, fut aussi roi, lui et ses successeurs, de droit divin et par la grâce de Dieu : *It was observed that*, dit Smollet, *the king who was made by the people, had it in his power to rule without them; to govern* jure divino, *though he was created* jure humano.

« On remarqua que le roi choisi par le peuple pouvait, s'il le voulait, gou-
« verner sans le peuple et régner de *droit divin*, quoiqu'il eût été établi de
« *droit humain*. »

Les Anglais en sont-ils moins libres aujourd'hui? N'est-ce pas, au contraire, ce qui a affermi chez eux la liberté, en lui donnant un caractère sacré? Ainsi les mœurs de nos pères, conservées dans de vieilles formules, dans le souvenir de notre ancien droit politique, porteront quelque chose de religieux dans les institutions nouvelles. La monarchie française est un arbre antique dont il faut respecter le tronc, si nous voulons greffer sur ses branches de nouveaux fruits. Cet arbre de la patrie, qui nous a donné ses fruits pendant quatorze cents ans, peut encore en nourrir d'aussi beaux, quoique d'une autre espèce, si l'on sait bien profiter de sa sève. Fût-il d'ailleurs aussi desséché qu'il est vigoureux, à l'ombre de la religion, et *par la grâce de Dieu*, il aurait bientôt repris sa verdure : le bâton d'Aaron refleurit dans l'arche.

Il est fâcheux qu'une révolution si longue et si terrible ne nous ait pas mieux instruits, que nous en soyons encore à ces éléments de la politique, à nous disputer sur des mots : ayons la chose, sans nous embarrasser comment nous l'avons; ayons une liberté monarchique et sage : peu importe que nous la tenions des mains d'un chancelier en simarre, et qu'elle parle le langage gothique des Harlay et des Lhôpital, ou plutôt il importe beaucoup qu'elle soit fille de nos mœurs, et qu'à ses traits nous reconnaissions notre sang.

CHAPITRE XI.

PASSAGE D'UNE PROCLAMATION DU ROI.

Voici un autre grief : « Le roi a dit, dans une de ses proclamations, que tout
« le monde conserverait ses places, et cependant quelques personnes les ont
« perdues. »

Le reproche est étrange! Le roi a-t-il pu prendre l'engagement de ne déplacer *absolument* qui que ce fût? Quoi! par le seul fait de la présence du roi, toutes les places de l'État seraient devenues *places à vie!* le moindre commis à la barrière se serait trouvé dans le cas du chancelier! Le moyen alors de gouverner? Louis XVIII, comme Hugues Capet, aurait confirmé ou établi, en arrivant, le système des fiefs! il y aurait eu autant de petits et de grands souverains qu'il y a de grandes et de petites places en France! il ne restait plus qu'à les rendre héréditaires. Le roi n'aurait pu renvoyer un juge prévaricateur, un receveur infidèle, un homme repoussé par l'opinion publique : il aurait fallu nommer, dans tous ces cas, un administrateur en attendant la démission ou la mort du titulaire.

Que veut donc dire cette phrase : « Tout le monde conservera ses places? » Elle veut dire, selon le sens commun, que tout homme contre lequel il n'y aura pas de raisons invincibles, soit du côté de la capacité, soit sous le rapport moral, restera dans le poste où le roi l'aura trouvé, ou bien qu'il sera appelé à d'autres fonctions; elle veut dire qu'on ne sacrifiera pas un parti à un autre; que le nom de royaliste et de républicain ne sera ni un droit d'admission, ni une cause d'exclusion; et qu'enfin les seuls et véritables titres aux places seront la probité et l'intelligence. Dans ce cas, le roi n'a-t-il pas suivi exactement ce qu'il avait promis? Nous avons déjà fait remarquer que la presque totalité des emplois était entre les mains des personnes qui ont servi l'ordre de choses détruit par la restauration.

De la plainte générale passant à la plainte particulière, on cite les membres du sénat qui n'ont pas été admis dans la Chambre des pairs. Il ne fallait pas toucher une pareille question : il ne fallait pas rappeler au public que tel homme qui a fait tomber la tête de Louis XVI reçoit une pension de trente-six mille francs de la main de Louis XVIII. Loin de se plaindre il fallait se taire; il fallait sentir que de pareils exemples produisent un tout autre effet que d'attirer l'intérêt sur ceux dont on se fait les défenseurs. Tant de malheureux proscrits pour la cause royale, tant d'honnêtes républicains qui n'ont par devers eux aucun crime, pourraient tomber dans le découragement. Les uns sont réduits, par leur loyauté, à la plus profonde misère; les autres sont restés dans leur première indigence, pour n'avoir pas voulu profiter de nos malheurs : ils se livreraient à des réflexions étranges à la vue de ces juges du roi qui possèdent des châteaux, des traitements, des cordons, des places même, et des honneurs. N'insistons pas sur cette idée : nous trouverions peut-être que les honnêtes gens n'ont jamais été mis à une plus rude épreuve; et nous jetterions sur le bien et sur le mal, sur les bonnes et sur les mauvaises actions, des doutes capables d'ébranler la vertu même.

Dans la vérité, on ne fait pas sérieusement aux ministres du roi le reproche que nous examinons; car on insinue qu'ils ont conservé dans la Chambre des pairs certains membres du sénat que (selon les auteurs des pamphlets) on aurait dû renvoyer; d'où il résulte qu'on est conduit dans ces plaintes plus par un esprit de parti que par un sentiment de justice; et qu'on est bien moins fâché que tel homme soit exclu de la Chambre des pairs, que fâché que tel autre homme y soit admis.

CHAPITRE XII.

DES ALLIÉS ET DES ARMÉES FRANÇAISES.

A travers les déclamations, on voit percer une inimitié secrète contre les puissances alliées qui nous ont aidés à rompre nos chaînes.

Si les alliés sont entrés en France, à qui la faute en est-elle? Est-ce au roi, ou à l'homme de l'île d'Elbe? Y sont-ils entrés pour Louis XVIII? Ils désiraient sans doute que les Français, revenus de leurs erreurs, rappelassent leur souverain légitime; ils le désiraient comme le moyen le plus prompt et le plus sûr de faire cesser les maux de l'Europe; ils le désiraient pour la cause de la justice, de l'humanité et des rois; ils le désiraient encore à raison de l'amitié particulière qu'ils portaient à Louis XVIII, de l'estime qu'ils faisaient de ses vertus : mais ce vœu secret de leur cœur était à peine pour eux une faible espérance. Ayant, après tout, d'autres intérêts que les nôtres, ils se devaient à leurs peuples de préférence à nos malheurs; ils ne pouvaient songer à prolonger sans fin les calamités de la guerre; ils auraient, quoique à regret, traité avec Buonaparte, s'il avait voulu mettre la moindre justice dans ses prétentions. Combien de fois ne s'est-il pas vanté, pendant le congrès de Châtillon, d'avoir la paix dans sa poche? Une fois même on l'a crue signée, et en effet elle était près de l'être. Les Bourbons n'étaient pour rien dans ces mouvements, ou du moins ils n'y étaient que pour des vœux subordonnés aux chances de la guerre, aux événements et aux combinaisons politiques. Ils n'avaient ni soldats, ni argent, ni crédit. On n'avouait pas même leur présence sur le continent; et à Paris c'était un problème de savoir si quelques-uns d'entre eux étaient ou n'étaient pas sortis d'Angleterre.

Les malheurs de la guerre ne peuvent donc être imputés à nos princes : la chose est si évidente qu'on n'a pas encore osé les leur reprocher. Très-certainement (et nous le sentons peut-être plus vivement qu'un autre) c'est une chose peu agréable pour un peuple de voir les étrangers dans le cœur de son pays; mais l'événement arrivé par la faute d'un homme qui lui-même était étranger à la France, pourrait-on ne pas reconnaître ce que la conduite des ennemis a eu de noble et de généreux? Ils ont donné à Paris un exemple unique dans l'histoire, et qui peut-être ne se renouvellera plus. Y avait-il rien de plus insensé, de plus absurde, de plus déloyal que cette dernière guerre déclarée par Buonaparte à Alexandre? Il sera éternellement beau, éternellement grand, d'être sorti des cendres de Moscou pour venir conserver les monuments de Paris. Et l'Autriche qui avait tant fait de sacrifices, et la Prusse si cruellement ravagée, n'avaient-elles point de vengeances à exercer? Et pourtant les souverains alliés, admirant notre courage, oubliant leurs injures, poussant la délicatesse jusqu'à ne pas vouloir entrer dans le palais de nos rois, n'ont paru attentifs qu'à notre bonheur. Refuserions-nous à l'un des premiers hommes de ce siècle, à lord Wellington, les éloges moins dus encore à ses talents qu'à son caractère? Mais la part une fois faite, ces justes louanges une fois données à des monarques, à des hommes, à des peuples qui les méritent, nous rentrons dans tous nos droits. Ces louanges ne sont point prises sur celles qui appartiennent à nos armes. En quoi sommes-nous humiliés? On est venu à Paris? Hé bien! ne sommes-nous pas entrés dans presque toutes les capitales de l'Europe? Si on cessait d'être juste envers notre gloire, ce serait à nous de nous en souvenir. Les Romains disaient : *L'amour* de la patrie; nous, nous disons : *L'honneur* de la patrie. L'honneur est tout pour nous. Malheur à qui oserait nous frapper dans cet honneur où un Français place toute sa vie!

Mais, grâce à Dieu, personne ne nous dispute ce qui nous appartient légitimement. Qui donc méconnaît l'héroïsme de notre armée? Sont-ce ces émigrés, qui ont été accusés chez l'étranger de s'enorgueillir des victoires mêmes qui leur fermaient le chemin de leur patrie? Qui ne connaît l'admiration du roi et de nos princes pour nos soldats? L'armée française est tout l'honneur de la France : si ses succès n'avaient pas fait oublier nos crimes, dans quelle dégradation ne serions-nous pas tombés aujourd'hui! Elle nous dérobait au mépris des nations, en nous couvrant de ses lauriers ; à chaque cri d'indignation échappé à l'Europe elle répondait par un cri de triomphe. Nos camps étaient un temple pour la gloire, un asile contre la persécution : là se réfugiaient tous les Français qui cherchaient à se soustraire aux violences des proconsuls. Nos soldats n'ont partagé aucune de nos fureurs. En Angleterre, le parlement voulait sauver Charles Ier, et l'armée le fit mourir; en France, la Convention conduisit Louis XVI à l'échafaud, et l'armée ne prit aucune part à ce crime : elle l'aurait sans doute prévenu[1], si elle n'eût été alors occupée à repousser les ennemis. Lorsqu'on lui ordonna de ne faire aucun quartier aux Anglais et aux émigrés, elle refusa d'obéir. Persécutée comme le reste de la France par des ingrats qui lui devaient tout, elle était souvent sans solde, sans vivres et sans vêtements; elle se vit suivre par des commissaires qui traînaient avec eux des instruments de mort, comme si le boulet ennemi n'emportait pas encore assez de nos intrépides soldats! On envoyait nos généraux au supplice ; on faisait tomber la tête du père de Moreau, tandis que ce grand capitaine reculait les frontières de la France. C'est Pichegru, ce sont d'autres chefs fameux, qui conçurent les premiers l'idée de rendre le bonheur à notre pays, en rappelant notre roi. Honneur donc à cette armée si brave, si sensible, si touchée de la gloire, qui, toujours fidèle à ses drapeaux, oubliant les folies d'un barbare, retrouva assez de force, après la retraite de Moscou, pour gagner la bataille de Lutzen; qui, poussée et non accablée par le poids de l'Europe, se retira en rugissant dans le cœur de la France, défendit pied à pied le sol de la patrie, se préparait encore à de nouveaux combats, lorsque, placée entre un chef qui ne savait pas mourir et un roi qui venait fermer ses blessures, elle s'élança toute sanglante dans les bras du fils de Henri IV!

Non, les événements glorieux ne sont ni oubliés, ni défigurés, comme on voudrait le faire croire; on n'a point perdu, quoi qu'on en dise, la partie *d'honneur :* cette partie-là ne sera jamais perdue par les Français. Eh! n'est-elle pas mille fois gagnée, puisqu'elle nous a valu notre roi, et qu'elle nous a fait sortir d'es-

[1] Voyez le Discours de M. de La Fayette dans l'ouvrage de M. Hue.

clavage? C'est un si grand bien d'être délivré du despotisme, qu'on ne saurait trop l'acheter. Si jamais, ce qu'à Dieu ne plaise, notre repos devait être encore troublé, des Français peuvent encore retrouver des victoires; mais où retrouvet-on un peuple lorsqu'une longue servitude l'a flétri? Pour nous, nous le dirons avec franchise, nous aimerions mieux la France resserrée dans les murs de Bourges, mais libre sous un roi légitime, qu'étendue jusqu'à Moscou, mais esclave sous un usurpateur; du moins on ne nous verrait pas adorer les fureurs et bénir les mépris d'un indigne maître, baiser ses mains dégouttantes du sang de nos fils; offrir des sacrifices à sa statue, et porter son buste orné de pourpre sur la tribune aux harangues. Les Romains étaient un grand peuple quand ils ne passaient pas la frontière des Samnites : qu'étaient-ils lorsque, gouvernés par Néron, ils commandaient sur les rives du Rhin et de l'Euphrate?

CHAPITRE XIII.

DE LA CHARTE. — QU'ELLE CONVIENT AUX DEUX OPINIONS QUI PARTAGENT LA FRANCE.

Ici finit ce que notre tâche avait de pénible : nous n'avons plus de sujets douloureux à rappeler. Le principal écrivain que nous avons combattu a raison dans les dernières pages de son ouvrage; il nous dit « que la Charte offre assez « de garanties pour nous sauver tous; qu'il faut nous créer une opinion pu- « blique, nous attacher à notre patrie. » Belles paroles auxquelles nous souscrivons de grand cœur. Et qui pourrait se plaindre de cette Charte? Elle réunit toutes les opinions, réalise toutes les espérances, satisfait tous les besoins. Examinons-en l'esprit : nous trouverons, dans cet examen, un nouveau sujet de reconnaissance pour le roi.

Les Français, indépendamment des divisions politiques, naturelles et nécessaires à une monarchie, se partagent aujourd'hui en deux grandes classes : ceux qui ne sont pas obligés de travailler pour vivre, et ceux que la fortune met dans un état de dépendance : occupés de leur existence physique, les seconds n'ont besoin que de bonnes lois; mais les premiers, avec le besoin des bonnes lois, ont encore celui de la considération. Ce besoin est dans tous les cœurs: il n'y a point de puissance humaine qui parvînt aujourd'hui à le détruire, ou qui le choquât impunément. C'est une conséquence nécessaire de l'égalité qui s'est établie dans l'éducation et dans les fortunes. Tout homme qui lit passe (et trop souvent pour son malheur) de l'empire des coutumes à l'empire de sa raison; mais enfin ce sentiment est noble en lui-même : le heurter serait dangereux.

De plus, il faut se souvenir que depuis soixante ans les Français se sont accoutumés à penser librement sur tous les sujets : depuis vingt ans, ils ont mis en pratique toutes les théories qu'ils s'étaient plu à former. Des essais sanglants sont venus les détromper; cependant les idées d'une indépendance légale et légitime ont survécu : elles existent partout, dans le soldat sous la tente, chez l'ouvrier dans sa boutique. Si vous voulez contrarier ces idées, les resserrer dans un cadre où elles ne peuvent plus entrer, elles feront explosion, et, en éclatant, causeront des bouleversements nouveaux. Il est donc nécessaire de chercher à les employer dans un ordre de choses où elles aient assez d'espace pour se placer et pour agir, et où cependant elles rencontrent une digue assez forte pour résister à leurs débordements.

C'est ce que le roi a merveilleusement senti, et c'est à quoi il a pourvu par la Charte; toutes les bases d'une liberté raisonnable y sont posées; et les principes républicains s'y trouvent si bien combinés, qu'ils y servent à la force et à la grandeur de la monarchie.

D'une autre part, vous ne pouvez pas arracher les souvenirs, ôter aux hommes les regrets de ce passé que l'on aime et que l'on admire d'autant plus qu'il est plus loin de nous. Si vous prétendez forcer les sentiments des vieux royalistes à se soumettre aux raisonnements du jour, vous produirez une autre espèce de réaction. Il faut donc trouver un mode de gouvernement où la politique de nos pères puisse conserver ce qu'elle a de vénérable, sans contrarier le mouvement des siècles. Hé bien! la Charte présente encore cette heureuse institution : là se trouvent consacrés tous les principes de la monarchie. Elle convient donc également, cette Charte, à tous les Français : les partisans du gouvernement moderne parlent au nom des lumières qui leur semblent éclairer aujourd'hui l'esprit humain; les défenseurs des institutions antiques invoquent l'autorité de l'expérience : ceux-ci plaident la cause du passé, ceux-là l'intérêt de l'avenir. Les républicains disent : « Nous ne voulons pas, de constitution en constitution, nous
« égarer dans de vains systèmes, abandonner ces idées morales et religieuses
« qui ont fait la gloire et le bonheur de nos aïeux. » Aucun de ces excès n'est à craindre dans l'espèce de monarchie rétablie par le roi : dans cette monarchie viennent se confondre les deux opinions; l'une ou l'autre comprimée produirait de nouveaux désastres. Les idées nouvelles donneront aux anciennes cette dignité qui naît de la raison, et les idées anciennes prêteront aux nouvelles cette majesté qui vient du temps.

La Charte n'est donc point une plante exotique, un accident fortuit du moment : c'est le résultat de nos mœurs présentes ; c'est un traité de paix signé entre les deux partis qui ont divisé les Français : traité où chacun des deux abandonne quelque chose de ses prétentions pour concourir à la gloire de la patrie.

CHAPITRE XIV.

OBJECTIONS DES CONSTITUTIONNELS CONTRE LA CHARTE. — DE L'INFLUENCE MINISTÉRIELLE ET DE L'OPPOSITION.

« Mais, disent les constitutionnels, la Charte est incomplète : il faudrait que
« la Chambre des pairs fût héréditaire; que l'on pût entrer plus jeune à la
« Chambre des députés; qu'il y eût un ministère et non pas des ministres [1]; que
« les ministres fussent membres des deux Chambres; que ces ministres fussent
« de bonne foi; que l'opposition ne fût pas une opposition sans richesses, sans
« pouvoir, sans influence, sans moyen de contrebalancer l'influence ministé-
« rielle. Qu'est-ce qu'une ancienne et une nouvelle noblesse *conservée?*

---

[1] J'ai proposé toutes ces améliorations à Gand, dans mon *Rapport sur l'état de la France* : on a fait droit depuis à ce que je demandais alors. On voit du moins ma fidélité à mes idées. Voyez ci-après le *Rapport au roi*.

« Qu'est-ce que des lettres d'anoblissement, lorsque, par le fait, il n'y a qu'une
« noblesse politique ? »

Les Français auront-ils toujours cette impatience déplorable qui ne leur permet de rien attendre de l'expérience et du temps? Quoi! depuis le printemps dernier il n'y a pas eu assez de miracles! Tout doit être aujourd'hui complet, parfait, achevé. La constitution anglaise est le fruit de plusieurs siècles d'essais et de malheurs, et nous en voulons une sans défaut dans six mois! On ne se contente pas de toutes les garanties qu'offre la Charte, de ces grandes et premières bases de nos libertés; il faut sur-le-champ arriver à la perfection : tout est perdu, parce qu'on n'a pas tout. Au milieu d'une invasion, dans les dangers et dans les mouvements d'une restauration subite, on voudrait que le roi eût eu le temps de porter ses regards autour de lui, pour découvrir les éléments de ces choses que l'on réclame! Devait-il tout précipiter? Ce qu'il a osé faire même n'est-il pas prodigieux? Nous qui commençons ce gouvernement, ne nous manque-t-il rien pour le bien conduire? Ne vaut-il pas mieux qu'il se corrige progressivement avec nous que de devancer notre éducation et notre expérience? Un seul article de la Charte place notre constitution au-dessus de toutes celles qui ont été jusqu'ici le plus admirées; nous sommes le premier peuple du monde dont l'acte constitutionnel ait aboli le droit de confiscation; par là est à jamais tarie une source effroyable de corruption, de délation, d'injustices, de crimes. Et voilà le seul jugement que le roi ait porté sur la révolution, la seule condamnation dont il l'ait frappée!

On parle des ministres : on se fait une idée ridicule et exagérée de leur influence. D'abord ils sont responsables [1]; et c'est déjà une chose assez menaçante pour eux que ce glaive suspendu sur leur tête. Ensuite nous avons contre leur incapacité une garantie qui tient à la nature même de nos institutions. Nous sommes à peu près sûrs que les hommes les plus distingués par leurs talents seront appelés au timon de l'État; car un homme absolument nul ne peut occuper longtemps une première place sous un gouvernement représentatif. Attaqué par la voix publique et dans les deux Chambres, il serait bientôt obligé de descendre du poste où la seule faveur l'aurait fait monter. La nation est donc pour toujours à l'abri de ces ministres qui n'ont pour eux que l'intrigue, et dont l'impéritie a perdu plus d'États que les fautes mêmes des rois.

Soupçonner la bonne foi des ministres est absurde. Est-ce avec une nation aussi éclairée, aussi spirituelle, qu'on pourrait employer de petites ruses? Tous les yeux seraient à l'instant ouverts. Aujourd'hui il est dans l'intérêt du gouvernement de marcher à la tête des choses, et non d'être forcé de les suivre : il n'y a donc rien à craindre de ce côté.

Quant à l'opposition, nous convenons qu'elle ne peut jamais être en France de la même nature qu'en Angleterre. Parmi nous, les fortunes ne sont pas assez grandes, le patronage des familles n'est pas assez étendu pour que l'opposition trouve en elle-même de quoi résister à l'influence ministérielle. Mais si elle n'a pas cette force d'intérêts que lui donnent ses richesses chez nos voisins, elle

---

[1] Je conviens qu'ils ne le sont pas assez : il faut absolument une loi.

exerce en revanche une force d'opinion bien plus vive. Qu'un homme de talent et de probité se trouve, non par contradiction, mais par conviction, opposé aux ministres, il obtiendra dans les deux Chambres, et dans la France entière, une prépondérance que tout le poids de la couronne pourrait seul balancer. Un discours éloquent et juste remuera bien autrement notre Chambre des députés, qu'un discours semblable prononcé dans la Chambre des communes en Angleterre. Sous ce rapport, notre nation est si sensible qu'il est à craindre qu'elle ne soit, comme Athènes, trop soumise aux inspirations de ses orateurs.

Les mystères de l'opinion et du caractère des peuples échappent à toutes les théories, et ne peuvent être soumis à aucun calcul. Observez ce qui se passe aujourd'hui dans la Chambre des députés : elle est laissée entièrement à elle-même; l'influence que les ministres y exercent se réduit à quelques politesses qui ne changent pas le sort d'un seul député. Hé bien! qu'arrive-t-il? La majorité suit tranquillement sa conscience, louant, blâmant ce qu'elle trouve de bon ou de mauvais. Une chose se fait particulièrement remarquer : toutes les fois qu'il s'est agi d'affaires d'argent, les Chambres n'ont pas hésité; le noble désintéressement de la nation s'est montré dans toute sa franchise : ainsi la liste civile, les dettes du roi, n'ont pas rencontré d'opposition. On aurait pu croire que la loi sur les émigrés allait échauffer les partis: au grand étonnement de tous, la Chambre a été plus favorable que la loi. Les Français se croient déshonorés quand on les force à s'occuper de leurs intérêts. Admirable générosité qui tient au génie d'une nation particulièrement monarchique et guerrière! Admirable nation, si facile à conduire au bien! Oh! que ceux qui l'ont égarée ont été coupables!

Mais a-t-on traité d'autres sujets, les Chambres se sont divisées selon les principes et les idées de chacun : l'opposition ne s'est plus formée de tels et tels individus; elle a grossi, diminué, grossi encore, sans égard à aucun parti : on aurait cru qu'il n'y avait pas de ministres, tant on avait oublié que c'étaient eux qui avaient proposé la loi, pour ne s'occuper que de la loi même. Nous ne connaissons rien de plus propre à honorer le caractère national que la conduite actuelle de nos deux Chambres; on voit qu'elles ne cherchent que le bien de l'Etat: généreuses sur tout ce qui touche à l'honneur, attentives à nos droits politiques, elles ont voté l'argent sans opposition, et défendu la liberté de la presse avec chaleur. C'est qu'en effet cette dernière question pouvait diviser et embarrasser les meilleurs esprits. Quand on voit d'un côté Genève mettre des entraves à la liberté de la presse, et de l'autre une partie de l'Allemagne et la Belgique proclamer cette liberté, on peut croire qu'il n'était pas si aisé de décider péremptoirement.

Nous avons montré par les faits mêmes combien il est difficile, chez une nation brillante et animée, de maîtriser les esprits. Les Français ont toujours été libres au pied du trône : nous avions placé dans nos opinions l'indépendance que d'autres peuples ont mise dans leurs lois. Cette habitude de liberté dans la pensée fait que nous nous soumettons rarement sans condition aux idées d'autrui : le député qui aurait le plus promis à un ministre de voter dans le sens de ce ministre, au moment de la délibération, pourrait bien lui échapper. Avec le caractère français, l'opposition est plus à craindre que l'influence ministérielle.

CHAPITRE XV.

SUITE DES OBJECTIONS DES CONSTITUTIONNELS. — ORDRE DE LA NOBLESSE.

« Qu'est-ce, dit-on, qu'une noblesse qui n'est pas celle de la Chambre des pairs? Qu'est-ce que des anoblissements, etc.? »

Ceci tient à la racine des choses : il faut s'expliquer.

Montesquieu a donné l'honneur pour âme à la monarchie, et la vertu pour principe à la république. L'honneur, selon lui, réside surtout dans le corps de la noblesse, partie intégrante et nécessaire de toute monarchie qui n'est pas le despotisme.

Mais dans une monarchie mixte, les corps constitués tenant à la partie républicaine du gouvernement, l'un (la Chambre des pairs) à l'aristocratie, l'autre (la Chambre des députés) à la démocratie, il s'ensuit que les deux corps ont pour base, pour esprit et pour but, la vertu, c'est-à-dire la liberté, sans laquelle il n'y a point de vertu politique.

Où donc résidera essentiellement le principe de la monarchie? dans la couronne? Sans doute. Mais la couronne ne peut seule le défendre : elle serait bientôt envahie par le principe républicain, et la constitution serait détruite. Ainsi il faut en dehors de cette constitution un corps de noblesse qui soit comme la sauvegarde de la couronne, et l'auxiliaire du principe monarchique.

Maintenant observons que la noblesse n'est pas composée d'un seul et unique principe : elle en renferme évidemment deux, l'honneur et la vertu, ou la liberté. Quand elle agit en corps et par rapport à la monarchie en général, elle est conduite par l'honneur, elle est monarchique : quand elle agit pour elle-même, et d'après la nature de sa propre constitution, elle est mue par la liberté; elle est républicaine, aristocratique.

D'après ces vérités incontestables, voyons ce qui arrivait à la noblesse dans l'ancienne monarchie, et de quelle manière elle se combinait avec le corps politique.

La noblesse, sous la première et la seconde race de nos rois, se présentait tout entière aux assemblées de la nation; alors les gentilshommes jouissaient *en corps*, et dans leur intégrité, de tous leurs droits : droits qui tenaient au principe de la liberté par leur principe aristocratique, et au principe de l'honneur par leur côté monarchique.

Sous la troisième race, quand les états généraux succédèrent aux assemblées de mars et de mai, la noblesse se contenta d'envoyer des députés à ces états : alors elle ne jouit plus *en corps* de la plénitude de ses droits. La moitié de ces droits, ceux qui tenaient au principe de la liberté, les droits républicains ou aristocratiques, furent transmis par elle à ses représentants, tandis qu'elle continuait de garder *en corps* ses droits monarchiques, c'est-à-dire ceux qui découlaient du principe d'honneur. Cela durait jusqu'à la fin des états généraux, où la mission des représentants de la noblesse venant à finir, cette noblesse réunissait de nouveau ses deux principes, et les droits dérivés de ces deux sources.

Hé bien! la seule chose qui, sous le rapport de la noblesse, distingue aujourd'hui notre dernière constitution, c'est que ce qui n'arrivait que par intervalles sous la vieille monarchie est devenu permanent dans la nouvelle.

La noblesse, représentée dans la Chambre des pairs, a transmis pour toujours à cette Chambre son principe de liberté, ses droits républicains et aristocratiques, tandis qu'elle reste au dehors conservatrice du principe d'honneur, fondement réel de la monarchie.

On voit par là que cette noblesse n'est point du tout incompatible avec nos nouvelles institutions; qu'elle n'est point en contradiction avec la nature du gouvernement; que ce gouvernement n'a pu ni dû la détruire; qu'il a seulement divisé les éléments qui la composaient, séparé son double principe; et que la noblesse subsiste à la fois dans la Chambre des pairs comme pouvoir aristocratique, et hors de la Chambre des pairs comme force monarchique.

Elle n'exerce plus ses droits politiques, parce qu'elle en a remis l'usage à la Chambre des pairs, qui la représente sous les rapports républicains; mais elle exerce tous ses droits d'honneur; elle appuie de cette force, si grande en France, l'autorité monarchique, qui pourrait être envahie sans ce rempart.

Telle est l'action de ce corps qui vous paraît inutile, et qui n'est autre, par le fond, que celui de la Chambre des pairs. Il n'y a point deux noblesses dans l'État : il n'y en a qu'une, qui se divise en deux branches, et chacune de ces branches a des fonctions distinctes et séparées.

Loin donc de nuire à l'État, cette noblesse, toute d'honneur, réduite à son principe le plus pur, est un contre-poids placé hors du centre du mouvement pour régulariser ce mouvement et maintenir l'équilibre de l'État. C'est ensuite un refuge pour tous les souvenirs, pour toutes les idées qui, ne trouvant pas leur place dans les nouvelles institutions, ne manqueraient pas de les troubler. Les gentilshommes, en maintenant le principe même de la monarchie, seront encore les conservateurs des traditions de l'honneur, les témoins de l'histoire, les hérauts d'armes des temps passés, les gardiens des vieilles chartes et les monuments de la chevalerie. Considérés seulement comme propriétaires, ces hommes distingués par leur éducation deviendront, comme nous le dirons bientôt, une excellente pépinière d'officiers, d'orateurs et d'hommes d'État.

Tout ceci n'est point une théorie plus ou moins ingénieuse, imaginée pour expliquer une constitution qui n'a point eu d'exemple chez les autres peuples. Il y a aussi, en Angleterre, une ancienne noblesse, plus fière de descendre des Bretons, des Saxons, des Danois, des Normands, des Aquitains, que d'occuper un siége dans la Chambre des pairs. Cette noblesse était autrefois si hautaine, que nul ne pouvait s'asseoir à la table d'un baron s'il n'était chevalier. Aujourd'hui elle est aussi entêtée de son blason, de ses quartiers, que les patriciens, à Rome, étaient orgueilleux de leur naissance et de leur droit d'images, *jus imaginum*. Le fief appartient entièrement à l'aîné, selon la coutume de Normandie. Il y a des hérauts d'armes et des rois d'armes qui tiennent registre de tous les nobles des provinces[1]. Cette noblesse détruit-elle la noblesse politique fondée dans cette même Chambre des pairs? Non, mais elle sert à augmenter le poids et la dignité de la couronne. A Athènes même, ne considérait-on pas ces familles de nobles qui remontaient au temps des rois?

Une fois prouvé qu'un corps de noblesse intermédiaire peut et doit exister dans une monarchie mixte, qu'il n'y dérange aucun des ressorts politiques, on n'a pas besoin de défendre les anoblissements. Le roi d'Angleterre fait aussi des chevaliers et des baronnets. Il y a une autre sorte d'anoblissement qui s'acquiert par la profession des arts libéraux, ou en vivant d'un revenu libre; dans ce cas, l'anobli reçoit les armoiries qu'il choisit des mains du héraut d'armes. Ces récompenses du souverain ne détruisent point l'égalité devant la loi, et sont un moyen d'encourager le mérite et la vertu.

CHAPITRE XVI.

OBJECTIONS DES ROYALISTES CONTRE LA CHARTE.

Les royalistes disent : « C'est en invoquant les progrès des lumières avec les « mots de liberté et d'égalité que l'on a précipité la France dans tous les mal- « heurs ; le nom même de constitution est odieux et presque ridicule. On ne « transporte point ainsi chez un peuple le gouvernement d'un autre peuple : « les gouvernements naissent des mœurs, et sont fils du temps ; restons Fran- « çais, et ne soyons pas Anglais ; ce qui est bon pour eux est mauvais pour « nous. Nous sommes trop légers pour nous occuper sérieusement des soins « publics, trop faciles à nous enflammer, trop enclins aux discours inutiles, « trop peu épris du bien général, pour avoir des assemblées délibérantes. Nous « aurons toujours de l'honneur, fondement de notre monarchie, mais nous « n'aurons point cet esprit public qui tient à un autre principe de gouverne- « ment. Notre position continentale même ne nous permet pas de pareilles « formes politiques. Tandis que, dans les deux Chambres, nous délibérerons « sur la levée d'une armée, les ennemis arriveront à Paris. Si le roi, au con- « traire, dispose à son gré des soldats, il détruira quand il voudra notre pré- « tendue constitution. »

On voit que des deux côtés nous ne dissimulons point les objections, et que nous les présentons dans toute leur force.

Nous avouerons d'abord que l'on a si étrangement abusé de ces mots, *progrès des lumières, constitution, liberté, égalité*, qu'il faut du courage aujourd'hui pour s'en servir dans un sens raisonnable. Les plus énormes crimes ont été commis, les doctrines les plus funestes se sont répandues au nom des lumières. Le ridicule et l'horreur sont venus s'attacher à ces phrases philosophiques, prodiguées sans mesure par des libellistes et des assassins. On a égorgé les blancs pour prouver la nécessité d'affranchir les noirs : la raison a servi à détrôner Dieu, et le perfectionnement de l'espèce humaine nous a fait descendre au-dessous de la brute.

Mais, d'un autre côté, n'avons-nous pas reçu une autre leçon? Pour nous

---

[1] Smith, *De Reg. Angl.*; La Roque, *Traité de la Noblesse.*

sauver des systèmes d'une philosophie mal entendue, nous nous sommes précipités dans les idées opposées. Qu'en est-il advenu? Qui voudrait, qui oserait aujourd'hui vanter le pouvoir arbitraire? Les excès d'un peuple soulevé au nom de la liberté sont épouvantables, mais ils durent peu, et il en reste quelque chose d'énergique et de généreux. Que reste-t-il des fureurs de la tyrannie, de cet ordre dans le mal, de cette sécurité dans la honte, de cet air de contentement dans la douleur, et de prospérité dans la misère? La double leçon de l'anarchie et du despotisme nous enseigne donc que c'est dans un sage milieu que nous devons chercher la gloire et le bonheur de la France. Prenons-y garde, d'ailleurs : si, exaspérés par le souvenir de nos maux, nous les attribuons tous aux lumières, on nous dira que la dévastation du Nouveau-Monde, les massacres de l'Irlande et ceux de la Saint-Barthélemy ont été causés par la religion; que si Louis XVI a été traîné à l'échafaud par des philosophes, Charles Ier y a été conduit par des fanatiques. Cette manière de raisonner de part et d'autre ne vaut donc rien : ce qui est bon reste bon, indépendamment du mauvais usage que les hommes en ont pu faire.

Cette difficulté sur les mots une fois écartée, venons au fond des objections.

On dit : « Les gouvernements sont fils des mœurs et du temps. Restons Français; ne transportons point chez nous les institutions d'un autre peuple, bonnes pour eux, mauvaises pour nous. »

Il y a ici grande erreur. Il ne faut pas s'imaginer du tout que la forme actuelle de notre gouvernement soit une chose absolument nouvelle pour nous; que, de plus, elle ait été inventée par les Anglais, et qu'avant eux personne n'avait songé qu'il pût exister un gouvernement participant des trois pouvoirs, monarchique, aristocratique et démocratique.

D'abord, tous les anciens ont pensé que le meilleur gouvernement possible serait celui qui réunirait ces trois pouvoirs. C'était l'opinion de Pythagore et d'Aristote. « Je conclus avec Platon, dit Cicéron, que la meilleure forme de gouvernement est celle qui offre l'heureux mélange de la royauté, de l'aristocratie et de la démocratie[1]. » C'était ce qu'avait fait Lycurgue[2] à Sparte. Écoutons Polybe : « Le plus parfait de tous les gouvernements ne serait-il pas celui dont les pouvoirs se serviraient de contre-poids, où l'autorité du peuple réprimerait la trop grande puissance des rois, et où un sénat choisi mettrait un frein à la licence du peuple[3]! »

Tacite partageait cette opinion : il pensait, à la vérité, qu'un tel gouvernement était si parfait, qu'il ne pouvait exister chez les hommes[4]. Mais nous avons fait remarquer ailleurs qu'il avait été réservé au christianisme de réaliser ce beau songe des plus grands génies de l'antiquité[5]. En effet, le gouvernement représentatif est né des institutions chrétiennes.

Des autorités imposantes ne prouveraient pas que des peuples doivent renverser leur gouvernement, lorsqu'il est établi, pour en prendre un plus parfait; mais quand ces peuples ont changé de constitution au milieu d'une révolution violente, si la nouvelle constitution se trouve être dans les formes

---

[1] *Fragm. Republ.*, lib. II. — [2] ARCHITAS, *in Stob.* — [3] POLYB., *Excerpt.*; lib. VI, cap. VIII et IX. — [4] TAC., *Ann.* IV, 33. — [5] *Génie du Christianisme.*

regardées comme les plus belles par un Lycurgue, un Aristote, un Platon, un Polybe, un Tacite, cela doit donner de la confiance : on peut croire qu'on ne s'est pas tout à fait trompé.

Montesquieu, après avoir fait un éloge pompeux du gouvernement anglais, prétend qu'on en découvre l'origine chez les Germains peints par Tacite[1], et que ce beau système a été trouvé dans les bois.

S'il en est ainsi, en l'adoptant aujourd'hui, nous ne ferions nous-mêmes, comme les Anglais, que reprendre le gouvernement de nos pères ; mais soit qu'il vienne des Francs, nos aïeux, soit qu'il ait été produit par la religion chrétienne, soit qu'il découle de ces deux sources, il est certain qu'il est conforme à nos mœurs actuelles, qu'il ne les contrarie point, et qu'il n'est point parmi nous une production étrangère.

Dans le moyen âge, toute l'Europe, excepté peut-être l'Italie et une partie de l'Allemagne, eut à peu près la même constitution : les cortès en Espagne, les états généraux en France, les parlements en Angleterre, étaient fondés sur le système représentatif. L'Europe, marchant d'un pas égal vers la civilisation, serait arrivée pour tous les peuples à un résultat semblable, si des causes locales et des événements particuliers n'avaient dérangé l'uniformité du mouvement.

La France eut à repousser des invasions ; sa noblesse périt presque tout entière aux champs de Crécy, de Poitiers et d'Azincourt. Des armées régulières, établies de bonne heure par nos rois, achevèrent de rendre les gentilshommes inutiles, sinon comme chefs, du moins comme soldats. Les fiefs, par suite du renversement des fortunes, commencèrent à tomber dans les mains des roturiers. La partie aristocratique de la constitution perdant ses forces, la partie monarchique accrut les siennes. Les communes, vexées par les bizarreries de la féodalité, cherchèrent à se mettre à l'abri sous l'autorité royale. L'invariable succession de nos monarques affermissait chaque jour les racines du trône. Une fois l'équilibre rompu, le gouvernement représentatif cessa de suivre sa direction naturelle. Au lieu de se fixer et de se régulariser, comme en Angleterre, il se désunit, et laissa prédominer la couronne. Les états généraux, rarement convoqués, et toujours dans des moments de troubles, voulurent profiter de ces moments pour ressaisir leurs droits, et commencèrent à ne paraître plus que des corps turbulents et dangereux : sachant qu'ils seraient bientôt dissous, ils se hâtaient de tout envahir, dans l'espoir de conserver quelque chose. Cette conduite acheva de les discréditer. S'ils avaient été appelés à des époques fixes, ils n'auraient pas montré cette jalousie ; et, au lieu de ne songer qu'à eux-mêmes, ils se seraient occupés de l'État. Tout se resserra donc autour d'un trône éclatant qu'occupaient tour à tour les meilleurs et les plus grands princes, tandis qu'une autre partie du pouvoir des états généraux tombait entre les mains du parlement de Paris.

Ce corps puissant s'était élevé lentement et en silence : d'abord ambulant, ensuite sédentaire à Paris, il avait acquis, par son intégrité et ses lumières, une

---

[1] *Esprit des Lois*, liv. ix, chapitre vi.

considération méritée. Dès son origine il avait sapé les fondements de la féodalité, et circonscrit les juridictions seigneuriales. La cour des pairs, laïques et ecclésiastiques, qui formait la haute-cour ou le grand conseil du roi, se réunissait au parlement dans les causes importantes, avec les princes du sang, et quelquefois avec le roi même. Cette réunion donna au parlement quelque chose de la composition des états généraux. Ceux-ci n'étant convoqués que de loin à loin, le peuple s'habitua à regarder le parlement comme le corps qui les remplaçait dans l'intervalle des sessions. Le droit de remontrance fit entrer dans ce corps une partie du droit public, relatif à la levée des impôts. Ainsi croissant en renommée par la vertu, la science et la gravité de ses magistrats, par la sagacité de ses décisions, le parlement se trouva peu à peu investi d'une puissance politique d'autant plus respectable, qu'elle était jointe à la puissance judiciaire. A l'époque des troubles de la Ligue, placé à la tête d'une faction, il exerça presque toutes les fonctions des états généraux, et décida des droits de Henri IV à la couronne. Les états généraux convoqués sous Louis XIII n'ayant rien produit, et Richelieu ayant achevé la ruine du pouvoir aristocratique, le parlement resta seul chargé de défendre le peuple contre la couronne, et une véritable révolution fut accomplie dans l'État. On a pu reprocher aux parlements quelques erreurs ; mais ces erreurs ne peuvent balancer les services qu'ils ont rendus à la France : ils l'ont éclairée dans les temps de ténèbres, défendue contre la barbarie féodale, et, après l'érection de la monarchie absolue sous Louis XIV, ils ont été, de fait, les seuls représentants, et souvent les représentants courageux de nos libertés.

L'Angleterre, partie du même but, arriva à un autre terme. Ses guerres d'Écosse n'étaient rien pour elle, et ne menaçaient point son existence ; ses guerres de France, soutenues par des Français, furent heureuses. Rassurée contre les dangers du dehors, elle put s'occuper au dedans de son administration politique. Les querelles de ses rois affaiblirent la puissance monarchique, et fortifièrent la partie aristocratique du gouvernement. La noblesse demeura longtemps souveraine : ce ne fut que sous le règne de Henri VII que les comtés, jusqu'alors héréditaires, se changèrent en titre de dignité. L'autorité militaire des gentilshommes ne diminua presque point, parce qu'on ne fut point obligé d'avoir de bonne heure, comme en France, des troupes disciplinées. Le génie d'Alfred, perpétué dans l'institution des jurés, avait fait entrer par l'ordre judiciaire les idées démocratiques dans le principe de l'État. Le gouvernement féodal, inconnu des Saxons, introduit en Angleterre par la conquête des Normands, n'y jeta jamais de profondes racines. Plus tard, Édouard III renonça à la langue française, ordonna que les actes publics fussent écrits en anglais, et fit revivre ainsi une partie de l'ancien esprit des Germains.

Le parlement (autrement les états généraux) conserva pour toutes ces causes son autorité primitive : souvent assemblé, bientôt il ne fut plus possible au monarque de marcher sans lui. L'orgueil des grands barons anglais fit que le conseil du roi, ou la Chambre des pairs, des barons, des lords (ce qui est la même chose sous différents noms), ne se mêla point aux chevaliers ou simples gentilshommes dans les assemblées de la nation. Les communes, appelées par Leicester, sous Henri VIII, à ces assemblées, se réunirent aux chevaliers, après en avoir été séparées quelque temps. Ainsi se formèrent dans le parlement d'Angleterre deux Chambres distinctes, tandis qu'en France l'égalité des gentilshommes, pauvres ou riches, ne permit point à la noblesse de se diviser en deux corps, et nos états généraux, délibérant en commun, bien qu'ils votassent par ordre, se trouvèrent avoir manqué l'établissement de la balance de leurs pouvoirs.

Enfin, la révolution religieuse produite par la violence de Henri VIII diminua l'influence de l'ordre du clergé dans la Chambre des lords. Le pouvoir aristocratique, affaibli à son tour par cet événement, vit par ce même événement s'augmenter le pouvoir démocratique dans la Chambre des communes. A peu près égales en force, les trois puissances de la monarchie primitive s'attaquèrent et en vinrent à une lutte sanglante, sous les règnes malheureux des Stuarts : aucune des trois n'étant parvenue à opprimer les deux autres, la constitution des Anglais sortit de ce terrible et dernier combat.

Ainsi, nous avons eu autrefois le même gouvernement que l'Angleterre ; et nous conservons en nous, comme elle les avait en elle-même, tous les principes de son gouvernement actuel. Voltaire observe très-bien quelque part que le parlement d'Angleterre n'est autre chose qu'une imitation perfectionnée de nos états généraux ; et d'Aguesseau dit, avec autant de fondement, que l'on retrouve toutes nos lois dans les vieilles lois de la Grande-Bretagne.

Dans des questions de cette importance et de cette nature, il faut marcher le flambeau de l'histoire à la main ; c'est le moyen de se guérir de beaucoup de préventions et de préjugés. Il n'est donc pas question dans tout ceci de se faire Anglais, l'Europe, qui penche avec nous vers un système de monarchie modérée, ne se fera pas anglaise : ce que l'on a, ce que l'on va avoir est le résultat naturel des anciennes monarchies. L'Angleterre a devancé la marche générale d'un peu plus d'un siècle, voilà tout.

CHAPITRE XVII.

SUITE DES OBJECTIONS. — QUE NOUS AVONS ESSAYÉ INUTILEMENT DE DIVERSES CONSTITUTIONS QUE NOUS NE SOMMES PAS FAITS POUR DES ASSEMBLÉES DÉLIBÉRANTES.

On se récrie avec une sorte de justice sur la multitude de nos constitutions : mais est-ce une raison pour ne pas en trouver une qui nous convienne ? Combien de fois les Anglais en changèrent-ils avant d'arriver à celle qu'ils ont aujourd'hui ? Le rump, le conseil des officiers de Cromwell, les différentes sectes religieuses, enfantaient chaque jour des institutions politiques, que l'on se hâtait de proclamer comme des chefs-d'œuvre : cela a-t-il rendu ridicule leur dernière constitution, et nui à son excellence et à son autorité ?

Nous ne sommes pas faits, ajoute-t-on, pour des assemblées délibérantes. Mais n'en avons-nous jamais eu de ces assemblées ? Autre erreur historique, plus frappante encore que la première. Nos pères étaient-ils moins ardents que nous ? Ces Francs qu'Anne Comnène vit passer à Constantinople, qui étaient si impétueux, si vaillants, qui ne pouvaient consentir à se tenir découverts devant Alexis; ces Francs irascibles, impatients, volontaires, n'avaient-ils pas des conseils de baronnie, des assemblées de province, des états généraux de la langue d'oïl et de la langue d'oc? Lorsque, sous Philippe de Valois, s'éleva la querelle entre les juridictions seigneuriales et ecclésiastiques, vit-on jamais rien de plus grave que ce qui se passa alors? C'étaient pourtant les deux premiers ordres de la monarchie, qui, dans toute leur puissance, luttaient pour leurs priviléges. La cause fut plaidée devant Philippe : Pierre de Cugnières, chevalier, personnage vénérable, tenant à la fois à la robe et à l'épée, pour mieux convenir aux deux hautes parties contendantes, portait la parole en qualité d'avocat général et de conseiller du roi. Cette première réclamation du droit civil contre le droit canonique produisit dans la suite l'*appel comme d'abus*, sauvegarde de la justice : dans le temps des bonnes mœurs, tout fait naître les bonnes lois. On admira dans cette grande affaire la piété et la justice du roi, la respectueuse hardiesse de l'orateur de la partie civile, et la dignité du clergé. Ce fut un beau spectacle que celui de ces prélats et de ces chevaliers jurant sur leurs croix et sur leurs épées de s'en rapporter à l'intégrité du roi, plaidant la cause de la religion et de la noblesse devant un monarque fils aîné de l'Église, et le premier comme le plus ancien gentilhomme de son royaume.

Quatre ou cinq siècles plus haut, nous trouvons ces mêmes Français délibérant aux assemblées de mars et de mai; et, pour que nous n'en puissions douter, le temps nous a transmis leurs décisions dans le recueil des Capitulaires. Plus haut encore, nous les verrons fixant par les lois gombette, allemande, ripuaire et salique, le tarif des blessures. Leur terrible justice consistait alors à imposer leur épée : ils parlaient éloquemment sur ce droit public de leur façon. Ils discutaient sur la longueur, la largeur et la profondeur de la plaie : s'ils avaient fait tomber une partie du crâne d'un homme, ils consentaient à payer quelques sous d'or; plus si cet homme était Franc, moins s'il était Romain ou Gaulois. Mais il fallait que l'os abattu en valût la peine, et que lancé à travers un espace de douze pas, il fît résonner un bouclier. Enfin, dans les forêts de la Germanie, nous apercevons nos pères délibérant autour d'une épée nue, plantée au milieu du mallus, ou décidant de la paix ou de la guerre, la coupe à la main : « Alors que le cœur, dit Tacite, ne peut feindre, et qu'il est « disposé aux entreprises généreuses. »

Pourquoi donc le peuple, qui a toujours parlé et délibéré en public dans les temps de sa barbarie, comme à l'époque de sa civilisation, qui a produit des ministres et des magistrats comme Suger, Nogaret, Pierre de Cugnières, Sully, Lhôpital, de Thou, Mathieu Molé, Lamoignon, d'Aguesseau; des publicistes comme Bodin et Montesquieu; des orateurs comme Massillon et Bossuet, n'entendrait-il rien aux lois et à l'éloquence? Enfin, n'avons-nous pas déjà vingt-cinq années d'expérience? Et n'est-ce rien pour un peuple comme celui-ci, qu'un quart de siècle? Quelques-uns de nos ministres actuels ont paru à la tribune avec éclat, et connaissent tous les fils qui font mouvoir le corps politique. Nos erreurs passées nous serviront de leçons; nous en avons déjà la preuve dans la modération et le bon esprit des deux Chambres.

CHAPITRE XVIII.

SUITE DES OBJECTIONS. — NOTRE POSITION CONTINENTALE.

« Notre position continentale nous oblige à avoir une nombreuse armée :
« si cette armée dépend des Chambres, nous serons envahis avant que les
« Chambres aient délibéré ; si la couronne dispose des soldats, la couronne
« peut opprimer les deux Chambres. »

Cette objection, la plus spécieuse de toutes, se résout comme celle de l'opposition, par la puissance de l'opinion. Croit-on de bonne foi que si l'ennemi était sur la frontière, les Chambres pussent refuser une armée au roi ; que des propriétaires voulussent se laisser envahir ? Loin de se rendre populaires par ce refus elles soulèveraient contre elles la nation. Chez un peuple si sensible à l'honneur, si épris de la gloire des armes, la foule passerait à l'instant dans le parti de la couronne, et la constitution serait anéantie. D'ailleurs une invasion est-elle si subite, si imprévue, que l'on n'en ait pas reçu des avis longtemps d'avance ? Est-ce avec une poignée de soldats qu'une nation voisine entrerait en France ? N'aurait-elle pas été obligée de rassembler des troupes, de les faire marcher ; n'aurions-nous rien su de ses mouvements et de ses préparatifs ?

Toutefois, comme il ne s'agit point d'imiter les Anglais, de se laisser dominer par des systèmes, d'adopter entièrement une constitution, sans égard aux habitudes, aux mœurs, à la position d'un peuple, comme si le même vêtement convenait à tous les hommes, il est évident qu'il faut laisser au pouvoir exécutif en France une bien plus grande force qu'en Angleterre. Le roi doit être plus libre dans ses mouvements, parce que la France est plus grande, plus exposée aux combinaisons de la politique extérieure. L'Angleterre n'a rien à craindre pour son existence d'un ennemi étranger ; mais en France, il peut survenir une guerre qui mette l'État en péril. Beaucoup d'intérêts que l'on soumet à la discussion publique chez nos voisins demandent parmi nous du secret, et ne pourraient être débattus sans danger dans nos deux Chambres. En France, il est essentiel de regarder toujours à deux choses : au gouvernement du dedans, et aux affaires du dehors. Tandis qu'on se livrerait à des abstractions politiques, et qu'on aurait l'œil fixé sur les astres, on pourrait tomber dans un abîme. Pour prévenir ce malheur, il faut que le trône, placé comme un bouclier devant nous, nous garantisse de tous les coups qu'on voudrait nous porter : il faut qu'il soit en avant-garde de la nation ; qu'environné d'éclat et de dignité, il en impose par sa puissance et par sa splendeur. L'autorité du roi doit être dégagée de beaucoup d'entraves pour agir avec vigueur et rapidité ; elle doit avoir, dans certain cas, quelque chose de la dictature à Rome ; et c'est surtout dans ce moment que nous devons tendre à augmenter le pouvoir monarchique, à l'investir de toute la force nécessaire au salut de l'État. Notre monarchie, toute libre au dedans, doit rester toute militaire au dehors. En Angleterre, l'armée est presque une affaire de luxe ; en France, c'est une chose de première nécessité. C'est par cette raison que le militaire et la noblesse auront toujours dans notre France une tout autre considération que celle dont ils jouissent en Angleterre.

Chez nos voisins, un riche brasseur de bière, un manufacturier opulent, peuvent paraître à la patrie aussi dignes des places et des honneurs qu'un capitaine, parce qu'en effet ils sont autant, et plus que lui, nécessaires à la prospérité commune; mais en France, le soldat qui nous met à l'abri de la conquête, qui nous garantit du joug étranger, est un homme qui non-seulement exerce la profession la plus noble, mais qui suit encore la carrière la plus utile à l'État. De là doivent naître des différences essentielles dans l'opinion des deux pays, et conséquemment des différences considérables dans les institutions politiques. L'air bourgeois ne convient point à notre liberté; et les Français ne la suivront qu'autant qu'elle saura cacher son bonnet sous un casque.

Mais ceci nous ramène à la seconde partie de l'objection. Si vous donnez, dit-on, au roi une pareille force, il détruira la liberté et opprimera les deux Chambres.

Ce serait sans doute un grand malheur, si notre nouveau gouvernement plaçait continuellement la France entre la servitude et la conquête; mais il n'en est pas ainsi. Le roi peut être absolu pour les affaires du dehors, sans être oppresseur au dedans. L'opinion publique vient encore ici à notre secours. Dans l'état actuel des choses, on ne pourrait faire impunément violence aux députés : à l'instant l'impôt serait suspendu; il faudrait, pour le lever, autant de régiments que de villages, autant d'armées que de provinces. Nous n'attribuons rien de trop ici à l'opinion. Elle est si puissante que Montesquieu n'a pas craint d'en faire le seul principe de la monarchie : la liberté est un principe, un fait; mais l'honneur n'est que la plus belle des opinions. Il a eu raison, Montesquieu; et l'opinion a toujours tout fait en France. Nous en avons une preuve aussi noble qu'éclatante : tout esclave, en mettant le pied sur le sol français, est libre. Est-ce en vertu d'une loi positive? Non, c'est en vertu de l'opinion; et cette opinion transformée en coutume a force de loi devant les tribunaux.

Sous l'ancienne monarchie l'opinion tenait pour ainsi dire lieu de charte. Un couplet, une plaisanterie, une remontrance, arrêtaient, comme par enchantement, les entreprises du pouvoir. Tout devenait un frein contre l'autorité absolue, jusqu'à la politesse de nos mœurs. Pourquoi donc cette opinion, si puissante autrefois, aurait-elle perdu sa force? Pourquoi ne serait-elle plus rien, précisément parce qu'elle peut s'exprimer avec plus de liberté? mais il n'en est pas ainsi : nous voyons tous les jours qu'un article de gazette fait nos craintes et nos espérances.

Il est aisé, dira-t-on, de se tirer d'affaire en répondant par des dénégations, en disant : « Cela n'arrivera pas; » en se jetant dans de grands raisonnements sur l'opinion. Comme l'avenir n'est pas là pour vous démentir, on peut sortir ainsi d'embarras, mais on ne fait pas naître la conviction.

Nous comprendrions cette réplique, si elle nous était faite par d'autres que par ceux qui pourraient nous l'adresser; car, que disent ces personnes quand on attaque l'ancien ordre de choses; quand on leur soutient, par exemple, qu'aucun homme n'était à l'abri d'un coup d'État, de la violence d'un ministre? Elles répondent que cela n'arrivait pas, et que l'opinion s'opposait à ces actes arbitraires du pouvoir. Elles ont raison de répondre ainsi, et leur réponse est fort bonne; mais alors elles doivent trouver juste qu'on oppose à leur attaque les mêmes armes et qu'on se couvre du même bouclier. Remarquez qu'il ne serait pas question dans le cas qu'on nous propose, d'un fait obscur, d'une persécution individuelle et presque ignorée : il ne s'agirait rien moins que des deux Chambres refusant une armée au roi, ou du roi faisant marcher des soldats contre les deux Chambres. Certes, si l'opinion peut avoir une influence prononcée, c'est dans un moment pareil.

Au reste, il y a des choses qui ne peuvent être appuyées de démonstrations mathématiques, et qui n'en restent pas moins prouvées. Tout n'est pas positif dans la science du gouvernement : le système des finances en Angleterre ne repose-t-il pas sur une fiction? Il y a des mystères de politique, comme il y a des mystères de religion : le jeu des constitutions, leur marche, leur influence, sont d'une nature inexplicable. Combinés avec les mœurs, les passions et les événements, les corps politiques, attirés, repoussés, balancés, combattus, produisent des effets que toute la sagacité humaine ne peut calculer. Ce vague, cette incertitude, ces grandes choses qui ne produisent rien, ces petites causes d'où sortent tant de grands résultats, ces illusions, cette puissance de l'opinion si souvent trompeuse, se retrouvent dans tout ce qui touche aux gouvernements, dans tout ce qui prend place dans l'histoire. Par exemple, n'est-on pas toujours tenté de supposer des talents supérieurs à l'homme qui joue un rôle extraordinaire? Souvent cet homme est moins que rien. La gloire a ses méprises comme la vertu : il y a des temps surtout où la fortune célèbre ses fêtes; espèces de saturnales où l'esclave s'assied sur le trône du roi. Quand on vient à regarder de près les hommes qui conduisent le monde dans ces temps de délire, on demeure plus étonné de leur néant qu'on n'était surpris de leur existence : on est frappé du peu de talent qu'il faut pour décider du sort des empires, et l'on reconnaît qu'il y a dans les affaires humaines quelque chose de fatal et de secret qu'on ne saurait expliquer.

CHAPITRE XIX.

S'IL SERAIT POSSIBLE DE RÉTABLIR L'ANCIENNE FORME DE GOUVERNEMENT.

Enfin quand les objections contre le nouvel ordre de choses seraient aussi fortes qu'elles nous semblent peu solides, voici qui répond à tout : on ne peut pas faire que ce qui est ne soit pas, et que ce qui n'est pas existe. Le roi nous a donné une charte : notre devoir est donc de la soutenir et de la respecter. Il y a d'ailleurs aujourd'hui une opinion générale qui domine toutes les opinions particulières : C'est l'opinion *européenne*, opinion qui oblige un peuple de suivre les autres peuples. Quand de toutes parts tout s'avance vers un but commun, il faut, bon gré mal gré, se laisser aller au cours du temps.

Avant la découverte de l'imprimerie, lorsque l'Europe était sans chemins, sans postes, presque sans communications; lorsqu'il était difficile et dangereux d'aller de Paris à Orléans, parce que le seigneur de Montlhéry, un Montmorency, faisait la guerre au roi de France; ce qui se passait dans un pays pouvait rester longtemps ignoré dans un autre. Mais aujourd'hui qu'une nouvelle arrive en quinze jours de Pétersbourg à Paris; que l'on reçoit en quelques minutes aux Tuileries une dépêche de Strasbourg et même de Milan; que toutes les nations se connaissent, se sont mêlées, savent mutuellement leur langue, leur histoire: que l'imprimerie est devenue une tribune toujours ouverte, où chacun peut monter et faire entendre sa voix; il n'est aucun moyen de s'isoler, et d'échapper à la marche européenne.

Les hommes ont mis en commun un certain nombre de connaissances que vous ne pouvez plus leur retirer. Le roi l'a jugé ainsi, parce qu'il est profondément éclairé, et il nous a donné la Charte. Est-ce donc parce que nous manquions autrefois d'une constitution? Non, sans doute. Eh! pourquoi n'aurions-nous pas eu de constitution? Parce qu'elle n'était pas écrite! La constitution de Rome et celle d'Athènes l'étaient-elles? Serait-il même exactement vrai de dire que celle dont l'Angleterre jouit actuellement est une constitution écrite? Certes, il serait fort extraordinaire que la France eût existé comme nation pendant douze cents ans sans gouvernement et sans lois. L'ancienne constitution de la monarchie était excellente pour le temps : Machiavel, qui s'y connaissait, en fait l'éloge. Rien n'était plus parfait que la balance des trois ordres de l'État tant que cette balance ne fut point rompue. Rien de plus admirable et de plus complet que les ordonnances des rois de France : là se trouvent consacrés tous les principes de nos libertés. Il n'y a peut-être pas un seul cas d'oppression qui n'y soit prévu, et auquel nos monarques n'aient essayé d'apporter remède. Il est bien remarquable que les anciens troubles de la France aient eu pour cause des guerres étrangères et des opinions religieuses, et que jamais ces troubles n'aient été produits par l'ordre politique.

Les hommes, dans l'ancienne France, étaient classés moins par les divisions politiques que par la nature de leurs devoirs : ainsi, le premier ordre de l'État était celui qui priait Dieu pour le salut de la patrie, et qui soulageait les malheureux. Cette fonction était regardée comme la plus sublime, et elle l'était en effet. Le guerrier suivait le prêtre, parce que l'homme qui verse son sang pour la défense de la patrie, et dont le métier est de mourir, est un homme plus noble que celui qui s'est consacré à des travaux mécaniques. Remarquez qu'au temps de la féodalité, les vassaux allant à la guerre, il en résultait que le laboureur était soldat : aussi, dans nos opinions, l'épée et le soc de la charrue étaient nobles, et le gentilhomme ne dérogeait point en labourant le champ de son père. Les communes venaient ensuite, et s'occupaient des arts utiles à la société. On ne saurait croire à combien de vertus cette division, dans l'ordre des devoirs, était favorable, à quels sacrifices elle condamnait le prêtre, à quelle générosité, à quelle délicatesse dans les sentiments elle forçait le gentilhomme; tandis qu'elle entretenait dans la classe la plus nombreuse la fidélité, la probité, le respect des lois et des mœurs. C'est ce qui a fait, n'en doutons point, la longue existence de l'ancienne monarchie.

Malheureusement ce bel édifice est écroulé. Il ne s'agit pas de savoir s'il était plus solide et plus parfait que celui qu'on vient d'élever; si l'ancien gouvernement, fondé sur la religion comme les gouvernements antiques, produit lentement par nos mœurs, notre caractère, notre sol, notre climat, éprouvé par les siècles, n'était pas plus en harmonie avec le génie de la nation, plus propre à faire naître de grands hommes et des vertus, que le gouvernement qui le remplace aujourd'hui. Il n'est pas question d'examiner encore si ce qu'on appelle le progrès des lumières est un progrès réel ou une marche rétrograde de l'esprit humain, un retour vers la barbarie, une véritable corruption de la religion, de la politique et du goût. Tout cela peut se soutenir : ceux qui prendraient en main cette cause ne manqueraient pas de raisons puissantes, et surtout de sentiments pathétiques, pour justifier leur opinion. Mais il faut dans la vie partir du point où l'on est arrivé. Un fait est un fait. Que le gouvernement détruit fût excellent ou mauvais, il est détruit; que l'on ait avancé, que l'on ait reculé, il est certain que les hommes ne sont plus dans la place où ils se trouvaient il y a cent ans, bien moins encore où ils étaient il y a trois siècles. Il faut les prendre tels qu'ils sont, et ne pas toujours les voir tels qu'ils ne sont pas, et tels qu'ils ne peuvent plus être : un enfant n'est pas un homme fait; un homme fait n'est pas un vieillard.

Quand nous voudrions tous que les choses fussent arrangées autrement qu'elles le sont, elles ne pourraient l'être. Déplorons à jamais la chute de l'ancien gouvernement, de cet admirable système dont la durée seule fait l'éloge; mais enfin notre admiration, nos pleurs, nos regrets, ne nous rendront pas Duguesclin, La Hire et Dunois. La vieille monarchie ne vit plus pour nous que dans l'histoire, comme l'oriflamme que l'on voyait encore toute poudreuse dans le trésor de Saint-Denis, sous Henri IV : le brave Crillon pouvait toucher avec attendrissement et respect ce témoin de notre ancienne valeur; mais il servait sous la cornette blanche triomphante aux plaines d'Ivry, et il ne demandait point qu'on allât prendre au milieu des tombeaux l'étendard des champs de Bouvines.

Nous avons montré ailleurs[1] que les éléments de l'ancienne monarchie ont été dispersés par le temps et par nos malheurs : l'esprit du siècle a pénétré de toutes parts; il est entré dans les têtes et jusque dans les cœurs de ceux qui s'en croient le moins entachés.

Il y a plus : si ceux qui pensent, sans y avoir bien réfléchi, qu'il est possible de rétablir l'ancien gouvernement, obtenaient la permission de tenter cet ouvrage, nous les verrions bientôt, perdus dans un chaos inextricable, renoncer à leur entreprise. D'abord, pas un d'entre eux en désirerait remettre les choses absolument telles qu'elles étaient : autant de provinces, autant d'avis, de prétentions, de systèmes; on voudrait détruire ceci, conserver cela : chacun irait, à main armée, demander à son voisin compte de sa propriété.

Se représente-t-on ce que deviendrait la France le jour où l'on remettrait en vigueur les ordonnances relatives aux preuves de noblesse exigées des officiers de l'armée? Supposons encore que le roi régnant seul, et ayant toujours à payer dix-sept cents millions de dettes, sans compter les dépenses courantes, eût dit à son ministre des finances de lui présenter un plan; que le ministre

---

[1] *De l'état de la France au mois de mars et au mois d'octobre de la même année.*

eût formé son plan tel que nous l'avons vu; que, sans pouvoir expliquer ses raisons, sans pouvoir entrer dans la discussion publique de ses moyens, le ministre, muni d'un arrêt du conseil, eût voulu mettre ce plan à exécution : nous demandons encore ce que serait devenue la France? Le parlement de Paris, forcé à l'enregistrement, n'aurait-il fait aucune remontrance? Les parlements de provinces n'auraient-ils point élevé la voix? Les pays d'états n'auraient-ils point réclamé? la noblesse et le clergé n'auraient-ils point fait valoir leurs priviléges? Les peuples, toujours disposés à refuser l'impôt, émus par toutes ces oppositions, ne se seraient-ils point révoltés. Une pareille résistance au moment où un levain de discorde fermentait encore parmi nous, nous aurait, n'en doutons point, précipités dans une nouvelle révolution. Eh bien! grâce à la Charte, le budget discuté dans les deux Chambres a semblé nécessaire par le fait, ingénieux dans ses ressources : il a passé paisiblement; et le peuple, satisfait d'avoir été consulté dans ses représentants, s'est soumis à des impôts qui jadis l'auraient soulevé d'un bout à l'autre de la France.

Mais il y a dans le nouvel ordre de choses des personnes qui vous déplaisent, qui vous semblent odieuses. Eh bien! elles passeront, la France restera. Les esprits, après une révolution, sont lents à se calmer. On se rappelle d'avoir vu tel homme dans telle circonstance : on ne peut se persuader que cet homme soit devenu un bon citoyen, qu'il puisse être employé utilement. C'est un mal inévitable; mais ce mal ne doit pas faire renoncer au bien de la patrie. En 1605, Henri IV partait pour le Limousin; il y avait déjà seize années qu'il était monté sur le trône, et pourtant Malherbe lui disait :

> Un malheur inconnu glisse parmi les hommes,
> Qui les rend ennemis du repos où nous sommes :
> La plupart de leurs vœux tendent au changement;
> Et comme s'ils vivaient des misères publiques,
> Pour les renouveler ils font tant de pratiques,
> Que qui n'a point de peur n'a point de jugement.
>
> Nous voyons les esprits nés à la tyrannie,
> Ennuyés de couvrir leur cruelle manie,
> Tourner tous leurs conseils à notre affliction;
> Et lisons clairement dedans leur conscience
> Que s'ils tiennent la bride à leur impatience,
> Nous n'en sommes tenus qu'à sa protection (*de Henri IV*)
>
> Qu'il vive donc, Seigneur, et qu'il nous fasse vivre!

Après la restauration de Charles II en Angleterre, les esprits restèrent agités. Le premier moment de joie une fois passé, les hommes qui avaient suivi des principes opposés dans le cours de la révolution continuèrent à se haïr. Les wighs et les torys descendirent de ces factions. Il y avait même quelques furieux qui regardaient les régicides condamnés comme des martyrs de la *bonne vieille cause*, « of the old good cause. » Ils prétendaient qu'à leur mort Harrison, Cook et Peter avaient été très-certainement *revêtus du Seigneur*, « cloa-« thed with the Lord. » Ils n'étaient couverts que du sang de leur roi.

Concluons de tout ceci que ceux qui regrettent l'ancien gouvernement doivent s'attacher au nouveau, parce qu'il est très-bon en soi, parce qu'il est le résultat obligé des mœurs du siècle, parce qu'enfin la fatale nécessité a détruit l'autre, et qu'on ne se soustrait point à la nécessité.

CHAPITRE XX.

QUE LE NOUVEAU GOUVERNEMENT EST DANS L'INTÉRÊT DE TOUS. — SES AVANTAGES POUR LES HOMMES D'AUTREFOIS.

Il nous en a coûté beaucoup pour démontrer à des hommes dignes de tous les respects qu'ils ne peuvent pas obtenir ce qu'ils désirent. Nous regrettons peut-être autant et plus qu'eux ce qui a cessé d'exister ; mais enfin nous ne pouvons pas faire que le dix-neuvième siècle soit le seizième, le quinzième, le quatorzième. Tout change, tout se détruit, tout passe. On doit, pour bien servir sa patrie, se soumettre aux révolutions que les siècles amènent ; et, pour être l'homme de son pays, il faut être l'homme de son temps. Hé ! qu'est-ce qu'un homme de son temps ? C'est un homme qui, mettant à l'écart ses propres opinions, préfère à tout le bonheur de sa patrie ; un homme qui n'adopte aucun système, n'écoute aucun préjugé, ne cherche point l'impossible, et tâche de tirer le meilleur parti des éléments qu'il trouve sous sa main ; un homme qui, sans s'irriter contre l'espèce humaine, pense qu'il faut beaucoup donner aux circonstances, et que dans la société il y a encore plus de faiblesses que de crimes : enfin, c'est un homme éminemment raisonnable, éclairé par l'esprit, modéré par le caractère, qui croit, comme Solon, que dans les temps de corruption et de lumière, il ne faut pas vouloir plier les mœurs au gouvernement, mais former le gouvernement pour les mœurs.

Notre charte constitutionnelle a précisément ce dernier caractère ; il nous reste à montrer qu'elle est également favorable aux intérêts des sujets et du monarque.

Nous dirons à la noblesse[1] : De quoi pouvez-vous vous plaindre ? La Charte vous garantit tout ce qu'il y avait d'essentiel dans votre ancienne existence. Si elle n'a pu faire que vous jouissiez de quelques droits depuis longtemps détruits dans l'opinion avant de l'être par les événements, elle vous assure d'autres avantages. Vous occupiez les places d'officiers dans l'armée : eh bien ! vous pouvez encore les remplir ; seulement vous les partagerez avec les Français qui ont reçu une éducation honorable. On ne vous fait en cela aucune injustice ; il en était ainsi autrefois dans la monarchie. Aux yeux de nos rois, le premier titre d'un guerrier était la valeur. « Pour estre faits chevaliers, dit du « Tillet, ils ont toujours choisi le chevalier le plus renommé en prouesse et « chevalerie, et non celui qui est du plus haut lignage, n'ayant égard qu'à la « seule vaillance [2] ».

---

[1] Tout ce qui suit et tout ce qui précède mécontenta d'abord les hommes que je voulais consoler : aujourd'hui ces mêmes hommes me rendent justice ; ils ont pris part au gouvernement représentatif, et ils en ont connu les ressources.

[2] *Recueil des rois de France.*

Autrefois, quels étaient l'espoir et l'ambition d'un gentilhomme? De devenir capitaine après quarante années de service, de se retirer sur ses vieux jours avec la croix de Saint-Louis et une pension de six cents francs [1]. Aujourd'hui, s'il suit la carrière militaire, un avancement rapide le portera aux premiers rangs. A moins d'une étrange faveur ou d'une action extraordinaire, un cadet de Gascogne ou de Bretagne serait-il jamais devenu, sous l'ancien régime, colonel, général, maréchal de France? Si, réunissant toute sa petite fortune, il faisait un effort pour venir solliciter quelque emploi à Paris, pouvait-il aller à la cour? Pour jouir de la vue de ce roi qu'il défendait avec son épée, ne lui fallait-il pas être présenté, avoir monté dans les carrosses? Quel rôle jouait-il dans les antichambres des ministres? Qu'était-ce, en un mot, aux yeux d'un monde ingrat et frivole, qu'un pauvre gentilhomme de province? Souvent d'une noblesse plus ancienne que celle des courtisans qui occupaient sa place au Louvre, il ne recevait de ces enfants de la faveur que des refus et des mépris. Ce brave représentant de l'honneur et de la force de la monarchie n'était qu'un objet de ridicule par sa simplicité, son habit et son langage : on oubliait que Henri IV parlait gascon, et que son pourpoint était percé au coude.

Le temps de ces dédains est passé : dans les provinces, vous, gentilshommes, vous jouirez de la considération attachée à votre famille ; à Paris, vous entrerez partout, en entrant dans le palais de vos rois. Une carrière immense et nouvelle s'ouvre pour vous auprès de cette ancienne carrière militaire qui ne vous est point fermée. Vous pouvez être élus membres de la chambre des députés : redoutables [2] à ces ministres qui vous repoussaient autrefois, vous serez courtisés par eux; devenus pairs du royaume, appelés peut-être au timon de l'État, nouveaux chefs de votre antique famille, et patrons de votre province, ce sort éclatant sera l'ouvrage de vos propres mains. Qu'est-ce que l'ancien gouvernement pouvait vous offrir de comparable? Nous ne vous entretenons ici que de vos intérêts matériels ; nous ne vous parlons pas de cette gloire, partage certain de celui qui consacre ses jours à défendre le roi, à protéger le peuple, à éclairer la patrie; de celui qui soutient, avec les autels de la religion, les droits de la raison universelle, et qui combat pour les principes de cette liberté sage sans laquelle, après tout, il n'y a rien de digne et de noble dans la vie humaine.

Burnet, réfléchissant sur la révolution qui a donné à l'Angleterre cette constitution tant admirée, observe que de son temps les gentilshommes anglais avaient de la peine à s'y soumettre, *trouvant mauvais que le roi ne fût pas assez roi* [3]. Eh bien! ces gentilshommes qui se plaignaient alors, sont les ancêtres des Pitt, des Burke, des Nelson, des Wellington; leur roi est devenu un des plus puissants rois de la terre; leur pays s'est élevé au plus haut degré de

---

[1] On a dit que c'était là précisément ce qu'il y avait de beau dans l'ancien ordre de choses : c'est confondre les choses, et mieux sentir que bien raisonner. Ne s'aperçoit-on pas que plus le *gentilhomme* se montre ici admirable, moins le *gouvernement* paraît généreux, et que l'éloge de l'un est la critique de l'autre?

[2] J'aurais l'air de prophétiser après l'événement, si heureusement les *Réflexions politiques* n'avaient été publiées au mois de décembre 1814.

[3] *Réflex. sur les Mém. hist. de la Grande-Bretagne*, pag. 54.

prospérité, sous une constitution qui répugnait d'abord à leur raison, à leurs mœurs, à leurs souvenirs.

Qui pourrait donc s'opposer, parmi nous, à la généreuse alliance de la liberté et de l'honneur? Ces deux principes ne sont-ils pas, comme nous l'avons prouvé, ceux qui constituent essentiellement la noblesse? Pourquoi un gentilhomme n'obtiendrait-il pas, dans l'ordre nouveau de la monarchie, toute la considération dont il jouissait dans l'ordre ancien? La constitution, loin de lui rien ravir, lui rend cette importance aristocratique qu'il avait perdue, et dont les ministres du pouvoir, tantôt par ruse, tantôt par force, avaient mis tous leurs soins à le dépouiller. Excepté dans les cas si rares de l'assemblée des états généraux, quelle part la noblesse avait-elle aux opérations du gouvernement? N'était-ce pas le parlement de Paris qui exerçait les droits politiques? il était pourtant assez dur, pour l'antique corps de la noblesse, de n'influer en rien dans la chose publique, de voir l'État marcher à sa ruine, sans être même appelé à donner son opinion[1]. Quelques droits féodaux, tombés en désuétude, valent-ils les droits politiques qui sont rendus aux gentilshommes? Ces droits conservés par la Chambre des pairs, tandis qu'ils peuvent (eux gentilshommes) entrer dans la Chambre des députés, sont des biens qui compensent pour la noblesse les petits avantages de l'ancien régime, nous voulons dire de l'ancien régime tel qu'il était, tout affaibli et tout dénaturé à l'époque de la révolution. Rien n'empêche, après tout, un gentilhomme d'être citoyen comme Scipion, et chevalier comme Bayard : l'esclavage n'est point le caractère de la noblesse. Dans tous les temps, en mourant avec joie pour ses princes, elle a défendu respectueusement, mais avec fermeté, ses droits contre les prérogatives de la couronne. Elle redevient aujourd'hui une barrière entre le peuple et le trône, comme elle l'était autrefois. Lorsque Charles Ier leva l'étendard de la guerre civile, la noblesse anglaise courut se ranger autour de son roi; mais avant de combattre pour lui, elle lui déclara qu'en le défendant contre les rebelles, elle ne prétendait point servir à opprimer la liberté des peuples; et que si l'on voulait employer ses armes à un pareil usage, elle serait obligée de se retirer. Ce généreux esprit anime également la noblesse française : nos chevaliers sont les défenseurs du pauvre et de l'orphelin. « Eh, Dieu! disait Bertrand Duguesclin à Charles V, « faites venir avant les chaperons fourrés, c'est à savoir, prélats et avocats qui « mangent les gens. A tels gens doit-on faire ouvrir les coffres, et non pas à « pauvres gens qui ne font que languir. Je vois aujourd'hui advenir le con- « traire : car celui qui n'a qu'un peu, on lui veut tollir; et celui qui a du « pain, on lui en offre. »

Peut-être direz-vous que, dépouillés de certains hommages qu'on vous rendait, et qui vous distinguaient, vous avez perdu le caractère extérieur de la noblesse. Mais, à différentes époques, et dans diverses assemblées des états généraux, les gentilshommes avaient renoncé à d'importantes prérogatives. Ils avaient consenti à la répartition égale des impôts. Si donc les derniers états généraux se fussent séparés sans que la révolution eût eu lieu, la noblesse, privée

---

[1] La noblesse n'exerçait de droits politiques que dans les pays d'états.

de ses priviléges par l'abandon volontaire qu'elle en avait fait, se fût-elle pour cela regardée comme anéantie? Non, sans doute : appliquez ce raisonnement à l'état actuel. Toutefois il nous paraîtrait nécessaire qu'à l'avenir on accordât à la noblesse, comme aux chevaliers romains, quelques-uns de ces honneurs qui annoncent son rang aux yeux du peuple ; sans quoi les degrés constitutionnels de la monarchie ne seraient point marqués, et nous aurions l'air d'être soumis au niveau du despotisme oriental. Il faut surtout que les pairs jouissent des plus grands priviléges, qu'ils aient des places désignées dans les fêtes publiques, qu'on leur rende des honneurs dans les provinces; qu'en un mot, on reconnaisse tout de suite en eux les premiers hommes de l'État.

Au reste, comme nous ne voulons rien dire qui ne soit fondé en raison et de la plus stricte vérité, nous ne prétendons pas que tous les avantages dont nous avons parlé dans ce chapitre puissent être recueillis immédiatement. La carrière militaire, par exemple, sera quelque temps fermée à cause du grand nombre d'officiers demeurés sans emploi, et qui doivent être préférés. Mais quel qu'eût été le gouvernement établi par la restauration, cet inconvénient aurait toujours existé. La renaissance de l'ancienne monarchie n'aurait pu diminuer le nombre, ni effacer les droits de tant de Français qui ont versé leur sang pour la patrie. Ainsi la Charte n'entre pour rien dans cet embarras du moment. D'ailleurs, comme nous l'avons fait observer en parlant de l'émigration, un très-grand nombre de gentilshommes sont déjà placés dans l'armée. Enfin, ce n'est pas toujours pour soi qu'on bâtit dans cette vie. C'est aux peuples que sont permis *le long espoir et les vastes pensées.*

Quant à la haute noblesse, dont nous n'avons point parlé à propos de la Charte, elle y trouve si évidemment son avantage, qu'il serait superflu de s'attacher à le montrer. Comme c'était elle surtout qui avait le plus perdu dans la destruction du pouvoir aristocratique de la France, c'est elle aussi qui gagne le plus à l'ordre de choses qui rétablit ce pouvoir. Les hommes qui portent ces noms historiques auxquels la gloire a depuis longtemps accoutumé notre oreille, rentrent dans la possession de leurs droits : c'est un sort assez remarquable de servir à fonder la nouvelle monarchie dans la Chambre des pairs de Louis XVIII, après avoir formé la base de l'ancienne monarchie dans la Cour des pairs de Hugues Capet.

Ainsi la Charte, qui rend aux gentilshommes leur ancienne part au gouvernement, et qui les rapproche en même temps du peuple pour le protéger et le défendre, ne fait que les rappeler au premier esprit de leur ordre. Les plus hautes et les plus brillantes destinées s'ouvrent devant eux : il leur suffit, pour y atteindre, de bien se pénétrer de leur position, sans regarder en arrière, et sans lutter vainement contre le torrent du siècle.

CHAPITRE XXI.

QUE LA CLASSE LA PLUS NOMBREUSE DES FRANÇAIS DOIT ÊTRE SATISFAITE DE LA CHARTE.

Ceci n'a plus besoin d'être prouvé. Tout ce que nous avons dit le démontre suffisamment : la Charte nous fait jouir enfin de cette liberté que nous avons achetée au prix du plus pur sang de la France. Elle donne un but à nos efforts, elle ne rend pas vains tant de malheurs et tant de gloire ; en investissant l'homme de sa dignité, elle ennoblit nos erreurs. Chacun peut se justifier à ses propres yeux, chacun peut se dire : « Voilà ce que j'avais désiré. Les droits naturels « sont reconnus; tous les Français appelés aux emplois civils, aux grades mili- « taires, à la tribune des deux Chambres, peuvent également s'illustrer au ser- « vice de la patrie. » Ce n'est point une espérance, c'est un fait. Et tel homme qui peut se dire aujourd'hui : « Je suis pair de France sous le roi légitime, » doit trouver que la Charte est déjà une assez belle chose, et qu'il est un peu diffé- rent d'être pair sous Louis XVIII, ou d'être sénateur sous Buonaparte.

Qu'auraient pu attendre les vrais républicains dans l'ordre politique que la restauration a détruit? L'égale admission aux places? aux honneurs? Ils en jouis- sent sous le roi légitime : ils n'en auraient jamais joui sous l'étranger. Déjà les distinctions les plus outrageantes étaient établies. Il était plus difficile d'appro- cher du dernier subalterne du palais que de pénétrer aujourd'hui jusqu'à la per- sonne du monarque. Ceux qui ont voulu sincèrement la liberté doivent bénir la Charte. Pouvaient-ils raisonnablement espérer un résultat aussi heureux de leurs efforts et de nos discordes? Quel serait l'homme assez insensé pour rêver la république après l'expérience? L'étendue de la France, le génie de la na- tion, mille souvenirs odieux ne s'opposent-ils pas d'une manière invincible à cette forme de gouvernement? Quiconque trouverait qu'il est esclave avec la re- présentation des deux Chambres, qu'il est esclave avec le droit de pétition, avec l'abolition de la confiscation, avec la sûreté des propriétés, l'indépendance per- sonnelle, la garantie contre les coups d'État, prouverait qu'il n'a jamais été de bonne foi dans ses opinions, et qu'il ne sera jamais digne d'être libre.

CHAPITRE XXII.

QUE LE TRÔNE TROUVE DANS LA CHARTE SA SURETÉ ET SA SPLENDEUR.

Quant au roi, serait-il plus le maître en vertu des anciens règlements que par la Charte qu'il nous a donnée? D'un bout de la France à l'autre, une loi passée dans les deux Chambres met à sa disposition notre vie, nos enfants, notre for- tune. Qu'il parle au nom de la loi, et nous allons tous nous immoler pour lui. A-t-il à essuyer ces remontrances sans fin, souvent justes, mais quelquefois in- considérées, quand il a besoin du plus faible impôt? Rencontre-t-il dans toutes les provinces, dans toutes les villes, dans tous les villages, des priviléges, des coutumes, des corps qui lui disputent les droits les plus légitimes, ôtent au gou- vernement l'unité d'action et la rapidité de la marche? Derrière les deux Chambres, rien ne peut l'atteindre ; uni aux deux Chambres, sa force est iné- branlable. Les orages sont pour ses ministres; la paix, le respect et l'amour sont pour lui. S'il est entraîné vers la gloire militaire, qu'il demande, il aura des soldats. S'il chérit les arts et les talents, un gouvernement représentatif est surtout propre à les faire éclore. S'il se plaît aux idées politiques, s'il cherche à perfectionner les institutions de la patrie, oh! comme tout va seconder ce penchant vraiment royal! Et pourquoi les Bourbons seraient-ils ennemis de tout changement dans le système politique? Celui qui vient de finir avait-il toujours existé? La monarchie a changé de forme de siècle en siècle.

La race auguste et immortelle des rois capétiens a vu, immobile sur ce trône, passer à ses pieds nos générations, nos révolutions et nos mœurs; elle a survécu aux coups que nos bras parricides lui ont quelquefois portés, et elle n'en recueille pas moins dans son sein ses enfants ingrats. Nous devons tout à cette famille sacrée, elle nous a faits ce que nous sommes; elle existait pour ainsi dire avant nous; elle est presque plus française que la nation elle-même. Sous les deux premières races, tout était romain et tudesque, gouvernement, mœurs, coutumes et langage. La troisième race a affranchi les serfs, institué la représentation nationale par les trois ordres, les parlements ou cours de justice, composé le code de nos lois, établi nos armées régulières, fondé nos colonies, bâti nos forteresses, creusé nos canaux, agrandi et embelli nos cités, élevé nos monuments, et créé jusqu'à la langue qu'ont parlée Duguesclin et Turenne, Ville-Hardouin et Bossuet, Alain Chartier et Racine. Louis XVIII nous rendra florissants et heureux avec deux Chambres, de même que ses pères nous ont rendus puissants avec les états généraux. Il trouvera lui-même sa grandeur dans nos nouvelles destinées. La monarchie renaît dans ses antiques racines, comme un lis qui a perdu sa tige pendant la saison des tempêtes, mais qui sort au printemps du sein de la terre: *ex omnibus floribus orbis elegisti tibi lilium unum* [1].

CHAPITRE XXIII.

CONCLUSION.

Toute l'Europe paraît disposée à adopter le système des monarchies modérées: la France, qui a donné cette impulsion générale, est maintenant forcée de la suivre. Rallions-nous donc autour de notre gouvernement. Que l'amour pour le roi et pour le pays natal, que l'attachement à la Charte, composent désormais notre esprit!

Grâce au roi, au roi seul, nous conservons tout entière la France de Louis XIV. Vauban en a posé les limites mieux qu'elles ne seraient marquées par les fleuves et les montagnes. L'étendue naturelle d'un empire n'est point fixée par des bornes géographiques, quoi qu'on en puisse dire, mais par la conformité des mœurs et des langages: la France finit là où on ne parle plus français. Ces citoyens de Hambourg et de Rome, qui corrompaient notre langue dans le sénat, qui n'avaient et ne devaient avoir pour nous qu'une juste haine, auraient amené notre ruine comme peuple, de même que les Gaulois et les autres nations subjuguées détruisirent la patrie de Cicéron en entrant dans le sénat romain. Nous sommes encore ce que nous étions. Un million de soldats sont encore prêts, s'il le faut, à défendre des millions de laboureurs. Notre terre, comme une mère prévoyante, multiplie ses trésors et ses secours, bien au delà

[1] Esd.

du besoin de ses enfants. Quatre cent mille étrangers et nos propres soldats ont ravagé nos provinces, et deux mois après on a été obligé de faire une loi pour la libre exportation des grains. Que manque-t-il à cet antique royaume de Clovis, dont saint Grégoire le Grand louait déjà la force et la puissance? Nous avons du fer, des forêts et des moissons; notre soleil mûrit les vins de tous les climats; les bords de la Méditerranée nous fournissent l'huile et la soie, et les côtes de l'Océan nourrissent nos troupeaux. Marseille, qui n'est plus, comme du temps de Cicéron, *battue des flots de la barbarie*, appelle le commerce du monde ancien, tandis que nos ports, sur l'autre mer, reçoivent les richesses du Nouveau-Monde. A chaque pas se retrouvent dans la France les monuments de trois grands peuples, des Gaulois, des Romains et des Français. Cette France fut surnommée la mère des rois : elle envoya ses enfants régner sur presque tous les trônes de l'Europe, et jusqu'au fond de l'Asie. Sa gloire, qui ne passera point, croîtra encore dans l'avenir. Transformés par de nouvelles lois, les Français recommencent des destinées nouvelles. Nous aurons même un avantage sur les peuples qui nous ont précédés dans la carrière où nous entrons; car ils y ont déjà vieilli, et nous, nous y descendons avec la vigueur de la jeunesse.

Accoutumés aux grands mouvements depuis tant d'années, remplaçons la chaleur des discordes et l'ardeur des conquêtes par le goût des arts et les glorieux travaux du génie. Ne portons plus nos regards au dehors; écrions-nous, comme Virgile, à l'aspect de notre belle patrie :

> Salve, magna parens frugum. . . .
> Magna virum !

Et pourquoi ne le pas dire avec franchise ! Certes nous avons beaucoup perdu par la révolution, mais aussi n'avons-nous rien gagné? N'est-ce rien que vingt années de victoires? N'est-ce rien que tant d'actions héroïques, tant de dévouements généreux? Il y a encore parmi nous des yeux qui pleurent au récit d'une noble action, des cœurs qui palpitent au nom de patrie.

Si la foule s'est corrompue, comme il arrive toujours dans les discordes civiles; il est vrai de dire aussi que dans la haute société les mœurs sont plus pures, les vertus domestiques plus communes; que le caractère français a gagné en force et en gravité. Il est certain que nous sommes moins frivoles, plus naturels, plus simples; que chacun est plus soi; moins ressemblant à son voisin. Nos jeunes gens, nourris dans les camps ou dans la solitude, ont quelque chose de mâle ou d'original qu'ils n'avaient point autrefois. La religion, dans ceux qui la pratiquent, n'est plus une affaire d'habitude, mais le résultat d'une conviction forte ; la morale, quand elle a survécu dans les cœurs, n'est plus le fruit d'une instruction domestique, mais l'enseignement d'une raison éclairée. Les plus grands intérêts ont occupé les esprits, le monde entier a passé devant nous. Autre chose est de défendre sa vie, de voir tomber et s'élever les trônes, ou d'avoir pour unique entretien une intrigue de cour, une promenade au bois de Boulogne, une nouvelle littéraire. Nous ne voulons peut-être pas nous l'avouer; mais au fond ne sentons-nous pas que les Français sont plus hommes qu'ils ne l'étaient il y a trente ou quarante ans? Sous d'autres rapports, pourquoi se dissimuler que les sciences exactes, que l'agriculture et les manufactures ont fait d'immenses progrès? Ne méconnaissons pas les changements qui peuvent être à notre avantage ; nous les avons payés assez cher.

Cessons donc de nous calomnier, de dire que nous n'entendons rien à la liberté : nous entendons tout, nous sommes propres à tout, nous comprenons tout. En lui témoignant de la considération et de la confiance, cette nation s'élèvera à tous les genres de mérite. N'a-t-elle pas montré ce qu'elle peut être dans les moments d'épreuve? Soyons fiers d'être Français, d'être Français libres sous un monarque sorti de notre sang. Donnons maintenant l'exemple de l'ordre et de la justice, comme nous avons donné celui de la gloire ; estimons les autres nations sans cesser de nous estimer. Les révolutions et les malheurs ont des résultats heureux, lorsqu'on sait profiter des leçons de l'infortune : les fureurs de la Ligue ont sauvé la religion ; nos dernières fureurs nous laisseront un état politique digne des sacrifices que nous avons faits.

Que tous les bons esprits se réunissent pour prêcher une doctrine salutaire, pour créer un centre d'opinion d'où partiront tous les mouvements. Les Chambres doivent s'attacher étroitement au roi, afin que le roi soit plus libre d'exécuter les projets qu'il médite pour le bonheur de son peuple. Loyauté dans les ministres, bonne foi de tous les côtés : voilà notre salut. Respect et vénération pour notre souverain, liberté de nos institutions, honneur de notre armée, amour de notre patrie : voilà les sentiments que nous devons professer. Hors de là nous nous perdrons dans des chimères, dans de vains regrets, dans des humeurs chagrines, des récriminations pénibles ; et, après bien des contestations, le siècle nous ramènera de force à ces principes dont nous aurons voulu nous écarter. Nous le voyons, par exemple : il y a vingt-six ans que la révolution est commencée. Une seule idée a survécu, l'idée qui a été la cause et le principe de cette révolution, l'idée d'un ordre politique qui protège les droits du peuple sans blesser ceux des souverains. Croit-on qu'il soit possible d'anéantir aujourd'hui ce que les fureurs révolutionnaires et les violences du despotisme n'ont pu détruire? La Convention nous a guéris pour toujours du penchant à la république ; Buonaparte nous a corrigés de l'amour pour le pouvoir absolu. Ces deux expériences nous apprennent qu'une monarchie limitée, telle que nous la devons au roi, est le gouvernement qui convient le mieux à notre dignité comme à notre bonheur.

RAPPORT SUR L'ÉTAT DE LA FRANCE

AU 12 MAI 1815,

FAIT AU ROI, DANS SON CONSEIL, A GAND [1].

Sire,

Le seul malheur qui menaçât encore l'Europe, après tant de malheurs, est arrivé. Les souverains, vos augustes alliés, ont cru qu'ils pouvaient être impu-

[1] Lorsque nous arrivâmes de Gand, de très-bons royalistes d'ailleurs, mais qui s'étaient

nément magnanimes envers un homme qui ne connaît ni le prix d'une conduite généreuse, ni la religion des traités. Ce sont là de ces erreurs qui tiennent à la noblesse du caractère : une âme droite et élevée juge mal de la bassesse et de l'artifice, et le sauveur de Paris ne pouvait pas bien comprendre le destructeur de Moscou.

Buonaparte, placé par une fatalité étrange entre les côtes de la France et de l'Italie, est descendu, comme Genséric, *là où l'appelait la colère de Dieu*. Espoir de tout ce qui avait commis et de tout ce qui méditait un crime, il est venu; il a réussi. Des hommes accablés de vos dons, le sein décoré de vos ordres, ont baisé le matin la main royale que le soir ils ont trahie. Sujets rebelles, mauvais Français, faux chevaliers, les serments qu'ils venaient de vous faire à peine expirés sur leurs lèvres, ils sont allés, le lis sur la poitrine, jurer pour ainsi dire le parjure à celui qui se déclara si souvent lui-même traître, félon et déloyal.

Au reste, sire, le dernier triomphe qui couronne et qui va terminer la carrière de Buonaparte n'a rien de merveilleux. Ce n'est point une révolution véritable; c'est une invasion passagère. Il n'y a point de changement réel en France; les opinions n'y sont point altérées. Ce n'est point le résultat inévitable d'un long enchaînement de causes et d'effets. Le roi s'est retiré un moment; la monarchie est restée tout entière. La nation, par ses larmes et par le témoignage de ses regrets, a montré qu'elle se séparait de la puissance armée qui lui imposait des lois.

Ces bouleversements subits sont fréquents chez tous les peuples qui ont eu l'affreux malheur de tomber sous le despotisme militaire. L'histoire du Bas-Empire, celle de l'empire Ottoman, celle de l'Égypte moderne et des régences barbaresques en sont remplies. Tous les jours au Caire, à Alger, à Tunis, un bey proscrit reparaît sur la frontière du désert; quelques mameloucks se joignent à lui, le proclament leur chef et leur maître. Pour réussir dans son entreprise, il n'a besoin ni d'un courage extraordinaire, ni de combinaisons savantes, ni de talents supérieurs : il peut être le plus commun des hommes, pourvu qu'il en soit le plus méchant. Animées par l'espoir du pillage, quelques

---

laissé surprendre, cherchèrent à justifier leur enthousiasme pour un personnage trop fameux; ils disaient : Vous ne savez pas quels services il nous a rendus; vous n'étiez pas ici pendant les Cent-Jours; vous n'avez pas connu l'esprit de la France, etc.

Il est assez bizarre de supposer que des personnes qui avaient passé de longues années en France sous le règne de Buonaparte; qui n'en avaient été absentes que trois mois; qui, pendant ces trois mois, étaient restées à quelques lieues de la frontière; qui, pendant ces trois mois, recevaient tous les jours des nouvelles de Paris, publiques ou secrètes, à vingt heures et quelquefois à seize heures de date; qui étaient au centre des armées et de la diplomatie européenne, et conséquemment au centre de toutes les intelligences et de tous les rapports; qui voyaient à chaque moment arriver auprès du roi, des Français de la capitale et des provinces; il est assez bizarre, dis-je, de supposer que la France était devenue pour ces personnes un pays totalement inconnu. Aussi, si l'on veut bien lire ce rapport avec quelque attention, on verra que nous n'étions pas trop mal instruits à Gand de ce qui se passait à Paris; que nous avions bien prévu le prompt dénoûment de cette courte tragédie, et que nous avions peut-être mieux jugé le jeu des factions et l'état des partis que ceux qui étaient placés plus près du théâtre.

autres bandes de la milice se déclarent : le peuple consterné tremble, regarde, pleure et se tait : une poignée de soldats armés en impose à la foule sans armes. Le despote s'avance au bruit des chaînes, entre dans la capitale de son empire, triomphe, et meurt.

Sire, il y a longtemps que le ciel vous éprouve ; il veut faire de vous un monarque accompli Vos royales vertus, s'il y manquait encore quelque chose, reçoivent aujourd'hui, sous la main de Dieu, leur dernière perfection. Dans tous les pays où vous avez porté la double majesté du trône et du malheur, oubliant vos propres infortunes, vous n'avez songé qu'à celles de votre peuple. Les yeux attachés sur cette France, dont vous apercevez en quelque sorte la frontière, et dont vous voulez connaître les maux pour y apporter le remède, vous m'ordonnez de vous présenter le tableau de l'état politique et des dispositions morales de la nation. Je vais, sire, soumettre à vos lumières une suite de faits et de réflexions.

Je parlerai sans détours : Votre Majesté, qui sait tout voir, saura tout entendre.

§ I*er*. — *Actes et décrets pour l'intérieur.*

Buonaparte arrive à Paris le 20 mars au soir ; le ravisseur de nos libertés se glisse dans le palais de nos rois à l'heure des ténèbres ; le triomphateur, porté *sur les bras de ses peuples*, envahit le château des Tuileries par une issue secrète, tant il compte sur l'amour de ses sujets! La frayeur et la superstition accompagnent ses pas dans ces salles une seconde fois abandonnées qui avaient revu la fille de Louis XVI.

L'histoire remarquera peut-être que Buonaparte est rentré cette année dans Paris, à peu près à la même époque où les alliés y pénétrèrent l'année dernière. Son orgueil humilié le ramène dans cette ville, qui ne fut jamais prise sous nos rois, et que son ambition punie a livrée à la conquête ; il vient rétablir sa police là où un général russe exerça la sienne il n'y a pas encore un an, grâce au vaste génie, aux merveilleuses combinaisons de ce vrai conservateur de l'honneur français! Vous parûtes, sire, et les étrangers se retirèrent : Buonaparte revient, et les étrangers vont rentrer dans notre malheureuse patrie. Sous votre règne, les morts retrouvèrent leurs tombeaux, les enfants furent rendus à leurs familles ; sous le sien, on va voir de nouveau les fils arrachés à leurs mères, les os des Français dispersés dans les champs : vous emportez toutes les joies, il rapporte toutes les douleurs.

A peine Buonaparte a-t-il repris le pouvoir, que le règne du mensonge commence. En lisant les journaux du 20 et ceux du 21 du mois de mars, on croit lire l'histoire de deux peuples. Dans les premiers, trente mille gardes nationales, trois mille volontaires, dix mille étudiants de toute espèce poussaient des cris de rage contre le tyran : dans les seconds, ils bénissent sa présence! L'enthousiasme éclatait, dit-on, sur son passage, lorsqu'on sait qu'il n'a été reçu que par le silence de la consternation et de la terreur Sire, votre triomphe était alors plus réel et plus touchant : c'était celui d'un père! Les bénédictions suivaient vos pas, et votre cœur est encore ému de ces derniers cris de *vive le roi!* que vous avez entendus retentir à travers les gémissements et les sanglots dans les dernières chaumières de la France!

Chaque jour a vu depuis éclore une imposture. Il a fallu d'abord avancer quelques mensonges hardis pour décourager les bons et encourager les méchants. Ainsi on a publié qu'il n'y aurait point de guerre, que Buonaparte s'entendait avec les alliés, que l'archiduchesse Marie-Louise arrivait avec son fils. La fausseté de ces faits devait bientôt se découvrir : mais on gagnait toujours du temps. Dans ce gouvernement, le mensonge est organisé, et entre comme moyen d'administration dans les affaires. Il y a des mensonges pour un quart d'heure, pour une demi-journée, pour un jour, pour une semaine. Un mensonge sert pour arriver à un autre mensonge, et, dans cette série d'impostures, l'esprit le plus juste a souvent de la peine à saisir le point de vérité.

Des proclamations ont annoncé d'abord l'oubli de tout ce qui a été fait, dit et écrit sous le gouvernement royal. Les individus ont été déclarés libres, la nation libre, la presse libre; on ne veut que la paix, l'indépendance et le bonheur du peuple. Tout le système impérial est changé. L'âge d'or va renaître : Buonaparte sera le Saturne de ce nouveau siècle d'innocence et de prospérité, et il ne dévorera plus ses enfants. Voyons si la pratique a déjà répondu à la théorie.

C'est au *Champ de Mai* que la nation doit être régénérée ; on y donnera les aigles aux légions; on y couronnera (vraisemblablement par contumace) l'héritier de l'empire ; on y fera le dépouillement des votes pour ou contre l'Acte additionnel aux constitutions. J'aurai soin d'indiquer, vers la fin de ce rapport, quel est vraisemblablement le but réel de cette grande assemblée.

En attendant l'acceptation de l'Acte additionnel qui va rendre le peuple français à l'indépendance, on commence à faire jouir la France du gouvernement le plus libéral : Buonaparte l'a partagée en sept grandes divisions de police. Les sept lieutenants sont investis des mêmes pouvoirs qu'avaient autrefois ce qu'on appelait les directeurs généraux. On sait encore aujourd'hui à Lyon, à Bordeaux, à Milan, à Florence, à Lisbonne, à Hambourg, à Amsterdam, ce que c'était que ces protecteurs de la liberté individuelle. Dans le nombre des sept personnes qui doivent rassurer les citoyens, et les défendre du despotisme, quatre au moins ont eu ou auraient pu avoir la gloire, en 1793, d'être nommées à de semblables emplois.

Au-dessus de ces lieutenants se trouvent placés, dans une hiérarchie de plus en plus favorable à la liberté, des commissaires extraordinaires, à la manière des représentants du peuple sous le règne de la Convention.

La police nous apprend qu'elle ne va plus servir qu'à répandre la philosophie ; qu'elle n'agira plus que d'après des principes de vertu; qu'elle est la source des lumières et la base de tous les gouvernements libres.

Elle enseigne à ses respectables agents qu'il faut, selon les circonstances, creuser à de *grandes profondeurs*, ou savoir seulement écouter et entendre : c'est-à-dire qu'il faudra, selon le besoin, corrompre le serviteur, inviter le fils à trahir son père, ou seulement répéter ce qu'on a reçu sous le sceau du secret.

La chose religieuse est aussi soumise à la police ; et la conscience, qui jadis relevait immédiatement de Dieu, obéira maintenant à un espion.

Par le pouvoir constitutionnel de Votre Majesté, il était loisible à vos ministres, pendant l'année 1815, d'éloigner des tribunaux de justice les magistrats qui ne paraîtraient plus avoir la confiance publique. Huit ou dix seulement ont été écartés, et l'on en connaît trop la raison.

Quelle mesure arbitraire! s'écrie le gouvernement actuel de la France; et à l'instant même il déplace une foule de magistrats irréprochables dans leur conduite, éminents par leurs lumières, et étrangers à tous mouvements politiques.

Il s'était même permis une chose plus violente, sur laquelle l'opinion l'a forcé de revenir. L'acte qui institue les notaires étant de pure forme, n'a jamais été annulé par les gouvernements révolutionnaires qui se sont succédé en France, et toutefois Buonaparte a voulu révoquer celui qui instituait trois avoués et huit notaires, uniquement parce qu'ils avaient été installés sous le gouvernement royal.

Il n'a pas plus respecté les places administratives et militaires. Sur quatre-vingt-trois préfets, vingt-deux seulement ont été conservés, et ces vingt-deux restants ont presque tous été changés de préfecture; quarante-trois colonels ont reçu leur destitution.

Cette liberté entière, qui sort de la police comme de sa source; ce respect pour les lois, les places et les hommes, viennent évidemment de la liberté de la presse; car la censure est abolie, et la direction de la librairie supprimée. Il est vrai que si la presse est libre, Vincennes est ouvert; et par mesure de sûreté, les journaux et la librairie sont restés provisoirement sous la main de M. le duc d'Otrante.

La censure généreuse que les ministres de Buonaparte osent reprocher à votre ministère était bien plus établie pour eux que pour nous: elle forçait le public à se taire sur le passé. Sous le roi, du moins, on ne parlait de certains hommes qu'avec le ton de l'impartialité, et encore uniquement pour repousser leurs imprudentes attaques.

Buonaparte a cherché un autre succès dans l'abolition de l'*exercice*, cette grande difficulté de l'impôt sur les boissons. D'abord, si les droits réunis étaient odieux, qui les avait établis? N'était-ce pas Buonaparte? Il ne fait donc que changer son propre ouvrage; ensuite cette abolition décrétée n'aura son effet qu'au premier du mois de juin de cette année. Buonaparte, qui compte sur sa fortune, espère bien qu'avant cette époque quelque événement viendra à son secours. Il ne faut pas lui demander de quel droit le chef d'un peuple libre se permet de toucher à l'impôt, et d'indiquer un mode de perception autre que celui prescrit par la loi; ce n'est pas une question pour lui: il sait, et cela lui suffit, que selon le besoin de sa politique il peut retrancher ou feindre de retrancher un impôt trop désagréable au peuple. S'il se trouve pressé par les événements, n'a-t-il pas la grande ressource de ne pas payer ses dettes? Le trésor est toujours assez plein quand la violence y pourvoit, et que l'on paie non ce que l'on doit, mais ce que l'on veut. Pour sortir d'embarras, il a encore les séquestres, les confiscations, les exactions, les dons *volontaires* forcés.

Vous, sire, qui régniez par les lois, l'ordre et la justice; qui ne pouviez ni ne vouliez chercher des trésors dans les mesures arbitraires et les larmes de vos sujets; vous qui mettiez votre bonheur à acquitter des dettes que vous n'aviez pas contractées, dettes d'autant moins obligatoires, qu'elles n'avaient été faites que pour vous fermer le chemin du trône; vous, sire, vous n'avez employé, en montant sur ce trône, d'autres moyens de plaire à vos peuples que ceux qui naissaient naturellement de vos vertus. La banqueroute faite ou projetée ne vous a pas paru un système de finance digne de la France et de vous. Supprimer dans le moment un impôt même odieux, vous aurait paru une libéralité criminelle; mais je conviens que, pour le maintenir, il fallait tout le courage d'un roi légitime, dont les intentions paternelles sont connues et vénérées. Un usurpateur ne pouvait prendre une résolution aussi noble, et préférer au présent cet avenir qu'il ne verra point.

Ce que je dis sur la ressource des futures spoliations n'est point, sire, une conjecture plus ou moins probable. Je ne me permets de parler à Votre Majesté que d'après des documents officiels. Les spoliations sont visiblement annoncées, la dépouille du citoyen est promise au soldat dans le rapport sur la Légion d'honneur : il y est dit qu'on remplacera, par des biens situés en France, une partie des dotations de l'armée. Et de quels biens s'agit-il? Indubitablement des vignes de Bordeaux, des oliviers de Marseille, en un mot, de tous les biens des particuliers et des villes qui auront manifesté leur attachement à la cause des Bourbons.

Sire, le soixante-sixième article de la Charte porte : « La peine de la con-« fiscation des biens est abolie, et ne pourra être rétablie. » Ainsi Votre Majesté, dépouillée si longtemps de ses domaines par ses ennemis, n'a trouvé d'autres moyens de se venger d'eux qu'en abolissant l'odieux principe de la confiscation des biens. De quel côté est le gouvernement équitable? De quel côté est le véritable roi?

Vous aviez encore aboli la conscription; vous croyiez, sire, avoir pour jamais délivré de ce fléau votre peuple et le monde. Buonaparte vient de le rappeler; seulement il l'a produit sous une autre forme, en évitant une dénomination odieuse. Le décret sur la garde nationale est ce que la révolution a enfanté jusqu'à ce jour de plus effrayant et de plus monstrueux : trois mille cent trente bataillons se trouvent désignés, à raison de sept cent vingt hommes; ils formeront un total de deux millions deux cent cinquante-trois mille six cents hommes. A la vérité, il n'y a de rendus mobiles à présent que deux cent quarante bataillons, choisis parmi les chasseurs et les grenadiers, représentant cent soixante-douze mille huit cents hommes. On n'est pas encore assez fort pour faire marcher le reste; mais cela viendra à l'aide de la grande machine du Champ de Mai.

Cet immense coup de filet embrasse la population entière de la France, et comprend ce que les masses et les conscriptions n'ont jamais compris. En 1793, la Convention n'osa prendre que sept années, les hommes de dix-huit à vingt-cinq ans. Ils marcheront aujourd'hui de vingt à soixante. Réformés, non réformés; mariés, non mariés; remplacés, non remplacés; gardes d'honneur, volontaires, tout enfin se trouve enveloppé dans cette proscription générale. Buonaparte, fatigué de décimer le peuple français, veut l'exterminer d'un seul coup. On espère, par la terreur des polices, obliger les citoyens à s'inscrire. Des comités de réforme ne sont établis que par une nouvelle dérision, comme les anciennes commissions de la liberté de la presse et de la liberté individuelle auprès du sénat. Heureusement, sire, des faits matériels et des influences morales contribueront à diminuer le danger de cette désastreuse conscription. Il ne reste que très-peu de fusils dans les arsenaux de la France : par suite de l'invasion de l'année dernière, plusieurs manufactures d'armes ont été démontées ou détruites. Des piques seraient susceptibles d'être forgées assez vite pour être mises aux mains de la multitude ; mais cette arme offre peu de ressource, et l'on ne veut pas sans doute renouveler le décret pour la formation des compagnies en blouse bleue, en *braccha*, en bonnet gaulois. Quant à cette valeur, qui supplée chez les Français à toutes les armes, il est certain que les gardes nationales ne l'emploieront point contre Votre Majesté. Toute la force morale de la France et le torrent de l'opinion sont absolument pour le roi. Dans beaucoup de départements la garde nationale ne se lèvera point, ou ne se formera qu'avec une difficulté extraordinaire; enfin, le citoyen opprimé par le militaire se laissera moins subjuguer si on lui donne des armes; et Buonaparte, au lieu de fondre un peuple qui le hait dans une armée qu'il séduit, perdra peut-être une soldatesque dévouée dans une population ennemie.

Pour contre-balancer ce grand arrêt de mort, on devait s'attendre à quelque mesure philanthropique. Aussi Buonaparte, qui demande la vie de deux millions de Français, s'attendrit sur le sort des habitants de la Bourgogne et de la Champagne. Il ne saurait trop, il est vrai, dédommager les victimes de son ambition, puisque c'est lui qui attira les étrangers dans le cœur de la France ; qui les ramena, pour ainsi dire par la main, des plaines du Borysthène aux rives de la Loire : il est juste de secourir les malheureux qu'on a faits. Votre Majesté avait mis à soulager les tristes victimes de l'usurpateur, non la stérile ostentation d'un charlatan d'humanité, mais la bonté féconde d'un père. Votre auguste frère allait, sire, dans les ruines des chaumières embrasées, essuyer les larmes qu'il n'avait pas fait répandre. La religion venait au secours de ses œuvres charitables, et rouvrait dans tous les cœurs les sources de la pitié. Ce n'était point par des impôts pesants pour une autre partie du peuple qu'on secourait le peuple; le malheureux n'était point mis à contribution pour le malheureux; l'humanité n'excluait point la justice.

Sire, vous aviez tout édifié, et Buonaparte a tout détruit. Vos lois abolissaient la conscription et la confiscation; elles ne permettaient ni l'exil, ni l'emprisonnement arbitraire; elles laissaient aux représentants du peuple le soin d'asseoir les contributions ; elles assuraient, avec un droit égal aux honneurs, la liberté civile et politique. Buonaparte paraît, et la conscription recommence, et les fortunes sont violées. La Chambre des pairs et celle des députés sont dissoutes. L'impôt est changé, modifié, dénaturé par la volonté d'un seul homme; les grâces accordées aux défenseurs de la patrie sont rappelées ou du moins contestées. Votre maison civile et militaire est condamnée ; un décret oblige quiconque a rempli des fonctions ministérielles à s'éloigner de Paris, à prêter un serment, sous peine de prendre contre les contrevenants telle mesure qu'il appartiendra : mots vagues qui laissent le plus libre champ à l'arbitraire. Le tyran reprend ainsi une à une les victimes auxquelles il promettait oubli et repos dans ses premières proclamations. On compte déjà de nombreux séquestres, des arrestations, des exils, des lois de bannissement; treize victimes sont portées sur une liste de mort. Sire... vous-même, vous êtes proscrit vous et les descendants de Henri IV, et la fille de Louis XVI! Vous ne pourriez, dans ce moment, sans courir le risque de la vie, mettre le pied sur cette terre où vous fîtes tant de bien, où vous essuyâtes tant de larmes, où vous rendîtes tant d'enfants à leurs pères, où vous ne répandîtes pas une goutte de sang, où vous apportâtes la paix et la liberté! Quand Votre Majesté, après vingt-trois ans de malheurs, remonta sur le trône de ses aïeux, elle trouva devant elle les juges de son frère. Et ces juges vivent! Et vous leur avez conservé avec la vie tous les droits du citoyen! Et ce sont eux qui rendent aujourd'hui contre votre personne sacrée, contre votre auguste famille, contre vos serviteurs fidèles, des arrêts de mort et de proscription! Et tous ces actes où la violence, l'injustice, l'hypocrisie, le disputent à l'ingratitude, sont rendus au nom de la liberté!

§ II. — *Extérieur.*

La politique extérieure de Buonaparte offre les mêmes contradictions de conduite et de langage : tout étant faux dans sa puissance, tout étant en opposition avec son caractère, tout doit être faux dans ce qu'il dit et dans ce qu'il fait. Maintenant il veut tromper le monde entier, et il tombera dans ses propres piéges. Votre Majesté pénétrera, dans sa haute sagesse, les motifs qui le font agir, lorsque j'essaierai de développer l'esprit du gouvernement actuel de l'usurpateur, et de montrer l'homme derrière le masque : à présent je ne m'occupe que des faits.

Le but de Buonaparte est d'endormir les puissances au dehors par des protestations de paix, comme il cherche à tromper les Français au dedans par le mot de liberté. Cette paix est la guerre, cette liberté est l'esclavage. D'un côté il offre d'exécuter le traité de Paris; de l'autre, il ne soutient l'esprit de son armée qu'en lui promettant la Belgique, les limites *naturelles* du Rhin, et cette belle Italie, objet de ses prédilections filiales. Le ministre des affaires étrangères de Buonaparte fait dans le *Moniteur* de singuliers raisonnements : « Son maître, « dit-il, propose de tenir le traité de Paris. Les puissances alliées, pour toute « réponse, font marcher leurs armées. Or, si les puissances n'en voulaient qu'à « un seul homme, comme elles le prétendent, elles n'auraient pas besoin de « six cent mille soldats pour l'attaquer. Donc, conclut M. le duc de Vicence, « c'est au peuple français qu'elles font la guerre. » Mais si ces puissances acceptent le traité de Paris avec Louis XVIII, et si elles le rejettent avec Buonaparte, n'est-il pas clair qu'un seul homme fait ici toute la différence, et qu'elles n'en veulent réellement qu'à un seul homme?

Les puissances alliées n'ont pas le droit de s'immiscer dans les affaires de France. Non, et elles déclarent elles-mêmes qu'elles ne prétendent point régler nos institutions politiques. Mais quand les Français, opprimés par une faction, voient reparaître à leur tête l'ennemi du genre humain, l'homme qui a porté le fer et la flamme chez toutes les nations de l'Europe, n'est-ce pas le devoir des souverains d'écarter le nouveau péril qui les menace? Qui peut se fier à la parole de Buonaparte? Qui croira à ses serments? Par ses protestations pacifiques, il ne veut que gagner du temps et rassembler ses légions.

Convient-il à la France elle-même, convient-il aux États voisins de laisser subsister au centre du monde civilisé une poignée de militaires parjures, qui, maîtrisant jusqu'à l'armée, disposent à leur gré du sceptre de saint Louis, le donnent et le reprennent au gré de leur caprice? Quoi! un souverain légitime pourra être arraché des bras de son peuple par une horde de janissaires? Quoi! tous les gouvernements pourront être mis en péril, sans qu'on ait le droit de chercher à arrêter ces violences! Ce qui se fait sans inconvénient pour l'Europe chez les corsaires de l'Afrique, peut-il s'accomplir également chez les Français sans danger pour l'ordre social? Ne doit-on pas prendre contre les mœurs et les mameloucks de la moderne Égypte, autant de précautions que contre la peste qui nous vient de ce pays? Les souverains de la Russie, de l'Allemagne, de l'Angleterre, de l'Espagne, du Portugal, de la Sicile, de la Suède, du Danemark, consentiront-ils à recevoir, par droit d'exemple, la couronne de la main de leurs soldats? Enfin, les nations qui chérissent les lois, la liberté, sont-elles décidées à mettre tous ces biens sous la protection du despotisme militaire?

Si Buonaparte était aussi pacifique que ses ministres nous l'annoncent, ferait-il tous les jours des actes d'agression contre les cours étrangères? Il s'efforce, mais en vain, de rendre infidèles à leur patrie les régiments suisses; il promet la demi-solde aux officiers belges qui ont cessé d'être sujets de la France; il insulte le noble souverain qui, lui-même éprouvé par le malheur, a reçu si généreusement son illustre compagnon d'infortune. Buonaparte se flatte d'être aimé dans la Belgique; il se trompe, il y est détesté. Ses conscriptions, ses gardes d'honneur, ses persécutions religieuses, l'ont rendu un objet d'horreur pour les habitants de ces belles provinces.

Sire, je sens trop combien tout ce que je viens de dire est déchirant pour votre cœur. Nous partageons dans ce moment votre royale tristesse. Il n'y a pas un de vos conseillers et de vos ministres qui ne donnât sa vie pour prévenir l'invasion de la France. Sire, vous êtes Français, nous sommes Français! Sensibles à l'honneur de notre patrie, fiers de la gloire de nos armes, admirateurs du courage de nos soldats, nous voudrions, au milieu de leurs bataillons, verser jusqu'à la dernière goutte de notre sang pour les ramener à leur devoir, ou pour partager avec eux des triomphes légitimes. Nous ne voyons qu'avec la plus profonde douleur les maux prêts à fondre sur notre pays; nous ne pouvons nous dissimuler que la France ne soit dans le plus imminent danger: Dieu ressaisit le fléau qu'avaient laissé tomber vos mains paternelles; et il est à craindre que la rigueur de sa justice ne passe la grandeur de votre miséricorde! Ah! sire, à la voix de Votre Majesté, les étrangers respectant le descendant des rois, l'héritier de la bonne foi de saint Louis et de Louis XII, sortiront de la France! Mais si les factieux qui oppriment vos sujets prolongeaient leur règne, si vos sujets trop abattus ne faisaient rien pour s'en délivrer, vous ne pourriez pas toujours suspendre les calamités qu'entraîne la présence des armées. Du moins votre royale sollicitude s'est déjà assurée par des traités qu'on respectera l'intégralité du territoire français, qu'on ne fera la guerre qu'à un seul homme. Vous êtes encore accouru au secours de votre peuple, et vous avez transformé en amis généreux ceux qui auraient pu se montrer ennemis implacables.

§ III. — *Reproches faits au gouvernement royal*

Tromper la France et l'Europe est donc le premier moyen employé par Buonaparte pour fonder sa nouvelle puissance; le second est de calomnier le gouvernement royal. Parmi les reproches adressés au ministère de Votre Majesté, plusieurs sont appuyés sur des faits évidemment faux; un grand nombre sont absurdes. Quelques-uns ont un côté vrai, à les considérer isolément, et non dans l'ensemble des choses.

Buonaparte assure que le domaine extraordinaire ayant été dissipé par le gouvernement royal, il compte le remplacer *par des biens* en France, qui serviront à la donation de qui il appartiendra.

Le domaine extraordinaire et le domaine privé représenteraient à peu près la somme de quatre cent quatre-vingts millions. Sur cette somme totale, cent cinquante ou cent cinquante-sept millions du domaine extraordinaire, et cent millions du domaine privé, ont servi dans le dernier budget à payer les dettes de l'État, ou plutôt ont été portés en déduction de ces dettes. Était-ce le roi qui les avait contractées, ces dettes? Était-il le dévastateur ou le réparateur de l'État?

Cent cinquante millions dus par les puissances étrangères entraient dans le calcul des quatre cent quatre-vingts millions du domaine extraordinaire. Les alliés sont venus chercher en France la quittance de ces cent cinquante millions; et ce n'est pas encore le roi qui l'a donnée, puisque c'est Buonaparte qui a conduit les étrangers à Paris. Voilà donc plus de quatre cents millions du domaine extraordinaire qui ont nécessairement disparu, et dont votre ministère ne peut être responsable.

Les cent millions restants du domaine extraordinaire se composaient de l'emprunt de Saxe, montant de treize à dix-sept millions; de quinze ou vingt millions sur le Mont-Napoléon de Milan; de quelques millions sur le Mont-Napoléon de Naples; de cent dix actions sur les canaux; de quelques millions sur les salines du Peccais; de plusieurs maisons; des sommes dues par la famille de Buonaparte et par différents particuliers; les billets des débiteurs, entre autres un billet de Jérôme Buonaparte pour la somme d'un million, sont demeurés avec les valeurs ci-dessus énoncées dans la caisse du domaine extraordinaire. La seule somme prélevée par le ministère de Votre Majesté sur le domaine extraordinaire, est une somme de huit millions en effets sur la place, appliquée aux réparations du Louvre, à celles de Versailles, et à l'achat de plusieurs maisons sur le Carrousel. De ces huit millions quatre seulement avaient été dépensés à l'époque du 20 mars.

Dénué des documents qui pourraient donner à ces calculs une précision rigoureuse, il se peut faire que des erreurs se soient glissées dans le résultat que j'offre ici à Votre Majesté; mais ces erreurs ne sont ni graves ni nombreuses, et cet aperçu général suffit pour prouver la mauvaise foi et détruire les calomnies de Buonaparte.

Quant au séquestre mis sur les biens de la famille de Buonaparte, entre les raisons d'État, trop évidentes aujourd'hui, qui obligeaient le ministère de faire apposer promptement ce séquestre, on vient de voir que la famille de Buonaparte devait plusieurs millions à la France : les billets de ces dettes se trouvaient à la caisse du domaine extraordinaire, et représentaient une valeur empruntée à ce domaine. La saisie des biens des débiteurs absents était une conséquence nécessaire des sommes qu'ils devaient à l'État.

Pour parler sans doute aux passions de la dernière classe du peuple, on a prétendu que les diamants de la couronne étaient une propriété de l'État. Si quelque chose appartient aux Bourbons, héritiers des Capets et des Valois, ce sont des diamants achetés de leurs propres deniers, et par cette raison même appelés *joyaux de la couronne*. Le plus beau de ces joyaux, le Régent, offre dans son nom seul la preuve incontestable qu'il était une propriété particulière. Je ne parle pas, sire, du droit que vous avez, et que consacre la Charte, de prendre toute mesure nécessaire au salut de l'État dans les temps de crise : mettre à couvert les richesses qui peuvent tomber entre les mains de l'ennemi est pour le roi un de ses devoirs les plus impérieux. Loin donc de faire un crime aux ministres de Votre Majesté d'avoir soustrait à Buonaparte les propriétés de l'État, on pourrait plutôt leur reprocher de lui avoir laissé trente millions en espèces, et quarante-deux millions en effets. Dans une pareille circonstance, Buonaparte aurait-il manqué de vider le trésor public et même de spolier la Banque? Bien plus, son gouvernement n'essaya-t-il pas l'année dernière d'emporter aussi les diamants de la couronne? Tous ces reproches sont donc un mélange de dérision et d'absurdité. Votre ministère, en laissant à Buonaparte soixante-douze millions, pourrait être accusé d'un excès de bonne foi; mais ce sont là de ces fautes que commet la probité, et que la conscience absout.

On a voulu dire que le gouvernement royal, infidèle à la Charte et à ses promesses, avait tourmenté les acquéreurs de domaines nationaux. Pour prendre connaissance de ces prétendus délits, une commission a été nommée par Buonaparte. Quel a été le résultat de ses recherches?

Le gouvernement royal méconnaissait, dit-on, la gloire de l'armée! Qui a plus admiré nos guerriers que les Bourbons? qui les a plus noblement récompensés? Qu'il me soit permis de rappeler que, dans un écrit publié sous les yeux de Votre Majesté, écrit qu'elle a daigné honorer de sa sanction royale, j'ai parlé des sentiments et des triomphes de notre armée avec une justice qui a paru exciter la reconnaissance du soldat[1]. Faut-il se repentir de ces éloges? Non, sire, l'infidélité de quelques chefs et la faiblesse d'un moment ne peuvent effacer tant de gloire : les droits de l'honneur sont imprescriptibles, malgré les fautes passagères qui peuvent en ternir l'éclat.

Enfin, sire, vient la grande accusation de despotisme. Le despotisme des

[1] Voyez les *Réflexions politiques*.

Bourbons! Ces deux mots semblent s'exclure. Et c'est Buonaparte qui accuse Louis XVIII de despotisme! Il faut bien compter sur la stupidité ou sur la perversité des hommes pour avancer des calomnies aussi grossières. Les plus audacieux mensonges ne coûtent rien à l'usurpateur; il ne rougit point de tomber dans les contradictions les plus manifestes; car en même temps qu'il représente le gouvernement royal comme violent et tyrannique, il lui reproche l'incapacité et la faiblesse.

Était-il tyrannique le gouvernement qui craignait si fort de blesser les lois, qu'il a mieux aimé s'exposer aux plus grands périls que d'employer l'autorité arbitraire pour arrêter des conspirateurs? Était-il tyrannique le gouvernement qui, armé de la loi de la censure, laissait publier contre lui les écrits les plus séditieux?

A-t-on vu sous le règne de Louis XVIII, comme sous celui de Buonaparte, plus de sept cents personnes retenues dans les prisons après avoir été acquittées par les tribunaux?

Le roi a-t-il cassé les décisions des jurés? Le général Excelmans a-t-il été arrêté depuis le jugement qui déclarait son innocence?

Si les généraux d'Erlon et Lallemant avaient tenté sous Buonaparte ce qu'ils ont fait sous le roi, vivraient-ils encore?

Quoi, sire, vous avez pardonné non-seulement toutes les fautes, mais encore tous les crimes! Après tant de malheurs, tant de souvenirs amers, tant de sujets de vengeance, un généreux oubli a tout effacé! Vous avez reçu dans votre palais, et ceux qui vous avaient servi, et ceux qui vous avaient offensé; vous n'avez fait aucune distinction entre le fils innocent et le fils repentant; vous avez réalisé dans toute son étendue, dans toute sa simplicité, la touchante parabole de l'enfant prodigue; et on ose parler de la tyrannie des Bourbons!

Ah! sire, quand tout le peuple rassemblé sous vos fenêtres, la veille de votre départ, témoignait, tantôt par sa morne tristesse, tantôt par ses cris d'amour, combien il chérissait son père; quand les paysans de l'Artois et de la Flandre vous suivaient en vous comblant de bénédictions, ce n'était pas un tyran qu'ils pleuraient! Que le fils que vous avez privé de son père, que le citoyen que vous avez dépouillé se lève et vous accuse. Buonaparte osera-t-il porter le même défi à la France?

Mais, sire, vos ministres n'étaient pas de bonne foi : ils voulaient détruire la Charte. Le nouveau gouvernement de la France, employant les moyens les plus odieux pour attaquer le gouvernement royal, a fait rechercher soigneusement tous les papiers qui pouvaient accuser celui-ci. On a trouvé, dans une armoire secrète de l'appartement d'un de vos ministres, des lettres qui devaient révéler d'importants mystères. Hé bien! qu'ont-elles appris au public, ces lettres confidentielles, inconnues, cachées, qu'on a eu la maladresse de publier (car la passion fait aussi des fautes, et les méchants ne sont pas toujours habiles)? Elles ont appris que vos ministres, différant entre eux sur quelques détails, étaient tous d'accord sur le fond; qu'ils pensaient qu'on ne pouvait régner en France que par la Charte et avec la Charte; et que les Français aimant et voulant la liberté, il fallait suivre les mœurs et les opinions du siècle.

Si nous possédions les papiers secrets de Buonaparte, il est probable que nous y trouverions des révélations d'une tout autre nature.

Oui, sire, et c'est ici l'occasion d'en faire la protestation solennelle : tous vos ministres, tous les membres de votre conseil sont inviolablement attachés aux principes d'une sage liberté ; ils puisent auprès de vous cet amour des lois, de l'ordre et de la justice, sans lesquels il n'est point de bonheur pour un peuple. Sire, qu'il nous soit permis de vous le dire avec le respect profond et sans bornes que nous portons à votre couronne et à vos vertus : nous sommes prêts à verser pour vous la dernière goutte de notre sang, à vous suivre au bout de la terre, à partager avec vous les tribulations qu'il plaira au Tout-Puissant de vous envoyer, parce que nous croyons devant Dieu que vous maintiendrez la constitution que vous avez donnée à votre peuple ; que le vœu le plus sincère de votre âme royale est la liberté des Français. S'il en avait été autrement, sire, nous serions toujours morts à vos pieds pour la défense de votre personne sacrée, parce que vous êtes notre seigneur et maître, le roi de nos aïeux, notre souverain légitime ; mais, sire, nous n'aurions plus été que vos soldats ; nous aurions cessé d'être vos conseillers et vos ministres.

Sire, un roi qui peut écouter un pareil langage n'est pas un tyran ; ceux à qui votre magnanimité permet de tenir ce langage ne sont pas des esclaves. Avec la même sincérité, sire, nous avouerons que votre ministère a pu tomber dans quelques méprises. Quel est le gouvernement établi au milieu d'une invasion étrangère, du choc de tous les intérêts, des cris de toutes les passions, qui n'eût pas commis de plus graves erreurs ? Le gouvernement usurpateur vient de nous donner une leçon utile : il n'a pas perdu un moment pour éloigner des préfectures et des tribunaux les hommes qu'il a présumés ennemis de son autorité, ou indifférents à sa cause ; il a pensé qu'un magistrat qui le matin avait administré dans un sens ne pouvait pas le soir administrer dans un autre : il ne faut jamais placer un homme entre la honte et le devoir, et le forcer, pour éviter l'une, à trahir l'autre.

Si le ministère de Votre Majesté n'a pas suivi rigoureusement ce principe, c'était pour s'attacher plus scrupuleusement à la lettre de vos proclamations royales, qui, par une bonté infinie, promettaient à tous les Français la conservation de leurs places et de leurs honneurs. Ainsi ce n'est pas le défaut de sincérité, c'est toujours le trop de bonne foi qu'il faudrait reprocher à vos ministres.

Éviter les excès de Buonaparte, ne pas trop multiplier, à son exemple, les actes administratifs, était une pensée sage et utile. Cependant, depuis vingt-cinq ans, les Français s'étaient accoutumés au gouvernement le plus actif que l'on ait jamais vu chez un peuple : les ministres écrivaient sans cesse ; les ordres partaient de toutes parts : chacun attendait toujours quelque chose ; le spectacle, l'acteur, le spectateur, changeaient à tous les moments. Quelques personnes semblent donc croire qu'après un pareil mouvement, détendre trop subitement les ressorts serait dangereux. C'est, disent-elles, laisser des loisirs à la malveillance, nourrir les dégoûts, exciter des comparaisons inutiles. L'administrateur secondaire, accoutumé à être conduit dans les choses même les plus communes, ne sait plus ce qu'il doit faire, quel parti prendre. Peut-être serait-il bon, dans un pays comme la France, si longtemps enchanté par les triomphes militaires, d'administrer vivement dans le sens des institutions civiles et politiques, de s'occuper ostensiblement des manufactures, du commerce, de l'agriculture, des lettres et des arts. De grands travaux commandés, de grandes récompenses promises, des distinctions éclatantes accordées aux talents, des prix, des concours publics, donneraient une autre tendance aux mœurs, une autre direction aux esprits : le génie du prince, particulièrement formé pour le règne des arts, répandrait sur eux un éclat immortel. Certains de trouver dans leur roi le meilleur juge, le politique le plus habile, l'homme d'État le plus instruit, les Français ne craindraient plus d'embrasser une nouvelle carrière ; les triomphes de la paix leur feraient oublier les succès de la guerre : ils croiraient n'avoir rien perdu en changeant laurier pour laurier, gloire pour gloire.

Votre ministère, malgré sa vigilance, ses soins, son attention de tous les moments, n'a pu prévenir ce qui était hors de sa puissance : quelques vanités ont choqué quelques vanités. Il est bien essentiel de soigner, en France, cet amour-propre si dangereux et si susceptible ; si on le satisfait à peu de frais, il s'aigrit pour peu de chose ; et de cette source misérable peuvent encore renaître d'épouvantables révolutions. Mais les ministres, établis pour diriger les affaires humaines, ne peuvent pas toujours régler les passions des hommes.

Enfin, sire, vous vous apprêtiez à couronner les institutions dont vous aviez posé la base, en attendant dans votre sagesse l'instant propre à l'accomplissement de vos projets. Vous saviez qu'en politique il ne faut rien précipiter ; vous vous étiez donné quelque temps pour essayer nos mœurs, connaître l'esprit public, étudier les changements que la révolution et vingt-cinq années d'orages avaient apportés dans le caractère national. Suffisamment instruit de toutes ces choses, vous aviez déterminé une époque pour le commencement de la pairie héréditaire ; le ministère eût acquis plus d'unité ; les ministres seraient devenus membres des deux Chambres, selon l'esprit même de la Charte ; une loi eût été proposée afin qu'on pût être élu membre de la Chambre des députés avant quarante ans, et que les citoyens eussent une véritable carrière politique. On allait s'occuper d'un code pénal pour les délits de la presse, après l'adoption de laquelle loi la presse eût été entièrement libre ; car cette liberté est inséparable de tout gouvernement représentatif. On avait, d'ailleurs, reconnu l'inutilité, ou plutôt le danger d'une censure, qui, n'empêchant pas le délit, rendait les ministres responsables des imprudences des journaux.

Dieu a ses voies impénétrables et ses jugements imprévus ; il a voulu suspendre un moment le cours des bénédictions que Votre Majesté répandait sur ses sujets. De ces Bourbons, qui avaient ramené le bonheur dans notre patrie désolée, il ne reste plus en France que les cendres de Louis XVII. Elles règnent, sire, dans votre absence ; elles vous rendront votre trône comme vous leur avez rendu un tombeau.

Mais, au milieu de tant d'afflictions, combien aussi de consolations pour le cœur de Votre Majesté ? L'amour et les regrets de tout un peuple vous suivent et vous accompagnent ; des prières s'élèvent de toutes parts pour vous vers le ciel ; votre retraite d'un moment est une calamité publique. Je vois autour de leur roi les vieux compagnons de son infortune, ces vétérans de l'exil et du malheur, qui sont revenus à leur poste; j'aperçois ces grands capitaines, si chers à l'armée, qu'ils n'ont jamais conduite que dans les sentiers de l'honneur, vrais représentants de la valeur française et de la foi militaire. D'autres maréchaux, qui n'ont pu suivre vos pas, ont refusé de violer les serments qu'ils vous avaient faits, plus glorieux dans leur repos que lorsqu'ils triomphaient sur les champs de bataille. Une foule de généraux, de colonels, d'officiers et de soldats, déposent aussi des armes qu'ils ne peuvent plus porter pour leur roi. Les gardes nationales du royaume, celle de Paris à leur tête, expriment leur douleur par le silence de leurs rangs incomplets et déserts, et rappellent de tous leurs vœux le père qu'ils gardaient, le noble chef que vous leur aviez donné. Dans les emplois civils, dans la magistrature, Votre Majesté a pareillement trouvé une multitude de sujets fidèles : les uns ont quitté leurs places, les autres ont refusé d'humiliantes faveurs. Il s'est rencontré des hommes qui, se croyant négligés, auraient pu être tentés de suivre une autre fortune; et pourtant ils n'ont point trahi le devoir ; ainsi, dans ces jours d'épreuve, l'honneur comme la honte, a eu ses triomphes et ses surprises.

Parmi vos ministres, sire, les uns ont été assez heureux pour s'attacher à vos pas, les autres pour souffrir sous la main de Buonaparte. Les chefs les plus habiles de leurs administrations ont imité leur exemple : plus leurs talents sont éminents, plus ils sont heureux de les consacrer à Votre Majesté et de les refuser à l'usurpateur.

Le clergé n'a point perdu l'habitude des persécutions : reprenant avec joie sa croix nouvelle, il refuse à l'impie cette touchante prière qui demande au ciel le salut du roi. Les deux Chambres, qui conservaient avec Votre Majesté, le dépôt sacré de la liberté publique, l'ont courageusement défendue. Rome, dans le siècle des Fabricius, eût nommé avec orgueil un citoyen tel que le président de la Chambre des députés. Sa proclamation, sa protestation, au sujet des avis de M. le duc d'Otrante, resteront, sire, comme un monument de votre règne et des nobles sentiments que vous savez inspirer.

Ajoutons, sire, que votre famille vient d'attacher à votre couronne une nouvelle gloire. Si Monsieur, votre digne frère; si monseigneur le duc de Berry, si monseigneur le duc d'Orléans, placés dans des circonstances pénibles, n'ont pu rallier une foule désarmée, ils ont montré, au milieu des trahisons et des perfidies, l'élévation, le courage, la loyauté, naturels au sang des Bourbons. Ne croit-on pas voir et entendre le Béarnais, lorsque monseigneur le duc de Berry, sortant des portes de Béthune, se précipitant au-devant d'une troupe de rebelles, les appelant à la fidélité ou au combat, les trouvant sourds à sa voix, répond à ceux qui l'invitaient à faire un exemple : « *Comment voulez-vous* « *frapper des gens qui ne se défendent pas?* »

L'entreprise héroïque de monseigneur le duc d'Angoulême prendra son rang parmi les hauts faits d'armes de notre histoire. Sagesse et audace du plan, hardiesse d'exécution, tout s'y trouve. Le prince, jusqu'alors éloigné des champs de bataille par la fortune, se précipite sur la gloire aussitôt qu'il l'aperçoit, et la ressaisit comme une portion du patrimoine de ses pères : mais la trahison arrête un fils de France aux mêmes lieux où elle avait laissé passer Buonaparte Que de malheurs monseigneur le duc d'Angoulême eût évités à notre patrie, s'il avait pu arriver jusqu'à Lyon! Un soldat rebelle, qui avait vu ce prince au milieu du feu, disait, en admirant sa valeur : « *Encore une demi-heure, et nous* « *allions crier vive le roi!* »

Mais, que dire de la défense de Bordeaux par Madame? Non, ce n'étaient pas des Français que les hommes qui ont pu tourner leurs armes contre la fille de Louis XVI! Quoi! c'est l'orpheline du Temple, celle qui a tant souffert par nous et pour nous, celle à qui nous ne pouvons jamais offrir trop d'expiations, d'amour et de respect, que l'on vient de chasser à coups de canon de sa terre natale! Grand Dieu! et pour mettre à sa place l'assassin du duc d'Enghien, le tyran de la France et le dévastateur de l'Europe! Les balles ont sifflé autour d'une femme, autour de la fille de Louis XVI! Si elle rentre en France, on lui appliquera les décrets contre les Bourbons, c'est-à-dire qu'on la traînera à l'échafaud de son père et de sa mère! Elle a paru, au milieu de ces nouveaux périls, telle qu'elle se montra, dans sa première jeunesse, au milieu des assassins et des bourreaux. Fille de France, héritière de Henri IV et de Marie-Thérèse, nourrie de tribulations et de larmes, éprouvée par la prison, les persécutions et les dangers, que de raisons pour savoir mépriser la vie! Je ne voudrais en preuve de la réprobation du gouvernement de Buonaparte que d'avoir laissé insulter madame la duchesse d'Angoulême; la représenter baisant les mains des soldats pour les engager à rester fidèles, l'appeler une *femme furieuse*, à l'instant où ses vertus, ses malheurs et son courage excitaient l'admiration de toute la terre, c'est se condamner au mépris comme à l'exécration du genre humain.

§ IV. — *Esprit du gouvernement.*

Sire, les empires se rétablissent autant par la mémoire des choses passées que par le concours des faits présents. Les souvenirs que Votre Majesté et son auguste famille ont laissés en France vous y préparent un prompt retour. Mais il est encore d'autres causes qui rendent la chute de Buonaparte infaillible. Je ne parle pas de la guerre étrangère, elle suffirait seule pour le renverser; je parle des principes de mort qui existent dans son gouvernement même : c'est par l'examen de la nature et de l'esprit de son gouvernement que je terminerai ce rapport.

A peine, sire, votre retraite momentanée eut-elle suspendu le règne des lois, que votre royaume se vit menacé d'une alliance entre le despotisme et la démagogie : on promit à vos peuples une liberté d'une espèce nouvelle. Cette liberté devait naître au Champ de Mai, le bonnet rouge et le turban sur la tête, le sabre du mamelouck et la hache révolutionnaire à la main, entourée des ombres de ces milliers de victimes sacrifiées sur les échafauds, dans les campagnes brûlantes de l'Espagne, dans les déserts glacés de la Russie : le marchepied de son trône eût été le corps sanglant du duc d'Enghien, et son étendard la tête de Louis XVI.

Buonaparte, rentré en France, a senti qu'il ne pouvait régner, dans le premier moment, par les principes qui avaient contribué à précipiter sa chute. Le gouvernement du roi avait répandu une si grande liberté, qu'on ne pouvait se jeter tout à coup dans l'arbitraire sans révolter les esprits. Le roi, tout absent qu'il était, forçait le tyran à ménager les droits du peuple; bel hommage rendu à la légitimité! D'une autre part, l'homme que l'on avait vu tremblant sous les pieds des commissaires étrangers qui le conduisaient comme un malfaiteur à l'île d'Elbe, n'était plus, aux yeux de la nation, le vainqueur d'Austerlitz et de Marengo; il ne pouvait plus commander de par la Victoire. Déjà contenu dans ses excès par la nouvelle direction de l'opinion publique, il trouvait encore devant lui des hommes disposés à lui disputer le pouvoir.

Ces hommes étaient d'abord ceux qu'on peut appeler les républicains de bonne foi : délivrés des chaînes du despotisme et des lois de la monarchie, ils désiraient garder cette indépendance républicaine impossible en France, mais qui du moins est une noble erreur. Venaient ensuite ces furieux qui composaient l'ancienne faction des Jacobins. Humiliés de n'avoir été sous l'empire que des espions de police d'un despote, ils étaient résolus à reprendre pour leur propre compte cette liberté de crimes dont ils avaient cédé pendant quinze années le privilége à un tyran.

Mais, ni les républicains, ni les révolutionnaires, ni les satellites de Buonaparte, n'étaient assez forts pour établir leur puissance séparée, ou pour se subjuguer les uns les autres. Menacés au dehors d'une invasion formidable, poursuivis au dedans par l'opinion publique, ils comprirent que s'ils se divisaient, ils étaient perdus. Afin d'échapper au danger, ils ajournèrent leurs querelles : les uns apportaient à la défense commune leurs systèmes et leurs chimères; les autres, leur contingent de terreur, de tyrannie et de perversité. Il est probable qu'ils n'étaient pas de bonne foi dans ce pacte effrayant; chacun se promit en secret de le tourner à son avantage aussitôt que le péril serait passé, et chacun chercha d'avance à s'assurer de la victoire.

Dans les premiers jours, les indépendants semblèrent être les plus forts, et Buonaparte paraissait subjugué. Il s'était vu forcé d'appeler aux premières places de l'État des hommes qu'intérieurement il déteste : il en coûte à son orgueil d'obéir à ceux qu'il avait condamnés à le servir ou à se taire. Au commencement du consulat, il fut de même obligé de feindre des sentiments qui n'étaient pas dans son cœur; mais il sapa peu à peu les fondements de l'édifice qu'il avait élevé; à mesure que ses forces croissaient, il se débarrassait de quelques principes et de quelques hommes. Le tribunal fut d'abord épuré, ensuite détruit; il ne conserva que deux corps politiques subjugués par la terreur, l'un pour lui livrer l'or, l'autre pour lui prodiguer le sang de la France.

Il suit aujourd'hui la même route : il n'embrasse la liberté que pour l'étouffer. L'assemblée du Champ de Mai est sa grande machine. A la faveur d'un spectacle nouveau, de ces scènes préparées d'avance, qu'il joue d'une manière si habile, au milieu des cris des soldats, il espère obtenir une levée en masse, ou, ce qui revient au même, faire décréter la marche de toutes les gardes nationales du royaume : ce qu'il veut avant tout, ce sont les moyens de la victoire; quand il l'aura obtenue, il jettera le masque, se rira de la constitution qu'il aura jurée, et reprendra à la fois son caractère et son empire. Aujourd'hui, avant le succès, les mameloucks sont jacobins; demain, après le succès, les jacobins deviendront mameloucks : Sparte est pour l'instant du danger, Constantinople est pour celui du triomphe.

Il est impossible que les gens habiles dont Buonaparte est environné ne devinassent pas sa pensée : mais comment le prévenir? D'un côté, ils ne veulent plus le tyran pour maître; de l'autre, ils en ont encore besoin pour général; ils redoutent ses triomphes, et ses triomphes leur sont nécessaires; il faut qu'ils se défendent contre l'Europe, et Buonaparte seul peut les défendre. Dans cette position désespérée, liés, associés avec lui par la force des événements, ils avaient conçu l'espoir de l'enchaîner si fortement qu'il serait hors d'état de leur nuire quand la guerre lui aurait rendu des forces. Ils retombaient ainsi dans l'erreur où ils étaient déjà tombés au commencement du consulat; ils croyaient de nouveau dominer Buonaparte par l'ascendant d'une république, quoiqu'ils dussent être détrompés par l'expérience. Pleins de cette pensée, ils laissaient quelques enfants perdus presser les mesures révolutionnaires : les bonnets rouges avaient reparu; on entendait chanter la *Marseillaise;* un club établi à Paris correspondait et correspond encore avec d'autres clubs dans les provinces; on annonçait la résurrection du *Journal des Patriotes;* on oubliait que le peuple est las, que tout tend aujourd'hui au repos, comme en 1793 tout tendait au mouvement : les déclamations, les formes, les enseignes révolutionnaires, que l'on essayait de reproduire, ayant cessé d'être l'expression d'une opinion réelle, ne sont plus que la révoltante parodie d'une tragédie épouvantable. Et quelle confiance pourraient inspirer aujourd'hui les hommes de 1793? Ne sait-on pas ce qu'ils entendent par la liberté, l'égalité, les droits de l'homme? Sont-ils plus moraux, plus sincères, plus sages après leurs crimes qu'avant leurs crimes? Est-ce parce qu'ils se sont souillés de tous les excès qu'ils sont devenus capables de toutes les vertus? On n'abdique pas le crime aussi facilement qu'on abdique une couronne; et le front que ceignit l'affreux diadème en conserve des marques ineffaçables.

Toutefois, sire, ces graves considérations n'arrêtaient pas les partis en France. Il ne s'agissait pas pour eux de savoir ce qui était possible dans l'avenir, mais d'obéir à ce que le présent commandait : ainsi quelques hommes se berçaient toujours du projet d'une constitution républicaine. Il paraît qu'on avait conçu la pensée de faire descendre Buonaparte du haut rang d'empereur à la condition modeste de généralissime ou de président de la république. Juste punition de son orgueil! il ne serait sorti de l'île d'Elbe avec tous ses projets d'ambition, de grandeur, de dynastie, que pour humilier sa pourpre, ses faisceaux, ses aigles, ses victoires devant d'insolents citoyens. Le bonnet rouge apprit à Buonaparte à porter des couronnes; le bonnet rouge dont on charge aujourd'hui la tête de ses bustes lui annonce-t-il de nouveaux diadèmes? Non : c'est une vie qui s'accomplit; c'est le cercle qui se ferme : on ne recommence pas sa fortune.

Les républicains se promettaient la victoire; tout semblait favoriser leurs projets. On parlait de placer le prince de Canino au ministère de l'intérieur, le lieutenant général comte Carnot au ministère de la guerre, le comte Merlin à celui de la justice. Buonaparte, en apparence abattu, ne s'opposait point à des mouvements révolutionnaires, qui, en dernier résultat, fournissaient des hommes à son armée. Il se laissait même attaquer dans des pamphlets : on lui prêchait, en le tutoyant, la liberté et l'égalité ; il écoutait ces remontrances d'un air contrit et docile. Tout à coup échappant aux liens dont on avait cru l'envelopper, il renverse les barrières républicaines, et proclame de sa propre autorité, non une constitution, mais un *Acte additionnel* aux constitutions de l'empire. Les citoyens seront appelés à consigner leurs votes touchant cet Acte sur des registres ouverts aux secrétariats des diverses administrations ; et tout le travail de l'assemblée du Champ de Mai se réduira au dépouillement d'un scrutin.

Buonaparte gagne, par cette publication, deux points essentiels : supposant d'abord que rien n'est détruit dans ce qu'il appelle *ses constitutions*, il regarde l'empire comme existant ; il évite les contestations sur son titre et sur sa réélection. Ensuite, il se place hors de l'atteinte du Champ de Mai, puisqu'il soustrait l'Acte additionnel à l'acceptation des électeurs, et leur interdit, par le fait, toute discussion politique. Ainsi cette assemblée, à qui l'on attribuera peut-être le droit de voter la mort de deux millions de Français, n'aura pas celui de décréter leur liberté.

Au reste, sire, la nouvelle constitution de Buonaparte est encore un hommage à votre sagesse : c'est, à quelques différences près, la Charte constitutionnelle, Buonaparte a seulement devancé, avec sa pétulance accoutumée, les améliorations et les compléments que votre prudence méditait. Quelle simplicité de croire que s'il n'avait rien à craindre de l'Europe, il respecterait tout ce qu'il promet dans son Acte additionnel ; qu'il laisserait écrire tout ce qu'on voudra ; qu'il n'exilerait, ne fusillerait personne ! Il en serait de la Chambre des pairs et de celle des députés comme il en a été du Tribunat, du Sénat et du Corps Législatif.

Nous voyons, sire, dans le considérant de l'Acte additionnel, que Buonaparte, s'occupant d'une grande *confédération* européenne (c'est-à-dire la conquête des États voisins), avait ajourné la liberté de la France.

Il en est arrivé ce léger malheur, que quatre ou cinq millions de Français morts pour le *système fédératif* n'ont pu jouir de la liberté que Buonaparte réservait aux générations présentes. Que diront aujourd'hui ceux qui trouvaient mauvais que Votre Majesté s'intitulât *roi par la grâce de Dieu*, qu'elle eût gardé l'initiative des lois, qu'elle se fût réservé l'espace d'une année pour l'épuration des tribunaux et la nomination des juges à vie ? L'Acte additionnel conserve ces dispositions Que diront ceux qui oseraient blâmer le roi d'avoir donné la Charte de sa pleine autorité, au lieu de l'avoir reçue du peuple ? Buonaparte imite cet exemple. — Mais il soumet sa constitution à l'acceptation de la nation ! A qui la soumet-il ? à des citoyens qui iront s'inscrire sur un registre dans une municipalité. Si les votes sont peu nombreux, s'ils sont contre l'Acte additionnel, aura-t-on égard à ces oppositions ? Qui vérifiera les signatures ? N'en introduira-t-on pas sur les rôles autant que bon semblera ? Qui osera réclamer ? Comment l'assemblée du Champ de Mai s'assure-t-elle de la fidélité des maires, des sous-préfets, chargés de recueillir les votes, surtout lorsque les *commissaires extraordinaires* auront renouvelé les administrations d'un bout de la France à l'autre? Si quelque chose pouvait ressembler à l'assentiment du peuple, ne serait-ce pas celui des colléges électoraux au Champ de Mai? Et pourquoi interdit-on tout examen aux électeurs? Mais pourquoi me perdre moi-même dans cet examen inutile? Je raisonne comme s'il était encore question de régularité, de pudeur, de bonne foi : et l'acceptation de l'Acte est préjugée par un décret, et sa promulgation ordonnée d'avance!

Dans l'Acte additionnel, je n'aperçois rien sur l'abolition de la confiscation des biens : je vois que la propriété n'est plus une condition nécessaire pour être élu membre de la Chambre des représentants ; que l'armée est appelée à donner son suffrage; que les anciennes constitutions, les sénatus-consultes ne sont point rapportés, et deviennent comme des armes secrètes dans les arsenaux de la tyrannie.

Voilà Buonaparte tout entier : il se réserve la confiscation des biens, remet aux non-propriétaires la défense de la propriété, pose les principes du gouvernement militaire, et cache ses desseins dans le chaos de ses lois. Ceux qui chérissent sincèrement les idées libérales peuvent-ils supporter des choses aussi monstrueuses? Tout cela n'est-il pas un mélange de dérision et d'impudence? N'est-ce pas à la fois, et dans le même moment, reconnaître et violer un principe, admettre la souveraineté du peuple et s'en moquer? N'est-ce pas toujours montrer la même astuce, la même mauvaise foi, la même domination de caractère?

Oserai-je parler au roi du dernier article de l'Acte additionnel? Par cet article, le peuple français cède tous ses droits à l'usurpateur, excepté celui de rappeler les Bourbons : donc si Buonaparte voulait ouvrir à Votre Majesté les chemins de la France, il ne le pourrait plus; et si, d'un autre côté, le peuple voulait vous rapporter votre couronne, cela lui serait impossible, parce que Buonaparte, en vertu des institutions impériales, a seul le droit d'assembler le peuple. Si l'on avait pu douter des sentiments de la France, ce dernier article les proclamerait : les mauvaises consciences se trahissent; l'excès de la précaution annonce l'excès de la crainte; interdire au peuple français le droit de rappeler son roi, c'est prouver qu'il veut le rappeler.

Toutefois Buonaparte s'est embarrassé dans ses propres adresses : l'Acte additionnel lui sera fatal. Si cet Acte est observé, il y a dans son ensemble assez de liberté pour renverser le tyran ; s'il ne l'est pas, le tyran n'en deviendra que plus odieux. D'un autre côté, Buonaparte perd tout à la fois, par cet Acte, et la faveur des républicains et la force révolutionnaire du jacobinisme : les démagogues ne veulent ni de la pairie, ni des deux Chambres; ce qu'ils veulent surtout, c'est l'égalité absolue : ils préféreraient même à ces institutions de Buonaparte son ancien despotisme; du moins ce joug était un niveau. Enfin, comme l'Acte additionnel n'est, après tout, que la Charte, qu'est-ce que les Français auront gagné au retour de l'usurpateur? Vont-ils de nouveau soutenir une guerre cruelle, exposer leur patrie à une seconde invasion pour obtenir précisément ce qu'ils avaient sous le roi, avec la paix, la considération et le bonheur? Ne se trouvent-ils pas à peu près dans la même position que les alliés par rapport au traité de Paris? Ceux-ci disent à Buonaparte : « Nous voulons le traité de Paris; mais nous le voulons sans vous, parce qu'un autre que vous en tiendra toutes les conditions, et que vous n'en remplirez aucune. »

Les Français diront à Buonaparte : « Nous voulons la Charte constitutionnelle; mais nous ne la voulons qu'avec le roi, parce qu'il y sera fidèle, et que vous l'auriez bientôt violée. » Ainsi, quelque parti que prenne Buonaparte, qu'il soit tyran, jacobin, constitutionnel, on trouve toujours que ses triomphes sont des défaites, et que son despotisme, ses violences, ses ruses, viennent, sire, échouer devant votre autorité légale, votre modération constante, et votre parfaite sincérité.

Il n'y a de salut que dans le roi : l'Europe connaît sa foi, sa loyauté, sa sagesse; elle ne peut trouver de garantie que dans son trône et dans sa parole. Sire, vous êtes l'héritier naturel de tous les pouvoirs usurpés dans votre royaume. Toutes les révolutions en France se feront pour vous. Indépendamment de ses droits, Votre Majesté a sur ses ennemis un avantage immense : son gouvernement est le seul qui depuis vingt-cinq ans ait paru raisonnable à tous; le seul qui, en consacrant les principes d'une liberté sage, ait donné ce que la révolution a tant de fois promis et qu'elle promet encore. On a reconnu, sire, par l'essai qu'on a fait de vos vertus, que vous êtes le prince qui convient le mieux à la France; que l'ordre des choses établi pouvait subsister. Quelques années auraient suffi pour le porter à sa perfection; il avait en lui tous les principes de durée, et il n'a été momentanément suspendu que par l'unique chance qui pouvait en arrêter le cours.

Mais déjà tout se prépare pour le prompt rétablissement du trône. La France commence à revenir de sa surprise, les illusions se dissipent, la vérité perce de toutes parts. On se trouve avec épouvante sous le règne de la terreur et de la guerre. Chacun se demande si, après tant d'années de souffrances, de sang et de meurtres, il faut recommencer la révolution. Les Français se voient une seconde fois isolés au milieu de l'Europe, séparés du monde, comme des hommes atteints d'une maladie contagieuse. Les portes de leur beau pays, ouvertes par le roi à la foule des voyageurs, se sont tout à coup fermées. L'Europe se tait; et, dans ce silence effrayant, on n'entend retentir que les pas d'un million d'ennemis qui s'avancent de toutes parts vers les frontières de la France.

Les citoyens alarmés tournent les yeux vers leur roi, ils l'appellent à leur secours; et son silence se joignant à celui du monde civilisé, semble annoncer quelque catastrophe terrible. Les soldats eux-mêmes s'étonnent; ils se demandent qu'est devenue la fille des Césars, où sont les dépouilles qui leur avaient été promises? Un grand nombre désertent; des officiers se retirent; la garde même est triste et découragée; les finances s'épuisent; les soixante-douze millions restés au trésor sont déjà dissipés. Plusieurs départements refusent de payer l'impôt et de fournir des hommes. Les provinces de l'Ouest et du Midi ne sont pas entièrement soumises; elles n'attendent qu'un nouveau signal pour reprendre les armes. La faiblesse de Buonaparte s'accroît à mesure que la force du roi augmente. La comparaison de ce que la France était il y a un mois, et de ce qu'elle est aujourd'hui, frappe tous les esprits, et reporte avec douleur la pensée sur les biens qu'on a perdus.

Le 28 du mois de février dernier[1], la France était en paix avec toute la terre ; son commerce commençait à renaître, ses colonies à se rétablir ; ses dettes s'acquittaient, ses blessures se fermaient ; elle reprenait, dans la balance politique de l'Europe, sa prépondérance et son utile autorité. Jamais elle n'avait eu de meilleures lois, jamais elle n'avait joui de plus de liberté ; elle sortait de ses débris et de ses tombeaux, heureuse, brillante et rajeunie. Dix mois d'une restauration accomplie au milieu de tous les genres d'obstacles avaient suffi à Louis XVIII pour enfanter ces merveilles.

Le 1er de mars[2], la France est en guerre avec le monde entier. Elle redevient l'objet de la haine et de la crainte de l'univers. Elle voit renaître dans son sein les factions qui l'ont déchirée : ses enfants vont être de nouveau traînés au carnage ; ses lois, détruites, ses propriétés, bouleversées. Courbée sous un double despotisme, elle ne conserve de sa restauration que des regrets ; de sa liberté, qu'une vaine ombre. Voilà les autres merveilles opérées dans un moment par Buonaparte : vingt-quatre heures séparent et tant de biens et tant de maux.

Sire, vous reparaîtrez, et le bonheur rentrera dans notre chère patrie. Vos sujets verront l'abîme où quelques factieux les ont entraînés : ils se hâteront d'en sortir ; ils accourront à vous, les uns pour recevoir la récompense due à leur fidélité, les autres pour implorer cette miséricorde dont ils n'ont pu épuiser les trésors. Oui, sire, innocents ou coupables, ils trouveront leur salut en se jetant dans vos bras ou à vos pieds.

Mais tandis que je m'efforce de fixer sous les yeux de Votre Majesté le tableau de l'intérieur de la France, ce tableau n'est déjà plus le même : demain il changera encore. Quelque rapidité que je puisse mettre à le retracer, il me serait impossible de suivre les mouvements convulsifs d'un homme agité par ses propres passions, et par celles qu'il a si follement soulevées. Je disais au roi que Buonaparte avait remporté une victoire sur le parti républicain, et ce parti l'a vaincu de nouveau. La publication de l'Acte additionnel lui a enlevé, comme nous l'avions prévu, le reste de ses complices. Attaqué de toutes parts, il recule, il retire à ces commissaires extraordinaires la nomination des maires des communes, et rend cette nomination au peuple. Effrayé de la multiplicité des votes négatifs, il abandonne la dictature, et convoque la Chambre des représentants en vertu de cet Acte additionnel qui n'est point encore accepté. Errant ainsi d'écueil en écueil, il se replie en cent façons pour éluder ses engagements et ressaisir le pouvoir qui lui échappe : à peine délivré d'un danger, il en rencontre un nouveau. Ce souverain d'un jour osera-t-il instituer une pairie héréditaire ? Comment gouvernera-t-il ses deux Chambres qu'il est forcé de réunir ? Montreront-elles à ses ordres une obéissance passive ? N'élèveront-elles pas la voix ? Ne chercheront-elles point à sauver la patrie ? quels seront les rapports de ces Chambres avec l'assemblée du Champ de Mai, qui n'a plus de véritable but, puisque l'Acte additionnel est mis à exécution avant que

[1] 1815. — [2] 1815.

les suffrages aient été comptés? Cette assemblée du Champ de Mai, composée de trente mille électeurs, ne se croira-t-elle pas la véritable représentation nationale supérieure en autorité à cette Chambre des représentants qu'elle aura elle-même choisis? Il est impossible à l'intelligence humaine de prévoir ce qui sortira d'un pareil chaos; ces changements subits, cette étrange confusion de toutes choses annoncent une espèce d'agonie du despotisme; la tyrannie usée et sur son déclin conserve encore l'intention du mal, mais elle paraît en avoir perdu la puissance. On dirait, en effet, que Buonaparte, jouet de tout ce qui l'environne, ne prend plus conseil que du moment, esclave de cette destinée à laquelle il semblait commander jadis. La licence règne à Paris, l'anarchie dans les provinces : les autorités civiles et militaires se combattent. Ici on menace de brûler les châteaux et d'égorger les prêtres, là on arbore le drapeau blanc et l'on crie *vive le roi!* Cependant, au milieu de ces désordres, le temps marche et les événements se précipitent. L'Europe entière est arrivée sur les frontières de la France : chaque peuple a pris son poste dans cette armée des nations et n'attend plus que le dernier signal. Que fera l'auteur de tant de calamités? S'il quitte Paris, Paris demeurera-t-il tranquille? S'il ne rejoint pas ses soldats, ses soldats combattront-ils sans lui? Un succès peut-il changer sa fortune? Non : un succès retarderait à peine sa chute. Peut-il, d'ailleurs, l'espérer, ce succès? L'arrêt est parti d'en haut, la victoire s'est déclarée, et Buonaparte est déjà vaincu dans Murat : un appel a été fait aux passions des peuples d'Italie, et ces peuples ont répondu par un cri de fidélité. Puissent les Français imiter cet exemple! Puissent-ils abandonner le fléau de la terre à la justice du ciel! Ah! sire, espérons que, désarmé par les prières du fils de saint Louis, le Dieu des batailles épargnera le sang de notre malheureuse patrie! Vous conserverez à la France, pour son bonheur, ce reste de sang qu'elle a trop prodigué pour sa gloire! Le moment approche où Votre Majesté va recueillir le fruit de ses vertus et de ses sacrifices : à l'ombre du drapeau blanc, les nations jouiront enfin de ce repos après lequel elles soupirent, et qu'elles ont acheté si cher.

DE LA

DERNIÈRE DÉCLARATION DU CONGRÈS.

Gand, le 2 juin 1815.

La déclaration émanée du congrès de Vienne, en date du 12 mai 1815, fait autant d'honneur aux plénipotentiaires qui l'ont signée qu'aux souverains dont elle est pour ainsi dire la dernière profession de foi.

Rien de plus clair et de plus précis que la manière dont les trois questions sont posées et résolues dans le rapport de la commission, inséré au procès-verbal. En effet, le succès de l'invasion de Buonaparte est *un fait* et non *un droit;* le succès ne peut rien changer à l'esprit de la déclaration du 13 mars. Cette vérité, resserrée à dessein dans la solution de la première question, serait susceptible de longs développements.

Soutenir, par exemple, que l'Europe, à qui l'on reconnaissait le droit d'attaquer Buonaparte encore errant dans les montagnes du Dauphiné, n'aurait pas celui de s'armer contre Buonaparte redevenu le maître de la France, ne serait-ce pas une véritable absurdité?

La déclaration du 13 mars prévoyait et supposait évidemment le succès, autrement elle devenait ridicule : on ne fait pas marcher un million de soldats pour combattre douze cents hommes. Buonaparte pouvait-il entreprendre la conquête d'un grand royaume avec quelques satellites, sans y être appelé par une conspiration redoutable? Le caractère connu de l'usurpateur devait confirmer dans cette pensée les princes réunis à Vienne : cet homme n'est point un partisan qui sait faire la guerre à la tête d'une bande déterminée, sur les rochers et dans les bois ; il ne retrouve sa force et son audace qu'en remuant des masses et en employant des moyens immenses. Les souverains avaient donc jugé le péril avec sagesse. L'empereur de Russie apprit le 3 mars, à deux heures de l'après-midi, que Buonaparte avait quitté l'île d'Elbe; et le même jour, à cinq heures du soir, une estafette porta à Pétersbourg l'ordre de faire partir la garde impériale russe ; les autres souverains expédièrent des courriers aux ministres et aux commandants de leurs provinces ; en moins d'une semaine le signal fut donné à toutes les armées de l'Europe : ce n'était pas, nous le répétons, contre douze cents hommes, qu'un seul pont rompu pouvait arrêter dans les défilés de Gap, qu'était dirigée tant de prévoyance, de résolution et d'activité.

La seconde question du procès-verbal porte sur le traité de Paris, que Buonaparte offre de sanctionner, tout en affectant de l'appeler un traité honteux. Le congrès répond avec raison, et conformément à la déclaration du 31 mars 1814, que Buonaparte, si les alliés lui eussent accordé la paix, *n'aurait point obtenu les conditions favorables de ce traité*. On eût exigé de lui des garanties qu'on n'a pas demandées à Louis XVIII. Il eût été obligé de payer des contributions, de céder des provinces. Sa parole n'eût pas suffi pour délivrer, comme par enchantement, la France de quatre cent mille étrangers. Oserait-on prétendre que la politique ne doive pas faire entrer dans ses motifs et dans ses considérations le caractère moral des chefs des nations? l'Angleterre soumit à l'arbitrage de saint Louis de graves débats qu'elle n'eût pas fait juger par un capitaine de la Ligue. Si la France a été de nos jours exposée à la conquête, c'est par Buonaparte; si la France est sortie entière des mains de l'ennemi, elle le doit à Louis XVIII. La France aurait peut-être pu garder son tyran par *un* traité de Paris; mais en gardant son esclavage, elle eût perdu ses provinces et son honneur.

On nous assure que Buonaparte est bien changé. Non; ce n'est pas à quarante-cinq ans, quand on est né sans entrailles, quand on s'est enivré du pouvoir absolu, que l'on change dans l'espace de huit mois. Buonaparte, traîné par des commissaires à l'île d'Elbe, se cachant sous leurs pieds pour se soustraire aux vengeances du peuple, n'a pas été ennobli par le malheur, mais dégradé par la honte : il n'y a rien à espérer de lui.

Il est donc vrai *que la France n'a eu aucune raison de se plaindre du traité de Paris.... Que ce traité était même un bienfait immense pour un pays réduit, par le délire de son chef, à la situation la plus désastreuse*[1]. Le maréchal Ney, dans sa lettre du 5 avril 1814, adressée à M. le comte de Talleyrand, avoue que Buonaparte reconnaissait le danger de cette situation : *Convaincu*, dit-il, *de la position où il* (Buonaparte) *a placé la France, et de l'impossibilité où il se trouve de la sauver lui-même, il a paru se résigner et consentir à l'abdication entière et sans aucune restriction.*

Dans quel abîme, en effet, n'avait-il pas précipité la France!

Lors des conventions du 23 avril 1814, quelques esprits prévenus, oubliant notre position, ne parurent pas les approuver dans toutes leurs parties ; elles rendaient, disaient-ils, aux alliés, sans conditions, les places de l'Allemagne, encore occupées par nos troupes. Quoi! Paris, Bordeaux, Toulouse, Lyon, ne valent pas Dantzig, Hambourg, Torgau, Anvers? c'était rendre ces dernières villes sans *conditions*, que d'en faire l'objet d'un pareil échange, que d'obtenir à ce prix la retraite des alliés! A l'époque du 23 avril 1814, les alliés occupaient la France, depuis les Pyrénées occidentales jusqu'à la Gironde, depuis les Alpes jusqu'au Rhône, depuis le Rhin jusqu'à la Loire; quarante départements, c'est-à-dire près de la moitié du royaume, étaient envahis; cent mille prisonniers répartis dans les provinces où les alliés n'avaient pas encore pénétré, menaçaient de se joindre à leurs compatriotes; quatre cent mille étrangers sur le sol de la patrie; les réserves des Russes, des Autrichiens, des Prussiens, des Allemands prêtes à passer le Rhin; les Suédois et les Danois venant grossir cette inondation d'ennemis : telle était la position de la France. Chaque jour on voyait tomber quelques-unes des places que nous tenions encore sur l'Oder, le Weser, l'Elbe et la Vistule; et les landsverh, qui avaient formé le blocus de ces places, prenaient aussitôt la route de notre malheureux pays. Au milieu de tant de calamités présentes, de tant de craintes pour l'avenir, que pouvait exiger le gouvernement provisoire? Quelle force aurait-il opposée aux alliés, s'il avait plutôt consulté l'ambition que la justice, ou si les alliés avaient préféré leur agrandissement à leur sûreté? L'armée n'avait point encore vu à sa tête le prince, noble dépositaire des pouvoirs du roi; et trop séduite par les prestiges de la gloire, on peut juger à présent qu'elle eût été moins fidèle à ses devoirs qu'à ses souvenirs; désorganisée, découragée par la retraite honteuse de Buonaparte, eût-elle essayé, sous les ordres de son nouveau chef, de renouveler des combats qu'elle était déjà lasse de soutenir sous son ancien général? Aux premiers signes de mésintelligence, les alliés occupant la capitale et la moitié du royaume, se seraient emparés des caisses publiques, auraient levé l'impôt à leur profit, frappé de contributions les villages et les villes, et enlevé au gouvernement toutes ses ressources. Ils auraient appelé leurs nouvelles armées d'au delà du Rhin, des Alpes, et des Pyrénées; les Anglais, les Espagnols, les Portugais, partant de Toulouse et de Bordeaux; les Russes et les Prussiens, de Paris et d'Orléans; les Bavarois et les Autrichiens, de Dijon, de Lyon et de Clermont, auraient opéré leur jonction dans nos provinces non encore envahies.

[1] Extrait du procès-verbal du 6 mai.

Le roi n'était point arrivé : aurait-il pu se faire entendre au milieu de ce chaos? Sans doute il est impossible de conquérir la France. Les Espagnols, les Portugais, les Russes, les Prussiens, les Allemands ont prouvé, et les Français auraient prouvé à leur tour, qu'on ne subjugue point un peuple qui combat pour son nom et son indépendance. Mais combien de temps cette lutte se fût-elle prolongée? que de malheurs n'eût-elle point produits? Est-ce du sein de ces bouleversements intérieurs que nos soldats auraient marché à la délivrance de Dantzig, de Hambourg et d'Anvers? Ces places n'auraient-elles point ouvert leurs portes avant le triomphe de nos armées, avant la fin des guerres civiles et étrangères allumées dans nos foyers? Car il est probable que dans le premier moment nous fussions divisés. Enfin, après bien des années de ravages, lorsque la paix eût mis un terme à nos maux, cette paix nous eût-elle fait obtenir les citadelles rendues aux alliés par les conventions du 23 avril 1814!

Que si quelqu'un pouvait avoir le droit de reprocher le traité de Paris à ceux qui l'ont signé, ce ne serait pas certainement Buonaparte, qui a donné lieu à ce traité en introduisant les alliés jusque dans le cœur de la France. Dans tous les cas, il est insensé de soutenir qu'il fallait prolonger nos révolutions, recommencer des guerres désastreuses, compromettre l'existence de la patrie, afin de conserver quelques places, peut-être même quelques provinces conquises, il est vrai, par notre valeur, mais enlevées, après tout, à leurs possesseurs légitimes par l'injustice et la violence.

Au reste, pour juger en homme d'État les conventions du 23 avril 1814, et le traité du 30 mai qui en est la suite, on ne doit point les prendre isolément : il faut examiner leurs causes et leurs effets, considérer la place qu'ils occupent dans la chaîne des actes diplomatiques; non-seulement ils firent cesser les calamités de la France, mais ils fondèrent dans l'avenir les droits des souverains et des peuples, la sûreté et la liberté de l'Europe.

Si ces traités forcèrent Buonaparte à descendre d'un trône usurpé, ne sont-ce pas ces mêmes traités qui le condamnent aujourd'hui de nouveau? Sans l'existence de ces actes salutaires, il pourrait dire que l'Europe n'a pas le droit de s'armer contre lui; mais il se trouve qu'en vertu même du traité du 30 mai 1814, ce ne sont pas les étrangers qui attaquent le fugitif de l'île d'Elbe, c'est lui qui a troublé la paix du monde.

En effet, quelles sont les bases du traité de Paris?

1° La déclaration des alliés du 31 mars 1814, qui annonce *que si les conditions de la paix devaient renfermer de plus fortes garanties, lorsqu'il s'agissait d'enchaîner l'ambition de Buonaparte, elles devaient être plus favorables lorsque, par un retour vers un gouvernement sage, la France elle-même offrira l'assurance de ce repos;* QUE LES SOUVERAINS ALLIÉS NE TRAITERONT PLUS AVEC NAPOLÉON BUONAPARTE, NI AVEC AUCUN DE SA FAMILLE ; *qu'ils respectent l'intégrité de l'ancienne France, telle qu'elle a existé sous ses rois légitimes :*

2° L'acte de déchéance du 3 avril 1814, prononcé par le sénat de Buonaparte, acte qui rappelle une partie des crimes par lesquels l'usurpateur avait attenté à la liberté de la France et de l'Europe:

3° L'acte d'abdication du 11 avril de la même année, dans lequel Buonaparte lui-même reconnaît qu'*étant* LE SEUL *obstacle au rétablissement de la paix en Europe, il renonce pour lui et ses héritiers aux trônes de France et d'Italie;*

4° La convention du même jour, qui répète en des termes encore plus formels, la renonciation exprimée par l'acte d'abdication;

5° Les conventions du 23 avril, où les puissances alliées déclarent qu'elles veulent donner la paix à la France, parce que la France est revenue *à un gouvernement dont les principes offrent les garanties nécessaires pour le maintien de la paix.*

Ainsi, sans toutes ces conditions préalables, établies dans les actes ci-dessus mentionnés, le traité de Paris n'eût point été conclu, et toutes ces conditions se réduisent à une seule : *exclure formellement Buonaparte et les siens du trône de France, tant par l'action d'une force étrangère que par l'acquiescement de sa propre volonté.*

Cela posé, Buonaparte, violant des engagemens si sacrés, reprenant le titre d'*empereur des Français*, rompt de fait la paix que le traité de Paris avait établie, et est condamné par le traité même.

Pour nous résumer : le succès momentané de Buonaparte n'a pu changer la déclaration du 13 mars dernier, comme le prouve la seconde déclaration du 12 mai.

La base, la condition *sine qua non* du traité de Paris était l'abolition du pouvoir de Buonaparte.

Or, Buonaparte, venant rétablir ce pouvoir, renverse le fondement du traité ; il se replace volontairement, et replace la France qui le souffre, dans la situation politique antérieure au 31 mars 1814 : donc c'est Buonaparte qui déclare la guerre à l'Europe, et non l'Europe à la France.

Ajoutons et répétons encore que le traité de Paris, quoi qu'en dise Buonaparte, était nécessaire et très-honorable à la France : c'est ce que nous croyons avoir démontré. Plus on examinera les transactions politiques qui ont préparé et suivi la restauration, plus on admirera les princes et l'habile ministre qui ont si parfaitement jugé les intérêts pressants de la patrie, si bien connu les choses et les hommes. Le 31 mars 1814, des armées innombrables occupaient la France ; quatre mois après, toutes les armées ennemies avaient repassé nos frontières, sans avoir emporté un écu, tiré un coup de fusil, versé une goutte de sang, depuis la rentrée des Bourbons à Paris. La France se trouve agrandie sur quelques-unes de ses frontières; on partage avec elle les vaisseaux et les magasins d'Anvers; on lui rend trois cent mille de ses enfants exposés à périr dans les prisons des alliés, si la guerre se fût prolongée; après vingt-cinq années de combats, le bruit des armes cesse subitement d'un bout de l'Europe à l'autre. Quel pouvoir a opéré ces merveilles ? Le ministre d'un gouvernement à peine établi, deux princes revenus de la terre étrangère, sans force, sans suite et sans armes; deux simples traités signés Charles et Louis !

FIN DU PREMIER VOLUME.

TABLE DES MATIÈRES

CONTENUES DANS CE VOLUME.

LES QUATRE STUARTS.

	Pages.
Jacques Ier, de 1603 à 1625.	1
Charles Ier, depuis l'avénement de Charles Ier à la couronne jusqu'à la convocation du long parlement, de 1625 à 1640	2
Henriette-Marie de France.	6
De l'ouverture du long parlement au commencement de la guerre civile, de 1640 à 1647.	14
Cromwell.	21
Du commencement de la guerre civile à la captivité du roi, de 1642 à 1647.	23
Depuis la captivité du roi jusqu'à l'établissement de la république, de 1647 à 1649.	25
Relation véritable de la mort du roi de la Grande-Bretagne.	36
La république et le protectorat, de 1649 à 1658.	41
Le protectorat, de 1653 à 1658.	48
Richard Cromwell, de 1658 à 1660.	60
Charles II, de 1660 à 1685.	62
Jacques II, de 1685 à 1688	67
MOISE, tragédie.	77
Voyage à Clermont. (Auvergne)	129
Voyage au Mont-Blanc.	143
Notice sur les fouilles de Pompéi.	148
Lettre de M. Taylor à M. Charles Nodier sur les villes de Pompéi et d'Herculanum.	153

MÉLANGES LITTÉRAIRES.

Préface.	155
Dargo, poëme. — Chant Ier.	156
— Chant II	160
Duthona, poëme.	163
Gaul, poëme.	170
Lettre sur l'art du dessin dans les paysages.	178

MÉLANGES POLITIQUES.

Préface.	182
De Buonaparte et des Bourbons, 30 mars 1814.	186
Des Bourbons.	203
Des alliés.	208
Compiègne, avril 1814.	212
De l'état de la France au 4 octobre 1814.	215

TABLE DES MATIÈRES.

Pages.

RÉFLEXIONS POLITIQUES. Décembre 1814. — Chapitre Ier. Cas extraordinaire. 221
Chapitre II. Paroles d'un des juges d'Harrison. 222
— III. Que la doctrine du régicide a paru en Europe vers le milieu du seizième siècle. — Mariana. — Buchanan. — Saumaise et Milton. 223
— IV. Parallèle. 224
— V. Illusions des apologistes de la mort de Louis XVI. 226
— VI. Des émigrés en général. 229
— VII. Singulière méprise sur l'émigration. 232
— VIII. Des derniers émigrés. 233
— IX. S'il est vrai qu'on soit plus inquiet aujourd'hui qu'on ne l'était au moment de la restauration. 234
— X. Si le roi devait reprendre les anciennes formules dans les actes émanés du trône. 236
— XI. Passage d'une proclamation du roi 238
— XII. Des alliés et des armées françaises. 240
— XIII. De la Charte. — Qu'elle convient aux deux opinions qui partagent la France. 242
— XIV. Objections des constitutionnels contre la Charte. — De l'influence ministérielle et de l'opposition. 243
— XV. Suite des objections des constitutionnels. — Ordre de la noblesse. 246
— XVI. Objections des royalistes contre la Charte. 248
— XVII. Suite des objections. — Que nous avons essayé inutilement de diverses constitutions; que nous ne sommes pas faits pour des assemblées délibérantes. 252
— XVIII. Suite des objections. — Notre position continentale. 254
— XIX. S'il serait possible de rétablir l'ancienne forme de gouvernement. 256
— XX. Que le nouveau gouvernement est dans l'intérêt de tous. — Ses avantages pour les hommes d'autrefois. 260
— XXI. Que la classe la plus nombreuse des Français doit être satisfaite de la Charte. 263
— XXII. Que le trône trouve dans la Charte sa sûreté et sa splendeur. 264
— XXIII. Conclusion. 265
Rapport sur l'état de la France au 12 mai 1815. 267
De la dernière déclaration du congrès. 289

FIN DE LA TABLE.

LAGNY. — IMPRIMERIE DE VIALAT ET Cie.

En vente chez les mêmes éditeurs.

Louis XIV et son siècle, par A. Dumas, 60 gravures, 240 vignettes, 2 vol. grand in-8°.
Monte-Cristo, par A. Dumas, 2 vol. grand in-8°, 30 gravures sur acier.
Les Mousquetaires, par A. Dumas, 1 vol. grand in-8°, 33 gravures.
Vingt ans après, par le même, 1 vol., 37 gravures.
La Régence et Louis XV, par A. Dumas, 45 gravures et 60 vignettes.
Œuvres littéraires de M. A. de Lamartine, 6 vol. grand in-8°, 34 gravures.
Histoire de France, 6 beaux vol., 34 gravures.
Histoire de la Révolution, du Consulat et de l'Empire, par Dulaure, 1 vol. grand in-8°, 8 gravures.
Histoire de la Restauration, du règne de Louis-Philippe et de la Révolution de 1848 jusqu'à la nomination du Président de la République, par Paul Lacroix (Bibliophile Jacob), 1 vol. grand in-8°, 8 gravures.
La Collection de l'Écho des Feuilletons, 12 vol., 144 gravures sur acier, et 350 gravures sur bois.
Le Vicomte de Bragelonne par A. Dumas, 2 très-beaux vol. grand in-8°, 60 gravures.
Histoire maritime de France, par M. Léon Guérin, historien titulaire de la marine, 6 vol. grand in-8°, 40 gravures sur acier ou plans.
Les deux derniers volumes, qui comprennent les événements maritimes depuis 1789 jusqu'en 1850, se vendent à part.
Histoire de Louis XVI et de la Révolution, par A. Dumas, 3 vol., 40 gravures.
Histoire de la vie de Louis-Philippe, par M. A. Dumas, 2 vol. grand in-8°, avec 20 gravures sur acier.

EN VENTE

Histoire de S. M. Napoléon III et de la Dynastie napoléonienne, par Paul Lacroix (Bibliophile Jacob), 4 vol. illustrés de 40 gravures inédites sur acier. 100 livraisons à 50 c.; 12 fr. 50 c. le volume. Les 10,000 premiers souscripteurs recevront en prime les bustes argentés et poinçonnés de LL. MM. l'Empereur et l'Impératrice.

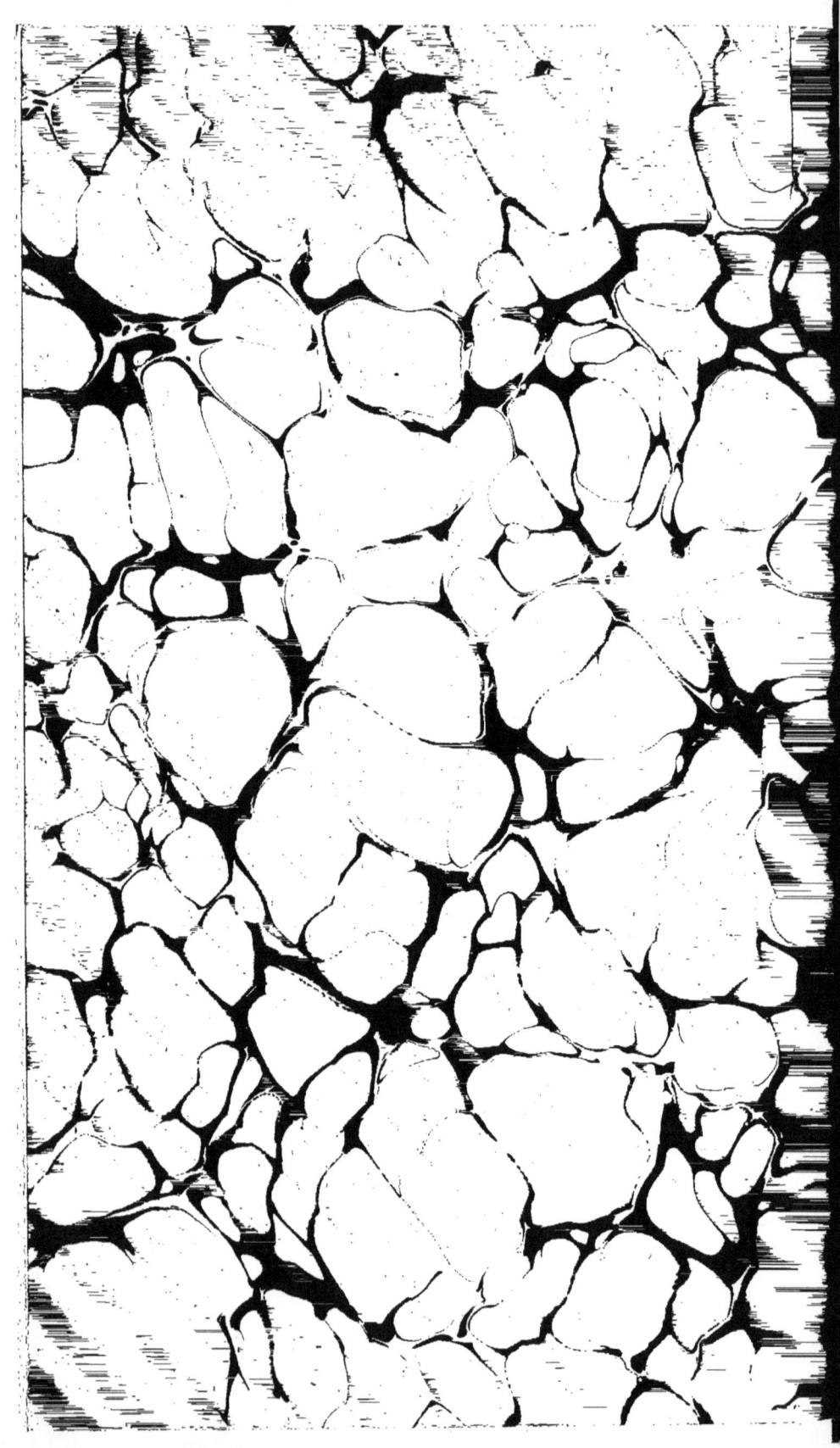

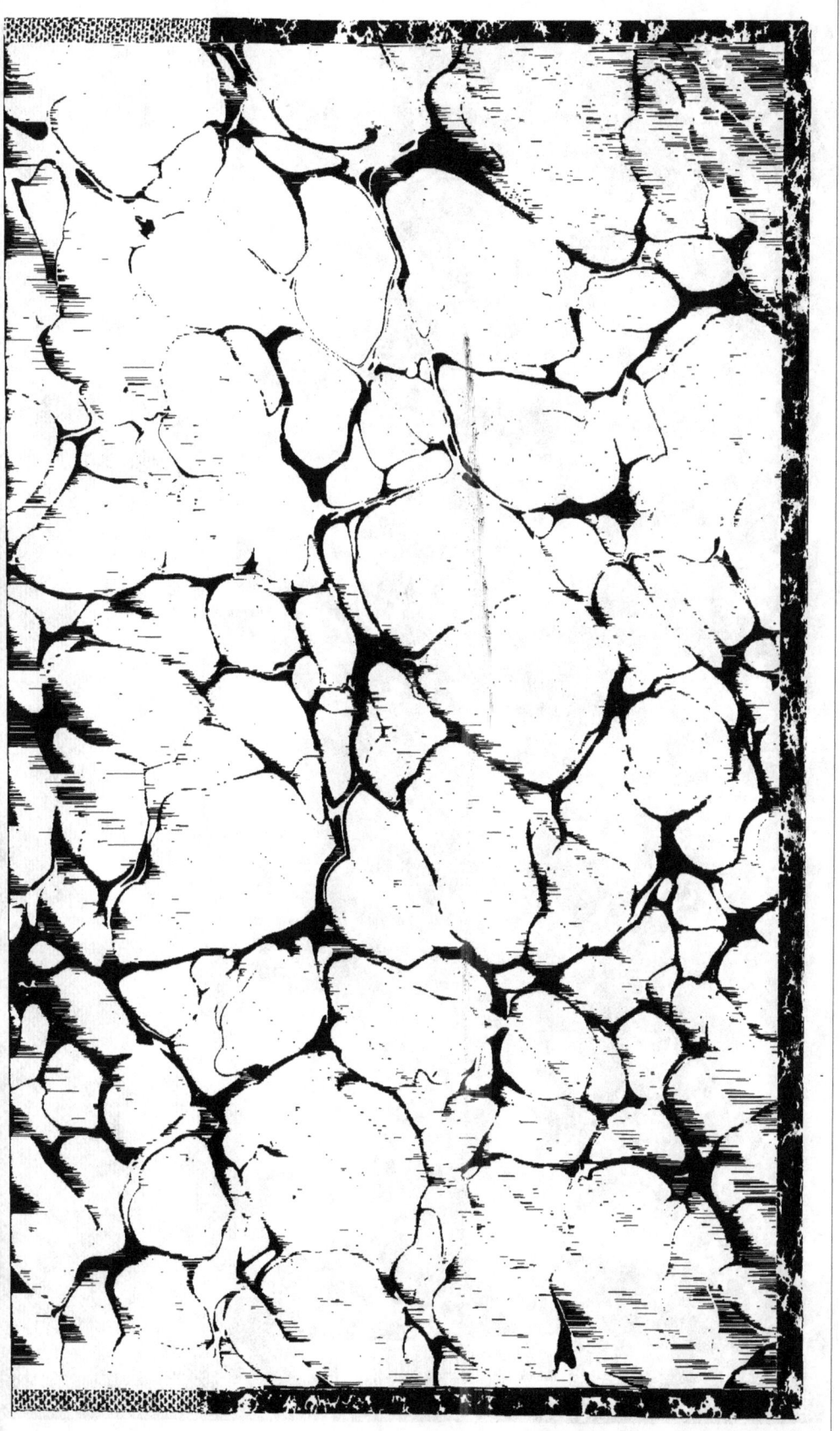

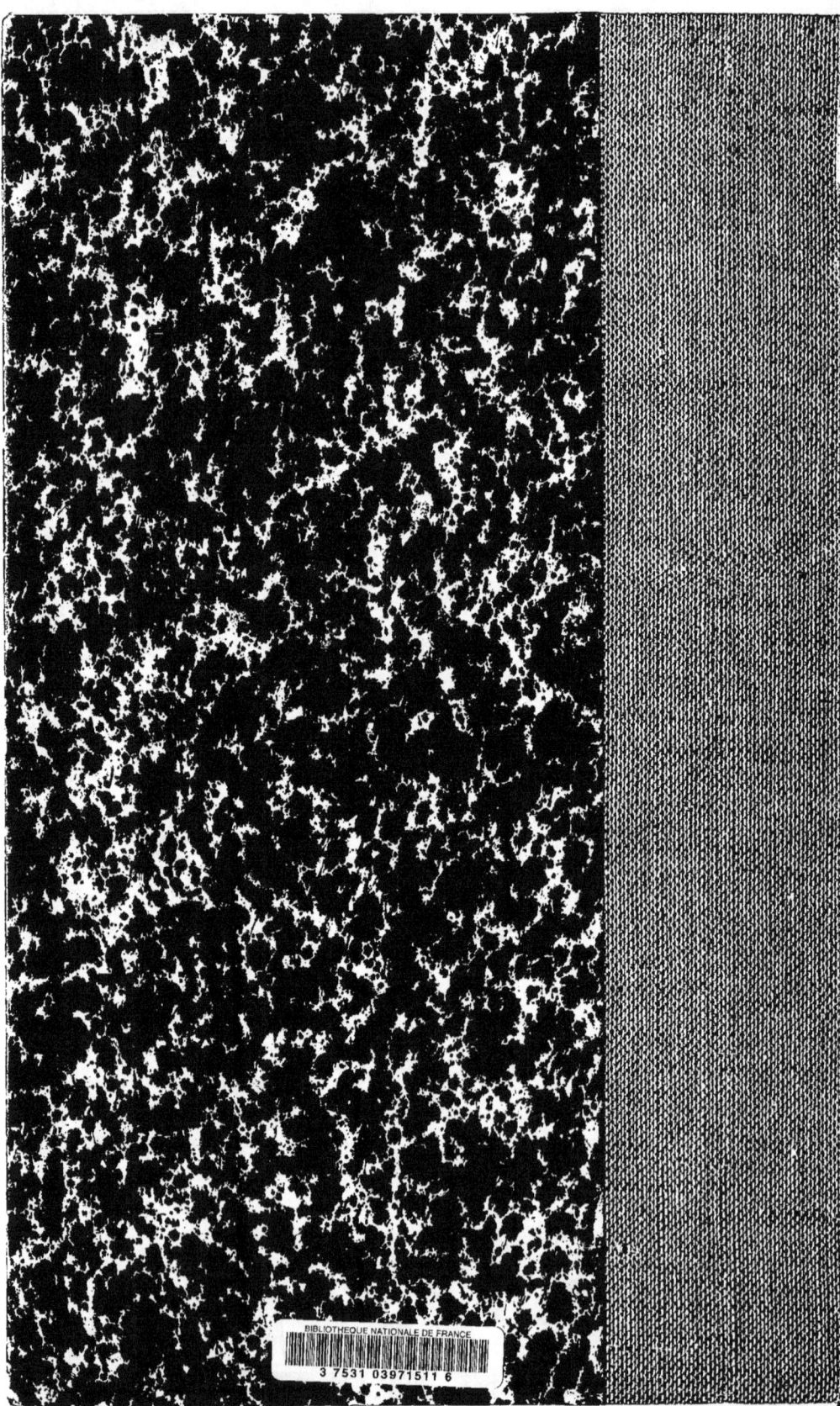

www.ingramcontent.com/pod-product-compliance
Lightning Source LLC
Chambersburg PA
CBHW060413170426
43199CB00013B/2115